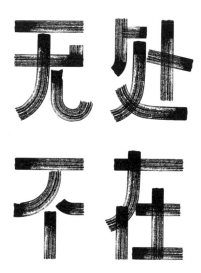

无处不在

中国邮政快递报社 / 著

中信出版集团 | 北京

图书在版编目（CIP）数据

无处不在 / 中国邮政快递报社著 . -- 北京：中信
出版社，2019.5
ISBN 978-7-5217-0357-3

Ⅰ . ①无…　Ⅱ . ①中…　Ⅲ . ①快递 – 邮电经济 – 经济
发展 – 研究 – 中国　Ⅳ . ① F632.3

中国版本图书馆 CIP 数据核字（2019）第 061071 号

无处不在

著　　　者：中国邮政快递报社
出版发行：中信出版集团股份有限公司
　　　　　（北京市朝阳区惠新东街甲 4 号富盛大厦 2 座　邮编　100029）
承 印 者：北京诚信伟业印刷有限公司

开　　本：880mm×1230mm　1/32　　印　张：15.5　　字　数：308 千字
版　　次：2019 年 5 月第 1 版　　　　印　次：2019 年 5 月第 1 次印刷
广告经营许可证：京朝工商广字第 8087 号
书　　号：ISBN 978-7-5217-0357-3
定　　价：78.00 元

目 录

序言一
更好的发展才是最好的纪念

欣闻反映我国邮政业波澜壮阔发展历程的大型纪实类图书《无处不在》即将付梓，值得庆贺。适逢全国人民 2018 年隆重纪念改革开放四十周年、2019 年喜迎中华人民共和国七十华诞，国家邮政局主管的中国邮政快递报社团队不辞辛苦，于纷繁复杂的史料中披沙拣金，于孜孜不倦的考证中去伪存真，横跨两个特殊年份，完成这本书的撰写与出版工作，非常有意义。

"时间就是金钱，效率就是生命。"改革开放试验田"蛇口模式"的探索创立者袁庚喊出的这十二字理念，刻在了中国邮政业一步一个的脚印里。在党中央、国务院对邮政业的高度重视下，邮政业尤其是快递业已经发生了翻天覆地的变化。邮政业在改革开放的大潮下勇于探索、阔步向前、孜孜以求，攀登上一个又一个新台阶，快递年业务量已突破 500 亿件，连续 5 年稳居世界第一，中国邮政成为世界 500 强企业，中国成为名副其实的邮政大国。邮政快递服务网点遍布城乡，服务能力大幅提升，服务质量大大改善，"三向"工程成效显著，已经成为人民群众须臾不能离开的基础公共服务，可谓"无处不在"。

1998 年邮电分营时，我曾经说过："尽管有人把改革看作冒风险，但不改革才是最大的风险。""我们有理由相信，不远的将来，现代化的邮政网络将成为最迅捷、最可靠、最高效的全球商用服务体系之一。"很欣慰，如今这些都已成为现实。中国快递业不断促进社会财富增长，不断满足人民生产生活需要，是国家改革开放的结果，是邮政体制不断改革完善的结果。改革开放以来，中央先后部署完成了邮电管理体制调整、邮电分营、邮政政企分开、《邮政法》修订及完善省级以下邮政监管体制改革等重大体制改革任务，邮政业改革发展的顶层设计极大地释放了政策红利，激励了邮政业的接续发展，也激发了快递业的蓬勃发展。

《无处不在》以时间为经线，以人物为纬线，记录历史在这里交织，普通人在这里奋进，行业在这里崛起，生动讲述了我国邮政业勇于开拓、敢于拼搏的进取精神，书写了波澜壮阔的行业史。

人民群众创造了历史，邮政业也不例外。习近平主席在 2019 年新年贺词中称赞快递小哥等劳动者，是美好生活的创造者、守护者。《无处不在》这本书记载了行业人的艰辛与泪水、奋斗与欢歌，展现了行业人勇士般的斗志与坚韧不拔的精神。奋勇争先的基层劳动者已经成为老百姓生活离不开的人，他们才是中国邮政业快速向前的推动者。

更好的发展才是最好的纪念。在邮政快递的发展方面，中国虽然已经是大国，但距离强国仍有很大差距。差距就是机遇，差距就是动力。我们的行业正面临着一次难得的发展机遇和挑战。国家鼓励创新——新技术新业态层出不穷；电子商务快速发展——为行业发展提供了强大的业务来源；中国工业体系不断完善——这是行业服务转型升级的又一方向；改革开放不断深入——这为行业走出国门、走向世界提供了良好契机。凡此种种，都是中国邮政业更好发展的良田沃土。我相信，在这片肥沃的土地上，我国邮政业在习近平新时代中国特色社会主义思想指引下，一定能够结出更加丰硕的果实。

《无处不在》既是纪念 2018 年改革开放四十周年，又是庆祝 2019 年中华人民共和国成立七十周年的献礼之作。中国邮政业的发展不容易、不平凡，而唯有继续前进、更好发展，才是对历史最好的纪念。

与诸君共勉。

原邮电部部长、原信息产业部部长

从未来，看今天

很高兴看到有一本书专门为快递员立传。

习近平主席在 2019 年新年贺词中，点赞快递小哥是美好生活的创造者、守护者。作为个体，快递员的辛勤劳动解决了商品和消费者对接的关键一环；作为群体，快递员及其背后的快递物流业，帮助中国内需经济走向更深层面。

过去 20 年，中国的高铁完成了客流，互联网完成了信息流，快递完成了物流，物流业就是中国的肠胃系统。这些年来，中国的物流行业发生了翻天覆地的变化，快递业几乎是从零开始，到今天规模全球第一，占到全球业务量的 40%。7 年前我们认为，中国的快递业务量要花 20 年时间才会超过美国，但 2018 年中国快递包裹量已经超过 500 亿件，远超美国、欧洲、日本的总和。

快递员从零开始，今天如果算上外卖员工，数量超过 500 万。快递企业也是从零开始，短短几年内已经有 7 家上市公司。

这是一个奇迹。奇迹的背后是数百万名风里来雨里去的快递员的付出，是所有物流从业者的共同努力。正是这一群普通人，撑起了全世界最庞大、最复杂的物流系统，撑起了中国商业发展的基础设施。

奇迹的背后也离不开监管的创新。面对陌生的新生事物，面对或许会冲击原有格局的看不懂的"怪物"，行业主管部门选择了直面变革。中国快递业发展的 12 年，也是主管部门不断解放思想，用新手段解决新问题的 12 年，和快递员一样，行业主管部门的改革者们，同样是中国快递业笑傲世界的英雄。

　　中国物流业很幸运，赶上了最好的时代；但是中国物流业也很"不幸"，我们刚刚适应了每天1亿个包裹，很快就要面对每天10亿个包裹的挑战。很多年以前我说过，中国每天的包裹会超过10亿个，我相信当时没有多少人相信，但是2018年"双11"仅阿里平台的物流订单就超过了10亿件。2019年"双11"包裹的峰值，将会成为8年以后、10年以后每一天的平均量。要应对这样的挑战，用传统的办法只靠增加人力是不行的，必须改变现有的组织形式、业务模式，必须用数据、用技术、用智慧来做，必须通过全行业的更好协同来实现。

　　未来，物流业不是简单的运输业，而是高科技服务业。过去物流业是体力劳动，今后物流业一定是脑力劳动。过去物流业改变了中国的生活方式，未来它将会影响中国的生产经营方式。工业时代把人变成机器，数据时代会把机器变成人。机器永远无法取代人，但会让我们的服务变得更好，让快递员更受人尊重。

　　这是行业每个人的机遇，也需要每个人为之做好改变的准备。大家一起努力，一切将会越来越好，世界将会变得越来越通达，越来越绿色。

阿里巴巴集团董事局主席

致奔腾时代

1978 年，国人不知快递是何物。

2018 年，国人不知快递会成何物。

这 40 年的鸿沟，被奔腾时代填满。

1980 年，雅宝路上北京邮政国际局的 4 位邮政员工内心讶异，他们收到了第一份 EMS（国际特快专递邮件业务，Express Mail Service，简称 EMS）邮件，便一起护送它到海淀区客户手里。跨过 90 年代后，这一场景不复存在。在 2018 年某一天，一位快递小哥马不停蹄，恨不得自己能照顾好 400 份快件才好。

1993 年，王卫、聂腾飞、陈平等人内心激荡，顺丰速运在华南乘船出发，申通快递坐火车往返于沪杭，宅急送则奔走在北京街头。

从水陆繁忙的容奇港到桐庐深处的层峦叠嶂，从热闹繁华的北京街头到安静有序的南京图书馆，从纵横全国的邮政网络到随风跃动的各家快递公司，他们与同时代的伙伴，就这样开始了各自的故事。

无法复制的人生，无法复制的时代。每个人都在不停地往前走，把自己放在整个时代里跳跃翻腾，奔腾出热气腾腾的人生。

这个时代的最大特点是不辜负人，它不断地磨炼我们，磨炼每一个试图改变自己命运的平凡人。

世界属于有梦想的年轻人，世界终究是他们的，也终究是"快递"的：它连接城乡，连接供需，连接世界，连接现实和虚拟，连接今天和未来……快递就是时代的"连接器"，它们与电子商务的奔腾时代火光相接，与改革开放的激荡时代同频共振，与呼啸而来的未知时代形影相随。

时间行进至 2018 年，快递服务领域的创新已经无处不在，智慧化应用场景让你难以想象，它的下一步会发生什么。

永远不要停止想象，未来无所不及。当然，最大的可能性就是，未来不在你的想象中。它的美妙就在于它的未知，你会发现，面对未来，所有的想象都是缺乏想象力的。

不必困惑，关于未来，总有周密的安排，虽然剧情总是被现实修改。计划的春天，有童话的色彩。每一个真实的现在，都是我们幻想过的未来。

大时代便是如此，你无法预知，无法控制，无法逃离，那么，就享受其中吧。

一切都刚刚开始，看起来都是偶然，每一个人离未来切近而遥远。在充满不确定的世界里，在不知道未来的情况下，做好迎接一切的准备……

写作这本书的，是一支跟这个时代同步奔腾的行业媒体团队。我们在行业"最强大脑"前屏息凝神等候过锋利的数据划破历史，追访过凌晨 4 点起床开启新一天的骑电三轮的快递小哥，目睹过广州、南京、北京机场运送快递的专机腾空而起……我们听过欢喜，听过惊慌，听过开心，听过错愕，唯独没听过后悔……

白天大家要完成媒体之日常，因此这本书的主要部分成文于凌晨的清冷时光。凌晨 4 点，科比看到了洛杉矶的夜晚；凌晨 4 点，于北京可听到内心的澎湃。

2018 年 12 月 9 日凌晨 4 点

01

1978—1992
不再犹豫

对未来最大的慷慨，
是把一切献给现在。
　　　　　　——加缪

1978，潜流和潮水

时间有形状吗？

在 2018 年深秋的北京三里屯太古里，下午两点呈现出的形状，是方形和圆形的组合。

方形的，是两个集装箱一样的装置，《人民日报》新媒体中心发起的，致敬改革开放 40 周年的"时光博物馆"静静伫立；圆形的，是一圈又一圈的排队人群，老中青都有，尤以青年为众，鲜见离去。

排队三个小时只为进博物馆看上一眼，时间在这里，流动、徘徊、追忆，好像从深秋有风的下午缓缓划过，又似乎把过去 40 年归零，再重新出发。

欢笑的少女，从长长的队伍旁边雀跃而去。她手中的风车，被风掠过，急速转动，犹如时间的转轴，从 1978 年开始，讲述着 40 年的时代变迁，家国命运，行业跌宕，还有人生起落。

1978 年，对于中国和时代来说，都是一个重要的拐点。中国搭上了改革的班车，纵身跃入全球性的计划经济体制向市场经济体制转轨的历史大浪潮中。

契机是一篇恰逢其时的特约评论员文章。1978 年 5 月，一篇名为《实践是检验真理的唯一标准》的文章，在《光明日报》一版刊发。罕见的是，当日新华社转发，第二天《人民日报》全文转载。

这篇特约评论员文章如平地起惊雷，打破了中国社会当时沉闷而令人窒息的平静，短短六千字，激荡四十年。它是席卷中国的真理标准大讨论的起点，也被公认为是撬动中国波澜壮阔的改革开放局面的

"支点"。

"我们要有共产党人的责任心和胆略，勇于研究生动的实际生活，研究现实的确切事实，研究新的实践中提出的新问题。只有这样，才是对待马克思主义的正确态度，才能够逐步地由必然王国向自由王国前进，顺利地进行新的伟大征程。"学哲学出身的知识分子胡福明大胆说出了这番气势磅礴的豪言，"我已经有思想准备了，我准备要坐牢"，没想到的是，此文成为新中国成立以来党的历史上具有深远意义的伟大转折的思想先导。

彼时，于党、于国家，都需要来这么一场思想"转轨"革命。事实上，从1978年至1991年都是国民经济的体制转轨时期，产业政策着重产业结构合理化，纠正产业结构重大比例关系的失调，促进短线产业加快发展，抑制长线产业发展，努力调整各方面失调的比例。

在1978年3月召开的全国科学大会上，"科学技术是生产力""（知识分子）已经是工人阶级自己的一部分"的著名论断提出，国家在科研和教育方面的改革速度快马加鞭。这年4月，国务院批准恢复和增设55所高校，梦想时代随着高考制度的恢复而在此开启。

在这个吹拂着清新气息的春天，两届大学生在同一年罕见地涌入高校，62.7万名新生，从1 180万考生中脱颖而出，他们带着时代的涌动，承载着家国梦想，个体的命运、人生的轨迹，与家国的发展变迁，紧密地结合在一起，迎接着即将到来的20世纪80年代。即使他们此时都还不是命运的主角，但已经从时代的蛛丝马迹中预见了未来的多姿多彩。

17岁的马军胜考入南京邮电学院电话交换系，开始了4年"通信员"生涯，跑动于教室与传达室之间，帮同学们收发报纸。他没有想到若干年后，邮政快递竟如此紧密地嵌入到他的人生中。一旦涌入时代的激流，就再也分不开。

走过江西、福建、广东三省，后就任国家邮政局邮政业安全中心主任的江明发，在这年 9 月作为天之骄子进入北京邮电学院邮政机械专业。19 岁的青春，自此投入邮政事业大发展的洪流之中。

此刻，在南京邮电学院，25 岁的赵宁每天都在如饥似渴地埋头苦读。作为高校恢复招生后中国邮政推荐的第一批南京邮电学院邮政自动化专业学生，他的脑海中，深深印刻着一幅图像，一幅他的同事在一台"大跃进"时期制造的胶带传输机面前劳动的图像。用木头制作的从动轮滚筒，一条摩托车用的链条，带动着齿轮间的动力传输。搬运员把堆放在地面的邮袋放到胶带上，传输到货运邮车车厢里。虽是一台简陋的胶带传输机，却能够减轻搬运工人搬、举邮袋装车的劳动强度。

赵宁深深地体悟到了肩上的使命，他明白邮政工人是多么需要有机械化设备参与工作，他希望能多学一点可以用于工作实际的知识，为解决工作实际问题做一些实事。他没有想到，自己作为 1969 届"初中毕业生"，说白了就是 1966 年"文革"开始时还没有毕业的小学生，在自己 30 岁学成归来时，成了全行业科技创新的"香饽饽"；更没有想到 40 岁时，参与研制成了当时世界上最先进的信函自动分拣设备。

当赵宁在学校废寝忘食地苦读，拼命弥补落下的知识时，金国治还在骑着自行车小心翼翼地送报纸。他的任务是确保每天每张报纸都能送到，没有周末，休息时间也被挤压得一少再少。甚至有时候连班送完回来，正好吃第二天的早饭，吃完接着送。

给金国治留下烙印的是有一天凌晨 3 点，他负责的南山公墓地区还有一份工作人员订的报纸没送到。清冷的月光、阴森的公墓，加上一天忙碌的恍惚，他脚下一滑，连人带车摔进了池塘里。这些辛苦在若干年后回忆起来是轻松的笑谈，让他真正送报纸送怕的，是报纸送不好，还有政治风险。他的同事正是因为一份从窗户塞进去正好塞进电风扇的报纸，而遭受批判致神志不清。

金国治的父辈、祖辈都是邮政人，一家三代经历了大清邮政、民国邮政和新中国的邮政，没想到这样一个地道的老邮政人，在几十年后成为邮政体制内率先理解和包容民营快递企业的代表，他参与了几次《邮政法》的修改，帮助快递企业打赢难缠的官司，成为快递业有名的"金大状"。

一直以来，从事邮政事业都是人们心中的荣光。这种荣誉感在很多地区，经过几代人的传递至今仍有余温，金国治提起几代邮政人依然充满自豪。

毛泽东主席曾经把邮电通信比作党和国家的神经，并亲笔题名"人民邮电"。1977 年 8 月 7 日，《人民日报》头版刊发的一篇题为《努力实现邮电通信现代化》的文章指出，国家要实现四个现代化，邮电通信应该首先实现现代化。"首先"二字，可见其重要。然而在后来的历史当中，邮政这个国家的神经系统甚至一度被邮政自己忽略了，它不像吃穿住行般硬朗明确地影响着人们的生活，就像得了抑郁症的人，大多数人并没有把他当成病人。对他的医治即便有先知也往往因为病人自身的后知后觉而拖延。总觉得哪有什么问题，但是又不能确定问题出在了哪里。于是，关于这个国家神经系统的改革，从国家层面、体制内部、民间自发等多个角度不约而同地开始尝试了。

《人民日报》所代表的国家意志提出的解决方案就是"实现现代化"。现代化的绝大多数技术，都是西方的，这在当时反对"崇洋媚外""技术挂帅"等"文革"思想环境中，无疑为邮政电信到底要不要改革、怎样改革的讨论吃了一剂定心丸。

可是要想改变落后的局面，快速实现现代化，对物资设备、资金、人才等各方面的需求可谓不小，当时邮电系统广泛宣传学习的先进典型延寿县邮电局，依靠自己的努力提出了"一不等，二不靠，三不伸手向上要，自己动手变面貌"的方式来实现"四化"。当时所理解的"四化"即电话自动化、电路载波化、电报传真化和投递摩托化。其中，关于邮政的现代化表述，只有摩托化这一条。这一带有鲜明时代特征的摩托化后来始终没有实现，取而代之的是快递从业者为"三轮车"路权开展的一系列保卫战。

1978 年前的中国邮政，被老百姓称为"银饭碗"，那个时候的"不愁吃喝"绝对不是一句空话。别的行业每月 40 元，邮政员工则有80 元左右的工资以及分房和其他福利，并且不会失业。能够成为邮政的员工，哪怕是一名普普通通的邮递员，也可以骑上一辆绿色自行车，就相当于现在刚上班单位就给配一台轿车一样，是一种极大的荣耀。

然而时代的巨轮从 1978 年中国的改革开放开始，就已经启动，"铁饭碗"的游戏规则即将被打破，邮政这个"银饭碗"，更要在改革的熊熊烈火中重新锻造。

　　加快建设和发展已经是火烧眉毛的事情，邮政仅有自办局所35 300多处，邮路总长度为486万多公里，邮政系统只有生产用房100多万平方米，火车邮厢372辆。彻底处于手工1.0时代的中国邮政，系统缺乏活力，基础设施建设长期停滞不前，从营业收寄邮件到市内转趟盘驳，从内部分拣处理邮件到长途运输装卸，基本上是依靠人的体力劳动来完成的，属于典型的劳动密集型企业。营业员上班是"五个一"（一张桌子、一把椅子、一个算盘、一只日戳、一支笔）；分拣员上班，包裹分拣员弯腰低头封发摆地摊，信函分拣员不停地塞信格。局里最多的是自行车，投递员每人一辆；还有一些汽车是用来运输邮件和报纸的；内部处理只有几台胶带传输机，主要用于邮车装卸。

　　除了设备落后，思想上的禁锢也束缚着那个年代的邮政人。虽然"文革"已经结束快两年，但此时的邮政部门仍然受到计划经济体制的严重束缚，只算政治账、不算经济账的"左"的思想影响未得到很好清除，不敢讲经营、讲赢利，不敢放手发展业务。1978年3月24日，李先念副主席在听取全国企业扭亏增盈工作会议汇报时，对邮电企业全行业亏损问题做了要"算算账"的指示。在此前的1974年和1976年，邮电全行业两次出现亏损，第一次亏损596万元，第二次亏损3 062万元。其中，为保障边防通信、机要通信、少数民族地区和大山区通信而产生的政策性亏损，是导致全行业亏损的重要原因。

　　邮政行业迫不及待需要一场"革命"：澄清路线是非，解放思想，转变观念，以振奋的精神迎接即将到来的科技革命。

　　这年10月，李先念针对邮电部门存在的问题，明确指出：邮电落后，当务之急，是大力整顿现有企业，整顿领导班子，整顿队伍，整顿机关，整顿业务工作，整顿规章制度，整顿组织纪律。整顿，成为此后一段时间内邮政部门各项工作的"主题词"。

江明发、赵宁们通宵达旦，更加繁忙。

没有哪个年代的人比那个时候的人更争分夺秒、踌躇满志，他们想要拼命弥补逝去的青春和模糊的理想。这种时代感，在后来崛起的快递业诸位大佬身上又被重新定义。这年，生于湖北天门的年轻人陈平，刚刚穿着绿色的军装进入部队的大熔炉；而16岁的浙江宁波人周韶宁，少年聪慧，考入上海复旦大学计算机系，开启了人生的一片新天地。但对于他们中更多人来说，1978年更像是一个模糊不清的存在。作为创业者主体的他们，大多生于70年代，尤其以1970年为盛，当改革开放的春风吹遍神州大地的时候，他们才踏入小学。而有的，刚刚蹒跚学步。但从1978年开始，他们就被牵涉进这个波澜壮阔的奋斗时代。

这个时代的最大特点是不辜负人，它不断地磨炼我们，磨炼每一个试图改变自己命运的平凡人。

这年8月，在广东省顺德容奇镇，这个与快递业紧密相连的地方，与香港大进制衣有限公司成立了"大进制衣厂"，开启了后来遍地开花的"三来一补"（工厂的产品样式、原料和设备均由境外运来，生产出来的产品再以补偿贸易的方式出口，内地劳工和政府收取一定的加工费）的时代，成为20世纪90年代快递业启蒙的动力和快递业务的最主要来源。《顺德志》用直白的文字记录了这段历史：大进制衣厂成立，中国最早的"三来一补"企业。虽然王卫在后来容奇港出发的回忆中，已经不记得大进这家企业，但"三来一补"这个专有名词，成为第一代快递人最深刻的记忆，支撑着他们走过当初兴奋而曲折的创业年代。

就在城市和乡镇的热闹复苏中，偏居一隅的农村农业革命也正在发生。以严宏昌为首的 18 个平凡的小人物，在安徽省凤阳县小岗生产队的一间破草屋里，神情紧张地按下了鲜红的手印，这些衣衫褴褛的农民以"托孤"的悲壮，签订"大包干"的生死契约，拉开了改变中国亿万农民命运的改革大幕，开了家庭联产承包责任制的先河。1978 年以前远近闻名的"吃粮靠供应，花钱靠救济，生产靠贷款"的"三靠村"，当年实现粮食大丰收。

这种联产承包责任制的形式，为后来的民营快递企业初期走向大江南北指明了道路，并且根据快递业的语境特点，衍生出"加盟制"这一后来既被充分肯定又搅进了无数是非的发展模式。

2016 年 4 月，中共中央总书记习近平在安徽小岗村考察时这样说道，小岗村发生的翻天覆地的变化，是我国改革开放的一个缩影，看了让人感慨万千。实践证明，唯改革才有出路，改革要常讲常新。

常讲常新的小岗村，也在时光流转中又一次站在了农村改革的前沿，严宏昌和他的家人，做着农村电商，成立快递网点，代收快递包裹，带动着当地电商发展，丰富着"改革第一村"乡村振兴的生动图景。

1978 年 12 月 18 日，十一届三中全会重新确立了"解放思想、实事求是"的思想路线，做出了改革开放这一"决定当代中国命运的关键抉择"。

改革的种子，伴随着思想的破土而萌动、激发、壮大。这年冬天，中国开启了通往春天的大门，从 1978 年再次出发的中国，开始创造震撼世界的"中国奇迹"。

海不择细流，故能成其大；山不拒细壤，方能就其高。一旦思想开闸，解除了羁绊，即从潺潺细流汇聚成滚滚大潮。

每个人都开始不停地往前走，把自己放在整个时代里跳跃，奔腾出热气腾腾的人生。

/ "领头人" 严宏昌 /

　　严宏昌是因改革"走红"的 18 位庄稼汉之一。2018 年 12 月 18 日，他和乡亲们作为改革开放表彰对象，在人民大会堂，被授予"改革先锋"奖章。

　　安徽凤阳小岗村 18 位庄稼汉的 18 个鲜红的手印，成为中国改革开放历史的一部分。1978 年冬夜，他们托孤求生、立誓为盟，签订"秘密协议"，按下鲜红手印。18 枚红手印催生了后来的家庭联产承包责任制，最终上升为中国农村的基本经营制度。

　　这个被记录为拉开中国农村改革大幕的故事，让邮政业感受了改革开放风气之先，汲取了不墨守成规、要蹚出一条新路的养分，内化在了这个行业 40 年发展的血脉里。在新时代里，严宏昌们的故事还有了接力奋进、创新创业的新篇章，由此，跟邮政业有了交集。

　　2014 年，在严宏昌的召唤下，大儿子严余山第三次回到小岗村创业。这一次，他带回了电商，也把快递带回了小岗村。严宏昌按下红手印托孤的那年，严余山才 5 岁。严余山是小岗村第一个外出打工的人。

　　由于种种原因，小岗村"一夜越过温饱线"，却"几十年没进富裕门"。已经 79 岁的严宏昌说，如今小岗村的农业生产已经稳定了，但经济发展还得靠再努力。"小岗村 18 户的下一代，要做好表率，为小岗村未来发展打好基础。"

父亲没有做完的事，严余山正在接着做。他有了一个新的身份——小岗村党委委员，主抓青年工作、脱贫攻坚和产业发展。"改革开放 40 年了，小岗村还没有富裕起来。小岗村的发展需要一辈一辈地传承，我有责任，也有义务把自己的资源带回来，开拓一条新的道路。"

严余山回乡后，发现村里的老百姓对互联网是陌生的，他们上网会买不会卖，会买的人也不太多。村里产的五谷杂粮，除了口粮外还有富余，这些东西在一线城市想买也不好买到，在这里想卖却很难卖出去。

严余山考虑把闲置的农产品变成资本，便在小岗村第一个开起了淘宝网店。如今，在他家的创意礼品店门口，挂上了一块更大的牌子——"凤阳快递物流便民服务中心"。这个店现在主要是大儿媳张静在打理。店里不时有村民们进进出出，前来取快件或寄快递。门店一半的空间，被用来存放快件。来取件的群众只要报上手机尾号，就可以在货架上快速找到包裹的位置。遇上人多的时候，严宏昌也会到店里帮忙，收发快件的操作对他来说早已轻车熟路。他说："做这些都是为了方便群众。"

严余山说，小岗村过去的改革已成历史，而未来要更好地发展、创新才能有所突破，唯有改变传统农业，依靠科技创新，通过"互联网+"大包干，走上致富路。

纪念改革最好的方式，就是继续改革。

1979，万物生长

1979 年 1 月 1 日，中美正式建交，国际战略格局发生翻天覆地的变化。个体的命运被直接置于其中，周韶宁的人生轨迹在进入大学的第一次改变之后，获取到第二次转折机会。这一年的刘建新，正在山西大学政治学系秉烛研究哲学，没想到之后因为仗义执言，以"二刘"的标签，成为很多人回忆快递发展史时必须提及的人物。

这年 2 月，760 万上山下乡的知青大军，如潮水般返回他们当年出发的城市，就业问题成为当务之急。中共中央、国务院迅速批转了第一个有关发展个体经济的报告，报告称"各地可根据市场需要，在取得有关业务主管部门同意后，批准一些有正式户口的闲散劳动力从事修理、服务和手工业者个体劳动"。"个体户"成为热词，中国个体经济时代开启，中国经济民营化的必然性得到论证，中国民营经济的合法地位在此刻被确认。

十几年后，中国民营快递企业发展起来时，依然遭受了"生与死"的被抉择，法律上缺乏保障，业务上遇到阻拦，经营受到抵制。但在经济发展的潮流之中，民意始终得到尊重，尽管磕磕绊绊，依然在每一个春天勃发出不竭动力，新的财富故事不断诞生，书写和改变着中国新经济模式的传奇。

在 2018 年 11 月 1 日召开的民营企业座谈会上，习近平总书记给所有民营企业和民营企业家吃下定心丸，支持民营企业发展并走向更加广阔的舞台。我国经济发展能够创造中国奇迹，民营经济功不可没！民营企业发展中的困难、前进中的问题、成长中的烦恼，一定能在发展中得到解决。在这之前，总书记在东北三省考察时重申两个毫不动摇，在给受表彰民营企业家的回信中明确提出任何否定、弱化民营经济的言论和做法都是错误的，在广东考察时提出要为民营企业、中小企业发展创造更好条件……

一切都在转变，看似是时间的偶然，更多是蓄积的必然。

1979年3月，作为中国从计划经济到市场经济的经济体制改革中必不可少且至关重要的一项措施，价格体制改革开始进行。如何既着眼长远，建立一个真正的市场价格体制，又尊重历史平稳过渡，成为此后多年价格改革思路的走向。

面对1979年经济和社会变革掀起的汹涌大潮，中国的邮电通信业，首先需要解决的问题是重新进行自我认知与定位的问题。这不但是邮电通信行业需要解决的首要问题，也是国家在新的经济发展中需要解决的重要问题之一。这个问题得不到明确、彻底的解决，有关邮电通信发展的一系列如投资、技术、场地等相关紧急和重要的问题，都不可能得到真正解决。并且，对于处于改革开放、迅速发展时期的中国邮电通信来说，这种重新认知也是长久的，而此时的反躬自问，还仅仅是开始。

当年3月30日到4月23日，中共邮电部党组根据党的十一届三中全会所做的把工作重点转移到社会主义现代化建设上来的决策，在国务院第二招待所举行了第十七次全国邮电工作会议。这是邮电发展史上极为重要的一次会议。余秋里、王震、谷牧三位副总理出席会议，并在闭幕式上接见了会议代表。全国各省、市、自治区邮电管理局一级行政和工会负责人以及部机关负责人共300余人参加了会议。这次会议把邮电工作从"以阶级斗争为纲"转移到以通信为中心，实现通信现代化，更好地为社会主义现代化建设服务上来，结束了1976年10月以来邮电工作的徘徊局面，被誉为中国邮电系统的"十一届三中全会"。

因受"文革"冲击去职的王子纲，重回邮电部担任部长。年近七旬的王子纲在会上做了题为《坚决贯彻党的十一届三中全会精神，正本清源，拨乱反正，为实现邮电工作重点的转移而奋斗》的工作报告。报告着重指出："保证党和国家以及人民群众的需要，是邮电部门的根本任务；加速改变当前的通信落后面貌，保证社会主义现代化建设的通信需要，更是当务之急，是邮电部门最大的政治。"

这次会议的重要收获，是从理论上明确提出"邮电通信是社会生产力"的观点，并对邮电通信的性质、任务、地位、作用和方针政策等做了系统的阐述，"十年动乱"中被搞乱的一些问题得到澄清。为实现工作重点的顺利转移，邮电部要求各部门立足于现有基础，进行挖潜、革新、改造、补齐，迅速增加通信能力。

以此为起点，邮电部门开始真正把工作重点转移到以通信建设为中心，实现通信现代化，更好地为社会主义现代化建设服务上来。第十七次全国邮电工作会议还没结束，4月20日，邮电部就向国务院上报了《关于调整邮电管理体制问题的请示报告》。6月28日，国务院以国发〔79〕165号文件批转了这个报告。

在邮电部报告和国务院文件中，出现了很多第一次：第一次明确了对邮电管理体制实行邮电部和省、市、区双重领导，以邮电部为主；第一次明确了邮电通信是国民经济的先行部门，必须优先发展；第一次明确了要尽快改变我国邮电通信的落后面貌，必须充分发挥中央、地方和企业的积极性；第一次明确了市内电话要纳入城市建设规划，由中央和地方共同投资建设；第一次明确了市话建设可以适当增收用户安装费……这些思想为以后的邮电政策发展奠定了理论基础，为理顺邮电管理体制，给即将来临的邮电大发展提供了体制保障。

百乱待理。当年 5 月，邮电部根据中共中央 4 月提出的"调整、改革、整顿、提高"的方针，制定了《邮电部三年调整规划纲要》。邮政落后，邮政通信企业全行业亏损；邮电工业放任自流，邮电技术落后，邮电教育遭到严重摧残，面对行业的困境，这个邮电部门三年调整任务的奋斗目标中明确提出，重点解决 22 处邮政生产急需用房共 10 万平方米，以缓解邮政工作场地紧张的局面。

1979 年年初，邮电部党组决定在办公厅设立"政策研究室"，开展邮电理论及方针政策研究，从邮电理论上拨乱反正，用正确的理论指导邮电建设实践。不久，"政策研究室"升级为正厅局级单位，后又更名为"政策法规司"。同年，在邮电科学研究院成立了"邮电经济技术研究中心"，开展邮电经济技术理论研究工作，跟踪国际通信理论发展，指导国内实践。4 月，部党组机关报《人民邮电》报复刊。此后不久，探讨邮电经济与管理的《邮电企业管理》杂志也正式出版。

两个理论研究机构成立和一报一刊出版后，立即开展了"邮电必须优先发展""邮电的商品经济属性""邮电是社会生产力""邮电的社会效益""邮电的多种经济成分""邮电通信必须对外开放"等重大理论课题的研究。一大批具有较高理论水准和深度的邮电理论文章陆续见诸报端，特别是中央一些权威报刊经常以重要版面和较大篇幅刊登，邮电理论研究出现了从未有过的繁荣景象。

帕斯卡尔说，由于空间，宇宙便囊括了我并吞没了我，有如一个质点；由于思想，我却囊括了宇宙。

思想的解放在各个领域迅速迸发，当年 6 月 9 日，中国邮票总公司成立，并在北京、上海等城市成立了邮票分公司，积极筹办集邮业务，以满足千万集邮者压抑已久的集邮热情和欲望。报刊发行工作也突飞猛进，成为思想解放运动中的一支重要传播力量。1979 年复刊的《大众电影》杂志，曾经在 20 世纪 80 年代初创下 965 万册的发行神话，至今在全世界无人超越，邮政的递送体系在杂志发行当中功不可没。

除了这些商业报刊，邮政仍然是国家意志的传达者。为了能够把党报党刊在早上 8 点上班前就送到领导的办公桌，邮政在那个时代就尝试与上游无缝对接，把服务延伸到印刷厂。这与后来电商时代的"仓配一体"如出一辙。对邮政来说，任何物质载体的传输都有赖于它的那张物流网络，这是邮政四通八达、心系万家的基础。那么同样是实物，报刊可以送这么快，为什么商业包裹的配送效率就始终不高呢？

在此后的很多年里，这成为横亘在邮政发展面前的一个问题，外资快递、民营快递更在其中寻到商机。

改革开放甫一开始，中国就表现出了融入世界经济的决心和信心，外向型经济得以迅速发展。刚刚苏醒的中国，把近在身边的日本作为第一个学习的对象。1979 年，邓小平访日，日本公司投资中国的热情被激发，日本商品风靡中国，这一年各种与日本公司的合作、合资新闻不断进入人们的视野。中外双方的商业文件、银行票据和各类相关文件的相互递送，成为中国借助外资快递链接本地工商业与区域市场、全球市场和国际供应链的刚需，国内商家迫切需求，国外用户希望引进快递服务。

灵敏的国际资本窥见先机，这年 6 月，经当时中国的外贸部和海关总署批准，OCS（日本海外新闻普及株式会社）率先与拥有国际货运代理权的中国对外贸易运输（集团）总公司（以下简称"中国外运"）签订了中国第一个快件代理协议，以国际货物运输代理企业的身份进入中国，中国外运代理将OCS出口中国的日本报刊及商业函件递送给日本驻华机构和企业，在当时中国资讯尚不发达的情况下，提供日刊的寄递服务不仅仅是一项新的业务来源，也有助于中国外运及时了解日本国内、国际的市场信息，对于经营管理也起到支持作用。

此后，DHL（敦豪航空货运公司）、TNT（快递公司，总部位于荷兰）、FedEx（美国联邦快递）、UPS（联合包裹速递服务公司）等接踵而至，同样找到了中国外运作为代理支持其快递服务。中国外运在快递领域的知名度不断攀升，几乎是早期外国快递公司进入中国的唯一通道，也是开放的最初模式。中国外运先后与其他跨国快递巨头达成快递代理协议，并不断升级为合资形式，在 20 世纪 80 年代有着"一女四嫁"的传奇，成立于 1950 年的中国外运成为国际快递圈的"当红炸子鸡"。

但在当时，快递服务这一新生事物主要服务于中国的对外贸易，密切接触的客户是在华三资企业，一般国内群众使用和了解有限，可谓是"旧时王谢堂前燕"，离飞入寻常百姓家距离尚远。而且此时特定的政策、体制以及经济和人文环境，决定了快递业在中国发展的曲折性和必然性，后期民营快递的发展，也同样复制了这样蜿蜒盘桓的历程。

而承载着从国外吸引资金、引进先进技术职能的中国国际信托投资公司顺势成立，简称"中信"（CITIC），在相当长一段时间里，它扮演了中国引进国际资本的中介角色，并在以后的发展进程中不断调整方向，和快递业发生了千丝万缕的联系；同样产生联系的还有天字第一号大企业"招商局"，清末重臣李鸿章于 1872 年奏请清廷创办的招商局，虽然职能多次改变，但招牌却一直保留，并且和中信一起，加入到快递业当中。

这一年，在中国人的记忆中，有一个词语叫"特区"。当年 7 月，中共中央、国务院同意在广东省的深圳、珠海、汕头三市和福建省的厦门市试办出口特区。7 月 8 日，一声开山炮响之后，中国第一个外向型经济开发区——深圳蛇口工业区基础工程破土动工，这是招商局第二十九任常务副董事长袁庚一生中最得意的作品。半年后，深圳特区开始建立。1980 年 5 月，这四个出口特区改称为经济特区。经济特区犹如人体被打开的经济细胞，开始被激发膨胀迭代，成为中国对外开放格局中的龙头，带动开放的区域由沿海开放城市、沿海开放区，逐渐深入到内地。中国经济从此开启面朝世界、春暖花开的奋斗疾行历程，撬动了中国旧体制的巨石，打开了对外开放的大门，实现了中国 20 世纪最后 20 年间的历史大跨越。

这年 12 月 6 日，邓小平会见了来华访问的日本首相大平正芳，就中国实现四个现代化的问题回答了大平正芳的提问，提出了在中国实现"小康"的发展目标。

"民亦劳止，汔可小康。"在《诗经》中即已出现的"小康"一词，在不同时代虽然承载的内容不同，但成为人民追求幸福美好生活的奋进目标。

万物生长，肆意张扬。

这年 10 月，小岗村打谷场上一片金黄。

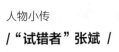

/"试错者"张斌/

张斌再一次消失了，与 2006 年离开中国外运之后一样，他的动向成谜。

2014 年 8 月，增益速递一周年之际，张斌离开中国外运近 9 年后首度公开露面接受记者专访。这也是他复出之后为数不多的一次露面。

张斌一直有着一个"物流帝国"的梦想，不管是在中国外运还是日后加入联想，但结局却近乎一致，均遭到了"毁灭式"的打击。

从基层一路摸爬滚打攀上巅峰，使得张斌对海运、空运、陆运及物流业务十分精通，并且因为在美国学习多年，其眼界和胸怀亦远超常人。2005 年之前，接过罗开富中国外运总裁的权杖，张斌在集团内部进行了大规模的改组、裁员和制度变革。他试图将中国外运构建成一个"物流帝国"，完成从传统的外贸运输企业向现代化综合物流企业的转轨。

他把目标瞄向了国内快递企业。然而，随着国资委的介入，收购申通快递宣告失败，张斌的"物流帝国"梦随之破碎。雪上加霜的是，在毫不知情的情况下，他年底突然被就地免职。此后 9 年间，唯一能够查到的行踪还是 2011 年，他出现在了联想控股集团高管的名单中，随同柳传志外出调研。

2013 年 6 月，"增益速递"注册成立。成为联想控股成员企业的增益速递以低姿态进军快递领域，其幕后"掌舵人"正是许久没有露面的张斌。撕去中国外运的标签，他的身份此时变成了联想控股有限公司副总裁、增益供应链有限公司总裁。但张斌缺席增益速递的成立仪式，而且此后鲜少发声。

增益速递的成立，印证了张斌对"物流帝国"这个梦仍然心存希望。2011 年开始，联想经过两年的调研，选中了 1993 年就已经成立的全日通快递，进军快递市场。尽管与申通、顺丰等同时起步，但全日通快递发展多年后仍以华南市场为主，在全国排名也并不靠前。2005 年开始，全日通就一直想发展全国网络，但多次尝试最终都失败了。张斌的出现，给了双方一个共同圆梦的契机。

当梦想照进现实，张斌在新的平台上又开始了一番大刀阔斧的改革。增益速递彼时在全国各地气吞山河的收购之势颇符合他的风格。

2013 年 5 月 8 日，增益速递收购广东全日通快递，开启华南；7 月，收购苏州昊盛物流，涉足华东；8 月，控股北京飞康达物流，谋求华北；9 月，将山东 D 速快递收入麾下，直指山东；到 2014 年 5 月，增益速递已经完成全国网络的搭建。当年"双 11"期间，增益速递的订单量首次突破 50 万票/天，被认为是快递业的"黑马"。

然而，梦想之路荆棘丛生。在外界的一片哗然中，2015 年，增益速递宣布暂停华东区业务，此后逐渐消失于江湖。

张斌，再次销声匿迹。

1980，开闸放水

1980 年 12 月，温州的气候与往常一样，已酝酿着冷暖交替的暗潮，却远比不上温州人心中冷暖感知的变化来得那么强烈。大家已经明显地感受到来自北京的党的十一届三中全会那一股超强暖流即将席卷华夏大地。2018 年，在工商行政管理岗位上工作了 40 年后，即将退休的宋乘风在自述中这么说。

1980 年 12 月 11 日，卖纽扣的 19 岁温州姑娘章华妹，如愿以偿地从温州市工商行政管理局领到了第一张"个体工商户营业执照"——工商证字第 10101 号。章华妹的第一张营业执照，就是当时温州市工商行政管理局东城所刚参加工作的办事员宋乘风用毛笔工整填写的。在那之前，他工作的单位就叫"打击投机倒把办公室"（即"打办"）。改革开放了，"打办"变成了工商行政管理局，依法办事，推进商品生产和交换。

这些是大历史之中的小人物，在社会或者历史的狂风里，个人就像是一株野草，每一次风过去后，它会重新站起来。

安徽小岗村的 18 位农民，用摆脱贫困的朴素愿望，追寻着如何突破制度的藩篱。这些没有看过多少红头文件，也不相信肯下力气还能把人饿死的小人物，从看似边缘和底层的位置攀爬而出，没有高深的理论，没有渊博的学识，只是吃饱饭、过上好日子的最朴素愿望，激发出了敢为天下先的原始动力。

这年春天，踌躇满志的邓小平说，在解决了政治路线和思想路线之后，今后的工作要着重研究经济体制改革。

　　1980 年，国务院将深圳、珠海、厦门、汕头设为经济特区。8 月 26 日，全国人大常委会颁发了《广东省经济特区条例》，对外宣布在广东省的深圳、珠海、汕头分别划出一定区域，设置经济特区。"特区"的叫法起意于 1979 年 4 月中央经济工作会议上习仲勋代表广东省向党中央提出的建议，与其跑到香港，不如引进外资，在深圳建立加工区。后来邓小平提出，就叫"特区"。

　　原本只是毗邻香港的一个小渔村的深圳，虽然没有钱，但有了特区的政策，深圳人开始了社会主义经济体制下的市场经济探索和实践，按照邓小平的要求，"杀出一条血路来"。

　　这个边陲小镇，几乎是在一夜之间就热闹了起来，蛤蟆镜、大墨镜、录音机等都通过这里流向全国。当时中国是计划经济与市场经济双轨并行的态势，因为深圳把价格放开了，生产资料、生活资料都流向这里，新事物开始涌现，深圳的市场活了，企业也焕发了生机，人们的情感开始迸发。

　　"喇叭裤子像裙飘，花格衬衫扎外腰，蛤蟆镜上贴商标，头发烫得像羊羔。"大街上的人，似乎一下子就膨胀起来，渴望彰显个性的城市青年，用以各种方式方法淘换来的奇装异服，恣意地挥洒着青春。

　　1980 年，有些特别。有媒体 2018 年以《改革开放 40 年，这 40 个"第一"彻底改变了中国》为题，列举 40 年来对中国经济发展而言"掷地有声"的大事件。1980 年，像开办第一个经济特区，章华妹捧回第一张"个体工商户营业执照"这样的重量级大事件，还可以轻而易举数出两件：中国第一家中外合资企业——北京航空食品有限公司被批准成立；我国第一条彩色电视机生产线在国营天津无线电厂建成并投入试生产。

这四桩透出"春江水暖"气息的中国改革开放大事件的震撼，是通过一份EMS快件传导到中国邮政业的。据中国邮政速递物流公司原总经理袁国利回忆，1980年7月15日，中国第一封EMS快件是从新加坡寄过来的。

当时中国与世界各国的工商贸易往来日益加强，国际文件资料、商品货样交流也迅速增加。现代商业性文件、货样、科技资料的往来，十分注重时间的紧迫性。事实上，像结账支票、契约合同等时间性很强的资料文件，更是需要争分夺秒。一旦耽误，其损失无法估计。为了加快文件、资料的传递速度，满足国内外用户对邮件的时间要求，邮电部决定暂时先在北京、上海、天津、广州、福州、深圳6个市邮局开办EMS。

当时开办的文件也与各国交换完了，但好长时间没有消息，也不知道有没有往中国寄的。等了半个月，大家都快忘记了。结果在7月15日这天，在位于雅宝路的北京邮政国际局，分拣班发现一封来自新加坡的国际邮件，这显然不是一个常见的信封，因为上头有EMS字样。还是分拣班的班长反应过来了：这是不是就是前段时间通知里提到的EMS？一看，果然是。收件人在海淀区。派送环节相当隆重，当时去了4个人投递，因为大家都感到无比新奇。

这是第一封EMS。自7月15日起开办特快专递业务以来，广州对香港试封快递专袋，8月开始正式和香港办理快递业务，到当年年底，广州、深圳邮电局已和9个国家、1个地区办理快递业务。自1981年10月1日起，这项业务又扩大到大连、哈尔滨、沈阳、杭州、南京、西安、武汉、长沙、青岛、秦皇岛10个城市。开办初期，国际特快专递业务量不是很大。

其实，快递的出现可以追溯到更早。20 世纪 70 年代初，快递这一业务在各国邮政和非邮政的物流企业几乎同时起步，邮政的快递叫 EMS 特快专递，非邮企业做的则叫快递。国际邮政 EMS 是在 1973 年，由美国、意大利、法国和德国 4 个发达国家的邮政企业率先做起来的。

而对全球而言，快递起源于草根创业者的共同天赋——在市场萌芽中超乎寻常的商业直觉。最开始的时候，一位美国小伙子发现船上有人想给陆地上的人寄东西，他委托中途下船的人跑腿代寄，这个小伙子就是后来 DHL 的老板，当时他还是个学生。然后这个嗅觉灵敏的年轻人就和他的小伙伴抓住机会将这项业务发展起来了。也就是在 1969 年，在尼尔·阿姆斯特朗迈出伟大的登月第一步的几个月后，三个合伙人（达尔希、希尔布卢姆和林恩；Dalsey，Hillblom 和 Lynn）在一起迈出了一小步，这一小步对全世界的商业运作方式产生了深远影响。一开始，几位创始人自己乘坐飞机来往于旧金山和檀香山之间运送货物单证，这样就能够在货物到达之前进行货物的清关，从而显著缩短在港口的等待时间。当年，DHL 开设了他们的第一条从旧金山到檀香山的快递运输航线。

无论如何，尽管 1980 年的中国离世界还有点遥远，但这一年中国外运这家中国最大的国际货运代理公司，探索着打通中国同外界通联的"任督二脉"。这一年，中国外运在我国进行了挂式集装箱的首次试行，在满足货主的个性化需求方面迈出了第一步。开辟了经苏联西伯利亚铁路大陆桥通往欧洲、中东等地区的大陆桥运输方式，并率先在我国开办了国际多式联运业务，首次实现了一票到底的门到门服务。

中国改革开放一路向前，改变着中国，改写了中国与世界的关系，也正是在这种改变中，包括中国快递在内的各行各业找到了与外界，乃至与世界联系的接口，找到自身发展、壮大、进阶的原生动力。

中美建交的次年，1980 年 9 月 17 日，中美签署了民用航空运输协定，两国空运企业从此开始经营中美航线。此后中国又先后于 1999 年、2004 年和 2007 年分别与美国政府签订新的《中美民用航空运输协定》，航空运输市场双向开放程度不断提高。直至 2011 年，两国航空货运市场过渡到全面开放。

彼时，集海、陆、空国际货运代理业务为一体的中国外运代表的中国公司的向外拓展也在悄悄进行。1980 年开始，中国先后在美国组建了华运公司、华美航务公司；在加拿大组建了中国外运加拿大公司；组建中国香港的宏光发展有限公司、威林行业有限公司等 4 家独资子公司。建立的合资公司共有 19 家，在国外注册的控股公司有 8 家。

这个时期，国务院高层也开始给予邮电空前的关注。

1980 年 7 月，国务院第四会议室。室外是北京异常的高温，室内是关于国民经济建设基础设施发展的一场热烈探讨。邮电部召开了第十八次全国邮电工作会议，决定制定邮电十年发展规划。会议期间，国务院安排了这场邮电部汇报。

对于邮电部门来说，八位副总理一起听取工作汇报，前所未有。

事后，外界很难从公开的信息中得到这次会议的相关表述。这个务虚性质的会议，未形成决策性的正式文件，也未被新闻媒体报道，但国家高层对于通信发展关注的高规格、大气势尽显无遗。

受到如此高规格关注，却是因为行业的落后。1980 年在北京、天津、上海及各省会城市进行的调查显示，每一个邮政局所服务面积在

9 平方公里以上，邮政自办局所过少，代办机构又未发展，公众用邮很不方便。而且当时不少局所房屋破旧，场地狭小，设施不足，特别是城市老市区的邮政分支机构房屋多系新中国成立前建造，几十年来邮政业务量大量增长，而工作场地增加不多，影响了服务质量。曾主管过通信的谷牧副总理用过一个比喻揶揄当时的落后，他说，邮电是国家的神经，可现在邮电通信的神经衰弱比我的神经衰弱还严重。

国家领导人对邮电工作做了十分重要的指示，明确提出邮电通信是基础结构，是"先行官"。当前邮电通信严重落后，是国民经济薄弱环节中的最薄弱环节，已经影响了国民经济的发展。邮电部门的紧迫任务，是要用较快的速度改变落后状况，尽快适应四个现代化建设的需要。

8 月 1 日，一艘有着绿色船身、白色上层建筑的漂亮轮船，出现在渤海海峡。我国第一艘海运邮轮"鸿雁一号"在辽宁大连至山东烟台之间正式开航，运载邮件。旅大邮电局负责邮运工作的同志说，东北的山东人很多，逢年过节有大量土特产包裹寄往东北，入冬后每天多达数千邮袋。过去靠委办船只带运，承担不了这样大的运量，使烟台收寄的成千上万袋包裹被积压，经常要堆放在大街上。现在有了自己的邮轮，这只"鸿雁"一次就能装运邮件一万袋，那种情况不会再出现了。

"鸿雁一号"折射出邮政人转变思想观念、改变落后面貌的努力。跟过去只靠委办相比，用自己的船，一年能省下 20 万元运费开支。再利用余载运货的话，每月还可以收入 1 万元左右，从经济效益上讲也是合算的。

20 世纪 80 年代，尽管基础设施有限，但业务需求是"刚需"，老百姓的用邮需求被极大释放，邮政的发展用"高歌猛进"来形容一点不为过。经历了新中国成立 30 多年来的发展，各类邮政业务量均有较大幅度的增长：1980 年，函件收寄 331 271.1 万件，比 1949 年增长 5.5 倍多；包裹收寄 7 153.2 万件，增长 25.8 倍多；汇票年开发 13 557 万张，增长 30.3 倍多；订销报刊期发数为 16 431.3 万份，为 1979 年的 129.6%；订销报刊累计数 1 709 760.2 万份，为 1979 年的 106.4%。

此时的邮政，对改革和开放，既有外在需求，也有内在渴求。而唯有改革开放，才能让战斗力和活力迸发的闸门开启。

2017 年，深圳海上世界蛇口文化艺术中心广场上，一位我们熟悉的老人袁庚正神采奕奕地向我们"走"来。袁庚先生的雕像，面向大海、阔步前行，这位充满激情的理想主义者、中国改革开放标志性人物仿佛在说："向前走，莫回头。"

人物小传

/ "善舞者" 吴东明 /

守还是拓，每一个历史节拍他都踏在刚刚好的节点上。

命运的脉络总是充满巧合。1986 年，天津人吴东明刚刚毕业，作为北二外的高才生，外语能力自是不在话下，所学专业又是对外经济技术合作，他顺理成章地被分配到中国对外贸易运输集团总公司，负责与跨国快递企业合作和开拓中国市场，而四大国际快递之一的 DHL 也正是这一年与中国外运合资成立中外运敦豪。数年后，吴东明正式成为这家合资公司的掌门人。

冉冉升腾的中国市场从神秘走向开放，吴东明是见证者，也是受益者。"中外运敦豪有幸在过去的 30 年里见证了中国经济的腾飞以及物流行业的崛起。"他在 2016 年公司 30 周年庆典上说。

"而在起步的时候，我们只有三间小办公室，两部作业车辆。"吴东明在工作近 10 年后到合资公司任职时，合资公司在中国只有 21 个分公司，大部分公司只有几辆派送车，办公室面积也不过几十平方米，其业务量在亚太区 40 多个国家的排名处于 20 名开外。

吴东明纵横捭阖，颇为"善舞"，且舞有章法。他不急于开拓市场，而是先"慢下来"，梳理流程规范，调整内部结构。他说："我始终将合资公司看作是我自己的公司，从长远目标出发，思考公司的发展前景、战略和举措。"也正是这样的冷静果敢，在 1997 年的亚洲金融危机和 2008 年的全球金融危机中蛰伏，才有了中外运敦豪后来的平稳落地，大举开拓。从 2004 年到 2014 年，中外运敦豪的业务收入增长了 3 倍。

在企业进入平台期增速放缓时，又一轮的调整再出发在酝酿。他实行一元化管理体制，扩大服务网络，在主要市场进行直营，在中国加入世贸组织后的更加开放的频繁国际贸易往来中勇于开拓。

2003 年 2 月，DHL 斥资 5 700 万美元购买中国外运 5% 的股权，成为中国外运最大的外国股东，2006 年更是出资超过 9 亿美元在大中华区推行"中国优先"战略。2012 年 7 月，DHL 在上海正式启动投资 1.75 亿美元建成亚洲最大快递转运中心——北亚枢纽。相当于 13 个足球场大小的 DHL 北亚枢纽最大处理能力可达到每小时 2 万个包裹及 2 万份文件。

在他的带领下，中国区被 DHL 升级为一个独立运营区域，与欧洲、美洲、非洲撒哈拉以南地区、中东、北非和亚太地区齐头并进，成为 DHL 快递的第七大区域。

随着国际快递市场的开放，国际航空快递竞争空前，国内快递市场繁荣，这时候冲刺突围还是投身红海？吴东明的选择是战术上分权，战略上收缩，聚焦核心业务。

危机尚未到来，他已有预案。他将中国大区的权力进一步下放，给予更贴近市场的分区更多权限，对接地方客户，以便在金融危机来临、总部应接不暇之时，地方分公司能够自己找到"充足的粮草过冬"。同时，力排众议，放弃一时热闹的大件货物，坚持关注小包裹，后来的事实是大货市场受到金融危机的冲击最严重。

但吴东明并不恋战，他果断转手全一快递、北京中外运速递和香港金果快递，拿起放下之间，一脉相承的是他内心的战略——聚焦·连接·增长。

如今，中外运敦豪已成为DHL快递全网络当之无愧的领头羊，在DHL全球220个国家和地区的业务量、利润排名中，中国区都是第一，其业务范围已覆盖中国400多个城市，拥有150多个服务中心、12个口岸和1个转运中心。

风未到而他已察，每一个攻守回合之后，江湖的局势也更加明朗。

1981，摸着石头过河

每一年都如此丰富多彩，人们紧赶慢赶，唯恐被时代落下。

4月，文敏生从黑龙江省委书记兼哈尔滨市委第一书记任上奉调进京担任邮电部部长一职。此时，从中央到地方到社会，对于邮电通信已经基本形成新的共识，国家高层对于邮电通信的建设发展也十分重视，尤其是通信。而在北京、上海、天津、广州、福州、深圳这六个邮政"特快专递"业务首批开办的城市，邮政正在成为链接对外贸易的重要连通器。

这年春天，创办于1957年的广州交易会开幕后，交易会邮政营业处来了一位神色焦急的新加坡华侨。原来，交易会又向他在新加坡的姐妹公司发出了两张请帖，邀请来穗洽谈业务。请帖必须于两三天内送达，否则姐妹公司的人员就无法离境赴约。走正常航空邮件的话，肯定是赶不上的，所以这位侨商很是着急。

了解了情况之后，邮局工作人员告诉他，根据航班情况，用特快专递在两天内可以把请帖送到。这时已经将近下午5点，邮局派出专车到宾馆帮他取来请帖，赶到广州流花邮局办完手续，然后直奔机场赶上了6点半起飞的最后一班穗港班机。两天后，这位侨商打电话向姐妹公司询问，确认了请帖已经按时送到。

在广州邮局的特快专递业务为侨商解决燃眉之急的时候，上海邮局则被上海丝绸分公司的同志热情地称赞为对外贸易中的"前哨尖兵"。

在丝绸外贸中，新设计的图样往往先少量印制，抛到市场上观察用户反应，然后再决定图样的取舍及需求量，这称作"回头绸样"。回头绸样交货的速度快慢，对丝绸外贸有很大的影响。上海丝绸进出口分公司曾做过测试，从上海到香港，交民航承运要 8 天，交邮局作为航空包裹寄发要 6 天，而使用特快专递仅需 24 小时，最重要的是手续简便、送货上门、安全稳妥。

正是通过特快专递，该公司创办了印花真丝绸回头绸样的快速交货业务，各个环节速度加快，原来正常的 90 天交货周期缩短到了 25 天。当年 5 月开始，该公司与香港时光丝绸有限公司已成交 20 多万码①，逐月增加，到年底还有 20 多万码，并签订了次年生产 100 万码的协议。在 1981 年 33 万美元的基础上，该公司的创汇额在未来一年里还将迎来大幅增长。

同时在北京，特快专递也正在成为香饽饽。这年 9 月，北京国际邮电局快递科接待了一位来自青岛中国银行，专门到京交寄特快专递的同志，他快递的是一张结算账单。在当时的外贸旺季，一次结算款额常常达 1 000 万美元左右，如结算单均按航空挂号邮寄，去欧洲的往返结算周期约 15 天，使用特快专递业务后，仅需 4~5 天，节省 2/3 左右的时间。这年 10 月，特快专递业务即扩展到了包含青岛在内的 10 个城市。

在中国的特快专递业务初露峥嵘的时候，远在美国的 UPS 购买了第一架飞机。从跑腿到步行或骑车送便条，再到为杂货店顾客送货上门，这家由两位年轻人——19 岁的吉姆·凯西和 18 岁的克劳德·瑞安共同借款 100 美元于 1907 年创立的美国信使公司，在当时通信和交通

---

① 1 码为 0.914 4 米。——编者注

设施尚不普及的情况下，每天都有忙不完的活计。进入20世纪80年代，航空包裹递送的增长需求以及美国联邦航空业规定的取消，为他们创造出新的契机，出于保证可靠性的考虑，UPS购买了第一架飞机用于空运服务，开始组建自己的货运机队，此时距离他们得到第一辆递送用汽车（T型独特车）已经过去了68年。

人们在追逐时间和效率的道路上，奋不顾身。

这年底，一块写着"时间就是金钱，效率就是生命"的巨型标语牌矗立在了蛇口工业区最显眼的地方。袁庚提出的这句标语，从诞生之日起就引发了各种争议。改革开放进入第四个年头，这块标语牌多次竖起后又被拆下的纠结，犹如这一年的经济气候，春风与寒流交织。

6月27日至29日，是值得历史铭记的日子，党的十一届六中全会在北京举行，会议一致通过了《关于建国以来党的若干历史问题的决议》，一方面，统一全党思想，凝聚各方力量，另一方面，开启了全身心开拓改革开放的新时代。

其他各种信号也来得比较密集。

1月1日，《人民日报》发表了题为《在安定团结的基础上，实现国民经济调整的巨大任务》的社论。社论指向明确，针对自1978年以来国民经济中的过热现象，提出必须以政府全面干预的形式使其迅速降温。改革开放后第一次宏观调控的大幕由此拉开。

刚刚走上舞台准备绽放风姿的个体经济，在经过将近三年的改革后，突然迎来了转变，被激活的经济细胞尚未张扬，开始遭遇两个文件的夹击。1月7日，《国务院关于加强市场管理、打击投机倒把和走私活动的指示》发出，30日《国务院关于调整农村社队企业工商税收负担的若干规定》发文。两个文件不仅规定的措施相当细致，而且口吻严厉。"打击投机倒把"成为改革开放历程中这一年的关键词，刚刚复苏的个体经济进入张皇状态，清查和反清查的猫捉老鼠游戏，在各地一波又一波地进行着，创业成为最艰难脆弱的选择。

肇始于改革开放初期的 1978 年，最终完成于 1981 年的第一次宏观调控，肩负着它独特的历史使命，有效地把控了宏观经济发展的方向，避免了因经济过热可能会出现的动荡及不安，但也使刚刚萌芽的乡镇企业经受了第一次寒流的冲击。

在这次"计划式"的宏观调控之后，中国又经历了多轮宏观调控，持续地熨平宏观经济波动，解放和发展社会生产力，充分激发全社会创造力和发展活力。正如党的十九大指出的，"创新和完善宏观调控，发挥国家发展规划的战略导向作用，健全财政、货币、产业、区域等经济政策协调机制"，推动着国民经济更高质量、更有效率、更加公平、更可持续地发展。

寒流之外，春潮也在涌动。

7 月，国务院发布《关于城镇非农业个体经济的若干政策性规定》指出：个体经济"一是个人经营，或家庭经营；必要时，经过工商行政管理部门批准，可以请一至两个帮手……最多不超过五个学徒"。鼓励待业青年从事个体经营，有计划地将部分服务业和商业包租给个人，多元化就业渠道拓宽，城市个体工商业获得合法发展。从 20 世纪 80 年代初的照片中可以看到，热气腾腾的早点摊、紧俏的修车摊、入户打家具的青年，活跃在市镇的大街小巷。到 1981 年底，全国城镇个体经营已有 83 万户，共 101 万人成为个体经营者，他们以自己的劳动为我国经济的发展和社会的稳定做出了重要贡献。

当小岗村和全国更多地方的农民兄弟真真切切地在"包干到户"政策下甩开膀子挥汗如雨时，经济体制缺乏活力的国有企业面临着重重困难，甚至控诉计划外的小工厂抢夺了国有企业的成长机会，扰乱了市场秩序。

相同的语境在十几年后依然存在，90年代初期创业的快递人，在长达十几年的时间里，一直面对的，就是邮政企业和民营快递企业之间的冲突和纷争，掺杂着泪水、汗水，甚至生与死的角逐。奋争的创业者们没有放弃，他们像一直赤脚奔跑的孩子，光从罅隙打进来，就奋不顾身地抓住，穿上鞋，并且用尽全力把它擦得锃亮，可见人影。

而今，回头看民营经济的发展，它们从无到有，从小到大，从弱到强，从中国走向世界。即使曾被打击，被限制，它们也从来没有放弃过，直到被承认，再被鼓励，它们的政治地位、法律地位不断提升，它们的财富也随着社会发展不断攀升，肩上的社会责任更是逐渐加重。在今天的中国，民营经济在整个经济体系中贡献了50%以上的税收，60%以上的GDP（国内生产总值），70%以上的技术创新，80%以上的城镇劳动就业，90%以上的新增就业和企业数量。政策藩篱的突破，让那些冒险前进的创业者们，用敢为人先的精神，留下了不枉时代的拼搏背影。

农业的生产责任制为工业企业改革提供了最佳范例，国有企业也在政策的推动下开始变革，"三产""停薪留职"等词语逐渐耳熟能详。

10月29日，国务院批转国家经委、国务院体改办制定的《关于实行工业生产经济责任制若干问题的意见》（后被1988年12月27日国务院发布的《全民所有制工业企业承包经营责任制暂行条例》代替）

并发出通知，以"减税、让利、扩权"为核心的扩大企业自主权改革在城市之中全面展开，有效地打破了计划经济体制对企业的束缚，极大地解放和发展了生产力。当开发新产品、寻找客户、搞推销、打广告等越来越多地出现在国有企业的发展图谱上，"市场"这个词终于慢慢地走入了人们的视线。

这一年的技术革新，为90年代后期网络时代的到来打下基础，它来自IBM（国际商业机器公司）。8月13日，IBM公司向世界展示了第一台PC5150电脑，创造出行业标准，推动着世界进入个人电脑时代，并且在一直到1994年长达13年的时间里，一统江湖，之后便开启了向软件和服务方向转型的征程。和快递业最大一笔的合作，发生在2009年。圆通与IBM合作，投入8亿元，建立开发以金刚核心业务系统为主体的信息技术平台。

这一年人们心中的美好记忆，还有《读者》杂志创刊。这本和中国邮政合作，创下了期刊发行神话的杂志，被誉为"中国人的心灵读本"，在物质化的时代逐渐到来之时，成为70后、80后的青春回忆。

国务院批转国家经委、国务院体制办公室《关于实行工业生产经济责任制若干问题的意见》的通知中称："实行经济责任制，目前还处于探索阶段，……要摸着石头过河。"汉语所营造的语境，生动而形象，80年代的个体户，1993年诞生的民营快递企业，都是在"摸着石头过河"的途中，生命与时代交错，呈现出不同的拼图。一切都未成型，一切都是未知，一切都在探索之中，一块块石头摸过去，真真切切留下的，是对现状的思索和对未来的期冀。

他们的故事，正在跳出旧的循环，开启新的篇章。

1982，在希望的田野上

"一片冬麦，一片高粱，十里荷塘，十里果香。"

这年春天，一首《在希望的田野上》响彻大江南北，这年的希望，也从田野开启。

务农正本，国之大纲。元旦这一天，中国的八亿农民就听到了一个好消息，中央签发的 1982 年第一号文件《全国农村工作会议纪要》，第一次明确地肯定了包产到户的社会主义性质。中国农民以自己朴素的求生勇气实现了划时代的突破，在争议和困惑中，他们寻找到了满怀悲壮的生存之路。

聚焦农业、农村和农民主题，从 1982 年到 1986 年，连续五个中央一号文件，联产承包被逐步深化确认，并在全国推广开来，农民与土地的关系得到合理解决。从 2004 年始的每一个春天，人民聆听到来自中央的第一个声音，都事关"三农"，"三农"问题成为国民话题。

从鼓励邮政系统开展直接为农民生产生活服务的连锁配送开始，一号文件几乎年年和邮政关联，随着"三农"问题的呈现形式不同和邮政业的发展而具有鲜明的时代特征。2005 年，提出鼓励发展现代物流，发展电子商务等新兴业态和流通方式，邮政系统的网络优势屡屡被提及，被推至服务农资和农产品流通的前哨阵地。2016 年，"快递下乡"被首次写入，线上线下融合，农产品进城与农资和消费品下乡双向流通格局建设加速；2017 年，"快递下乡"再次进入其中，鲜活农产品直销直供体系进化；2018 年，在"加快推进农村流通现代化"的指引下，邮政业服务"三农"和参与精准扶贫的能力继续加码。

1982 年 9 月，中国共产党第十二次全国代表大会召开，会议再次对以包产到户为主要形式的农业生产责任制给予充分肯定。会上，邓小平提出，要把马克思主义的普遍真理同我国的具体实际结合起来，走自己的道路，建设有中国特色的社会主义。"建设有中国特色的社会主义"的国家战略，由此确立，"计划经济为主、市场调节为辅"的经济体制改革模式由此开始。

从 1952 年至改革开放前后，国家对邮电通信的投资比例在 1% 以下徘徊，投入长期"欠账"，这种局面持续了 20 多年。

1982 年 2 月初，薄一波副总理两次主持国务院办公会议，组织各相关部委听取邮电部的工作汇报，国家计委、国家机械委、财政部、人民银行等 17 个有关部门和北京市建委的领导同志参会，邮电部部长文敏生及九位副部长参加汇报。

参会的相关部门之多，场面之宏大，可谓新中国成立以来"之最"。如果说两年前八位副总理谈邮电是"务虚"，这一次 17 部委论邮电则是"务实"。

档案材料显示，薄一波副总理在会上为邮电大声疾呼，对一些相关部委不符合国家发展大局的顾虑、想法，给予了疏导或批评，为邮电以后进一步争取政策拓宽了道路。月底，邮电部召开全国省邮电管理局长会议，薄一波又亲临大会，鼓励邮电部门要多向高层反映情况。

此后，一轮非同寻常的舆论关注形成。2 月 26 日，新华社发出"国务院有关部门决定采取优惠政策扶持邮电事业——人们打电话的困难可望在几年内得到缓和"的消息。2 月 27 日，北京各大报纸刊载了这一消息。《人民日报》的标题是《我国决定优惠发展邮电事业——打电话难的状况可望几年内得到缓和》。

3月12日，国务院针对邮电部的报告，发出的通知指出"邮电通信应当成为国民经济的先行"，但目前"邮电通信仍然是国民经济中的薄弱环节，也是交通运输系统中最落后的一环。这种状况如不改变，必将影响四化建设，影响我国对外开放政策的贯彻和实行，必须引起各地区、各部门领导同志的足够重视"。

中央给出的路子是，邮电通信的发展要"靠政策打翻身仗"——跳出计划，谋政策。

党的十二大报告指出："交通运输的能力同运输量增长的需要很不适应，邮电通迅设施也很落后。要保证国民经济以一定的速度向前发展，必须加强能源开发，大力节约能源消耗，同时大力加强交通运输和邮电通讯的建设。"但在当时，更多的关注点都在通信，相比之下，"邮电"二字虽然"邮"字当头，但有1/10的精力和资金支持，已经算是迈开了脚步。

比起通信，关于邮政业务的发展报道和会议记录虽然鲜见笔端，但理论探讨和业务发展一直在向前推行。这年2月，邮电部邮政总局派受邀人员赴法国参加第二届国际快递邮件业务会议，主要研讨国际快递邮件业务组织管理、宣传推广、前景规划以及业务处理等问题。

同期，在经过两年的试点后，邮电部邮政总局发文，在上海、天津、广东、福建、辽宁、黑龙江、浙江、江苏、湖北、湖南、陕西、山东、河北、北京与澳门开办特快专递业务。

更加热闹的，依然在通信。1982年11月27日，中国第一套万门程控电话交换系统在福州开通了。这一夜之间的跨越，为中国当代通信史写下浓重的一笔，一下子从第二代的步进制到国际上还没有普遍采用的第五代全数字程控交换。一时间，在全国尤其是沿海开放城市掀起了上程控的热潮。全面上程控，采用新技术，使我国跨越了国外通信技术发展的某些传统阶段，我国电话"三步并作一步走"、高起点的跨越式发展道路由此开始。

通信业的一举一动，正在牵连着现实世界的正常运转。物质生活的改善更是超出了人们之前对于吃饱肚子的奢望，家用电器出现在城市商场并且越来越多进入普通家庭，新婚家庭的"三转一响""七十二条腿"已经从"自行车、缝纫机、手表、收音机"等，变成了新三大件"电视机、洗衣机和冰箱"。

物质生活刚刚苏醒的中国百姓对于家电的渴望，直接激活了中国工业制造业的潜能，造就了中国长期持续的家电热。在之后的企业发展史中，不少中国制造品牌开始纷纷亮相，活跃在百姓日常生活当中的几大家电企业（集团），在白色家电争夺战的棋局博弈中，利刃频出，成为 2016 年快递业内专家剖析快递价格战时最常用的比对案例。

对外开放、工业化和城市化，是经济增长中相辅相成的激烈变奏。工业发展加速的另外一极是纺织业。作为改革开放伊始即快速崛起的产业，中国的纺织品出口增速迅猛，1982 年当年的出口贸易中，纺织品占到出口总值的 32%。今天，中国在全球纺织业中牢牢占据着龙头地位，生产规模最大、产业链最完整、门类最齐全，几大元素齐聚。2017 年，规模以上企业服装产量 287.81 亿件，相当于为世界人口每人提供 6.89 件衣服。

可以说，中国改革开放 40 年的历史，正是中国纺织业跌宕起伏的复兴史，这很好地解释了 1993 年民营快递崛起时，来自草根的创业者为何大多起于纺织厂。是纺织业首先带领他们走出农村，走出封闭区，打开眼界，开始最初的经济觉醒。他们没有进行精细的经济分析和形势判断，只从身边最切实的需求出发，跨进快递这个广袤而尚未开发的巨大市场。那里到处涌动着喷薄欲出的力量，还有对于万元户最初的渴望，先行者足以赚个盆满钵满。

这一年对于人民生活产生重大影响的，还有邓小平提出的"一国两制"构想，港澳回归祖国的关键性问题——社会制度问题终于有了切实可行的解决办法，推动着香港和澳门相继于 1997 年和 1999 年回归祖国的怀抱。这不仅使祖国统一大业迈出重要一步，也为国际社会以和平方式解决国家间的历史遗留问题提供了新的范例。作为全球货运中心的香港，机场内 DHL、UPS 国际快递飞机每周起降百余次，内地多家快递企业也和这里渊源颇深，它们从这里出发，在这里成长，谋划新发展，迈开步伐走向世界。

历史往往充满矛盾和悖论。这年 9 月，实行计划生育被党的十二大确定为我国的基本国策，同年 11 月写入新修改的《宪法》时，确立的精神为"将计划生育作为一项长期的基本国策，坚定不移地坚持下去"。快递业价格优势中最常用的人口红利，随着政策的出台而逐渐消弭，科技和信息的不断进化，持续推动着行业格局的演变。而坚持了 30 多年的计划生育政策，也在 2016 年拐了一个弯，国家全面实行二孩政策，并且数度传闻，将迎来政策新的急转弯。

对外开放成为影响城市经济格局的重要因素。试办 3 年的特区，在 12 月中共中央、国务院批转《当前试办经济特区工作中若干问题的纪要》中得到肯定，中央表示要赋予特区更多自主权，要在各种税收方面实行优惠待遇，要加速制定和完善经济立法，诸多倾斜政策加身。

争风气之先的几大城市，每一个都是对外开放和经济体制改革的助推器，在中国渐进式改革历程中不可替代。尤其是改革力度和经济活力最大的深圳，1990 年的地区生产总值已经排进全国前 15，和武汉、南京并肩，1993 年的外贸出口更是高居全国城市之首。在今日新商业时代，深圳依然画风彪悍，2018 年上半年，在广东占据全国 1/4 强的快递业务量中，深圳位居第二。

过去的每个年份，都值得特别纪念，尤其是 1982 年。这样一个赋予改革开放崭新理论表述的年份，它保证了改革开放不间断，持续沿着正确方向前进。

广阔的田野上，八亿农民正欢欣雀跃地收获着盼望已久的希望。

/"探路者"陈大年 /

　　进入热闹的跨国市场，要看门道，否则，很容易水土不服。在中国同行记忆中，帮助TNT开创中国市场的庞先生、陈先生和杨小姐，看懂了门道。这其中，坚守中国市场20年的陈先生，尤其令中国同行记忆深刻。

　　陈先生大名陈大年，来自中国香港。

　　1988年，TNT正式进入中国。此时，中国改革开放已经进行了10年。这个遍地是金矿的大市场，让大批外商一致看好，争相来华投资与生产。外资快递巨头们都憋着一股劲儿。

　　刚进入中国大陆时，硬件和软件短缺，外语还不普及，通信也很落后，与此同时，中国缺乏跨省跨市的交通网络，文化和市场差异巨大。1993年开始为TNT效力的陈大年认为，要在一个新市场打开局面，招聘优秀人才是最大出路。2002年，陈大年以大中华区董事、总经理的身份带领TNT继续奋进。

　　实际上，外资快递一路向东，都在标准化与本地化之间博弈，究竟选择外资常用的标准化"一技到底"，还是成本高的本地差异化道路？最终，陈大年把欧美快递经验先引进一线城市分公司，以标准化统一管理，而本地市场发展则以分公司总经理为主。

在陈大年为公司服务 20 年的历程中，始终认为："世界上的物资是足够的，只是分配不均，愿快递把所需物资用最快和最具成本效益的方式送到客户手中。"他也为此殚精竭虑，上下求索。

陈大年有追求速度、注重客户感受的目标导向，也有参与市场竞争的胸怀和格局。在最初与中国外运 15 年的合同期内，TNT 如鱼得水，书写了在华发展史上光辉的一页。那时 TNT 快递分支机构增长了 2 倍，达 25 个，快递口岸从 3 个增至 7 个。2005 年，中国全面对外资开放物流及快递业，TNT 在中国的发展也达到高峰，拥有物流、快递、空运和直邮业务。

与中国外运"和平分手"后，TNT 选择授权一家当时名不见经传、只有不到 800 人的代理公司超马赫，作为支撑 TNT 品牌的实体。一切只能从零开始：快递牌照、人才、物流网络、寻找客户、车队及分拣中心建设等。

陈大年再次带领 TNT 中国区摸着石头过河。

2005 年后，陈大年除了带领 TNT 中国区国际快递业务，同时也开始进军本地快递和长途公路干线运输，TNT 历史性地收购了华宇物流扩大本土网络。但在中国发展初期，TNT 在本地快递和运输的单票收入非常低，难以平衡其国际运作模式成本，加之省市间差异太大导致经营困难。标准化和差异化再次成为"拦路虎"。

就在腹背受敌的困境中，陈大年临危受命，按 TNT 总部的全球策略，以公司比较擅长和含金量较高的快递业务为核心产品，后期要出售非核心业务，以增加股东价值。2007 年前后，TNT 将中国的国际快递业务和国内快递业务合并为一个快递板块，并加入加盟的方式。

陈大年主张，公司应重点发展全方位物流，包括电子产品、高科技制造业、汽车制造业及电信和医药行业等，依靠科技，提供差异化服务。他力行"推送式供应链"概念，相较于今天新零售大数据虽然有所差异，但和市场切割细分有异曲同工之妙。但随着TNT全球策略的调整与经营环境的改变，全方位物流发展也被其公司渐渐冰冻下来。

提起TNT在中国与中国邮政紧密合作的往事，陈大年备感自豪，他说，在国家邮政局的领导下，两家企业的系统对接使中国邮政可以"邮转商"，而与EMS境外国际网络的合作，则促成了TNT电子商务的"商转邮"。

数载征战，陈大年对中国快递市场的了解不可谓不深。他认为，中国的邮政管理体制已经由"管"逐渐变成"理"，引领中国快递市场屹立于世界强国之林。

快递情怀依旧。如果时间倒流，陈大年说，他想重新赋能综合物流，为了股东，为了顾客，找准战略拐点，顺应市场，融入发展，让物流通道更强大更有互补性。

1983，步履不停

进入改革的第六个年头，中国离世界的中心舞台还有一段很长的距离。

1983 年 1 月 2 日，中央一号文件《当前农村经济政策的若干问题》试行。联产承包责任制为我国农民的伟大创造，将"搞活商品流通，促进商品生产的发展，要打破城乡分割和地区封锁，广辟流通渠道"提上议程。

在温州、苏南、辽东半岛等地，出现了一个让人始料未及的现象。

这里的乡镇企业和农村专业户、个体户们，挑着箩筐，开着拖拉机来到邮局，动作整齐地发信和寄商包。数量之大、来势之猛，完全出乎邮政部门的预料。

毫无意外的是邮包的大量积压。

如何提升邮政服务能力，成为摆放在邮政人面前的头等大事。1 月 5 日，全国各省区市邮政管理局长会议召开，邮电部部长文敏生把邮运网、自动化、村村通邮、次日达等作为下一步发展的关键词。他提出，加快邮政枢纽和邮运网的建设，建成 33 个大中城市的邮政枢纽工程，安装相应的机械设备。坚持自办委办相结合，综合利用水陆空各种运输方式，分别建成轻、重件邮运网，并加强城乡邮电服务网点的建设。

对于邮政来说，"腿"是最重要的，一个是网点的"腿"，另一个是路上的"腿"。铁路公路水路一起行动，铁路固定邮厢运邮之外，以铁路货运列车为主的集装箱运输开始逐年增长，汽运车辆不断增加，水上运输也没有落下。

城市的邮政服务正在发生变化。8 月，在北京街头，市内一些主要商业服务中心、交通要道、居民小区和政府机关门前，悄然出现了一种"黄帽子"信筒，每天由专人开车开取 6 次，减少了中转环节，加快了投递速度。寄往本市市区及近郊城镇的信件，上午 11 点半前投寄，下午即可抵达，外地也是当日发出，速度堪比现在京东的"211"限时达服务①，而且邮资不变。许多用户专程到"黄帽子"邮筒投递，并呼吁邮筒能够更多一些。

信函分拣和取包机械运用也在加大比重，全国 14 个城市开始使用自行研制的塑料扎袋机，用来捆扎各种邮袋，同时通过计算机处理各类报刊要素的分类统计、核算款额和打印报表等工作已经开始，效率比人工处理提高了 3~7 倍。

新事物在不断涌现，一些人抢占先机，迅速适应了环境的变化。

1 月，开办于伦敦的"亚洲与中东投资有限公司"设立了一笔总额为 1 000 万美元的"中国投资资本基金"。对于中国人来说，"基金"是一个陌生的名词。

同样陌生的，还有 1 月 3 日在北京海淀区开办的全中国第一家超级市场，200 平方米的超市，只出售蔬菜和肉食两种商品，而且比不远处的菜市场贵 5%~40%，好奇的人们走进超市转上一圈马上吐着舌头逃走。超市的顾客几乎都是外国人，抱怨商品上没有名称标签，导致他们买猪肉的时候，往往买成了鸡肉。

超市购物成为高端生活方式的象征，在日益普及之后掀起了隐藏在收银台后面残酷的竞争。这厢还未决出胜负，那厢又冒出新的玩家，

---

① 京东"211"限时达服务是指当日上午 11:00 提交的现货订单（部分城市为 10:00 前），当日送达；当日 23:00 前提交的现货订单，次日 15:00 前送达。——编者注

新消费方式一边刺激着新的购买需求，一边瓦解着超市的固有体系。

经济日渐恢复，民众购买能力也在复苏，在物资全面短缺的年代，消费品和生产原料遭遇供需的巨大缺口。在城市里，商业嗅觉敏锐、运作能力强大或者有裙带关系背景的部分人士，在庞大而复杂的物流网络中寻找着夹杂了人情、金钱、权力的机会，中国的第一批"倒爷"在北京和深圳出现，一个近于政治经济中心，一个站在开放的前沿。

但对旧体制的最初突破，并没有发生在大都市。与发展基础优异、物品流通便利的城市相比，广大农村和偏僻市镇等边缘地带，同时也是计划经济束缚相对薄弱的地方，"天时地利人和"三要素中的"人和"首先发挥着更大的作用。变革的更大勇气和谋生的更多选择，来自不安现状的农民。

1月12日，邓小平同国家计委、国家经委和农业部门负责同志谈话。邓小平说，农业文章很多，我们还没有破题。在谈话中邓小平还指出，农村、城市都要允许一部分人先富裕起来，勤劳致富是正当的。一部分人先富裕起来，一部分地区先富裕起来，是大家都拥护的新办法，新办法比老办法好。

1982年9月和1983年9月，国家先后两次放开510种小商品价格。价格的放开和松动，推动着货物的流通和民营企业的萌发，那些大量寄送商包、邮包的小城市，在摸索新办法的过程中，成为中国民营经济成长的样本，专业市场开始在浙江蓬勃兴起。

从永嘉县桥头纽扣专业市场2月正式建立开始，浙江专业市场成为改革开放以来浙江经济发展的一大特色，生产资料和生产要素市场逐步得到发展与完善。以市场为基础的资源配置方式，一方面，极大地解决了浙江经济发展中的资源短缺问题，另一方面，为浙江建立社会主义市场经济体制贡献了不可或缺的基础力量。

拨浪鼓是义乌第一代商人的"身份证"。早年间，义乌一带的农民每年冬春农闲之时，肩挑担子，摇着拨浪鼓走街串巷，用自做的糖饼、糖块，去换鸡毛一类的毛发来沤肥，以增加粮食产量，人称"糖担"。人们的需求不止于糖，敏锐的义乌人发现了人们对小商品的更大需求，糖担的命运就在廿三里集市拐了个弯，露天经营、提篮叫卖、沿街沿路的流动商贩，成为义乌崛起的最初力量。

在充满传奇色彩的温州，这个民营经济发展史上有很多"第一"的圣地，到1983年已经有家庭工业10余万户，从业人员40万人。浙江人走遍千山万水，道遍千言万语，想尽千方百计，尝遍千辛万苦，从不怨天尤人的"四千"精神，在这些地区体现得淋漓尽致。

从手摇拨浪鼓走街串巷敲糖换鸡毛，到后来万商云集的国际性小商品集散中心，义乌这个地处浙江中部的小县城，成为改革开放后中国融入全球化、影响全世界的缩影，在中国快递版图上的位置也举足轻重。当地快递的价格走向，成为判断快递价格涨跌的重要参照，并且成为快递业先进技术研发应用基地、标准化示范基地和新业态新模式新技术的培育基地，与当年"鸡毛换糖"一样，为中国快递业高速增长提供了可复制推广的"义乌模式"。2018年6月，义乌快递业务量首次超过北京市，8月超过杭州市，位列全国第四。

2017年"中国商品市场百强"中，浙江有不同类型的市场43家，省内市场38家，省外浙江市场5家，是全国商品市场数量最多、规模最大、交易额份额最高的领先省份，而且在线上线下融合型市场中的比例远远领先其他省份，成为快递大省。

与民营企业的蓬勃向上相比，集聚了更多资产和精锐人才的国有企业也一直在渐进式改革中探索更好的成长路径。这一年为国有企业向现代公司治理制度改革的第一重要举措是"利改税"，国务院 6 月批转的财政部《关于国营企业利改税试行办法》，将执行多年的利润上缴方式改成有比例的纳税制，国有企业的积极性得到部分激发。

对外开放的尺度也逐渐加大，9 月，《中外合资经营企业法实施条例》出台，感知变化的外资公司迅速来到中国。振奋人心，焕发热情，成为 1983 年改革步履继续前进的主题。"改革、开拓、创新"的中央政策，以全新姿态取代之前的"调整、改革、整顿、提高"八字方针。

春江水暖鸭先知。信息沟通的渠道需要迅速打开，邮电部邮政总局当年发文，上海、天津、广东、福建、辽宁、黑龙江、浙江、江苏、湖北、湖南、陕西、山东、河北、广西、北京与德意志联邦共和国开办国际特快专递邮件业务。这一年，中国出口国际航空函件增长 38.1%，进口航空函件增长 62.68%，出口国际水陆路邮件总包运输条件的改善，加快了中国出口国际水陆路邮件的邮运速度。

一边是热闹的国际邮政业务，一边是发展滞后的农村邮政服务。

这一年，农村局所已占全国局所总数的 80%，农村局所服务人员占 80%，服务面积达到 90% 以上。与农村通信的地位和作用愈加重要略有违和的是相对弱势的服务水准，农村平均 100 平方公里不到一个乡邮递员，200 平方公里不到 1 个支局。农村通信的建设和管理，成为邮电发展的痛点。

年初，新华社记者毕无畏到陕西采访时，写了一篇内参《陕西富平县邮递员张平乐三年来私自毁弃信件电报一万多件》，通过这起新中国成立 30 多年来我国邮电系统中前所未有的大案，他建议邮电部门应当狠抓规章制度、培训考核和道德法纪教育等。2 月 3 日，胡耀邦看到这篇内参后，当即批示："此件转邮电部党组。请党组讨论一次。你们是不是同某些部门一样：长期对下面不搞工作检查督促？不发现问题、处理问题？不抓本系统队伍的思想建设和组织建设？不抓这些，怎么能开创什么新局面？"①

3 月起，针对邮件、电报损毁、积压、延误等通信服务方面存在的问题，邮电部决定在全国深入开展群众性的通信服务质量大检查。大检查后的邮电行业，工作作风大为改观，服务质量大大提高，行业利润比 1982 年增长 30.8%，超过历史最好水平。

率先走上致富路的乡亲们，对及时与外界沟通、获取商情资讯有着迫切需要。自费装电话，成为不得不赶的时髦。据不完全统计，全国各地农村个体专业户和私人自费安装电话的已经超过 200 户，其中，浙江省 30 多户，广东省中山县（中山市前身）40 多户，福建省闽清县梅溪公社钟石大队 15 户。

农村经济发展的新形势，也给邮政部门提出了新要求，农村个体户、乡镇企业和各种经济联合体的通信需求，成为邮政作业的新方向。7 月 25 日至 8 月 3 日，邮电部在北京召开全国农村通信工作会议，确定了"适当增加自编力量，采取自办和委办相结合，充分利用社会力量"的方针。充分利用社会力量搞好农村通信服务，成为群策群力办邮电的好方法。

---

①　毕无畏：《胡耀邦和内参》，《新闻记者》，1989 年第 8 期。

自古饥肠出奇策。7月25日，《深圳特区报》第四版刊登出一个招股公告："欢迎省内外国营集体单位、农村社队和个人（包括华侨、港澳同胞）投资入股，每股人民币10元。实行入股自愿，退股自由，保本付息，盈利分红。"

深圳市宝安县联合投资公司的这一纸公告，开启了新中国的股票市场，一时间风头无两。发行股票的工作人员骑着自行车，揣着小绿本公司章程，把那张"远处渔帆点点，近处骇浪陡立，高空大鹏凌空翱翔"图案的股金证发行到全国20多个省市，一些华侨、港澳同胞也成为股东。1991年6月25日，宝安股票正式在深交所挂牌上市。

2月12日，对中国人的文化生活形成重大影响的文化现象之一，是中央电视台首届《春节联欢晚会》直播。在这之后的30多年里，全家团聚观看春晚成为春节固定节目，一边看节目一边点评，成为春节时的重要内容。对于春晚的爱和恨，就像是人们对于春节的情愫一样，充满纠结和矛盾。快递业的发展也给文化事业提供着生产资料，春晚舞台上越来越多地出现快递人的身影。在快递业"全年无休""如人饮水冷暖自知"的讨论中，时间一年又一年地过去了。

4月1日，第一辆上海桑塔纳轿车组装成功，桑塔纳成为八九十年代中国成功人士的重要标配。

财富一旦平均分配，激励作用就差强人意。响应着一部分人先富起来的号召，跃入商潮中的探索者，敬业勤奋，在改天换地的历史潮流中历经坎坷，找寻着自己的位置，改变着家族的命运。

就算前进的方向还不那么明朗，但一切都欣欣向荣。

1984，激情燃烧

1984年的春天，从特区开始。

万众瞩目中，邓小平一路走过深圳、珠海、厦门。"深圳的发展和经验证明，我们建立经济特区的政策是正确的""珠海特区好""把经济特区办得更快更好些"三句题词过后，关于深圳及特区的争论立即搁置，中共中央紧接着宣布"向外国投资者开放14个沿海城市和海南岛"，由点及面，用事实说话，中国沿海全境开放的格局至此形成。

一片忙碌的深圳邮局，见证着深圳的日益繁荣。包裹和汇兑占据大部分业务份额，寄包人员多是上午来，下午返回的香港同胞。在邮局专门开辟的1 500多平方米的包裹收寄处内，开设了6个收寄窗口和一个封发场地，平日里，每天处理包裹2 000件左右，到了节假日至少要翻一番。在包裹收寄机的帮助下，工作人员可以实现快速收寄。就算赶上节假日包裹量很大时，6个窗口全开，也不会出现排长队的情况。大厅里备有木箱、布袋等各种包装用品，还有三台缝纫机可以代公众缝合包裹，种种贴心周到的服务，让前来寄包裹的用户总是高兴而来满意而去。这一年对于深圳邮局的450多名职工来说是丰收年，邮局收入650万元，人均1.44万元。

5月7日，国务院发布《居民身份证试行条例》，并且开始颁发第一代居民身份证。在此之前，介绍信是证明身份的重要手段，要想出门，就得到单位或居委会开介绍信，不然就带户口本，否则住店免谈。能够证明身份、便于携带的身份证的出现，使得出行变得便利，公民的活动半径加大，"走出去，下海去"，成为最强的呐喊。

深圳邮局的汇兑业务，随着涌入深圳的流动人口而更加繁忙。寻找工作、寻觅商机、嗅觉灵敏的人士，从四面八方进入这个改革的前沿，汇款需求巨大，深圳邮局的收汇窗口由 1 个增到 7 个，另外还设有两个取款台。每个收汇台每天约收 10 万元，7 个台收汇近 70 万元。

已经进入耄耋之年的邓小平，一句话振聋发聩，惊醒梦中人："贫穷不是社会主义。"

"我们都下海吧"，人们嗅到了这个时代正在变化的气息，用这个祈使句来互相试探，寻找前行的同盟军，渴望碰上对的眼神。"十亿人民九亿倒，还有一亿在寻找"的坊间流行语，描摹了全民对于经济发展的渴盼。从 1978 年到 1984 年，潜流涌动六年之后，改革的潮水，冲进了每一个试图打开的大门，全民下海的巨浪第一次掀起，成为中国经济制度变革的第一次浪潮。3 月 2 日国务院正式发出通知将社队企业改为"乡镇企业"之后，乡镇企业开始了自身的兴衰变迁，当年乡村两级的企业就达到 165 万家，劳动力 3 848 万，成为农民进入企业上班的首选。

后来从事快递的一些创业者打开看世界的第一扇窗，都是乡镇企业，啤酒厂、纺织厂、棉花厂，不一而足。一直走在潮流之先的广东省，开始了南海、东莞、中山、顺德的"广东四小虎"在县域经济上独领风骚的年代。

在广东顺德的容奇镇，只有小学四年级文化水平，并且年过半百的潘宁，用手锤、手锉、万能表，造出了中国第一台双门电冰箱。1992 年，邓小平在这里脱口而出那句名言"发展才是硬道理"。1993 年，又是站在这里，不到潘宁年龄一半的王卫，从顺德容奇港出发，创立了顺字头的另一家企业——顺丰速运。

这一年，刘强东10岁，沉浸于第一次看到电灯的心潮澎湃中，他日后起步的中关村，已经有了40家科技企业，"中关村电子一条街"渐露峥嵘。第三次参加高考的马云，在总分差了5分的情况下，被杭州师范学院破格招录到外语本科专业，并在杭州西湖边和外国人攀谈，练就了流利的口语。在美国留学开启学霸模式的周韶宁，即将拿着纽约城市学院电气工程学学士学位和普林斯顿大学工程学学士学位，开启自己的技术生涯。

1984年之于中国企业史，犹如1993年之于快递业发展史，带着"企业元年"的标签。这一年创立的许多企业，王石的万科，张瑞敏的海尔，柳传志的联想，奠定了"中国企业元年"的根基，许多年来虽然经历了数次起起落落，至今依然熠熠生辉。

产业结构和产品结构跟不上消费需求的变化，是这年国民经济运行中存在的主要问题。一面是崛起的消费需求处处受限，一面是国有企业的生产活力被严重抑制。"党委发号召，厂长做报告，代表举举手，工会跑龙套""大家都负责，大家都不负责"，当年流行的顺口溜形象地道出这种人浮于事的工作作风。

不在沉默中爆发，就在沉默中灭亡。

3月24日《福建日报》刊登了以《五十五名厂长、经理呼吁——请给我们"松绑"》为题的文章。文章强调"现行体制条条框框捆住了我们的手脚，企业处于只有压力，没有动力，也没有活力的境遇……放权不能只限于上层地区部门之间的权力转移，更重要的是把权力落实到基层企业"，请求扩大企业经营自主权。这一呼吁开启了全国国有企业改革的先声。随后，《人民日报》转载了这篇文章，将"松绑"风吹向全国。

"松绑放权"的呼声，如疾风掠过，很快在全国上下达成共识。

5月，国务院发布了《关于进一步扩大国营工业企业自主权的暂行规定》。国企迎来大放权，生产力和生产关系得以释放，经营者的自主权和积极性被调动起来，国有企业开始踏上突破计划经济体制束缚的改革之路。

10月，党的十二届三中全会通过《中共中央关于经济体制改革的决定》，"商品经济"确立了合法地位，"增强企业的活力，特别是增强全民所有制的大、中企业的活力，是以城市为重点的整个经济体制的中心环节"的著名论断被提出，经济改革的主战场从农村转向城市，压力、动力和活力的辩证关系在现实中一步步厘清。生产的热情一旦激发，生产能力和生产设备的先进性就成为最强大的竞争力，贷款引进国外先进设备，成为迅速提升基础建设的首要手段，生产力大提升阶段到来。

外资进入中国的热情再次被调动。在上海，邮电部门与阿尔卡特集团联合创办了上海贝尔电话设备公司，成为中国第一个研制生产程控电话交换机的中外合资企业。联邦快递以和中国外运合作的形式进入中国试水，两年后和中国外运合资。

利改税改革继续进行，第一次工商税制全面性改革随之开始，方向是保证国家财政收入的稳定增长，使企业更加充分地行使自主权。10月16日，财政部决定从1984年到1990年，对邮电部所属企业实现的利润实行倒一九分成，即上缴财政10%，90%留邮电部门用于发展邮电事业，外汇收入继续按90%留成，邮政发展的积极性被激活。

在当时信息和物资流通尚不发达的阶段，邮政承担着重要的流通职责，邮政业务的发展情况，从另一个角度反映着经济发展的冷热。

11 月 1 日，在开办了 4 年国际特快专递业务之后，中国邮政开始开办国内特快专递业务。质量和信誉成为各邮政企业最大的追求，统一时限管理，科学组织作业，最大限度地减少中转环节，积极提供服务，并于 1985 年专门成立中国速递服务公司，开展上门揽收业务。不仅如此，各种能够想象得到的业务都纳入经营范围，超常规快递、鲜花礼仪、代收货款、代客报关，邮政企业的服务范畴外延不断扩大。

　　这一年，邮电部开始解决邮政网络运能问题，在浙江杭州和北京进行试点。第一项措施就是开展大吨位汽车长途运输。北京向杭州派了两辆重卡和两名司机。这时的吴鼎钧已经是杭州邮政局副局长，分管邮运。通过试点，杭州邮政局向邮电部发回报告，提出因为公路条件差，只能在 500 公里以内开展大吨位汽车运输。杭州的报告获得朱高峰部长的批示。从此以后，邮政开始大量地引进大吨位汽车，解决了一部分运能问题。第二项措施是采用集装箱运输。因为铁路本身就有集装箱货运业务，只需将邮件装入即可，但是邮政要解决集装箱场地的问题。彼时，邮政在全国建了很多集装箱场地，杭州成为首个建成邮政集装箱场地的城市。第三项措施是发展铁路货运。大量商品包裹出现以前，邮政通过铁路客运车厢进行运输，但无法支持如今出现的大包裹运输。通过货运列车运输可解决这个问题。当包裹达到一定数量时，集中将包裹装入货运列车，再沿途运输到各地。这三种方式有效地解决了商品包裹的运输问题。

　　此时，30 多岁当上邮政局副局长的吴鼎钧，又年轻又想干事，尽管很累，但是干起来劲头很足。商业包裹的市场给邮政一潭平静的湖水掀起了巨大的涟漪。当看到无数的包裹从全省聚集到杭州再发出，吴鼎钧对未来满怀希望。接下来一直到 90 年代初期, 杭州邮政的速递、集邮、储蓄业务全面开花, 吴鼎钧为速递业务喊出了 "3 年翻三番" 的口号, 速递也成了杭州邮政局创收的 "头号功臣"。在与国际快递业务的交锋中, 能打到 DHL 经理都被撤职, 吴鼎钧很是高兴。

这一年, 16 岁的王东初中毕业, 在父亲的殷殷期望中考上了天津市邮校。爷爷之前就从事邮政工作, 所以这个家庭对于邮政的情感自然不一般。当时天津的三大技校炙手可热, 能够考上长途局电信技校、邮校、市电话局技校其中的一所, 就意味着将来可以端上铁饭碗, 成为流行的八大员 (售货员、服务员、理发员、驾驶员、邮递员、保育员、炊事员、售票员) 之一。尤其在天津, 这个中国近代邮政的发源地, 大家对邮政的感情又自然在别的职业之上。已故相声泰斗马三立的相声中, 邮政服务多次被提及。

王东毕业后从分拣员做起, 师从劳动模范张大同, 努力学习, 各个地区邮政编码、路段、全国铁路干线熟稔于心, 天津的各条道路都印在心里。天津的道路和别的地方不一样, 正南没有, 正北找不着, 你要是问个路, 一定会告诉你, 您往前走, 左拐。如何判断方向, 师傅教会了王东不少绝招, 比如路牌号 "东加西减, 南单北双", 就是一个判断方向的利器。一直到任职天津市邮政管理局局长, 王东依然喜欢钻研, 在工作中研究出不少妙招, 看人用人也更注重基层和实战经验。

这一年让人自豪的事件, 是 9 月 26 日中英两国政府关于香港问题的联合声明在北京草签。联合声明宣布: 中国政府决定在 1997 年 7 月 1 日对香港恢复行使主权, 英国将在同日把香港交还给中国。看到香港回归祖国成为万众期待的大事。

放眼全球，年初，苹果电脑公司发布了麦金塔（Macintosh）家用电脑，被《时代周刊》杂志评价为个人电脑大众化普及的第一日，真正激活了全球的家庭电脑市场。那一年的迈克尔·戴尔开始研究"如何改进购买电脑的过程"，比尔·盖茨设定了"让每一张办公桌，每一个家庭都摆上电脑"的伟大理想；一个名叫思科的美国公司已经开始研究一个白色小盒子，它叫路由器，功能是让多台电脑互相通信和共享信息。所有的这一切，都是我们今天互联网生活的基础，他们用那个年代的视野和构想，铺就了现代新业态成长的路径。

一切都是最好的安排。

若干年后闪耀的他们，此刻尚未站在舞台的中央，但影响中国商业和社会形态的背景，正在被命运勾勒。

人物小传

/ "中国芯" 陈嘉良 /

　　2018 年，是陈嘉良成为联邦快递历史上首位华人总经理的第 20
个年头。

　　1998 年 9 月，37 岁的陈嘉良被任命为中国业务副总裁及总经理，
成为联邦快递历史上首位华人总经理。5 年后，2003 年 10 月，陈嘉良
成为联邦快递首位中国区总裁。

　　主流媒体记者对这位儒雅绅士最深刻的印象是谦虚、内敛、爱国。
他接受采访的经验丰富，说话得体而全面，与他对话，总是如沐春风。

　　擅长与人打交道的特点，可能要追溯到他最初的工作经历。1985
年，陈嘉良大学毕业后就在香港加入了联邦快递。他的第一个职位是
客户主任。其后，一步一个脚印，历任货运站经理、区域销售经理、
高级销售经理、中太平洋区销售董事总经理、台湾营运董事总经理等
职务。

　　陈嘉良忠实地履行着联邦快递赋予他的中国使命，他的职业生涯
几乎就是联邦快递在中国市场发展进步的缩影，他与改革开放以来联
邦快递在中国市场的发展历程紧密联系在一起。

　　1999 年，联邦快递与天津大田集团成立合资企业——大田-联邦

快递有限公司，快速推进在中国的快递业务发展。

2006 年，联邦快递宣布以 4 亿美元收购大田集团在大田—联邦快递有限公司中的 50% 股份，以及大田集团在中国的国内快递网络，转型为全独资公司。

2009 年，联邦快递启用位于广州白云国际机场的全新亚太区转运中心，大幅提升处理中国及亚太区域内业务的竞争优势和市场竞争力。

2017 年，配合集团对 TNT 的收购，联邦快递在中国开始与 TNT 整合。

"联邦快递是中国改革开放的参与者，更是受益者。"陈嘉良说。在他看来，联邦快递一直投身于中国所发生的伟大变革中，并从改革开放为中国带来的巨大进步中受益。

陈嘉良惊叹于国家的快速变化。他回忆起自己第一次到内地时的情景："90 年代初，我来到内地时，当时的车都是黑色的，而且马路上也没有那么多车，交通也不是那么便利。现在，车的颜色丰富多彩，城市路网四通八达。改革开放 40 年来，我感到社会发生了翻天覆地的变化，物质极大丰富，生活越来越便利。国家的进步，特别是改革开放带来的巨大能量，提高了人民的生活水平和幸福感。"

熟识他的人都提到他的勤奋工作、坚持学习和平等待人。他从联邦快递的基层工作岗位起步，在联邦快递工作数十年，成为"紫色巨人"中最出色的高级管理者之一。1999 年，联邦快递在中国的合资公司员工数不足 260 人。2018 年，联邦快递在中国有接近 1.2 万员工。

每每谈及此，陈嘉良总是谦逊地说，自己是一个非常幸运的人。他说："我赶上一个非常好的时代。改革开放 40 年来，国家的营商环境持续优化，市场开放程度不断加深，经贸往来日益增多。随着经贸往来，快递物流行业也得到发展。这让我能有机会赶上发展的快车，带领联邦快递在中国的发展。"

陈嘉良以他的"中国芯"亲历并见证了国家改革开放这场伟大变革。

1985，命运的伏笔

从国外引进设备的狂热和对于国门外世界的向往，在这一年交汇。

上一年开放的沿海城市，成为国际产业转移的承接者，跨国公司不断进入，欧美国家的二手工厂设备成为"香饽饽"。1985年到1987年，全国各地共引进115条彩电生产线、73条冰箱生产线，消费经济的涌动，推动着生活消费品热浪爆发。"外国的月亮比中国的圆"，这年底，出国留学生总数已达到3.8万人，有7 000人选择了自费。

已经在外留学5年的周韶宁，顶着双硕士学位进入了贝尔实验室这一码农的"圣地"，从事技术和产品研发工作。这里代表了全球科技的最前沿，是先进技术和创新思维的源泉，周韶宁用11年时间从一名基层工程师做到无线通信部部长，在当时的华人世界中相当罕见。

与此同时，和他日后命运产生了交集的浙江农家子弟吴鹰，刚刚进入美国新泽西理工学院攻读硕士学位。从日后的历史上看，80年代这批想方设法出国的青年，在十几年后大都回国创业，成为新技术和新网络公司的创始人。周韶宁和吴鹰的相遇就是如此，十多年后，在美国没有并肩的他们，把奋斗的重心转回国内。作为UT斯达康（中国）峰值时年销售额达到25亿美元的中国通信企业奇迹的缔造者之一，周韶宁主导的"小灵通"在短时间内火遍中国，于2000年在纳斯达克成功上市，估值超过数十亿美元，成为中国第一个在美国上市的民营企业。小灵通也成为快递初创时期继BP机（无线寻呼机）之后最重要的通信工具。

和这些阳春白雪风马牛不相及的桐庐快递大佬们，还挣扎在饥饿和贫穷的生存线上，比较年长一点的国通快递的董事长朱宝良，已经当上了桐庐瑶琳羊毛衫厂厂长。

法国电影《1985年的夏天》里，Josiane（乔赛妮）和Eloise（埃洛伊塞）两姐妹，面对所有困难，跨越重重障碍实现着她们的目标。这年的夏天对于后来风云之上的很多快递大佬来说，亟须跨越的障碍是吃饱肚子和上得起学。19岁的喻渭蛟没能考上大学，靠家里的5亩地难以养活六个兄弟姐妹，对外界充满憧憬却不知如何谋生，学门手艺成为首选。在盛产木材的江浙地区，学做木匠是年轻人的第一选择。喻渭蛟跟着师傅一边干农活一边做木工，一年下来，虽然没在吊线、挂斗、弹墨中发现太多乐趣，但也谋得了此后几年求生的手艺，失意过，风光过，后来败北也因为此。2015年圆通蛟龙集团总部大楼建成，据说喻渭蛟还高兴地参与了装修设计，更多应该是玩票的成分了。

15岁的陈德军和赖梅松在这年初中毕业，陈德军选择辍学去做了木匠学徒工，为父母分忧解难是一个男孩子首先要承担的责任。学习成绩较好的赖梅松经历了人生第一次重大的内心纠结。复读需要200元钱，辍学在家没有出路，怎么办？家里是有1 000元钱，可父母正在数着这些汗珠子摔八瓣换来的钱谋划着盖赖家的新屋。200元复读费的请求被他深深地埋在了心里，他拿起对数字敏感、善解应用题的本事，撸起袖子开始为家里盖房子盘算起材料费和伙食费。

聂腾飞和聂腾云两兄弟在这一年已经可以享受骑在自行车上风驰电掣的感觉。两兄弟的少年时光艰苦而充满乐趣。在每天上学要走的2.5公里上上下下的山路上，两兄弟走一段，再互相背一段。兄弟两个上同一个年级，弟弟比哥哥小17个月，但个头却更高，通常都是弟弟背着哥哥。背着哥哥的时候，聂腾云很享受，因为聂腾飞总是可以讲出很多有趣的故事，聂腾云脖子上就像挂了一个收音机，这是他们当时对于娱乐工具最大的想象。有时候，他们会把家里的自行车驮到学校，然后在放学的时候一起感受在下坡路上飞翔的快乐。

喜欢长跑的崔维星此时正活跃在厦门大学里。这年的夏季运动会上，崔维星用"不顾一切冲刺"的决心，使他超越了最后一个竞争对手，获得了5 000米长跑比赛的第一名。

从小爱折腾的郜伟，1981年从广州邮电学校毕业后，从郑州市邮局柜台收包裹做起，到1983年做办公室秘书的时候，刚刚20岁。两年后，他又有了新想法。1985年，他去了河南邮电学校当老师，传道授业解惑，像是找到了人生的新方向。但从来不会安于现状的他，只是在这里积蓄了进入下一个阶段的力量。

时间的长河里，一切潜滋暗长。挣命者也好，求名者也罢，安分的和不安分的，都在为自己的明天和家庭的荣光，投掷着青春的力量，为人生的下一阶段埋下伏笔。

邮电行业对人才求贤若渴，1月10日，邮电部向陕西省人民政府致函，征求对正式恢复西安邮电学院的意见。次年恢复建院，在西安一时风头无两，当时西安最高的楼就建在学校里。邮电的校园网是当时整个西安所有高校里最先进的，常有其他高校的学校来邮电学院上网。

在生产设备、生产资料、人才的三大需求之下，年初，国家宣布取消对企业计划外自销产品价格的限制，宣告生产资料"价格双轨制"正式实施。一方面保留了计划价格，另一方面放开一部分市场，给非国有经济放开了一个口子，得到了投资开发和出售产品的机会。国家对原材料的控制力度远远大于对日用消费商品的控制，带有鲜明计划经济特征的"双轨制"，抑制了价格暴涨和通货膨胀，免得经济过热，也直接造就了一批背景深厚嗅觉灵敏的"倒爷"，而且在此后相当长的时间内，成为困扰民营企业的核心问题。CCES（上海希伊艾斯快递有限公司）的董事长方里元在最初走出家门时，也曾经利用国家对钢铁等原材料的控制赚过差价，享受了"双轨制"的红利，当他进入快递业时，也同样被此限制。

改革开放的道路从来不会一帆风顺。激情和冲动，科学和理性，看似矛盾又相互依存。改革的潮水时而风平浪静，时而暗流涌动，不时有急流汇入，也有支流分叉，但始终流向东方，波澜壮阔。

头年开放的海南岛忽然在寂寥中成为热地，百年一遇的金钱风暴刮起，直到被中央点名，以102人的庞大调查组进驻调查"海南汽车倒卖事件"而结束。10月23日，邓小平在会见以格隆瓦尔德为团长的美国高级企业家代表团时，再次明确指出：社会主义和市场经济之间不存在根本矛盾。

经济的涌动中，在20世纪70年代后期一直停留在7 000万件左右的包裹数量，到1985年增长到7 600万件。件数虽然增长不多，但商品包裹的比重和单位重量正在迅速增加。根据抽样调查，商品包裹的比重由80年代初的40%左右增加到60%，沿海发达地区甚至达到了80%；每件包裹平均重量由2千克左右增加到4.6千克。按重量计算，五年增长了1.46倍。

邮政发展进入增能扩容和机械化阶段，一系列动作直指服务能力不能满足社会需求的矛盾。

7月10日，邮电部决定改革邮运管理体制，加强全国邮政全程全网运输的领导，成立邮政运输局，受邮政总局领导，行使邮电部赋予的邮运指挥调度权。后来担任上海市邮政管理局副局长的邵钟林时任邮电部运输局华东分局调度室主任，工作地点在上海，编制在上海邮政局，承担了邮电部委托的调度工作，行使北到山东，南到福建和江西的六省一市的网络运营的指挥调度工作。那个时候的网络运营，快递和普遍服务都混在一起，没有独立的快递概念。所谓的快件，就是在同一张网中优先调度和派送。全国的铁路干线、路由线路，深深地印刻在邵钟林的脑子里，成为之后他对快递运营网络熟稔的基础。

7月29日，以经营国际邮政业务为主的北京国际邮电局建成投产；8月10日，武汉—重庆的长江水运邮路开航运输邮件；8月22日，邮电部发布开办国际电子信函业务的通知，北京、上海、广州、深圳、珠海5市成为先行试点，密集的动作彰显着发展邮政业务的决心。

从10月1日起，在广州、深圳、珠海，通过电子信函业务，人们可以将各种手写或印刷的信函、文件、图表、合同，在邮局传真到收件人所在地邮局，再用特快专递等方式送到收件人手里，速度比原有的邮递方式大大提高。完美衔接互补的潜台词，是对传统通信的替代作用。此时的人们，或许已发现端倪，但替代的速度仍然超乎想象。

对日后影响最大的改革发生在12月3日，专门经营速递业务的中国速递服务公司的成立，创造了专业经营快递业务企业的中国第一。这个第一出自当时对于市场的积极反应，但第一的光环也在某种程度上成为后期发展的制约。习惯了业务自动上门、群众排队等候的国企，被送上竞争的舞台时有些束手束脚，头脑里禁锢的思想尚未完全解除，不知道迈哪只脚才是第一选择。

这一年邮政已经有 108 条定点、定线集装箱铁路邮路，同时自备铁路邮政车 505 辆，编挂在全国 130 对旅客列车上运送邮件，汽运方面有 8 115 辆长途汽车邮路运输汽车，还有三艘船。

12 月 3 日，全国邮电工作会议召开，杨泰芳部长提出"七五"期间邮电发展的主要目标，根据业务发展需要，调整邮政封发运输网络，施行自办和委办、代办相结合，积极利用社会力量，增强邮运能力。增加火车邮厢 150 辆，邮运汽车 5 000 辆及运邮船 10 条，建设相应的邮政通信的转口局、集装箱与航港处理场地；积极推广邮政编码；重点解决搬运装卸的机械设备，有步骤地采用信函自动和半自动分拣设备，逐步减轻邮政内部操作中的体力劳动强度。

创新是唯一的出路，必须停止简单重复劳动，否则只能被时代淘汰。就在这种思维的共识里，刘平源上任北京市邮政局局长，留下了一张广为流传的沿街卖《北京晚报》的照片。

在老北京很多人的记忆里，每天下午三四点之后，街边的报刊亭里，就有了叫卖声——"晚报晚报，《北京晚报》"。老百姓们排队抢购晚报的情形随处可见。邮政局组织邮政职工到前门和北京站等地零售报纸，以满足百姓早一点读到报纸的期盼。当时，大家送报刊信函还是肩背手提，分拣全部靠手工，邮政函包汇发四项基本业务倒也做得有声有色。

刘平源在就任北京邮政局局长之前，有 13 年的时间在邮电部从事外事工作，多次去美国、日本、法国、比利时调研，对包裹分拣机和信函分拣机印象深刻，希望能将其在北京落地。因此，他提出要"科技兴邮"，实现"两机四化"——中等城市以上使用包裹分拣机和信函分拣机，储蓄绿卡化、报刊要数和订阅自动化、指挥调度电子化、窗口营业电子化。发展方向是"一个屁股要坐稳，两个拳头要打狠"，"一个屁股"即邮政四项基本业务——函包汇发，"两个拳头"指邮政储蓄和快递。他还特别提出，快递要特事特办，速度要快，质量上不能出问题。

这个通俗易懂的目标方向，为邮政立足主业两手抓的未来发展描摹出雏形。多年之后，中国邮政集团提出了"一体两翼"战略，即以邮政普遍服务为体，以"金融翼"和"寄递翼"为两翼，可以说这一表述非常形象。

这年2月20日，南极长城考察站正式建立，为了满足南极考察和旅游的国内外科学工作者和旅游者的通信需要，我国南极长城站邮局正式建立。在此之前，即我国南大洋和南极洲考察队首次出征的前夕，邮电部委托上海市邮政局在"向阳红十号"考察船上举行隆重的交接仪式，将落地戳、纪念戳两枚钢印及邮政袋、邮票等交给南极洲考察队队长郭琨。11月15日，各地邮局开始收寄寄往长城站的信函。在此后的30多年里，零距离见证着中国科考，传递着乡情，记录着历史。

在历史中留下浓墨重彩的女排姑娘，11月在日本举办的第四届世界杯女子排球赛上，以七战七捷的成绩，蝉联世界杯冠军，成为世界排球史上第一支连续4次夺得世界大赛冠军的女队，并在以后的比赛中所向披靡，成为国人的骄傲。

一切都刚刚开始，看起来都是偶然，每一个人离未来既近又遥远。在充满不确定性的世界里，在不知道未来的情况下，他们做着迎接一切的准备。

人物小传

/"改革女将"袁国利/

　　与保守僵化、低调谨慎、不愿改变等这些外界对国企管理者的刻板印象不同，老同事对袁国利的印象是"这个女人不简单，务实求变、思维活跃、思想开放"，媒体对她的评价是"国家队的神秘女帅，有女性柔性治理方略"。

　　或许是因为一直经营竞争性业务，中国邮政速递公司原总经理袁国利身上有"市场的血液"。

　　她力主合作，中国邮政先于其他邮政在 20 世纪 80 年代初，就低调成立了专业的速递公司。袁国利调到速递领域后，更是积极推进与邮政外快递物流公司的合作，把服务网络延伸至全球绝大部分国家和地区，迈出中国邮政速递改革的第一步。

　　她力求速度，在她的任内，中国邮政成立了邮政航空，给邮件插上了绿色的翅膀，创下了中国民航史上第一个全夜航、第一个全货机、第一个非民航系统的企业创办航空公司共三个第一。

　　她力争创新，为此，下大气力改进邮件跟踪系统，提升服务质量，支持万国邮联 EMS 合作机构，加入卡哈拉邮政组织。而且，你一定想不到的是，就是在她的任内，中国邮政速递物流公司还设立了全国足球甲A联赛EMS最快进球奖，邀请飞人刘翔当形象大使，就是那个让亿万中国人兴奋自豪的飞人形象，让EMS的品牌形象更深入地走进了千家万户。

其实，在拥抱改革、创新发展的路上，袁国利所代表的邮政速递一直未曾停步。

自邮政1980年开办国际速递业，特别是1985年开办国内特快专递业务之后，业务量翻着番上涨，当时的邮电部和邮政总局的领导认为，快件和普通邮件两种业务继续在一个平台上已经不太适合了，要给这个有活力的新业务以更大的发展空间。时任邮电部部长杨泰芳说，速递要发展得好，必须要"特、快、专"。"专"就是要有专业机构、专业网络。在邮政速递专业工作的20多年里，袁国利一直为建立更适合专业发展的专门的机构、专门的网络、专门的队伍而不懈努力。

国企是共和国的长子，理应在市场竞争的赛道上成为"种子选手"。很长的一段时间内，在人们的眼中，邮政企业作为"国家队"，优势得天独厚，民营快递天然就不和国企在一条起跑线上。但在袁国利看来，邮政速递在体制机制决定的起跑线上，实际是落后于民营快递的。

2018年，行业媒体中国邮政快递报社在准备庆祝改革开放40周年的典礼时，把行业突出贡献奖荣誉留给了她，颁奖词说："致力于让速递业务专网运行，让邮政EMS成为公众公司，让中国快递参与国际竞合，她百折而不回；秉持公心，分享交流不藏私，及时援手解危急，她是大家公认的'大姐'。她就是袁国利。"

退休后的袁国利依然忙碌，去看一看远方的风景，帮女儿女婿伺候一下小猫，打理打理咖啡馆的生意，但内心仍然牵挂着邮政事业。"今年春节，攀枝花米易县的西红柿滞销，邮政速递组织助销，一下子就有7万单，我也'贡献'了4单。"说到这里，袁国利笑了，那笑容，发自心底。

1986，生于毫末

学子们的夏天，是欣喜和绝望的交替。

山东诸城繁华中学的崔维星，在高二的这个暑假，策划了一次"冒险行动"，他拉上同学徐恩俊，带上 64 元钱，从诸城老家出发，骑行经过莱芜、沂水到济南、泰安，爬了泰山，看了趵突泉。"财政紧张"的他们，除了被太阳晒脱皮，还睡了火车站，借宿了路边西瓜棚，甚至盖着雨衣露宿野外。

青春就是这么恣意，崔维星说"想做就去做"。别人看到的是一路辛苦，崔维星收获的是充实、自信以及挑战成功的快感。

在家中排行老二的詹际盛高中毕业了。学生生涯正式结束，和他一起离开学校的，还有初中毕业的老四詹际炜。詹家兄弟四个，还有老大詹际旺和老三詹际恒。四兄弟的家乡是与桐庐县相邻的淳安县汾口镇黄石塔村，这是一个海拔 600 米，距离千岛湖镇 80 多公里的山坳坳。8 岁之前，詹际盛没见过汽车，没有任何代步工具，徒步走到镇上需要 3 个小时。

毕业的这年，黄石塔村民们用上了电，终于告别了做作业时熏得满鼻子黑烟的煤油灯。家里的几亩薄田根本无法喂饱阶梯式长大的四兄弟，出去打工和学做泥水匠之间，老二和老四做出了不同的选择。7月 12 日国务院颁布《国营企业招用工人暂行规定》，退休工人"子女顶替"被禁止，允许国企从农村招工。詹际盛顺着农村劳动力向城市流动的大潮，从农村来到了城市。

从上海广播电视大学毕业的徐建国，被分配到上海仪表局工作，成了一名公务员。但没待一年，年轻冲动的他就放弃了仕途，毅然下海，来到上海国际微电子总公司，干起了销售彩电、收录机等元器件的活。敢决断、敢取舍的性格，成为他进入快递业之后的迅速果断的铺垫。

乡村与城市之间的沟壑如此巨大，就在詹际盛为用上电而欢欣时，他日后要进入的快递业已经呈现出了日渐繁盛的模样。外向型经济对于文件及样品流通的需求，吸引着向来嗅觉敏锐的快递人。12月1日，中外运敦豪国际航空快件有限公司在北京正式成立。中国对外贸易运输（集团）总公司和敦豪国际航空快递公司各控股50%，为中国各主要城市提供国际航空服务，开始了在中国市场年均增长率40%的骄人生涯。

1986年，DHL与中国外运各注资一半成立中外运敦豪国际航空快件公司，上图为北京分公司员工合影

1月8日，按照国务院有关意见，中央财经领导小组召开会议，听取邮电部关于提高邮政通信能力等急需解决问题的几个汇报。会议决定实行"以邮养邮"的政策，初步措施包括：邮政建设投资由国家

计委统一考虑，拨款改贷款，免还 90%；邮政上缴的利润全部返还邮政，实行"以邮养邮"政策。对于党报党刊发行赔本、航空邮运价高于货运价等问题，会议也责成相关部门研究解决。

为积极贯彻"以邮养邮"政策，3 月 3 日，"十年动乱"之后的第一次全国邮政工作会议在北京邮局礼堂开幕。全国人大常委会副委员长朱学范在会上指出，邮政事业涉及千家万户和社会各部门，必须千方百计办好。对于邮政的发展建设，他做了五条指示：发展邮政机械，积极发展轻型业务，以保护用户利益作为企业最高经营目标，提高队伍素质，以及进一步抓好对台通邮。邮件分发网、邮政运输网和邮件处理时限、频次三个改革方案在会上原则通过，为邮政网络和业务制度的改革提供了条件。

改革的步伐来得相当迅速，大家都渴盼着邮政通信在"七五"期间呈现新面貌。包裹业务被分为"民用包裹"和"商用包裹"两种，商用包裹在现有资费基础上加收 50% 的费用。国内开办特快专递业务的城市由 27 个增加到 48 个，增长了 77%；国际快递业务增长了52.7%；国内专递业务增长了 210%。

城市和乡村都不甘落后，开放的前沿阵地深圳已经有 31 个营业网点，先后同 140 个国家和地区、国内 70 个城市开办国际、国内特快专递业务，无论远近，特快件 1~3 天便可送达。

而市场机制的作用正在日益繁荣的乡镇经济上得以体现。没有工业，没有技术，没有原材料，生产的号角就这样在贫瘠的乡村吹响，尤其是江浙一带，机器夜以继日地隆隆作响，"苏南模式"和"温州模式"崛起于田野乡间，商贸市场人头攒动，物流往来交易频繁。随着机器轰鸣而出现的，是越来越多的大马路和小洋楼。

邮政服务经济发展的职能在此显现。在乡镇企业中，大量的购销活动要通过邮政的商包业务、信函业务、汇兑业务才能完成。江浙地区有些乡镇企业开着汽车、拖拉机到邮局发商品广告，邮局人员连盖销邮票都应接不暇。保存着最朴素市场意识的温州人，带着最初级的商业秩序走向四面八方。在浙江温州金乡镇，金乡人把他们致富的办法归纳为"一双手、两条腿、三分邮票、四种产品"。所谓"三分邮票"就是通过函件联系业务衔接产销，把信息转化为有形财富。全镇800多户专业采用这种方式沟通产销，金乡邮局的业务量也因此而猛增，每日出口函件量从70年代的300封上升到13万封。从1982年到1986年，从金乡邮局发出的业务函件已超过1亿封。

"找机会、筹资金、加杠杆、快复制、全包圆"，成为温州商业快速崛起的不二法门。

他们从来不怕挫折，不回避困难，找准一切机会从故土开拔。当20多位义乌人扛着大包小包的服装、小百货到乌鲁木齐时，他们坚信新疆很大，对应的市场更大，但等待他们的却是一次次的驱赶、查罚。这种无证摊贩的遭遇，还处于5年前的义乌阶段。刚从计划经济体制的桎梏中挣扎出来的中国大地，各地的经济发展意识还存在着比较大的差距，但不论如何，这些不被国有企业看在眼里的民营经济正在逐渐夯实中国经济发展的基础。

与之相对应的是拥有最多倾斜资源的国企，未表现出最好的竞争力。凤凰自行车、美菱冰箱、苏泊尔锅具，这些对百姓影响至深的品牌，最初影响力的扩大，来自这年盛行的一个方法——联营。国有企业的资源、设备、人才、品牌正在逐渐转往乡镇企业，而这些他们当初看不上的"泥腿子"用不停歇的生产创造出可以和国有企业共享的利润，政策的壁垒被绕开，国有企业获得新的活力。

3月10日至16日，国务院在北京召开第一次全国城市经济体制改革工作会议，"巩固、消化、补充、改善"八字方针成为指导方向，搞活和开拓市场，加强和完善市场管理，加强和改善宏观控制，把发展横向经济联合作为一项重要工作。紧接着，3月23日，国务院发布《关于进一步推动横向经济联合若干问题的规定》，提出发展经济联合的目标和要求，要有利于充分挖掘现有企业潜力，做到投入少，产出多，产品质量好，技术进步快，经济效益高；有利于促进企业组织结构、产业结构和地区布局的合理化；有利于形成和发展商品市场、资金市场和技术市场；有利于打破条块分割，实现政企职责分开、简政放权和所有权与经营权适当分开。

"四个有利于"是联营大规模尝试的最强推动力，企业改革的活力由此被激发，国企和民企各自获益。当年的新闻媒体报道上，"紧密联营是发展横向联合的好形式"是常见的标题，科技人员、工程师下乡司空见惯。到1986年年底，中国乡镇企业已经发展到1 515家，劳动力近8 000万人，向国家缴纳税金170亿元，实现总产值3 300亿元，占全国总产值的20%，乡镇企业的崛起已经成为不争的事实。

7月9日，《关于促进科技人员合理流动的通知》发布，鼓励科技人员到工农业生产第一线，支援中小企业和乡镇集体企业，到农村去，到中小城市去，到边远地区去。制度和人才的约束被一一拆解。

物资流、信息流和资金流都成为第一需求。2月1日，北京、天津、郑州等12个城市邮局开台邮政储蓄，立即成为热门服务，业务量逐月成倍增长。4月1日，邮电部全面恢复开办储蓄业务。到12月2日《邮政法》颁布，"邮政储蓄"取得合法地位后，次年起全国邮政企业办理储蓄网点遍布各地，达2万多处，业务量急剧上升。

　　历史，似乎在不经意间埋下的种子，一旦成长，不可阻挡。沿着上海的南京路一路向西，有一个静安寺。9月26日，静安寺附近的南京西路1806号，诞生了中国第一个证券交易所——上海信托投资公司静安证券业务部，开始交易飞乐音响和延中实业两只股票。1984年发行的俗称"小飞乐"的这只股票，被认为是我国改革开放新时期第一只真正意义上的股票，当天开盘不到两小时就被抢购一空。14年后，在静安寺不远的镇宁路545弄44号，诞生了一家叫作圆通速递的快递公司，创办16年后上市，成为中国快递业首家上市公司。

　　年初和年尾是呼应的。1月1日的中央一号文件指出，农业和农村工业必须协调发展，把"无工不富"与"无农不稳"有机结合。年末12月5日，解锁企业机制的最大举措到来，国务院做出《关于深化企业改革增强企业活力的若干规定》，提出全民所有制小型企业可积极试行租赁、承包经营，全民所有制大中型企业要实行多种形式的经营责任制。各地可以选择少数有条件的全民所有制大中型企业进行股份制试点。简政放权、扩大自主、机制改革，这些耳熟能详的词语，足够掀起企业下一步发展的巨浪。

　　4月12日，中国开始推行9年制义务教育，但这几个山里的孩子已经基本长大。和他们产生真正关联的，反倒是1986年—2000年实施的一项国家计划。这项代号"863计划"的国家高技术研究发展计划，选择了生物、信息、自动化、能源、新材料、航天、激光等7个技术领域，为日后快递业的迅速发展打下了信息科技的烙印。虽然这年中国首次宣布私人可以拥有汽车，但能拥有汽车的人还很少，倒是他们偶尔收到的信件，上面的邮票总是不翼而飞，剩下半个模糊的邮戳，邮票交易成为实体生产之外的新生意。

而与邮政人真正命攸关的最大消息发生在 12 月 2 日，《邮政法》由第六届全国人民代表大会常务委员会第十八次会议通过，由国家主席李先念签署公布，将自 1987 年 1 月 1 日起施行。

事实上，《邮政法》起草小组 1954 年就在邮政总局成立。苏幼农任职总局局长后，跑遍全国进行调查研究，得出一个结论：要管好邮政，非订立一部《邮政法》不可，甚至立誓："邮政不立法，我死不瞑目。"1954 年，苏幼农在邮政总局成立了《邮政法》起草小组，但多年的研究起草，到了半途因为政治运动而不了了之。1981 年，邮政总局时隔 20 多年后召集几位管业务的老同志，又成立了《邮政法》新的起草小组，以张光瑞为领导。

1982 年，邮电部、教育局要在石家庄建立邮政专科学校，召集北邮、西邮及京、津、沪的邮政业务处代表 30 多人在石家庄开会。周臣孚作为西邮代表参加了会议。在邮政专科学校应该开什么课的讨论中，周臣孚极力推荐必须开《邮政法》课程。因谈道理由较为详尽，得到大家的赞同。巧合的是，邮电部里《邮政法》起草小组的负责人张光瑞也在场，事后请周臣孚在石家庄多停留两天，参加《邮政法》起草小组的会议。从此，周臣孚"半路出家"，开始了与《邮政法》结缘的下半生。

第一部《邮政法》只有短短八章四十四条，共 4 000 多字，但却起草了近 5 年。周臣孚回忆，起草一部《邮政法》，身不历其境，真不知立法的艰辛。第一，起草者要了解中国的历史，起码是邮政法制史，而我国邮政已经有近 4 000 年的历史。第二，《邮政法》是社会主义法制体系的一部分，《邮政法》的地位与其他法律的关系，应相互支持，相互配合，不能相互矛盾，所以起草者必须搜集"文革"后颁布的法律，而在 80 年代，好多重要的法律还没有颁布。第三，需要参考国外《邮政法》，取长补短，起草者手头的材料一大堆，需要日夜阅读参考。第四，最艰巨的是《邮政法》涉及几十个单位，需要一个一个跑，顺利的话一个单位跑两三次，有的单位需要反复跑，起草小组"新帅"鹿荫堂甚至因为《邮政法》起草积劳成疾而去世。

这部《邮政法》第八条规定："信件和具有信件性质的物品的寄递业务由邮政企业专营，但国务院另有规定的除外"，"邮政企业根据需要可以委托其他单位和个人代办邮政企业专营的业务。"邮政专营正式在法律角度得以确认。在此后的很多年里，民营快递企业的命运伴随着艰苦卓绝的争斗，开始兜转反复。

赖梅松家的房子在山脚下建成了，在青郁葱茏的山野里，白墙青瓦的房子是个炫目的存在。材料费、伙食费，各种杂七杂八的钱，都被赖梅松盘算着安排得妥妥当当。看着阳光下闪耀的房子和墙角堆放的木头，赖梅松灵光乍现。这些木头一出手，赖梅松手里又有了 1 000 多元钱，超过了盖房子的付出，人生的新一步，就从这里开始了。

做了一年木匠只做了一个方凳，而且还高低不平，实在不符合做事追求完美的喻渭蛟的本性。城市的灯光闪烁在这个山村穷小子的心头。翻过山，山的那一边是什么？他按捺不住了：走出去，那边有着更广阔的世界。

这一年，崔健唱出了切中赖梅松他们现状的《一无所有》，但"摇滚"二字对他们来说是个连概念都没有的存在。他们看到的，是这年开播并在之后几十年间暑期连续播出的电视连续剧《西游记》，主题曲《敢问路在何方》才是他们内心最真实的写照。

多年之后，他们看到 1986 年火爆的一部电影《英雄本色》。彼时，他们都已是英雄，在各自的战场上安营扎寨。但此刻，他们尚未有交集，只是在摩拳擦掌中，为自己的人生押上了第一枚重要的筹码。

风起于青蘋之末，浪成于微澜之间。当桐庐山上的"雪水云绿"又一次萌芽展绿，他们从混沌中起步。

人物小传

/ "西周" 周臣孚 /

　　"西周"，周臣孚也。20世纪八九十年代，中国邮政界大力宣讲《邮政法》的背景下形成一个说法："东刘、南吴、北顾、西周"，意思是说中国邮政有4位"名人"：长春刘振东、上海吴越、北京顾联瑜、西安（西邮）周臣孚。但周臣孚自喻为"卖膏药的"，并不认同"西周"的名号。于是开会的时候，他老是借会辟谣，不过竟然越辟越火，后来他想想对西安邮电学院的品牌有利，也就算了。

　　周臣孚不出名是"不可能的"。自1986年在河南邮电管理局给该省各级领导400余人做"新颁《邮政法》报告"开始，直到2002年止的16年间，周臣孚外出讲课或做报告的足迹遍及25个省（区、市）40个点。在外讲课时，他在宣贯《邮政法》的同时，往往还协助当地邮政解决不少违反《邮政法》的事件。

　　最有名的一起案例是"9·21"事件。1988年9月21日，一列火车邮厢到达沈阳站时，铁路部门说邮车内运的是走私香烟，要求查验。不顾邮政部门大喊"铁路无权查扣"，铁路部门把整个车厢都拉走了。双方就此打起了官司。在周臣孚等人的支持下，邮政部门从沈阳告到辽宁，再一直告到了中央，惊动了全国人大常委会。中央说按新颁的

《邮政法》的规定办，于是这批邮件在被扣了 23 天后被送回邮局。邮政部门这下腰杆硬了，不肯接收，因为除了邮包，还有好多书籍和信件，延误这么久，侵犯了用户的通信权，责任应由铁路部门负责，邮局拒收。为此，沈阳街头当年出现了"穿着铁路工服上街投送邮件"的奇观。

至于周臣孚自喻为"卖膏药的"，恐怕邮政界不会有人认同。已是鲐背之年的老人把他的一生都献给了邮政，可谓"一入邮政，终生从邮"。

周臣孚从小立志加入邮政，这股志气伴其终生。民国时期，初中毕业的周臣孚加入高中生、大学生等"千人抢饭碗"的队伍，最终从千余人中脱颖而出，1941 年当上了永嘉邮政局的一名最基层的邮务佐。邮务佐在外人看来风光无限，在邮局里就是个最低等的差事。每月领工资时，周臣孚最后才能领。他受不了这种刺激，决心继续"向上爬"——考取大学文凭，当邮局高级职员。1942 年起，周臣孚一边跟随邮局躲避战乱一边苦学，早起背"四书"，晚上背法律，终于在 1946 年"进京赶考"后获得一张"高等证书"。凭着这张证书，周臣孚如愿当上了鳌江邮局局长。

局长周臣孚仍然在追求进步。1949 年 5 月，鳌江和平解放，邮局转为人民邮政。1950 年，全国掀起了抗美援朝的热潮，周臣孚成为鳌江抗美援朝分会会长，负责宣传。他利用这个机会为邮局打起了"广告"，以抗美援朝分会名义安排各街区召集群众宣传抗美援朝英雄事迹，听得大家群情激奋。周臣孚趁机问："咱们应该怎么办？要不要给志愿军写慰问信？"听众齐呼："要！"这竟使邮局的平信业务量呈百倍的增速。

1956 年，被调到浙江省邮电局的周臣孚突然接到省局调令，通知其到邮电部在西安办的全国唯一的西安邮政学校（1958 年改为西安邮电学校）当教师，这简直把他吓蒙了。

因为他听说西安在西北的黄土高原上，那时的大西北缺水不种稻子，只吃面粉和苞谷（玉米），距离浙江 4 000 华里（2 000 千米），周臣孚甚至怀疑自己是被"发配边疆"了。直到了解到自己是邮电部挑选的人才，周臣孚心中才释然，愉快地接受了任务。

西安邮电学校于 1958 年"大跃进"戴帽子，升为大学，但仍有中专部，于 1965 年起计划把中专部分离开来另觅校址设立邮电中专，邮电部拨钱，原中专部全部师生一千多人停课自建土坯房，周臣孚因此前往扶风，不上课，做了建筑工人。次年，"文革"开始，土坯平房只盖了半截，学校就乱了。1969 年，邮电部下令将西邮彻底"撤销"了。

1981 年，西邮筹备复校。原西邮人马尽散，所谓筹备处空无一人。经过史云峰的努力，周臣孚等 26 位老同志聚集在一起成立了"西邮筹备处"。此时的周臣孚已经 59 岁，被选为邮政系负责人之一。

筹建邮政系资料室、返聘已退休老教师、招兵买马、办班创收、以南邮名义招生，周臣孚不舍昼夜。与此同时，周臣孚凭着个人对《邮政法》的独特见解，被邀请加入《邮政法》起草的队伍中。

1985 年，西安邮电学院筹备处结束历史使命，西安邮电学院正式挂牌，周臣孚光荣"退休"。1986 年，《邮政法》颁布，宣传贯彻这部法律，成为周臣孚后半生奋斗不息的使命。

老骥伏枥，志在千里。

1987，越过长城

Across the Great Wall we can reach every corner in the world.

"越过长城，走向世界。"

1987 年 9 月，中国通过互联网，以英语和德语向世界发出了一封电子邮件。这封日后被多数人认为是中国发往国外的第一封电子邮件，成为中国走向互联网时代的标志。

直到 1994 年 4 月 20 日，"NCFC 工程"（中国国家计算机与网络设施工程）通过美国 Sprint 公司连入互联网的 64k 国际专线开通，实现了与互联网的全功能连接，中国从此被国际上正式承认为真正拥有全功能互联网的国家，中国互联网时代由此开启。

互联网所越过的"长城"，在多年后完全改变了这个世界，秩序在重新梳理，规则被再次制定，互联网所构建的是一个新的历史舞台，人人在这里展示自我，并渴望回应。如今看来，这里越过的"长城"不仅是一个坐标，更是思维、意识和行动原有的边界。

但在此时，这封电子邮件还只有少数人鼓掌激动而已，离百姓生活尚有距离。没有几个人知道，31 岁的比尔·盖茨这年已经成为计算机产业中的第一个亿万富翁，更没几个人知道中国将会如何开启沸腾的互联网时代。真正让人惦念的，是摩托罗拉这个颇为拗口的名字。这是当时时髦青年口中的炫耀，它带来的无线电寻呼机，俗称BP机的小玩意儿，成为当代中国青年和商人最前沿的装备，定格了无数幅嘀嘀嘀几声响之后，到处寻找公用电话的场景。

这个小小的通信工具，更成为快递业起步时快递员身上最昂贵的财产。有人为此大打出手进了派出所，也有人为了省掉电话钱，设置出彼此之间专门的代号，成为快递员之间心照不宣的暗语。到 1996 年之后寻呼机慢慢被手机替代的时候，摩托罗拉在中国的发展已是如日中天。

这年的邮政发展也是如此鼎盛。在全国，邮路平均每天运送函件 1 501 万件，报刊 7 181 万份，包件 26.9 万件。

邮政运输网络日趋完善，海陆空全面发力。全国干线邮路以铁道邮路为主，水陆空综合发展，形成以北京为中心，向全国辐射，并连接各省、自治区、直辖市和主要国际邮件交换站的运输网。1987 年全国干线邮路总长度约为 49.6 万多公里，其中铁道邮路 117 条，单程长度约为 15.4 万公里，由北京中心直达国内 28 个省（区）的省会（首府）和直辖市。在国内干线邮路上担负着运输邮件任务的铁路旅客列车中，有 101 对编挂的是自备专用邮政车厢，16 对租用的铁路行李车厢，此外还有 37 条定点、定线集装箱邮路。

航空邮运则以委托民航班机带运邮件的方式进行，到 1987 年底，全国航空邮路单程长度 29.2 万公里，首都及各省省会、自治区首府之间都已开通航空邮路。日后快件上机的第一步也是基于民航腹舱得以实现的。

1 月 22 日，天津至上海定期海上航班举行首航仪式，每次航班双方对发 18 个集装箱邮件。4 月 28 日，由中国远洋轮船运输的第一条国际远洋集装箱邮路开通。水运邮路主要集中在沿海地区和长江沿岸，8 条干线邮路单程长度 10 905 公里。

公路上的邮政运输车辆随着道路的发展跑得日益欢快起来。全国一级干线汽车邮路 48 条，单程长度为 3.3 万公里，初步形成了继铁路、航空之后的连接国内各省会城市的第三套干线邮运网，解决了干线铁路运力不足的问题，运输中短途邮件，运力的协调和接驳日渐灵活。

6 月 20 日，我国第一条自动信函分拣流水线在上海研发成功，专家鉴定认为其技术上达到了国外 20 世纪 80 年代初已装备的同类设备水平。在近年来邮政信函业务量猛增，一些大中城市的日处理函件量达到三四百万件，人工分拣已不适应形势发展需要的情况下，这条流水线让人们看到了提高分拣效率、减轻工人劳动强度、实现邮政现代化的希望。

兵马未动，粮草先行。基础设施的日渐完善，带动着业务不断深掘。5 月 3 日，邮电部首批核定 21 个省、自治区、直辖市邮电管理局经营责任书，全面推行经济责任制，人的活力被激发。11 月 1 日起，全国 196 个大中城市同时开办国内邮政快件业务，生产和生活的沟通正在提速。

达瓦刚刚来到呼和浩特邮政局工作，对着"交接验收、勾挑核对、平衡合拢"12 个字的三项基本原则苦下功夫。他没有想到，10 多年后，他的工作生涯会和快递纠葛如此之深。艰难博弈，倾身助力，时代的湍流勾勒出的一幅幅场景，见证着快递业从委身巷陌变为万人瞩目的光鲜存在。

在移动通信方面，广东依然当领头羊，当第一个 900MHz 模拟移动电话网开通时，价格昂贵、使用费不菲、重量超过 1 公斤、厚如砖头的"大哥大"，成为生意人一直握在手里的"身份证"，一度成为身份的象征。手里拿着"大哥大",腰里别着BP机,那脸上的表情只有"骄傲"两个字可以形容。

这年最让人难以忘记的事件,应该是5月份发生在黑龙江大兴安岭地区的特大森林火灾。这场新中国成立以来最大、损失最严重的森林火灾,存留在60后、70后的记忆中的是将近一个月的忧心忡忡。为扑火救灾提供通信保障,灾后恢复通信,大兴安岭地区的邮电职工也经历了20多个日日夜夜的严峻考验。

3月26日,中国和葡萄牙两国政府在北京草签了关于澳门问题的联合声明。中葡两国政府在声明中指出,澳门地区是中国的领土,中华人民共和国政府将于1999年12月20日对澳门恢复行使主权。澳门和香港一起,成为内地企业境外融资和对外投资的窗口平台,融入国家发展大局,朝向国家双向开放的重要桥头堡方向迈进,也让快递企业通过香港逐渐熟悉和适应国际市场,学会在国际市场的大海中游泳。

房地产曙光初现。8月20日,邮电部发行了一套《国际住房年》纪念邮票,红色房屋剪纸,白色房屋剪影,灰色砖形纹样背景,喜鹊立上房檐,对住房环境舒适的愿望跃然纸上。本是为了"解决无家可归者住房问题和改善贫困者居住环境"的国际住房年,放在历史中来看,却和深圳的中国土地"第一拍"有了有趣的巧合。

12月1日,为了缓解大规模城市基础设施建设对资金需求的压力,深圳市在深圳会堂公开拍卖了一幅8 588平方米地块50年的使用权,梁振英先生参与编写了土地拍卖的中英文标书。

"第一拍"落槌28天后,广东省人大常委会通过了《深圳经济特区土地管理条例》,规定土地使用权可以有偿出让、转让,拉开了中国房地产业飞速发展的大幕，也直接促成了《宪法》中有关土地使用制度内容的修改。1988 年 4 月 12 日第七届全国人民代表大会第一次会议通过的《中华人民共和国宪法修正案》将宪法第十条第四款"任何组织或者个人不得侵占、买卖、出租或者以其他形式非法转让土地"修改为"任何组织或者个人不得侵占、买卖或者以其他形式非法转让土地。土地的使用权可以依照法律的规定转让"。

30 多年后，发展迅速的快递企业亟须在城市交通便利的地方建立分拨中心，但土地已经成为稀缺资源，用地难、买地难成为限制发展的瓶颈。2015 年之后，形势似乎有所改变，快递企业分拨中心奠基建设的好消息，不时出现在快递人的朋友圈里。

7 月 11 日，世界上第 50 亿个居民出生在南斯拉夫萨格勒布市，全球人口闯入 50 亿大关。中国的经济增长伴随着人口红利快速进入资本的原始积累阶段，快递业发展的初期受益于人口红利，狂飙突进，弯道超车，成为中国经济发展的典型缩影。

改革开放已经 9 年，中国经济进入新中国成立以来升级最旺盛、国力增长最快、人民得到实惠最多的时期。将要召开的党的十三大，主题是加快改革步伐。8 月 27 日，新华社发布国家统计局数据，中国大体上实现了工农业总产值、国民生产总值、国家财政收入、城乡居民收入四个翻一番。这意味着中国经济实力的增强和城乡人民生活的改善。中国开始摆脱贫困状况，进入收入中等偏下的发展中国家行列。

"企业家"成为新词语。8 月，全面推行厂长负责制工作会议召开，提出全国所有的大中型工业企业 1987 年内要普遍实行厂长负责制，全民所有制工业企业全面实行厂长负责制要在次年底以前完成。在当年

6 月，实行厂长负责制的全民所有制工业企业已达 35 232 个，占同类企业总数的 63.9%。

企业家这个富有现代气息的词语就是在这时提出的。国家经委宣布将评选首届"中国优秀企业家"，不知道是不是受到了当年年初美国《幸福》杂志全球 50 位最引人注目的企业家评选的启发。在这次评选中，中信公司的荣毅仁作为中国公司的掌舵者首次和国际上的企业家并肩而立。

此时快递业的企业家们离踏进门槛尚有距离。

这一年，任正非已经 43 岁，他用 2.1 万元人民币创立了华为，崇尚技术的他对贝尔实验室的"仰慕之心超越爱情"。典型的工作狂周韶宁在贝尔实验室迎来了自己的新同事吴鹰，他们俩一个细腻高效，一个大大咧咧。当 1997 年任正非访问贝尔实验室说不知道"华为是否会产生这样的勇士"时，周韶宁和吴鹰已经在 UT 斯达康成为最好的伙伴，推动着小灵通走向极盛。大家狂欢时把周韶宁抬起又放下地打夯，周韶宁脸上留下了大家"集体爱戴"摔伤的光荣痕迹。

陈平在这年离开了部队。命运百折千回，1978 年参加高考未能考上中央工艺美院，部队转业后却进入了梦想中的学校，只不过是从事行政工作。陈平有点不习惯，性格风风火火、做事只争朝夕的他，每日寻思着如何逃离。

此时的林哲莹刚刚从山西财经大学毕业进入商务部工作，在他的人生路线中，民营企业尚没有纳入设计。他负责外资并购、创业投资、租赁、分销等外商投资的法律法规的制定，一直工作到 2010 年下半年。十几年的青春时光，他积累了丰富的涉外投资和资本平台搭建经验，"下海"资本充裕，2013年起任职顺丰控股副董事长，成为王卫身边的一个神奇人物。

越来越多的人迫不及待。金钱的呼唤打开了潘多拉盒子，消极怠工、下海成风、脑体倒挂，当经济意识的觉醒和消费主义的膨胀并行，挣钱已是最大呼声，秩序和规则，体制和囹圄，灵活和僵化之间的讨论，使得这年的深度新闻报道井喷，这年也被认为是新闻史上的"深度报道年"。《人民日报》的《中国改革的历史方位》《鲁布革冲击》，《经济日报》的《关广梅现象》，《中国青年报》的《命运备忘录》，触及了改革中新旧体制的摩擦、社会的迷茫、前行的忧虑。更多人将命运置于时代洪流之中，推搡着、裹挟着，从计划经济的庇护中逐渐撤出，接受商品经济和市场经济的冲刷。

10月25日，北京人民大会堂，中国共产党第十三次全国代表大会在这里召开，邓小平"三步走"的战略设想，用党的文件的形式确定下来。会议的主旋律是改革，经济改革要深化，政治体制改革要出台，开放被提到社会主义建设的必要条件、基本国策的高度，"全方位开放""开放格局""外向型经济"等新概念第一次被提出。

"以经济建设为中心，坚持四项基本原则，坚持改革开放"的"一个中心，两个基本点"成为耳熟能详的历史记忆。

在杭州的喻渭蛟有点想家了。对于桐庐人来说，听不到桐君山的钟声就会念家，但一定要做成事，一定要在外面好好努力的信念，支撑着少年稍显脆弱的心。纵然不怕苦，不怕累，但装修小工的生活已然无法满足内心更大的诉求。如何突破边界，改变自己，他一直在寻找机会。用前瞻性的眼光看问题，永不放弃，这一处世哲学在他日后的做事方法和思维方式中得到淋漓尽致的体现。

这些最普通的奋斗者，努力和时代同速，拼命和过往告别，坚持自己，坚持拥抱着每一个可能出现的春天。没有人管什么结局，只管大踏步地往前走，唯恐落下一步，就落下了整个人生。

他们不断地越过"长城"，以期抵达下一个边界。

1988，隧道渐短

"黑的白的红的黄的，紫的绿的蓝的灰的，你的我的他的她的，大的小的圆的扁的，好的坏的美的丑的，新的旧的各种款式各种花色任你选择。"

许哲佩这首发行于 2001 年颇考验肺活量的歌曲《气球》，放在"物价闯关"的 1988 年相当贴切。那个时代还没有这些选择，但人们的心情是如此迫不及待。

实行了 4 年的生产资料价格双轨制，开始结出恶果。"皮包公司"在这几年成为空手套白狼背后的支撑，遍地开花的贸易公司，在不断增加的流通环节中层层加价，坐地收钱，腐败滋生，民怨颇深，改革已迫在眉睫。

中央决定放开管制，蹚平价格双轨制，1988 年大众心中沉重的记忆是"价格闯关"。

节奏密集，目不暇接。

工业制造和消费文化两条路线几乎同等重要的上海，自是首先调整。3 月，280 个种类商品的零售价调整开始，覆盖小商品和日常生活必需品；4 月，国务院决定试行主要副食品零售价格变动按定量计算给职工适当补贴，"副食补贴"一词出炉，物品价格应声而涨，猪肉价格上涨了 50%~60%，鲜菜价格上涨了 31.7%。

中央的信心表达在 5 月 19 日的新华社通电上："中国的物价改革是一个大胆行动，要冒一定的风险，但是中央有信心把这件事办好。"

7 月 11 日，中央财经领导小组会议确定 5 年理顺价格方案，前三年走大步，后两年微调，计划 5 年物价总计上涨 70%~90%，工资上涨 90%~100%。8 月 19 日，《人民日报》公布全面放开物价计划的决定。

公众看涨恐慌，抢购风潮席卷全国，柴米油盐、冰箱彩电、金银首饰，到处都是抢购场景。商店门外，人们奋不顾身地攀上铁栅栏，争先恐后地往柜台里递票子，柜台内无论何物有用没用都想囤入家中，连滞销商品也不放过。大家对于放开物价管制之后的钞票"变毛"颇为恐慌。

刹车紧急踩下。

8 月 30 日，国务院发布《国务院关于做好当前物价工作和稳定市场的紧急通知》，做出放弃取消物价管制计划的规定，要求认真整顿市场秩序，坚决取缔和打击哄抬物价、囤积居奇、投机倒把、中间盘剥等行为。

10 月 24 日，国务院发出《国务院关于加强物价管理严格控制物价上涨的决定》，指出目前市场价格尚未完全稳住，一些商品的价格涨势未减。国务院要求进一步采取坚决有力的措施，加强物价管理，整顿市场秩序，严格控制物价上涨，确保 1989 年的物价上涨幅度明显低于 1988 年。为此，国务院发布"坚决稳定群众生活基本必需品的价格"等九条规定。

傅高义在《邓小平时代》中评价："这次政策的反复，是邓小平自1978 年 12 月重新上台以来，在改革举措上遭遇到的最富戏剧性的挫折。"同时评价"作为军人的邓小平多年练就的本领是：他知道如何重整旗鼓"，他对整个改革方案仍然深信不疑。

一切只是暂缓，配套改革提上日程，以便为日后价格改革构造良好的宏观环境。

这一年，成为我国自 1950 年以来物价上涨幅度最大、通货膨胀明显加剧的一年。来自《上海金融》杂志的几个数据可以看出上海这个价格最先放开的城市当年的情况："根据 102 户代表企业、237 种代表产品计算，年末总指数比上年上升 29.54%。价格总水平在一年中相继跨过了 10%、20%、30% 三个台阶，这是新中国成立以来从未有过的。"

1991 年春晚，姜昆和唐杰忠合说的相声《着急》给这段历史画了像：街坊二大妈一嗓子，把老急没给急疯过去——过两天副食品要涨价了。老急一着急，东西小推车平板车一车一车往家拉，醋，一澡盆；豆油，十五桶；味精，两抽屉；花椒面，一大立柜……

如今看当年抢购风潮下的照片，排大队、翻栅栏，你推我搡，消费者迫切的心情怕只有现在的"双 11"狂欢可以匹敌，但稀缺程度和紧迫心情，已不是一个范畴。等过了这个时候大家才慢慢发现，日常消费品只是生活支出的一部分，真正涨价最厉害的商品，比如房子，比如各种教育支出，你根本无法囤积。

崔维星要考大学了，报考大学时，他觉得按照自己以往成绩，高分正在招手，但估摸着上北大清华还有难度，稳妥才是第一要素。踌躇间，他填报了厦门大学。

高考分数公布，崔维星的成绩高居全校第二，比他低的同学都考上了北大。没有什么可懊恼，选择了就是对的，他兴高采烈地收拾铺盖前去厦门大学报到，成为会计系的一名大学生，大一就跑了 10 000

米的第一名，激情飞扬和稳妥审慎成为他身上一个矛盾的存在。大家都记住了这个戴着圆眼镜，个子不高但跑得很快的男生，那张跑出飞一样速度的照片，成为青春最美好的回忆，跑步成为身体执念。

他的生意头脑更灵光，在依山傍海的厦门大学里，崔维星开始显现出异于常人的生意头脑，不仅时常在校园里卖面包，还与三名同学合办了游泳培训班，向学员收取 30 元每人的学费，最后净赚 900 元。每年假期，崔维星还会跑到特税区买上二三十条香烟，带回老家卖掉以赚取差价。

特区让人如此着迷，崔维星徜徉于秀美灵动的厦门大学时，17 岁的四川达州人余联兵初中毕业后来到深圳，进入宝安区的一家港资企业，从事管理工作，拳脚施展得相当不错，先后当上了组长和经理。

改革进入第 10 个年头，活力，活力，活力，成为最高呼声。与物价放开同时进行的，还有释放企业生产活力。

2 月 27 日，国务院批转国家体改委提出的《1988 年深化经济体制改革的总体方案》提出，经济要进一步稳定，改革要进一步深入。同日，国务院发布《全民所有制工业企业承包经营责任制暂行条例》，旨在发展和完善全民所有制工业企业承包经营责任制，转变企业经营机制，增强企业活力，提高经济效益。邮电部也在 8 月 18 日发布《邮电企业工资管理试行办法》《邮电企业工资总额包干管理试行办法》，进一步深化工资制度改革，以进一步调动企业和员工的积极性，从源头上激发每一个人的内生动力。

4 月 13 日，第七届全国人民代表大会第一次会议通过《中华人民共和国全民所有制工业企业法》，确立全民所有制企业的法人地位，从法律意义上使国家在保持企业财产全民所有权的条件下，让企业对其经营管理的国家财产享有占有权、使用权和依法处分权。同期通过的《中华人民共和国中外合作经营企业法》，则推动更多外资企业加速进入中国。如雷贯耳的宝洁公司就在这年8月借道入场，并在此后牢牢占据了中国的洗涤和个人护理用品市场。而更多我们熟知的外国品牌也在此之后纷纷进入中国。

私营经济的性质也在此确立。6月25日，国务院发布《中华人民共和国私营企业暂行条例》，确定私营经济是社会主义公有制经济的补充，宣布国家保护私营企业的合法权益。

国家发布的各种法律条文，令预见性很强的改革者精神抖擞，飞快奔跑。

这一年企业界最著名的事件，是第一批"全国优秀企业家"走上历史舞台。这个陌生的称谓从去年提出到今年落地，还没有被大家所习惯。这些从承包制改革中成长起来的人物，在沉寂中闯出生路，伴随着非凡的热闹、左右的欢呼，而又归于平静，多年之后回望，如烟花散尽后的清冷。

从这些涌现出来的民营企业家，可以看出中国的区域经济格局正在发生变化。东部南部的沿海城市经济闪耀全国，思想解放上也明显走在了前列，上海成立了申银、海通和万国三家证券公司。尽管股票、债券之类的新生事物从1980年开始不停地有企业推出，但8年之后依然未能真正成型，基本上等同于无。但中国筹建证券交易所的第一次正式会议已在这年进行，结论有两条，一是条件不成熟，二是非搞不可。

人变了，世界才会变。

4月26日，中共海南省委、海南省人民政府正式挂牌，最年轻的省份和最大的经济特区由此成立。作为仅次于台湾的全国第二大岛，这里将焕发出勃勃生机。在海南，外商投资可以享受比其他经济特区现行规定更加宽松的政策，经济管理体制也可以更为灵活。海南的发展进入崭新的历史时期。

4月20日，邮电部决定设立海南省邮电管理局。8月9日，邮电部复函海军司令部，同意设立海南省南沙邮政局。10月1日，根据邮电部通知，南沙群岛邮政机构成立，由海军派人兼任局长。

8月12日到10月6日，新华社下属的《经济参考报》开展了"改善邮政现状"专题讨论。在近两个月时间里，围绕邮政服务中的问题和邮政工作中的困难，该报发表了20多篇讨论文章，在社会上引发强烈反响，许多读者写信来稿，提出不少建设性意见。中国交通运输协会价格委员会邝日安撰文认为邮电资费调整应当早日付诸实施，邮资要随着物价的波动适当调整。诸如此类恳挚的建言，无不切中正在以改革求发展的邮政所面临的难点痛点。

截至这年年底，北京、上海、天津和各省会城市、中心城市先后建成了一大批电信枢纽和邮政枢纽。我国已同124个国家和地区建立了通邮关系，国际特快专递已发展到56个国家和地区。

自1978年的全国科学大会提出"科学技术是生产力"后，邓小平又将此提法升级为"科学技术是第一生产力"的著名论断。10月16日，中国第一座高能加速器——北京正负电子对撞机首次对撞成功。邓小平说："过去也好，今天也好，将来也好，中国必须发展自己的高科技，在世界高科技领域占有一席之地。"如今快递企业分拨中心无限延伸的自动传送带、穿梭不停的小黄人、即时传输的穿戴设备，都是这一理念的多年实践成果。

出生于 1970 年的崔维星、王卫、陈德军、赖梅松，这年 18 岁了。18 岁总是会被人赋予多重的含义，代表着成长、责任和对未来的无限期待。但后来跻身于快递业并且焕发出别样光彩的这 4 个年轻人，没有时间也没有物质基础去碰触细水长流的温暖，他们正在现实中磕碰和成长，为自己的前途和选择苦恼纠结。

人若身处隧道，他看到的就只是前后非常狭窄的范围，无法看到隧道以外的世界，而且越是这样越是抓住眼前的东西不放。

年轻人们没有一个愿意屈服于现状，纵然还不知道未来如何，但每一个人都在从今夜的幽暗中，寻找明天的黎明，期待着在人生的某一时刻，可以拨云见日，明晰地看到来路与前程。

他们成为天之骄子，在香港寻找出路，在纺织厂埋头苦干，在乡村买卖木材，有谁会想到，多年之后，他们会以今天的形式聚集在一起。

1 月 1 日，《人民日报》发表《迎接改革的第十年》的社论指出："新的一年的最突出的特点是改革将在更深的层次和更广的领域展开。"

"深化改革"是这一年的关键词。尽管在一往无前的进程中，妥协、胶着、大道、旁枝、转弯，都在出现，但正是这样的百折千回，不断地缩短着视野狭窄的隧道长度。渐行渐进中，探索出更加广阔长远的路径。

　　新加坡人黎松江一直记得自己在被派往中国前，总部问他是否会中文的问题。毫无疑问，答案是"会"。

　　1995年，加入UPS 4年后，他由公司的新加坡区总经理调任中国区总经理。此前，他先后在新加坡海关和货代公司任职十余年。

　　在UPS，新员工即便拿着常青藤盟校的毕业证，也要从基层做起。比如，现任董事长兼首席执行官大卫·艾博尼从兼职装卸工做起；艾博尼的前任之一迈克·埃斯丘入职时的工作是工程师；曾任国际业务总裁的罗恩·华莱士曾经做过货运司机。UPS的企业文化认为，只有这样，管理者才能比普通员工更了解各方面的业务。

　　但是，"带艺投师"的黎松江似乎是个例外。

　　他在UPS的起点就是高管，此后一路畅通。从新加坡到中国后，2001年，他出任香港地区总经理；2003年晋升为大中华区资深副总裁。2005年，UPS提升了中国区在其全球战略布局中的地位，中国区与北亚区、东南亚区成为亚太区的三个大区，黎松江同时晋升为中国区负责人。

　　20世纪90年代的中国，快递物流行业依旧相对闭塞。在这个市场上，热情而乐观的黎松江带领UPS中国从零开始奋力开拓，没有错过此后任何一个重要发展节点：从2000年中国加入WTO（世界贸易组织），到2008年北京奥运会UPS成为物流和快递服务赞助商，UPS中国都找到了自己的定位，抓住了机遇。

2004年，中美两国签署了《中美拓展航空服务协议》，允许外资企业在中国建立国际转运中心。UPS随后拿回原合资企业的控制权，成为全资国际快递运营商，随后也加大了在华投资力度。2008年和2010年UPS先后建成了上海浦东国际转运中心及深圳亚太转运中心，将中国与亚太和全球网络相连。

本土化是黎松江执掌UPS中国期间深入骨髓的策略。大量起用中国本土高管，就是一个例证。其在中国任职的22年中，UPS中国高管中的外籍面孔由几十个减少为几个。

但推行本土化并不意味着放弃UPS在全球市场的本来定位——不单单提供快递物流服务，它更像是为客户提供附加价值的一家科技公司。在中国市场同样如此，比如，《UPS"优强中国造"企业白皮书》为中国制造企业提供了诸如深化行业知识和市场认知度、提升客户响应和合作能力、提升创新能力以及制定优化物流解决方案等指导性举措。黎松江带领UPS中国根据区域特性推进其服务深耕和品牌拓展。

2017年，黎松江卸任中国区负责人。在其带领下，UPS中国区不断从改革开放中汲取发展的能量。通过改革开放，一家拥有百余年历史的企业和一个历史更加悠久的国家擦出了耀眼的火花。

UPS因企业标识以棕色为主色调而被称为"棕色巨人"，但它其实更像是大象——性情温和，注重员工保障和发展；抗击打能力强，即使在竞争中暂时处于下风，也能站稳脚跟；步伐稳健，走一步相当于其他竞争者的好几步。

那么，带领UPS在中国开疆拓土的黎松江毫无疑问就是"驭象人"。

1989，沉舟侧畔

历史不容回避那些真实发生过的事实。

1989 年的中国，如同《人民日报》元旦献词里说的："正面的、反面的，积极的、消极的，欢快的、沉重的东西，都不可避免地会继续。"但中国最终要选择的方向，则是要"发展正面的、积极的、欢快的东西"。

献词对改革开放 10 年的总结是，"振兴中华，唯有改革一途"。

在各种新旧矛盾的交错中，邓小平在 2 月会见美国总统布什时指出："中国的问题，压倒一切的是需要稳定。……没有稳定的环境，什么都搞不成。"

年初大家最为关注的主要领导人的调整是否会改变既定的改革开放路线问题，在年尾给出了结果，新上任的中共中央总书记江泽民同志给大家吃了一颗定心丸。

12 月 31 日，江泽民同志在接受中央电视台记者采访时表示：对 20 世纪 90 年代，我想可以用一句话来说就是，我们将继续沿着建设中国特色社会主义的道路坚定不移地走下去。

人民的脚步，从来不会因为担忧而缓滞。吃饱肚子的中国人对财富的渴望，逐渐成为社会的主流文化导向，每个人都在财富争夺的游戏里，努力寻找着合适的位置。下海去，做企业去，年轻人们都渴望掘出自己的"第一桶金"，他们为这个时代增加了更多拼搏的生动记忆。

除了物质追求，青年人也在怀念年初离开人世的诗人海子，《面朝大海，春暖花开》成为每个人的内心向往，也在《致橡树》的坚强和席慕蓉的温婉中流连。

当城市青年在背英语和背诵席慕蓉的诗中欢喜黯然，荡漾青春芳华的旖旎之情时，詹际盛结束了自己在义乌等地"流浪打工"的生涯，通过一些关系进入了杭州印染厂。而在此之前，聂腾飞已经通过印染厂在桐庐的招工进入了杭州印染厂。

两位年轻人就此相遇，不安分的心碰到了一起。

彼此的触碰和交融，总是能焕发出新生机。

11月，首届新丝路中国模特大赛举行，一个把服装业和时尚业混合的新兴产业，让大家大开眼界，原来新的思路可以开拓出更多互相嫁接在一起的产业，而他们又可以带动上下游一起发展。

放到互联网时代来看，这是80年代对打通上下游和构建生态圈的最初尝试。快递业蓬勃兴起之后，产业链和同心圆的不断扩大，正是新思路所创造出的发展奇迹。

香港回归的步伐也继续前进，"一国两制"是伟大构想，《中英联合声明》是宣言，而《中华人民共和国香港特别行政区基本法（草案）》的通过则是获取了一个法律确认，为中国设立的第一个特别行政区设计了一套崭新的制度和体制。

住房商品化的大幕拉开，"房子"成为中国百姓街头巷尾谈论的最热话题，成为很多快递从业者心中最大的痛，自己当初挣到了钱投入了再生产，效益反倒不如当初囤上几套房子；而门面房、中转中心场地的租赁难和不安定一直是从业者最大的困扰。

5月3日，重庆市邮政局大楼披红挂绿，大幅标语"邮政呼唤您

的理解 公众有奖赠言活动"格外醒目。重庆市人大常委会主任于汉卿赠言："振兴经济，邮电先行。"全国著名青年作家、重庆市作协主席黄济人赠言："人们说你是春天的使者，我要说，你们的劳苦与功高与春夏秋冬同在。"市民彭子缙的赠言别有风味，画了一个小天使、一双大头鞋，旁书"磨破铁鞋知多少！"邮政不断突破绿色围墙的步伐，赢得百姓赞许。

奇迹就是在不断突破中产生，有时也难以明辨完全的是和非。1988 年的价格闯关之后，1989 年留下的词叫作"价格战"。这个在现代经济语系里面如此熟悉的词语，在 80 年代透露出的，是市场经济的曙光。

这次的价格战，发生在彩电上。

1988 年，彩电严重紧缺，凭票供应，人们对于彩电的渴望，如同现在对于最新款手机的期待。国内彩电生产厂集中出现了引进彩电生产线的高潮，当年彩电生产厂家超过了 200 家，产品大量积压。8 月，长虹彩电在全国降价，无意中引发了中国彩电史上的第一次价格战，长虹彩电市场地位骤然提升，国产品牌寻找自身定位，不同市场层次的概念由此开始形成。

在中国改革开放的进程中，彩电价格战只是计划经济和市场经济迭代中的行业缩影，但却是经济、文化发展层面的强烈折射。时间快进到 2014 年，百花齐放的快递业价格战开始掀起，利润逐渐触底的快递企业纷纷参战。以价换量的结果，一边是市场攀升，企业快速发展，规模效应显现；另一边是兼并重组，困局重现，行业的转型升级发展由此埋下隐患。

经济的发展，敦促着教育事业不断被重视和关注。那双对读书充满渴望的"大眼睛"，是人们对1989年开始实施的"希望工程"最深刻的记忆。公益事业开始发展，成为企业履行社会责任的基本动作。扶危济困、捐资助学的行动人里，快递企业的名单越来越长。

4月27日，邮电部在北京政协礼堂召开了一场影响每一位中国人生活的新闻发布会。

发布会的内容是，按1986年全国人大常委会通过的《邮政法》关于"寄递邮件逐步实行邮政编码"的规定，从当年5月5日起，在全国城乡分步实施邮政编码。第一步从1989年5月至1990年4月底，先书写寄件人的邮政编码；第二步从1990年5月开始，寄件人和收件人的邮政编码都必须书写。邮局可先实行人工按码分拣，再逐步过渡到使用机器分拣。

邮政编码，又称邮递区号，是一个国家或地区为实现邮件分拣自动化和邮政网络数字化、加快邮件传递速度而为全国分配不同数字的编码方式。我国的邮政编码采用四级六位数编码结构。前两位数字表示省（直辖市、自治区）；第三位数字表示邮区；第四位数字表示县（市）；最后两位数字表示投递局（所）。

美国最早开始实施邮政编码。美国地广人稀，如果因为投递错误导致二次投递，会相当消耗时间和精力。1963年6月，美国开始实施邮政编码。起初，美国民众不太习惯把具体地址变成抽象编号的思维方式。所以，美国邮政在很长一段时间内都在邮票上宣传使用邮政编码的政策，信件上也经常盖一个写有"欢迎使用邮政编码"字样的戳记。

在"地广"上，中国和美国是很相似的。但是，中国的人口密度远高于美国。因此，邮政编码的普及难度比美国更大。所以，邮电部才会采取"两步走"的方式。

其实，早在 1974 年，邮电部就根据其他国家实行邮政编码的经验，拟定了多种邮政编码方案，并在江苏、辽宁、上海三个省（市）进行试点，1980 年 8 月 1 日开始在全国范围内宣传和推行。当时，由于设施不配套，推行中急于求成，遭到群众反对，因而暂停了一段时间。

当年，实施邮政编码的另一个历史背景是，党的十一届三中全会后，随着经济改革、搞活政策的陆续推出，社会生产中的各种横向联系和交往空前增多。商品经济的迅速发展，使得跨部门、跨行业、跨地区甚至跨国界的交往与合作越来越多，形成巨大的人流、物流、资金流，承担信息传递重任的邮政部门首当其冲。

由于邮政基础设施落后，大量社会通信需求得不到满足，尤其是在沿海一些经济活跃地区，更显出邮政通信的强烈不适应。在温州、苏州、辽东半岛，乡镇企业和农村专业户、个体户挑着箩筐、开着拖拉机到邮局发信、寄包裹，数量之大、来势之猛，完全出乎邮政部门的预料，造成邮件包裹大量积压。

邮政技术装备水平落后是基础设施落后的重要表现之一。当时，我国邮政通信设备制造基础比较薄弱，产品种类单调，技术层次低，邮政主要靠手工操作，除拥有一定数量的运输车辆外，机械设备很少。职工劳动强度大，生产效率低，不能适应社会高质量、高速度、大规模的用邮需求。

面对高涨的用邮需求，邮政部门开始有计划地分批分期进行邮政枢纽建设，以增强处理能力，开展机械化、自动化作业以适应邮政业务迅速增长的需要。1989 年，在投资较为紧张的情况下，邮政安排了一批一级干线建设项目和技术改造项目，南京和福州的邮政枢纽于当年建成投产。

作为实现邮件机器分拣的邮政通信专用代号，邮政编码是实现邮政现代化的必需工具，最终目的是提高信件（包裹）在传递过程中的速度和准确性。因此，邮政编码是衡量通信技术和邮政服务水平的标准之一。对于此事，在《四川改革开放 40 周年大事记》中有这样的记载："11 月 1 日，四川省开始实施邮政编码制，标志着四川通信技术和邮政服务水平达到新的标准。"

今天的电子运单、大数据分单、自动分拣等技术和邮政编码有着密不可分的关系。最大的区别是，前者的自动化和信息化程度更高，因此得出的结果也更准确。

在汹涌的改革大潮中，不同的人都感受到时间的飞逝，快一点，再快一点。10 月 30 日，邮电部向各省、自治区、直辖市邮电管理局、邮政运输局、速递局发出关于加强邮件时限管理的通知，即（1989）邮部字 548 号文件，把保证各项邮件，特别是轻型邮件的传递时限作为当前衡量邮政工作好坏的重要标准，更加强调紧密运转、环环相扣、上一环节为下一环节服务。归根到底都是为了一个目的——加快邮件的传递。

把目光放得更远后，1989 年的中国和世界也不再遥远。

在进入中国市场这件事上，美国企业一般跑得比其他国家的企业都快。比如，可口可乐进入中国并不是改革开放以后的事。1972 年 12 月 17 日，中美双方发表《中美建交联合公报》，宣布"中美双方商定，自 1979 年 1 月 1 日起，建立大使级外交关系"。12 月 18 日，可口可乐就与中国粮油集团签署了一份合同，获准向中国出售第一批瓶装可口可乐。

反倒是在强调速度的快递领域，由于当时受政策限制，联邦快递和 UPS 的中国市场布局并没有比它们的德国老对手敦豪显露出明显的优势。

和 1986 年以合资企业方式进入中国市场的敦豪相比，联邦快递从 1984 年开始通过代办商开展速递业务，UPS 则在 1988 年与中国外运集团签订了代理义务合作协议。至此，三大国际快递企业正式在中国这个方兴未艾的市场展开竞争。

航权，是竞争的焦点之一。

当年，快递业最大的新闻是联邦快递收购飞虎航空公司（Flying Tiger Line），一举获得 21 个国家（地区）的航权。收购飞虎之后，联邦快递可以直接在这些航线上使用自己的飞机运输货物。遗憾的是，中国的航权并不在此次收购之列。"本是同根生"的联邦快递和 UPS 对中国航权的激烈竞争从 20 世纪 80 年代一直延续到 21 世纪初。

1996 年，联邦快递通过收购拥有中国直航权的公司开始涉足中国市场的国际速递业务，每周往返飞机 10 架次。UPS 直到 2001 年 4 月才借助中美双边贸易谈判的契机获得直航权。在随后多家媒体的新闻报道中，双方在此次直航权竞争中"互怼"的细节也被一一披露。

UPS 通过各种渠道向美国政府游说，主要表达一个观点，就是中美间货运航线严重不足，只有联邦快递在经营。联邦快递则针锋相对地向美国政府表态，与其把航线分散到多家企业，不如集中到自己手中，发挥规模效应，反而更有利于维护美国企业的利益。最终，UPS占了上风，拿下 10 条直航线路中的 6 条，联邦快递只获得 1 条，其余 3 条给了客运航空。

把视线拉回到 1989 年。这一年，摆在中国面前的是错综复杂的国际环境：改革带来的巨大机遇和空前挑战，意识形态领域的激烈斗争。

这些因素折射到经济发展中，最直接的后果就是银根紧缩，消费降温，资金流通不畅，企业受挫。9 月，全国工业总产值仅比上年增长 0.9%，创下改革开放以来的最低纪录。

但不管怎样，国际和国内对中国的改革开放都有一个普遍共识——改革既不能倒转，也没有退路。

再痛再苦的创伤，都会被时间磨平，然后缓慢地展现新的姿态，这个过程是漫长的，是脆弱的，但总会有新的生机，覆盖旧的伤痕。

1990，起承转合

这一年的中国，打击假冒伪劣产品和整顿"红帽子企业"都是重头戏。

在广东、浙江等沿海各地，以打击假冒伪劣为主题的整顿活动此起彼伏。令人印象深刻的是，20世纪80年代中后期，温州遍地的小企业、小家庭作坊场景被喻为"小狗经济"，但由于缺乏必要的监管和引导，温州模式也导致了假冒伪劣横行。在很长一段时间里，温州产品几乎成了假冒低劣货的代名词，甚至导致全国市场都在抵制"温州货"的现象。

彼时，民营经济已成气候，一些私营企业主通过交纳管理费、挂靠在乡镇集体上，变身"红帽子企业"，以求安全平稳并获得政策支持。但这股挂靠风泛滥后，政府宏观调控之手开始清理大批"套牌"集体企业。此时，又是上下腾挪、善于变通的温州人发明了一种"股份合作制企业"，成为当时私营企业的"避风港"。

对于邮政行业而言，无论是在杨泰芳部长1990年全国邮电工作会议上的报告中，还是在朱高峰副部长的新春致辞中，"治理整顿"四个字都赫然入题。

这一年的世界也在跌宕起伏中上演了令人瞠目结舌的大事件，纳米比亚独立，伊拉克入侵科威特，美国策划"沙漠风暴行动"决定对伊拉克宣战，分裂了45年的德国终于统一，东欧社会主义国家相继发生剧变……

世界好奇，处于历史转折点上的中国会举什么旗、走什么样的路。

中国给出的答案则是，一路向前，继续改革和开放。处于开放前沿的深圳和上海，就是中国向外展示自己的一扇窗。在 2 月 5 日至 8 日的全国经济特区工作会议上，时任国务院总理李鹏说，在治理整顿时期，全国经济发展速度适当放慢一点，但是经济特区从自己的实际出发，可以而且应该比全国平均速度高一点。4 月 18 日，党中央国务院提出了"开发浦东，振兴上海，服务全国，面向世界"的方针，郑重向世界宣示了中国要走的道路。这个决定，弥补了当年专程南下到上海过春节的邓小平的遗憾：他认定，如果最初搞 4 个经济特区时就有上海，全国改革开放的格局会不一样。

这个决定也让中国"经济特区"的概念再次升华，确认了后来被喻为亚洲"华尔街"的上海外滩的"星途"，上海此后顺理成章成为中国经济的耀眼明星，龙头效应不断释放。这个城市从 90 年代开始，孕育出了中国最早一批民营快递企业，后来又成功演变为全国民营快递企业总部集聚地。

截至 2013 年上半年的数据显示，依法在上海地区经营的快递企业共 1 512 家。申通、圆通、韵达、中通、百世汇通、国通等多家民营快递企业在上海设立了全国总部，UPS、FedEx、TNT、DHL 等国外快递公司的中国区或华东区总部也设在上海。上海全市快递业在那几年年均增长率保持在 35%~50% 之间。这一势头还直接催生了一种央地牵手合作力挺行业发展的模式，国家邮政局与上海市人民政府签署合作协议，加快推进上海快递总部经济建设与发展。

毫不夸张地说，这种企业总部高度集聚的程度在其他城市难以想象。2018 年的中国品牌排名，在品牌榜前 50 名中，光上海的一个青浦区华新镇就有三个快递品牌：圆通快递、韵达快递、中通快递。

但在 1990 年，"通达系"的创始人们，很多都还在离上海不远的杭州为着生计奔波。

这一年，二哥詹际盛进了印染厂工作稳定后，也把做过各种行业的四弟詹际炜介绍进了印染厂，他们做着短期的泥水工，其实就是负责维修设备，每个月工资 360 元。同一时间，陈小英跟着来钟山乡招工的企业，走出了桐庐层峦叠嶂的大山来到杭州，来到了哥哥陈德军所在的杭州印染厂，开始了自己的第一份正式工作。当时，杭州印染厂的正式职工每个月已经有了 400 多元的收入，比在桐庐老家的境况不知好了多少倍。在这家未来被载入快递史册的印染厂，聂腾飞不但认识了詹际盛和詹际炜两位好兄弟，还在兄弟们的"参谋"下认识了相貌和个头出众的陈小英。

杭州印染厂的员工宿舍一般都是 8 人一屋，聂腾飞、詹际盛和詹际炜就被安排到了一间宿舍。聂腾飞和詹际炜一个睡上铺、一个睡下铺。因为都是 1974 年出生属虎，并且年轻活泼，他们俩经常在一起玩，十分合得来。

8 小时工作之外，聂腾飞和詹氏两兄弟便经常打牌。事实上，这也是他们工作之余最常见的消遣方式。詹际盛和詹际炜对这位个子矮小但很有主见的兄弟十分欣赏，就算在打牌的时候，他们也能够通过出牌的节奏体会出对方不一样的眼光和思路。

"他很聪明，关键时刻，该出手的时候就出手，很有战略的眼光。"日后回忆起聂腾飞，詹际盛和詹际炜对他有着一致的评价。而聂腾飞的这份精明，对他们日后开拓的快递事业起到了决定性的作用。

在杭州印染厂，陈德军在成品车间做拉布的活儿，詹际盛在漂白车间，聂腾飞在印染车间。陈德军与张益忠是室友，后者便是张小娟的弟弟。在印染厂工作了几年时间后，陈德军在聂腾飞和妹妹的招呼下，投奔了神通综合服务部。

这种农村人口向城市涌动的现象，实际上是从1983年开始的。伴随着城市经济率先发展的步伐，城市对劳动力的需求在不断增加，国家相关政策开始解禁。1986年，国务院颁布《国营企业招用工人暂行规定》，允许国有企业从农村招工。在桐庐，聂腾飞这样的年轻人顺应着农村劳动力向城市流动的大潮，从农村进入城市。

但无论如何，这一年没有哪座城市的锋芒能赛过北京。因为举办第十一届亚洲运动会，举国沸腾，北京迎来了高光时刻。北京亚运村、国家奥林匹克体育中心等很多标志性的建筑拔地而起，亚运会的主题曲《亚洲雄风》红遍大江南北，憨态可掬的熊猫盼盼更是成为一代人的记忆。

以亚运会比赛项目为图案的邮票备受老百姓青睐，分别为田径运动、体操、武术、排球、游泳和射击纪念图案，一套6枚，同时也发行1枚上述3套邮票的小全张。另外，1枚无编号的图案为吉祥物熊猫盼盼手持由气球组成的奥运会五环标志小型张也使很多人念念不忘。

亚运会可以说是1990年发展风向的"分水岭"：大半年的治理整顿告一段落，开放和发展重新进入国人的视野。这一年，麦当劳也来了！由于竞争者肯德基捷足先登，入华经营三年之后已赚得盆满钵溢，这推动麦当劳火速在深圳开设了它在中国大陆的第一个快餐店，时间是1990年10月8日。

在美国人龙志安以见证者和参与者身份撰写的《大开放——美国人亲历中国改革开放 40 年》一书中，他回忆道："到了 20 世纪 90 年代，中国领导层开始变得特别务实，专注于经济增长。我常常跟外国投资者解释称，中国的全国人大常务委员会就像一家公司的董事会，每年的全国人大会议则是放大版的股东大会。"

这种务实也体现在当时邮政行业主管部门领导的思维之中。1990 年，邮电部副部长朱高峰开始引导行业研究邮政通信网，这位不苟言笑、以科学严谨著称的行业主管认为，网络的研究是非常必要的，通过抓网络可能会带动其他问题的解决，比如经营决策问题、质量问题、建设问题、装备问题、组织管理问题等。

在 1 月 10 日至 12 日召开的"邮政通信网研讨会"上，朱高峰言辞恳切，他说："邮政工作很复杂，涉及面广，业务上发展哪些，不发展哪些，除主要看社会需求外，还要考虑我们的可能性。因此从我们自身来讲有许多问题需要理顺，如：邮政枢纽建设、运输线路组织、中间交换的问题等，这些问题怎么解决，从网络着手会不会解决得好一些。"

他试图从系统的角度理顺很多行业发展问题，最后归结为要用网络的思维来指导所有的工作，并认为这可能是一条出路。他日后出任中国工程院的首任常务副院长倡议并组织建设全国长途自动电话网和全国邮政中心局体制网络，正是基于此时的设想。他将通信网络理论与具体实际相结合，研究邮电经济的运行规律，推动和发展了邮电经济学。

关于网络组织系统的观点，听起来艰涩，但它在老百姓的期待中被删繁就简，简单点说，那就是人们对时限的无比渴望，他们只是希望自己的邮件和快件到得能够快点，快点，再快点！

一切都刚刚起步。这年的 1 月 1 日起，《国内特快专递全程运递时限表》开始执行。这张表列出了全国开办国内特快专递业务的城市之间的运递时限，对于邮政部门来说，可以据此更好地安排生产作业，也能够作为各局进行检查和考核的依据；而对于社会各界用户来说，哪些地方特快专递能到，最多要多长时间，可以一目了然。

当时，北京和天津之间特快专递邮件的最长邮递时限是 1.5 天；北京和贵阳之间特快专递邮件的时限是 3.5 天。对于 90 年代初来说，这样的速度已经让人很满意了，至于若干年后快递天津当日达、贵阳次日达，还不在那时人们的想象范围内。

邮政资费的调整是这一年再敏感不过的话题。

7 月 31 日起，经国务院批准，对国内邮政资费进行调整，这是新中国成立 40 年来的首次调整。民生领域的价格调整，历来都会被公众广泛关注，为了赢得社会理解，时任邮电部邮政总局局长黄宪明通过答记者问的形式，亲自出面答疑解惑。

据国家统计局统计，我国社会零售物价指数 1950 年为 100，到 1988 年已达 234.6。但 38 年的时间里，邮政基本资费却一直未调整。以平信资费为例，1949 年国家以北京地区 12 两（旧制）小米市场比价核定；1950 年按国家公债分值的 4% 计算，改为每 20 克 8 分钱（旧币 800 元）；1955 年按新旧币折算，定为每 20 克本埠 4 分钱、外埠 8 分钱，这与当时的 12 两小米、两个鸡蛋的比价是相等的。如果继续保持一封平信 8 分钱，那么在 1990 年，连半个鸡蛋也买不了。

成本在上升，但资费保持不变，导致邮政产品价格严重扭曲，企业更是入不敷出，难以形成良性循环。全国邮政企业在 50 年代微利运行，70 年代开始便已亏损。有些政策性的亏损一直难以得到补偿，进入 80 年代亏损持续增加。1988 年邮政全行业亏损 1.5 亿元，1989 年亏损达 2 亿多元。负债运行之中，有些邮政业务量增加得越多，亏损就越加严重。

1990 年，是一个让资本界兴奋的年份，中国尝试了一种"资本主义的东西"，股票在那个年代被批判为经济领域里资产阶级自由化的产物。最初在北京建立股票交易所的设想最终在深圳和上海率先实现。4 月，中央宣布开发浦东，上海证券交易所被列入浦东开发大计。两个月后，朱镕基访问美国、新加坡等地，在最后一站香港，他在一个记者招待会上不动声色地宣布："上海证券交易所将在年内成立。"12 月 19 日，上海证券交易所举行开业典礼。不过深圳证券交易所在尚未得到中央政府批文的情况下于 12 月 1 日抢在上交所之前"试开市"。但无论如何，在这一年，中国资本市场形成了"双市格局"。

而那些还聚集杭州打工的未来快递元老们，万万没想到，20 多年后，这两大在当时可望而不可即的资本市场，甚至海外的资本市场，也会跟自己发生关联，大家争先恐后地挤上资本大舞台，上演各自的商业大戏。

大时代便是如此，当你无法预知、无法控制、无法逃离时，那就享受其中吧。

人物小传
/ "旗手" 朱高峰 /

在邮政管理界，原邮电部副部长朱高峰因其注重理论研究、推崇科学治邮，在邮政业改革发展的历程中成为独树一帜的"旗手"。

1958年，朱高峰从苏联学成归国，被分配到邮电部邮电科学研究院工作。随后，中苏关系恶化，大批苏联专家撤离、多个项目搁浅。朱高峰带着一批技术人员，在石家庄郊外一个位于农村地区的机房中苦心研究。在当地，凭全国粮票只能买到颜色发黑、含有沙土的白薯面，吃后整天嗓子发苦。5年后，他们终于研发出60路对称电缆载波系统。但朱高峰自此再也不吃白薯。

从攀登这一个高峰开始，他一路爬山过坎，成为中国邮电通信史上一座赫赫有名的"高峰"。

在1978年全国科学大会上，邓小平提出"科学技术是生产力"的著名论断。大会表彰了一大批优秀科研成果，其中便有我国第一套中同轴电缆1800路载波通信系统，这套系统的总设计师正是朱高峰。

1975年，朱高峰随我国通信代表团访美时，获赠一个能计算函数的计算器，他如获至宝。按规定，在国外得到的礼品，回国后一律上交。他征得团长同意后留下了这件宝贝，转身就送给了同事。因为在程控系统中，滤波器计算量大，正需要这样的计算器。同事们三班倒，轮流使用这个计算器计算，终于研发出了 4380 路载波通信系统，突破了国际上投入实际应用最高容量的 1920 路系统。可以想象，在 70 年代初期的"文革"环境中，在连计算器都没有的情况下，朱高峰和他的同事们克服了多少困难研制出了 1800 路系统，他们成为国家干线系统的研究骨干。

就像他的名字一样，他的一生在不断地攀登高峰。1982 年，一纸调令任命朱高峰出任邮电部副部长。他面临人生中的重大转变：从一个技术型专家转变为管理型领导干部。当时部机关一些老同志不理解，一个技术人员当领导，到底能干什么？他们没想到的是，朱高峰善学、敢闯，又务实较真，将科学管理和系统思维带入邮电事业，成为邮电部门改革发展过程中重要的"旗手"之一。

履新初期，分管电信业务的他面临诸多困难。"在电话普及率不到 10% 的情况下不能搞长途自动化。"苏联专家的结论像紧箍咒一样让电话普及率不到 1% 的中国人畏首畏尾。而在管理方面也存在诸多问题，朱高峰敏锐地意识到，我国邮电行业长期政企不分，行政味道很浓。

他用双脚丈量过全国 300 多个地市、上千个县市后，有了推行改革的底气。在部党组的决策和领导下，他从全国整体着眼，考虑各地具体情况，决定先在发达地区逐步推行长途自动化，再予以扩展。到 1990 年，拉萨开通长途自动化——实现了全国省会以上城市自动电话网建设的重大突破。

在分管邮政业务后，他将系统思维运用到邮政业中，1985 年提出建成一个以邮区中心局为基础的、以缩短传递时限为目标的水陆空多层次、多渠道、综合利用、四通八达的邮政通信网。他亲自组织编写了一部"邮政中心局体制"技术文件，并在我国邮政领域首次应用。这套体制直至现在还是中国邮政网络的组织规范，而这一做法为后来快递分发中心的建立蹚出了路子、积累了经验。

他攀登的高峰不止于此。20 世纪 80 年代初期，"层层放权、层层承包"在城市经济体制改革中已经形成一种风潮。邮电内部对此呼声也很高。但朱高峰意识到，邮电部门有很多与工业不同的特点，比如全网统一完成生产过程，产品的生产与消费过程一致等，并不适合层层承包。他经过一段时间研究探索、试点后，逐步形成既能维护全网集中统一，又能调动各地区和基层积极性的经济核算制，并在全网推行。

一个行业的兴盛，离不开扎实的理论研究。1987 年他在中央党校学习时，积累了大量的学习心得和读书笔记，厘清了邮电经济学的基本脉络、邮电业的管理体制等问题。这些理论研究在他参与领导邮电事业的过程中发挥了重要作用，并在他卸任邮电部副部长后的 1995 年结集成书——我国第一本邮电经济学专著《邮电经济与管理》。

朱高峰在人才培养方面著述颇多，他甚至为后来邮电事业的发展播下了大量"种子"。1994 年 3 月，他在阿根廷首都布宜诺斯艾利斯出席第一届世界电信发展大会后，飞往美国与 AT&T（美国电话电报公司）高层会晤，商洽培训事宜。以前出国培训的人员都是带着翻译的，效果比较差，他此时考虑要培训一批会外语、精业务的骨干人才。

当年 4 月 26 日，在北京郊区雁栖湖电信职工培训中心，朱高峰一口气用英语讲了一个多小时的动员报告。培训班突击考试选拔出 15 人直接出国，英语基础较好的六七十人到南京邮电学院强化英语训练，培训结束后再分批送到AT&T培训。这成为朱高峰在邮电部任期结束前浓墨重彩的一笔。

既俯身研究，又专注实务，既破解当下之难题，又积累未来之人才，朱高峰技术专家的智慧和管理的才能在邮电领导岗位的12年实践中得到了锻炼和发挥，与同事们一起为后来电信和邮政业的快速发展奠定了坚实的基础。1994年，国家决定建立中国工程学院，他参与筹建工作并当选为首届院士，还被选为副院长。对于过往功绩，朱高峰很淡然，认为就应该那样做。面对记者的提问，他能说两个字绝不说三个字，谈起过往皆是轻描淡写。

像他一样务实、奋进的"高峰"还有很多，他们将生命变成一座座令人敬仰的高峰，为改革开放贡献着自己的力量。

1991，不安分的青春

打牌也消磨不了年轻人的激情，聂腾飞和詹际炜穿上正反两面都能穿但不怎么洗的牛仔裤，开始在除印染厂之外的地方东奔西跑，他们打些短工，还一起找餐馆干跑堂的活儿。1991年，杭州印染厂的收入其实还可以，但不安于现状的詹际炜和聂腾飞先后决定，离开杭州印染厂，去见识更大的世界。

20世纪90年代，经济的高速发展带来了饮食文化的革命。物质越来越丰富，百姓的生活越来越好，各式餐饮开始遍地开花，洋快餐已经进入中国餐饮市场，进餐馆尝尝鲜不再是遥不可及的事情。尤其是谁家有喜庆事，有交往洽谈的，都愿意在餐馆摆一桌。

这个时候，在餐馆跑堂也是年轻人觉得时髦和流行的事儿。餐馆的环境比条件落后的印染厂显然要好很多，夏天还能吹着空调。就这样，在印染厂工作且零星客串跑堂到后来的专职跑堂，聂腾飞和詹际炜一干就是一年多。

但离开印染厂几个月后，两个"不安分"的年轻小伙又觉得跑堂太安逸了，日复一日，没什么前途，于是相约去一家名为"太吉速递"的公司打工。

这家公司虽名叫"速递"，但其实就是把国内航空件的提货单送到同城客户手上，再根据客户需求帮客户提货。因为一直以来，靠邮寄，提货单从航空公司寄到消费者手上要四五天，而下了飞机的货物只有有限的免费储存时间，过了24小时就要收仓储费。

太吉速递的老板觉得这个活有利可图，就与航空货运公司合作，接过全国的提货单，再派人一份一份挨家挨户送到消费者手上，当天就能送达。送提货单的同时，再问问客户需不需要代取货物，这样就又多了一项业务。

詹际炜回忆，那个时候其实就是做了一个短驳物流，先把文本信息送给客户，客户有车就自己去提，有些不方便自己驱车的就把身份证交给太吉代为提货，提货费用为三四十元。就这样，詹际炜和聂腾飞一直干到1991年年底。

太吉速递的老板是个头脑活络的人，这边做着提货单送货上门的业务，那边还依托着几个做外贸生意的朋友做着往上海送报关单的生意，每送一单能赚100到200元不等。于是，精力充沛的聂腾飞和詹际炜开始接起了出差的活儿，坐着火车往返于杭州和上海两地。

追逐高额利润，这可能是当时各类打着"速递"名号的公司之间最大的共同点。天下熙熙，皆为利来；天下攘攘，皆为利往。在高额利润驱动下，速递这个专业市场涌现出形形色色的市场主体。福州市邮政局员工当时的切身感受是，在1980年底至1984年上半年，福州特快专递业务还是由邮政部门独家经营，速递市场几乎百分之百被邮政占领；但从1984年下半年开始，出现了群雄争霸的局面，后来者采取多种或明或暗的手段，与邮政抢夺业务，挤占邮政原已占有的市场。

面对来自四面八方的明枪暗箭，为了给对手"一点颜色看看"，福州市邮政局甚至破天荒地花了一笔广告费，在1990年福州电视台首次播放收视率高达98%的"神剧"《渴望》时，每集前都播放福州邮政EMS广告。

但彼时的民营经济尚不成气候，仍以福州的速递市场为例，在众多的竞争对手中，主要竞争对手其实还是"混血儿"中国外运福建分公司。市场调查显示，只占用户总数 20% 的特快专递大宗用户，其业务量占整个特快专递业务量的 70%~80%。因此，争夺大宗用户是各家速递业务经营单位竞争的重点。

在这场大宗用户争夺战中，中国外运福建分公司采取了"宁可失去零星用户，也要满足大用户的要求"的策略。为了和邮政竞争，中国外运福建分公司经常在速递资费上做文章，1987 年至 1990 年，中国外运福建分公司资费每年都进行变动。

邮政 EMS 的策略显然不如中国外运福建分公司灵活，无论是大宗用户还是零星用户一视同仁。但当时的竞争态势令邮政也不得不思索：在现有人力、物力有限的情况下，如果不能更加灵活地为大宗用户提供服务，并实行优惠政策，必将在竞争中处于劣势。

这种思考暗合了国务院对 1991 年的定调——"质量、品种、效益年"。在这一年中，要在全国范围内开展提高经济素质和经济效益的活动。3 月，中央《关于国民经济和社会发展十年规划和第八个五年计划纲要的报告》指出，"大力调整产业结构，促进产业结构的合理化并逐步走向现代化"，"要把产业结构调整放在今后十年经济建设的突出位置"。

邮电部杨泰芳部长在这年年初的全国邮电工作会议上提出，对邮政 EMS 业务，应增强竞争意识，提高应变能力，在竞争中求发展。"狠抓时限"成为当年的冲刺目标——"要以时限为主线，以效益为目的，优化邮政通信网络组织管理。"

这一年，冬季奥运会的邀请函享受了一次象征意味十足的邮政

EMS服务。2月11日上午，中国邮政投交次年冬季奥运会邀请函仪式在北京人民大会堂广东厅举行。时任北京市邮政局局长的刘平源将次年冬季奥运会邀请函投交到中国奥委会主席何振梁手中。这是2月8日国际奥委会主席萨马兰奇在瑞士的洛桑国际奥委会总部向各国交寄的参加第十六届冬季奥运会的邀请函，并通过邮政EMS非常安全、快速地寄达北京。时任邮电部副部长的杨贤足出席了仪式，并代表邮电部接受了中国奥委会赠送的一幅编织着中国奥委会标志的壁挂。

与此形成鲜明对比的是，几个月后，出任国家邮电部副部长的刘平源，心理压力很大：邮政、专营、官商、皇粮……由此形成了长期的封闭、习惯的保守、惰性的作风。

面对改革开放的大潮，面对商品经济的冲击，竞争、效益、市场、理解、知名度、企业形象等一系列新观念引起邮政"后院起火"，有识之士疾呼：邮政必须走出绿围墙，否则将面临商品经济的严重挑战。

刘平源回忆说，当初国家领导人批评邮电部传统保守、落后、蛮干、官僚主义。专家学者们也评价说，邮政被围墙围着，思想很僵化。就连邮电部干部和职工也都垂头丧气，不明白邮电到底要向哪个方向发展，认为邮电没人管，干邮电没有什么前途。

刘平源立即召集各省（区、市）邮政局长在河北省石家庄市开会，把他们分成四个组，让大家畅所欲言，听取他们的想法，了解干部和职工的情绪。紧接着，他举办了邮政局长培训班，为局长们鼓舞士气，增强信心。

在开班讲话时，刘平源望着台下的部下们，问大家："邮政到底有没有前途？"有的摇头，有的小声说"有"，有的干脆一言不发。

刘平源自问自答："有！邮政比电信还厉害，电信只有一流，信息流。邮政有三流，信息流、货币流、物资流，三流合一。中国古代有三政，民政、财政、邮政。只要有政府，就有这三'政'，国家和老百姓也离不开这三'政'。"

他拿报纸举例说，报纸是政府与老百姓互通信息、传递信息的桥梁。邮政就负责报刊的收订与投递，这是政府交给邮政的政治任务。从老百姓的角度来说，"家书抵万金"，一句诗就能说明邮政对于老百姓的重要作用，老百姓还很信任邮政。"就在北京，'破四旧'的时候，老百姓晚上趁人不注意，将黄金、首饰直接藏到邮筒里。邮政员工开箱后，认真登记下开箱时间、地点、名录，等'破四旧'后老百姓上门来取。"

刘平源又分析了万国邮政联盟的历史，告诉大家："邮政永远存在，而且会遍布全国，不会消亡的。邮政的作用不可替代、不可或缺，大家要把思想拉回来。邮政发展前途光明，黑了东方有西方，黑了南方有北方。"紧接着，他提出邮政未来发展方向："邮政要面向大市场、开拓新领域、发展大邮政！"台下爆发出热烈掌声，这些话说到了局长们的心里，令人大受鼓舞。

历史的车轮滚滚向前，不会因任何人的消极怠慢而停止。邮政总局局长黄宪明在这年年初提出，加快实现邮政的"三个转变"，即到20世纪末，基本实现由传统的经验管理向科学化管理转变，由手工操作向机械化转变，由各种业务并行发展向重点发展轻型业务转变。他认为，只有实现这一目标，我国邮政才能真正以最优质量为用户服务，同时改变自身的落后生产方式和面貌。

与埋头苦干、脚踏实地形成鲜明对照的是，这一年四川人牟其中因为"罐头换飞机"一战成名，神秘的安徽人仰勇则以1 200万美元买下金杯汽车40%股权，让国人接二连三感受到物资流通、资本善舞背后的财富暴涨。

但整体而言，1991年整个中国还笼罩在改革"姓资"还是"姓社"的大讨论之中，多数有点起色的企业都像新希望的刘永好四兄弟一样，本应该迎来企业发展新台阶的时刻，但却因这场社会大讨论而感受到突然的政策晦暗，因此也受到了不小的冲击。

1991年的2月15日，农历羊年正月初一，《解放日报》开始推出皇甫平系列评论：《做改革开放的"带头羊"》《改革开放要有新思路》《扩大开放的意识要更强些》《改革开放需要大批德才兼备的干部》。这四篇文章从2月延续到4月，提出要打破僵滞和封闭观念，进一步解放思想，推动了新一轮思想解放运动。

获得1991年度中国新闻奖一等奖的系列评论，亮出很多历久弥新、至今仍让人拍手称好的观点："何以解忧？唯有改革。""如果我们仍然囿于'姓社还是姓资'的诘难，那就只能错失良机。""计划和市场只是资源配置的两种手段和形式，而不是划分社会主义与资本主义的标志。资本主义有计划，社会主义有市场。""在称颂三阳开泰的时候，我们正处在一个意味深长的历史交替点上，改革开放是我们须臾不可分离的法宝，是强国富民的唯一道路……"

1991年，就这样成了改革开放的思想交锋年，皇甫平系列改革开放评论及其引发的一场思想交锋，也成为邓小平同志1992年春天视察南方发表重要谈话的一大背景。在大转折点到来之前，历史让这一年做足了铺垫。据皇甫平系列评论作者之一的周瑞金后来回忆：前几次邓小平同志来上海过春节大都在住地西郊宾馆，同家人一起。1991年来上海，他却频频外出视察、参观，还在新锦江饭店顶楼旋转餐厅听取有关浦东开发开放的汇报，发表了一系列有关深化改革、扩大开放的谈话。

邓小平视察南方让这场舆论的轩然大波归于平静。国务院发展研究中心原党组书记、副主任陈清泰评价，90年代初"姓资姓社"问题的突破，为建立社会主义市场经济体制扫清了障碍，极大地调动了经济增长的潜力。他进而认为，今天，在向创新驱动转型的时期，特别需要释放亿万人民求富创业的内在动力，扩大中等收入阶层，如果能摘掉企业"所有制标签"，消除"所有制鸿沟"，突破"姓国姓民"的桎梏，对企业"一碗水端平"，将是生产力的又一次解放，为奔向高收入国家奠定基础。

中国的改革开放首先从农村开始，逐步向城市推进；从开展改革试点，积累经验，再逐步推广；对外开放从兴办经济特区向开放沿海、沿江乃至内地推进。因此，从1978年至1991年，也就是自1978年党的十一届三中全会直到党的十四大确立我国实行社会主义市场经济体制，都被以"改革"作为终身事业的"耄耋改革者"高尚全归结为中国改革开放的启动和目标探索阶段。

这个阶段，有争议，也有求索；有阻力，也有动力；有暗流，也有激浪。就像1991年"姓资姓社"的大讨论一样，尽管会给改革笼罩一层迷雾，但它们终究没有最终束缚或限制这个国家向前迈进的实质性步伐。

　　此时，以邮票为载体的中国对外文化交流之路，在中国改革开放的大背景下越走越宽。1991年苏联解体，冷战和两极格局结束，中美建交最重要的基础和共同利益消失。通过探讨两国联合发行邮票似乎成为某种"探测气球"。

　　邮电部自1990年开始与外国同时发行同题材邮票，通过被誉为"国家名片"的邮票的联合发行，既扩大了中国文化的传播、改革开放发展成果的影响，也增加了中国与世界各国文化的合作与交流。中美联合发行邮票是继1990年3月3日中国和加拿大联合发行诺尔曼·白求恩一百周年诞辰邮票之后的第二次尝试。

　　1991年11月，时任浙江省邮电管理局邮政处副处长的杨世忠，接待了代表中国邮电部的邮票印制局局长陈文骐和代表美国邮政的克兰斯·李。杭州"香格里拉"，花港观鱼，手划小船游西湖，牡丹亭前留念，"楼外楼"品尝杭州菜肴……花样十足的中式招待，令美国代表留下了深刻印象。后来，陈文骐和克兰斯·李代表双方国家，在午餐前的饭桌边，草签了中美联合发行邮票的协议。1992年，中国和美国两国邮政主管部门在美国签署正式协议。1994年10月9日，为表达中美两国人民的友谊，体现两国政府和人民为保护濒临灭绝的野生动物所做的不懈努力，中国邮电部与美国邮政总局联合发行了《鹤》特种邮票，全套2枚。邮票图稿分别选用北美洲独有的美洲鹤及中国珍稀濒危的黑颈鹤，中美两国根据图稿分别雕刻和印制，并各自同时发行。

　　而中美关系的发展轨迹，像极了历史在不同阶段抛给人类的思考题。1991年，它是一个关键时刻，也是一个十字路口，在踯躅彷徨中，既有逆流而动，也有勇毅前行……

人物小传
/"先行者"刘平源 /

在改革开放历史进程中，总有一批"先行者"，勇于顶着压力、冒着风险"吃螃蟹"。刘平源正是这样一位敢为天下先的"先行者"。

刘平源第一次接触邮政是在20世纪40年代，彼时他是儿童团团员，因机灵、腿快、路熟被选中送鸡毛信。自此，他便与邮政结缘。

与无数改革先行者一样，他勤于学、敏于思、善于行，敢于打破常规，颇具战略眼光。1952年，邮电部在全国招生，刘平源从山东泰州的一个小乡村里走出来，在四川阿坝、渡口"蹲蹲苗"，之后在邮电部外事司的经历为日后筹办"世纪之交"万国邮联大会埋下伏笔，在北京邮政管理局的历练则为日后成为邮电改革的"领头羊"奠定基础。

对于邮政业发展，他提出新的发展理念——"面向大市场，开拓新领域，发展大邮政"，甚至颇为超前地提出"一个屁股要坐稳，两个拳头要打狠"。

对于筹建邮政航空，他左手筹措资金，右手购买飞机，还力挽狂澜解救邮航于濒死之境。

对于1999年那场跨世纪的万国邮联大会，他身兼大会组委会副主席和秘书长之要职，运筹帷幄、周密筹备，促使大会成为中国了解世界和世界了解中国的窗口。

对于全国范围邮件大积压事件，他铁腕治理，主导汽车、火车分散运邮，先到先运，再扩大场地，长久解决了这一问题。

改革者敢闯敢干的精神、"虽千万人吾往矣"的气魄，在刘平源身上展现得淋漓尽致。其实，"先行者"精神在刘平源身上早已崭露头角。

时光回溯到 1985 年，北京邮政揭不开锅了，职工们自己编了一个顺口溜："邮件似海又似山，查单验证似雪片。打架斗殴寻常见，四面楚歌八面怨，不知局势何时变。"刘平源受命于危难之中，被任命为该局局长。

上任之前，刘平源跟邮电部领导提出几个条件："第一，我去了，平时不向你汇报，别嫌我闷头干。第二，肯定有人告我状，请及时告诉我，别秋后算账。第三，给我三个月时间不坐班，我要调查研究。第四，北京邮政住房困难，我不能和职工争房，我的宿舍请部里解决。第五，我找你汇报，就是请你帮忙解决问题，请予以支持。"

邮电部对这些条件悉数同意。果真，新任局长刘平源上任 3 个月后，才召开全体干部大会。在会上，刘平源提出，大家必须遵守劳动纪律，"谁砸我的牌子，我就砸谁的饭碗。不愿意干的，请你走，我另请高明"。他还提出："你们都有积极性，我就是火柴棒，要把你们的积极性都点燃起来。"

管理要严，爱得要深。刘平源秉承着这样的管理理念开启了挽救之路。除了上街叫卖《北京晚报》之外，每逢下雨，刘平源都赶到生产现场，与大家一起搬邮件。

邮政职工工资低，福利差，劳动强度高。社会上流传着这样两句话："远看像茅庐，近看是邮局。"这话深深刺痛了刘平源这位改革先行者。他将局长工资拿出来，给每人买一条毛巾，重新改造洗澡堂，一点一滴改善职工的福利待遇。

"巨龙条条天花破，霹雳阵阵动楼阁，天河倾盆泻。万件邮袋何处搁？刺我心窝。转运汉个个赤膊，与天斗与地夺，送走千万袋邮件，连接千万家情感，雨水汗水汇成河。苦了我一个，换来万家乐。"刘平源的诗在职工中广为流传。每年春节，刘平源就登上邮车，与大家一起包饺子、押邮车、过大年。职工们集资喝酒庆贺，感慨地说："局长理解咱们，咱们要好好干！"

铁腕与温情共存，战略与战术并重。他在基层工作多年，又在邮电部外事司开阔了眼界，在北京邮政管理局开始大刀阔斧的改革。任职6年间，员工宿舍、生产场地均扩建10万平方米。从机械化程度、文化程度、职工待遇上让职工"自尊、自重、自信"，服务水平逐渐提升，越来越接近他提出的目标——"以邮为业，爱局为家，邮件似生命，时限抵万金"。

转眼间，改革开放已走过四十年。先行者刘平源心里始终放不下对邮政业的爱。他谆谆告诫后来者："传统业务不能放，人民邮政为人民的旗帜不能丢，科技兴邮的路必须走，职工素质要提升。"

老一辈改革者的热血与斗志，化作基石与动力。新一代改革者将站在先行者的肩膀上，继往开来，开创下一个波澜壮阔的40年。

1992，浩荡东风里

1月19日上午9点，一列火车徐徐进站，停在了深圳火车站的月台边。一节车厢门打开，车站服务人员敏捷地把一块铺着红色地毯的长条木板放在车厢门口。不一会儿，邓小平同志出现了！人们的目光和闪光灯束一齐投向这位领一代风骚的伟人身上。

这个画面，像烙印一样，印在了当天在现场的很多人脑海中。事后接受《重庆日报》采访时，邓小平南方谈话的执笔记者陈锡添说，自己还时常会想起另外一个画面："1992年1月23日上午，小平同志在蛇口乘船离开深圳。他向码头走了几步，突然又回转头来，大家都不知道是为什么。原来，他走到李灏书记面前，把手一扬：'你们要搞快一点。'只说这么一句话便又向码头走去了。"

南国春早，邓小平同志此时重返深圳视察，意义非同寻常。由于受"姓资姓社"问题的困扰，每出台一项改革新举措都步履维艰，忐忑不安和畏首畏尾就是当时民营企业的普遍心态，即便是在改革开放先行先试的深圳，此时也有些畏缩了。

邓小平同志南方谈话两个月之后，3月26日，《深圳特区报》一版刊出了《东方风来满眼春》。加之此前《深圳特区报》连续刊发的著名的"猴年八评"，《深圳商报》推出了著名的"八论敢闯"。在全国舆论场里，南方的先锋媒体率先"原汁原味"地传播了邓小平同志南方谈话精神，春天的故事翻开了崭新的篇章。

日后，在中国人民大学，校友陈锡添的《东方风来满眼春》和胡福明的《实践是检验真理的唯一标准》被并列为最令学校自豪的"历史关头的雄文"。

理论界将 1992 年春天邓小平南方谈话界定为中国前 20 年改革的第二次思想解放。"三个有利于"的著名论断,从根本上厘清了改革开放"姓资姓社"的大是大非,让刚刚冒头发展的民营经济终于安下心来。

这次思想解放,真正成为很多中国公司雄起的起点,他们的成长故事都与之相关。这其中就有一家总部设在北京的快递企业宅急送,他的创始人之一,是生于湖北天门的陈东升。

1992 年,陈东升毅然放弃了国务院发展研究中心《管理世界》杂志社副总编职位,放弃了副局级待遇,选择下海。1993 年,他创办了中国第一家具有国际概念的中国嘉德国际拍卖有限公司,独具慧眼地将拍卖做成了一份生意。

其后成立的宅急送是这家快递公司对外的商号,但知名度远远高过注册成立的公司名号——1994 年 1 月 18 日,北京双臣快运有限公司注册成立,地址就在北京中国人民解放军国防大学宿舍区内一间不足 10 平方米的小屋,公司当时的规模就是 7 个人 3 辆车。

据《中华工商时报》统计,当年至少有 10 万党政干部下海经商,他们奔向每个几乎空白的领域,在沃土上建功立业。而改革开放以来,中国至少有两次汹涌澎湃的"下海潮",一次在 80 年代改革开放不久,另一次就是在邓小平南方谈话之后的 90 年代。邓小平视察南方之后,全国有上百万官员造访深圳。这一年,深圳市政府接待办最多时同时迎来 60 批考察团。

1992 年 5 月,国家体改委颁布了《股份有限公司规范意见》和

《有限责任公司规范意见》两个文件，第一次为民间资本的创业提供了制度保障。当年召开的党的十四大，正式宣布我国经济体制改革的目标是建立社会主义市场经济体制。

这一年，国务院修改和废止了400多份文件为企业经营松绑，大批官员和知识分子投身私营工商界，开始"八仙过海，各显神通"。多年之后，中国工商界的"九二派"崛起，成为一段佳话，陈东升、郭广昌、冯仑、俞敏洪、胡葆森、黄怒波等众多知名人士，有了共同的名字——"企业家"。

《博鳌观察》执行总经理陈海在《九二派》一书中，将这些人称为"新士大夫""士商"。因为这批企业家都曾是体制内的精英，堪与中国传统的"士大夫"阶层类比。在成为企业家之后，他们也乐于担当公共生活中的其他角色，如商业领袖、公共知识分子等。他们"大我情结"深重，下海时多抱有"实业救国""经济强国"之类宏大而浪漫的抱负。

当下海成为潮流，1992年可以说是开启了中国真正的现代化企业创业的大潮，改革开放大潮把所有的人裹挟了进来。"只有当全民觉得下海是一个光荣的事，当人民认为企业家是这个时代的元帅、是这个时代的将军、是这个时代英雄的时候，这个民族、这个社会就有了希望。"

10月，党的十四大召开，以邓小平建设中国特色社会主义理论为指导，结束了10多年的争论，第一次在改革目标模式上取得了共识，指出应建立社会主义市场经济体制，加快改革开放和现代化建设，是90年代的中心任务。

在这次会议上，江泽民同志做报告时提出，到2000年前，经济每年增长8%~9%，高于当初"八五"计划提出的6%的指标。在家里观看电视直播的邓小平对身边的人说："我应该为这个报告鼓掌。"

90 年代的中国，掀起了新一轮的经济建设高潮，一个开放而令人激动的年代开始了。

2006 年，著名旅美女作家查建英出版的《八十年代访谈录》一书的封底上，罗列了和 80 年代、90 年代有关的常见词。与 80 年代出现的激情、贫乏、热诚、反叛这些偏于情绪、情感型的高频词截然不同，排在 90 年代常见词前四位的是：现实、利益、金钱和市场。

企业家不再避讳"市场经济"这四个字，老百姓也不再回避"钱"这个字，"恭喜发财"成了见面问好的口头禅，直追老北京的"您吃了吗"这一传统问候语。《人民日报》还发表了《要发财忙起来》的文章。再后来，"要发财，忙起来"直接演变成了广东商人们的口头禅。

1992 年之前，集体所有制下的印染厂靠着加工台布有着可观的效益，在漂白车间工作的詹际盛最多的时候月收入将近 600 元。这个时候，这位来自淳安的年轻人与印染车间的聂腾飞、成品车间的陈德军，还没有意识到改革开放后民营企业的崛起对集体所有制的冲击，更无法想象其将对自己的未来造成多么巨大的影响。

1992 年上半年，聂腾飞和詹际炜还在太吉速递帮别人跑腿。带着两三个报关单坐凌晨两点的绿皮火车去上海，早上六点到达，再坐公交车在八点半之前送到报关公司。做了大半年后，二人发现太吉速递的老板并没有把公司的重心放在这边，于是离开了太吉。而此时换了厂长的杭州印染厂业务越来越少，因为没布，厂里的机器都停了下来。还在厂里的詹际盛有时候上夜班，报到完后就开始睡大觉。他开始想念和聂腾飞及弟弟一起在厂里打牌的日子。

印染厂的效益越来越差，詹际盛再也坐不住了，为了混口饭吃，他先是一边上班一边在当时很火的歌舞厅找了份音控师（现在叫DJ）的工作。当客人欢唱卡拉OK的时候，不懂英文、连高音和低音都分不清的詹际盛在后台硬着头皮操控，后因为烧掉设备而被扫地出门。此时，在距离杭州并不远的上海，徐建荣的肉食加工厂员工已经达到了1 000人。

随着我国对外贸易的繁荣，从杭州到上海的报关单越来越多，很大一部分都需要紧急送往上海的吴淞海关。于是，聂腾飞和詹际炜频繁在上海和杭州之间往返。晚上从杭州出发，早上八点多送到上海。业务越来越多，客户开发票的需求需要满足，聂腾飞和詹际炜决定找一家公司挂靠。

他们找到的第一家公司名叫火星实业，但是对方拒绝挂靠；找到的第二家公司在杭州湖墅南路，专门给肯德基做广告，老板也比较开明，同意了聂腾飞等人的挂靠要求，这家公司名为神通广告公司。

挂靠神通广告公司后，往上海送的报关单越来越多，詹际炜将做DJ不如意的哥哥叫来一起跑上海的业务，聂腾飞也开始让自己的女朋友陈小英在印染厂工作之余来公司接打电话发展业务，帮着打理公司。聂腾云也利用周末休息时间来公司帮哥哥的忙。此外，公司另雇了两名员工。

就这样，聂腾飞、詹际炜和詹际盛等人挎着BP机白天在杭州收件，晚上到上海送件，陈小英坐镇办公室，公司开始有序发展。

挂靠神通广告公司一段时间后，因为业务的快速增长，需要开的发票也越来越多，聂腾飞感到再挂靠下去不是长久之计。和大家商量后，几人开始酝酿成立一家自己的公司。

1992年，看着外面的创业潮一浪高过一浪，心思活络的四川达州人余联兵内心的热情也被点燃，决定离开工厂，投入创业大军当中。四川人爱做菜，麻辣的川菜受人喜爱，开饭店成为他的首选。4 月 27日，经过简单的筹备后，位于宝安双港地区的"丽晶饭店"正式开业，余联兵正式开启了自己的创业生涯。

无论是代人出差还是开餐厅，第一批快递人所从事的服务性工作都在中央鼓励的第三产业之列。1992 年 6 月，《中共中央、国务院关于加快发展第三产业的决定》提出："90 年代，要在发展第一、第二产业的同时加快发展第三产业，促进国民经济每隔几年上一个新台阶。"

丽晶饭店开业后，余联兵亲力亲为，既当老板又当服务员，有时还要客串厨师，一年下来赚了三万元钱。淘到人生第一桶金后，余联兵又开始重找出路，一是因为餐饮行业过于辛苦，自己的精力有限；二是因为管理方式过于传统，没有连锁、加盟经验，无法进一步扩张。

这一年，"九二派"企业家的野心与优雅显现。而经过思想解放，各行各业的主管部门和大大小小的国企也开放、进取、包容了很多。

"搞改革开放，没有邮电不行，发展邮电是功在当代，利在千秋。"1992 年新年伊始，邮电部召开了第二十九次全国邮电工作会议。会前，时任国务院副总理朱镕基听取了邮电部的汇报，充分肯定了改革开放以来邮电迅速发展的巨大成就，用毋庸置疑的语气强调了邮电通信的重要作用，这番话振奋了行业人的心。

邮电部邮政速递局局长林耕先提出"特快特办"的思路，令人眼前一亮。他说，要克服保守思想，坚持"特快特办"，提高服务质量，必须要按照"特""快""专"的要求去组织生产、搞活经营、优化服务。

当年，传递速度慢的问题仍很突出。在内部，主要是作业组织松散，各环节衔接不紧密，直投范围小，一部分邮件转为普通邮件投递，中转时限过长；在外部，则是航空运邮不畅，造成邮件积压。

"1987年以来，国家和地方给予邮政一些扶持政策，应该说邮政的日子比过去好过了，有能力把生产条件搞好，有条件增加对速递业务的投入。"因此，林耕先提出："各地应充分利用好国家给予的政策，给邮政特快专递业务以必要的投入，逐步做到超前发展，使之不再走邮政长期超负荷运转的老路。"

9月3日这一天，中国邮政包租的邮运专机胜利地完成了大连—南京—广州的首飞任务。随着航空专用邮路的开通，旧的邮运方式正在改变，新的邮运时代即将到来。

10月，在邮电部召开的全国邮政工作会议上，刘平源副部长明确提出，今后，邮政市场的竞争将会越来越激烈。因此，必须彻底摆脱封闭状态，进一步破除官商思想，增强商品经济和市场竞争意识。

如果说下海热和经商热让这个国家走出寒冬，有了四季如春的温暖感，那么股市之热却让人始料未及。在深圳，专门寄递身份证的快件汹涌而来。对于当时的场景，著名财经作家吴晓波在他的《激荡三十年》中有这么一段记载：8月7日，深交所发布1992年度《新股认购抽签表发售公告》，宣布发行国内公众股5亿股，发售抽签表500万张，中签率为10%，每张抽签表可认购1 000股。认购者凭身份证办理有关事宜，一证可花100元买一张抽签表，每个认购者最多可持10张身份证买抽签表。发售工作将在两天后开始。公告一出，深圳邮局当即被雪片般飞来的身份证淹没，其中最大的一个特快专递包裹有17.5千克，里面是2 500张身份证。

　　这种狂热酿成两天后中国股市上第一次猝不及防的恶性事件。上百万人兴冲冲而来，两天两夜苦等，却没有几人买到抽签表。怒火迅速在深圳蔓延，无法控制情绪的人们潮水般地涌向政府，市中心各大马路全部瘫痪，商店被砸，警车被烧，警方出动大批防暴警察并拉来了高压水龙……

　　无论是下海热、经商热，还是股市热，每一种形态的热潮，都透露出呼吸到新鲜空气的国人对"走出去"的向往，对财富的憧憬，对未来的期盼，甚至是对未知的好奇心……

人物小传

/ "一颗心" 罗淑珍 /

　　24 年间，罗淑珍从普通女邮递员到邮电部副部长，这与她所倡导的 "一封信、一颗心" 密不可分。

　　2018 年国庆当天，在中央电视台《相约新时代》节目现场，原邮电部副部长罗淑珍应邀到场，看到舞台上挂着邮包的绿色邮政自行车时颇有些激动，娓娓道来 "一封信、一颗心" 的来历，让观众感动不已。

　　感动的不只是他们。罗淑珍是 20 世纪 50 年代的新中国第一代女邮递员，她提出的 "一封信、一颗心" 曾经响彻整个邮政业，影响了一代又一代人。"一颗心"，不仅是罗淑珍人生精神的浓缩，而且在几十年来不断积淀、扩展、升华，已然成为 "人民邮政为人民" 的生动体现，不断汇聚成巨大的精神能量，感动了时代。

　　人们对罗淑珍连续 21 年投递信件、报刊 360 多万件无差错的故事耳熟能详。从 1951 年到北京邮局工作开始，一辆自行车、一盏煤油灯，陪她走过北京那些熟悉的老胡同，也让她收获了老百姓的信任和赞誉，更让她领悟到邮政投递工作的责任源自哪里又将落向何处。

　　在那个年代，由于通信条件的限制，信件几乎是人们沟通信息、表达感情的仅有的几个方式之一。"信在途中飞，不知何时归，你若收到信，赶快把信回。""信儿信儿快快跑，见到亲人问声好！""春不到，花不开，不见本人信别拆。"当年老百姓在信封上写的顺口溜，寄托着对亲人早日收到信件的期盼。

罗淑珍认为："这些话饱含着寄信人对我们邮递员的信任和要求，我们要迅速、准确、安全、方便地把信件投递到位。""邮递员每天要送几百件甚至上千件信件、报纸，如果工作出了差错，对我们统计差错率来说，可能是千分之一、万分之一，但对人民群众来说，却是100%的损失，这些损失是无法用金钱衡量的。"而这些思考，成为她提出"一封信、一颗心"的精神之源。

在罗淑珍看来，一封信固然是普通的白纸黑字，却是一段段饱含深情的话和一颗颗焦急盼望的心。"一封信、一颗心"遂成为她的人生信条，伴随着她从邮递员到全国劳动模范，到全国人大代表，再到邮电部副部长、邮电工会主席，矢志不渝。在我们看来，"一颗心"更是她一心为老百姓着想的体现，她虽然身居高位，但那颗心始终朴素实在，熠熠闪光。

时隔多年后，电影《鸿雁》播出，她一口气看了两遍电影，与主人公的观点产生共鸣——"要干一辈子乡邮员，给人民跑一辈子道。干哪一行，只是个形式，为什么工作，为谁工作，才是根本。"

她为老百姓工作，复活无数封"死信"。她曾接到寄给革命妈妈陶承的一封信，但只写了"北京邮局转交"，并无地址。她连续给作家协会等单位打电话，辗转送到了陶承手中。她曾按照邮电部党组要求，每个月为人民做几件好事，她与另一位副部长李玉奎到基层调研摸排情况、亲自督战，解决了北京云岗地区老百姓 20 多年发电报难的问题。

她为党和国家工作。1979 年，经济和社会变革掀起汹涌大潮。翌年，国务院 8 位副总理一起听取铁路、交通和邮电十年规划设想要点汇报，重新认识邮电通信在国民经济和社会发展中的地位、性质和作用。1982 年 2 月，罗淑珍与原邮电部部长文敏生和另外 8 位副部长两次向国务院汇报工作，研究解决提高对邮电事业投资比重等重大问题，成为推动邮电事业改革发展的重要推手之一。

后来，她调任中国邮电工会全国委员会主席，一面为职工谋福利鼓与呼，一面鼓励职工发扬主人翁精神，"积极参与制定企业的重大政策，关心这些决策的实现，使得企业兴旺发达"。"一颗心"精神延续、流动、升华……

初见罗淑珍的人，大都不相信她已到耄耋之年——一头短发，虽花白，却倍儿精神；一张笑脸，和蔼可亲，瞬间消除陌生感；寥寥数语，传递出她敏捷的思维和乐观的心态。罗淑珍会笑着"解密"："我身体特别健康，这都是多年一线投递工作带给我的福气。"

退休多年后，罗淑珍依然对邮政业饱含深情，对改革开放以来行业发生的点滴变化感到欣喜。在她看来，外部环境的改善、投递工具的进步、分拣方式的升级等诸多改变都是改革开放吹来的"春风"，更离不开国家的日益强大和繁荣。她依然保持"一颗心"，常常看体育类节目，要跟年轻人"有话说"，"人老心不老，思想不老，精神不老"。

澎湃的岁月在罗淑珍身上打下了深深的烙印：踏实、上进、忠诚、乐观。现在伟大的时代让她和更多人坚信：历史不会忘却，未来已经到来，不要辜负这个伟大的时代。

02

1993—1998

伴你闯荡

前行不息，无须迟疑和退避，健行于你寂寥的小径。

——海德格尔

1993，向上生长

王卫站在容奇港的码头。

他每次从中山回香港，都要在这里坐船。和姐夫在中山经营着一个纺织印染厂已经有一段时间，但23岁的他并不满足于此，思绪如眼前的流水一般向远方蔓延。他的脚下，正是改革开放后受港商影响的顺德第一个对外开放的货柜码头。有了码头，顺德的制造业大军相继涌现。看着河道上诸多船只在香港与内地间往来繁忙，王卫心里逐渐有了主意。

这是1993年。"九二派"用实践证明了市场的巨大力量，中央则通过正式文件的形式将市场的重要地位确定下来。党的十四届三中全会通过的《关于建立社会主义市场经济体制若干问题的决定》，勾画出社会主义市场经济体制的基本框架。

在这一年，中国的第一批民营快递企业开始卖力地向上生长，破土而出。顺丰速运在华南乘船出发、申通快递坐火车往返于京沪、宅急送开始奔走在北京街头。

王卫在容奇港成业路27号租下了一个二楼的民房，命名为"民营快递创业基地"。他一开始的目标，就是让香港件全部从这里上船。这以后的日子，是开心、受挫、绝望和希望的交织……

一个鲜为人知的细节是，如果不是阴差阳错，顺丰的名字差点也跟"通达"有缘。1993年3月26日，为了方便香港和内地的业务往来，王卫拿出两三年打工攒下的4万多元，向父亲借了3万元，动用了太太的奖学金，凑了10万元左右，跟内地一个合伙人一起注册了一家名叫"顺通"的公司。因为是在内地注册，王卫回避了自己香港人的身份，用了内地合伙人的身份而平安着陆。

不到半年，这位合伙人就另起了炉灶——为了获得更高的分成比例，合伙人在香港另外找了新的合伙人，马上就把跟王卫的业务线切断了。大概在年中，王卫被动地发现，怎么从顺德过来的快件突然少了，一调查，发现原来是合伙人截留了业务给了别人。"我当时马上又改了个名字，就叫顺丰了，所以顺丰并不是一开始用的名号，而是七八月份才开始启用。"

遭遇了生意场上的背叛，王卫重新给自己的公司取了"顺丰"这个名字。这个名字既跟起家的广东顺德有关，也表达了他希望从此一帆风顺、日后获得大丰收的心愿。

1993 年，手机开始出现。一部诺基亚手机 4 000 多元，入户费 2 000 多元，月租 60 元，接听电话每分钟 1 元。手机在 2000 年之前绝对属于奢侈品，手里有"米"的顺丰收派员人手一部 Call 机（无线寻呼系统中被叫用户接收机）。一不留神，新生代的民营快递就走在了科技时尚前沿，却是为了最简单的诉求——不再急哇哇地到处找公用电话。如果 Call 机上收到的数字代码含"119"，那就赶紧找电话给公司回话。这个代码，在当时的顺丰，代表急件，寓意十万火急。

当王卫从容奇港出发时，千里之外的浙江，20 岁的桐庐人聂腾飞正在往返于杭州和上海。

改革开放已经让此时的长三角乡镇企业发展得如火如荼，开始进入了国际生产网络。长三角与世界的接口在上海，恰如珠三角与世界的接口在香港。

　　传递报关单是一项时效性极强的工作，尽管 1993 年邮电部邮政总局把"改革、发展、服务"上升为当年的核心宗旨，并在工作要点中提出，特快专递业务要以确保传递时限、加快查询速度、提高竞争手段为重点，增加特快专递开办点，扩大国内市场，努力提高国际特快专递业务的市场占有率，但当时的邮政服务，还远远满足不了企业"时间就是金钱"的需要。从杭州到上海，通过邮政系统传递报关单一般需要 3 天。

　　现实是梦想最好的土壤。"报关单经济"需求催生了一种新的业态。杭州到上海的火车晚上八九点出发，次日凌晨三四点到，去掉火车票价就是毛利，每出门一趟就会有财富从天而降的感觉。

　　1993 年，春节刚过，神通综合服务部（申通前身）的营业执照就办下来了，执照上面的营业范围是"托运"，简单地说，就是帮助企业赶在当天海关闭关之前将报关单送到。聂腾飞任总经理，和詹际盛分别驻守杭州和上海。注册的公司是以聂腾飞的弟弟聂腾云的名义，因为正在杭州商学院的他，是这个群体当中唯一拥有城镇户口的人，符合注册条件。

　　刚过去的春节，令詹际盛终生难忘。1 月 21 日，正逢农历腊月二十九。为了把快件从杭州送到上海外滩中山东一路，詹际盛头一次没有回淳安过春节。

　　神通综合服务部创立之初只有四五个人，上海的业务主要是聂腾飞和詹际盛二人来做，詹际炜和陈小英也在帮忙。聂腾云则一边在杭州读书一边帮忙。

　　随着公司渐入正轨，聂腾飞把未来瞄准了上海。在服务部成立几个月后，聂腾飞坐镇杭州，把詹际盛派到上海拓展市场，而此时陈德军也加入了神通服务部。被派到上海一个月，詹际盛就基本打理好了这边的一切事宜。经常跑上海的他，也对上海同行的发展情况有一定了解，其中上海闻达及其创立者金任群给他留下了深刻印象。

当时在上海一家图书馆工作的金任群，多数时间是悠闲地翻看"新鲜得一塌糊涂"的港台书籍。对于这位因学历问题郁郁不得志、时常闲得慌的年轻人来说，看书可以静心和领略港台先风，因此，比其他人更早感受到跨境快递吹来的风。

金任群好不容易在图书馆名下注册了"上海闻达信息公司"的实业公司，并得到了图书馆批给他的 4 000 元启动资金，由此尝试模仿港台办起快递公司。

闻达开办后，解决了图书馆在职职工过于清闲的问题，却造成了这个安静之地的混乱，因为大门外就是快件周转的嘈杂声。闻达所雇用的人都是现在称为弱势群体的回沪知青子女，他们一无所有，在闻达找到了栖身地。通过几辆自行车起家，闻达发展了一年，公司一共有了 28 只 BP 机、29 辆自行车和一辆海鹰牌助动车。

闻达的创业者们在南京路上开车"横冲直撞"。大家心连在一起，有一个共同的目标，就是要通过自己的努力改变现状，出人头地。在他们面前横亘着邮政 EMS、中国外运、东方万邦，他们的信念就是要打败对手，要闯出自己的一片天地。闻达人上下一心，大家的想法就是"我们是最好的，我们将是最好的"。

聂腾飞想发展上海的市场，同样，金任群也想在杭州设点。看到神通"插足"上海，金任群专门去了趟杭州，找到聂腾飞。对于金任群的来意，聂腾飞心知肚明，对方说的合作就是想让神通发展杭州，偏安一隅。但有大格局的聂腾飞怎么可能就此打住，他回了对方一句话："我要把申通的旗子插遍全国。"詹际盛回忆，当时的市场看起来很小，但曾经室友的眼光之高远再次让他折服。

詹际盛在上海待了一个月就被调回了杭州，管理公司的财务，接替他的是陈德军。1993 年年底，回到杭州的詹际盛发现公司的财务十分不规范，公款被私自挪用，甚至有的进了私人口袋，导致公司缺少周转资金。神通综合服务部创立初期，因为没有任何经验，这时候出现的财务问题，导致了公司刚成立一年大家就分道扬镳。没有任何言语上的不和，詹际盛和詹际炜交接好之后，离开了神通综合服务部。

从南到北，一股创业创新的浪潮一路向前。同样是因为年轻人对未来生活的憧憬，华北地区此时也在酝酿一家快递企业，但显然选了跟华南和华东都不一样的路径。

在日本东京留学的湖北人陈平准备半年后回国，他托人寄来一张北京地图，没事就在地图上圈圈点点，琢磨他的"未来大局"。留学期间，陈平领略了遍布日本大街小巷的快递宅急便。一件物品需要从东京送到大阪，距离 500 多公里，如何送达？陈平求助于东京到处可见的宅急便，并且使用了到付，他惊奇地发现快递原来可以这么方便。

陈平其实是为了创立一家广告影视公司去日本留学的，但当他发现经营快递是件更有乐趣的事情时，就立马决定转向。于是，每到周六日，他便在街上着了魔似的去看宅急便的店面、去跟宅急便的车辆，哪怕是简介、工作单和报价表都不放过。

回国后，陈平跟二哥陈东升说："日本有一个宅急便，满街都跑着

'黑猫'，服务好极了。如果我们两兄弟共同办一家像宅急便这样的公司，那一天，大街小巷都会跑着我们公司送货的。"这个想法，让兄弟俩两天两夜都处于兴奋之中。

陈东升说，要不这家公司叫作"飞毛腿"？但兄弟俩一想，"飞毛腿"不具象，于是取了一个老百姓一听便明白内涵的"宅急送"作为商号。学艺术的陈平自己动手设计了一只猴子作为 logo（商标），其内涵与申通的"神通广大"倒是有相通之处，就是希望自己的服务像孙悟空一样，一个跟头十万八千里，神通广大，无所不能，无处不至。至今，宅急送一直沿用这个 logo。

到了 1993 年，还有大批的民营快递初创者正在转型或接近这个行当。自邓小平南方谈话之后就对深圳心生向往的郜伟，这一年"转会"到了深圳邮局。能说会道的他找到深圳邮局组织处处长自我介绍，之后又写了一封自荐信过去。本是郑州邮局办公室秘书的他，25 岁做到办公室副主任，又是邮电学校的老师，这番经历让他轻轻松松就敲开了一座开放之城的大门。组织处处长说，现在我们正好需要这种干部！郜伟顺利进入南山邮局，当了南山邮局局长秘书。

深圳的外来务工人员越来越多，逢年过节火车票、机票都是一票难求。余联兵决定进入商务服务领域，用身份证申请成为个体户，然后与铁路部门、西南航空、南方航空、四川航空等公司合作，获得了火车票和机票的代理权。相比于自己第一桶金的艰辛，余联兵的第二桶金相对轻松了很多。拿火车票来说，当时一张坐票的代理费是 20 元，卧铺则是 40 元。代理点的队伍排得越长，他赚得越多。5 年时间，余联兵在深圳的车票机票代理点遍地开花，达到 20 多家。

　　嗅觉灵敏的人们感受到，1993 年的中国，已经不是一个传统意义上的计划经济国家了。有三个明显的迹象：第一是从 1955 年开始全国居民购买粮食都需要的粮票，从人们生活中消失了；第二是民营经济最为活跃的浙江地区，悄然发生了一场没有严格规范的产权改革运动——集体企业的量化改革运动，即通过评估，把集体资产全部或部分退出，经营者赎买后获得股权；第三是外资蜂拥而至，肯德基、宝洁、花旗银行、诺基亚、福特、通用等外企都有对华投资举措，中央政府第一次正式邀请 15 家大型外资公司的代表进了中南海，这是改革开放以来的一次创举。

　　这一年，还有一个极具象征意味的细节，中国的消费者被香港人投资的利嘉鞋业在北京报纸上刊登的一则情人节商业广告"领进门"，第一次过上了一个"人造节"。16 年后的 2009 年，中国自己的"人造节"登上历史舞台，阿里现任掌门人张勇（逍遥子）亲手缔造了"双 11 光棍节"，让中国电商对消费需求的蛊惑力一次次冲向高峰。

　　达尔文说，在丛林里，最终能存活下来的，往往不是最高大、最强壮的，而是对变化能做出最快反应的物种。处在这个时代的行业管理者深深地为国企反应不够快而焦虑。刘平源副部长在全国邮政通信会议上的讲话语重心长：各级邮政干部要学会、要有勇气搭上这趟时代的快班车，切不可认为这班车只是为别人开的而等闲视之。

　　刘平源说，要发挥创造性，开放的胆子再大一点。"目前邮政发展遇到的困难，无非有两个：一是资金困难，二是人才匮乏。但是，只要我们开放的胆子再大点，主观能动性和创造精神再多一点，这两个困难是可以解决的，或者说是可以逐步解决的。"

在这次会议上，邮电部就进一步改善经营、开拓市场、全面发展邮政业务做出了新规定。其中重要的一条是，特快专递下放开办点审批权限。

1993年，人们拿着邮局的汇款单却取不出钱来的"绿条子事件"惊动了党中央。党中央质询邮电部："到底是怎么回事？！"时任国务院副总理朱镕基召集人民银行、邮电部等有关单位开会，了解到邮政是"代人受过"后，紧急下拨专款，并协调各部门关系，保证邮政充沛的资金流，最终解决了"绿条子"问题。

但"绿条子事件"并没有冲淡当年改革发展的主题。4月，北京南区邮局在全国首创了邮政礼仪专递业务，代送鲜花、蛋糕、贺卡、礼品，深圳邮政可以为各种社交场合、开业仪式推荐和选送礼仪小姐。这种新的服务方式得到了外经贸部部长吴仪的点赞，她称赞其"适应社会主义市场经济的需要"。

7月5日，全国最大的邮件集散地和处理中心——北京邮政枢纽落成投产。刘平源大胆提出，要建设立体邮政运输网：江里有轮船、陆上有汽车、天上有飞机。500公里以内用汽车，500公里以上要用飞机，而且建设邮政航空公司的申请已得到批准。

说干就干，杨泰芳部长十分支持。当时，随着改革开放不断深入，特快专递越来越多，仅厦门一天揽收的特快专递就有60吨，而航空公司每天只给10吨运力，远远满足不了寄递需求。筹建邮政航空公司恰逢其时。

筹备时困难很多，摆在第一位的是钱从哪儿来。刘平源召集各省邮政局局长齐聚重庆，登上了邮轮。这艘邮轮购自苏联，改装后成为三星级邮轮，隶属于南京邮政海航公司。邮轮从重庆出发，一路向东，刘平源与大家促膝长谈，说服他们入股筹建航空公司。等邮轮到达浙江时，刘平源已筹集到 1.5 亿元。随后，他带领团队赶赴陕西一家飞机制造公司，一口气订购了 3 架运–8 飞机。

展现邮政凌云壮志的航空梦越来越接近现实，而从水陆繁忙的容奇港到桐庐深处的层峦叠嶂，从热闹繁华的北京街头到静寂安宁的南京图书馆，从纵横全国的邮政网络到随着经济跃动的各家快递公司，他们以及与他们同时代的伙伴，就这样开始了各自的故事。

/"新青年"王卫/

朋友养的鱼死了，悲伤不已。

他不想给鱼土葬，说想给它火葬，然后再把鱼的骨灰撒回大海，好让它再回到母亲的怀抱。谁知道那玩意儿越烤越香，后来就买了两瓶啤酒……

很多事情，人们走着走着，就忘了初心。

王卫寻初心的这段话，曾经在朋友圈风行，在纷纷追问来路的日子里，掀起不少人内心的波澜。

这位 19 岁在中山印染厂工作，21 岁自己认定未来不在这里的青年，在看清来路时不停地在保持清醒中寻找机会，22 岁时抓住机会创办顺丰。"有意义的事情就专注地去做，永远保持清醒，不要让命运推着你走，在整个世界不断创造自己的价值"的这份初心，贯穿在顺丰的发展一线。

从不上市到 2016 年 2 月首次披露正在接受上市辅导，再到 2017 年 2 月 24 日于深交所完成借壳上市，快递市场各方合纵连横，局势跌宕起伏。如何在投融资时保持自主，如何在叩开中国 A 股大门时保持员工的利益和热爱，王卫不停地在引导公司变化，寻找新的增长点。

不但要变，而且永远要"富则变"，而非"穷则变"。顺丰航空、顺丰优选、顺丰金融、携手 UPS，推出中铁顺丰、整合 DHL 在华供应链……王卫带领着顺丰，走过无数高光时刻。

给顺丰代理过官司的金国治律师，曾经给王卫写过一张明信片，直言"没有航空的顺丰，一直是一个爬行动物"。王卫对于航空的执着，也在于此。当天使没有了翅膀，那就不完美了！当顺丰没有了顺航，那就没有战斗力！一架架飞机的到位，正是战斗力提升的宣誓。

不可否认，变的过程中，王卫也在试错，也引起了很多争议和不解，包括嘿客，包括组织架构的调整。

"错了收回来，远比永远不去做要好。"王卫不掩饰自己犯的错误，承认错误才能更好地寻找正确的方向，才能在如激流的生命之河中，掌控自己的命运，不会被别人左右，不会被远远甩掉。

事实上，王卫很少流露出情绪的起伏，除了快递小哥被打时候的冲冠一怒，他在大家面前的形象，是坚强和柔韧的完美糅合，理性和感性的矛盾统一，他的个性深深地嵌入这家公司，也解释了顺丰在快递业处于草莽时期为何可以悄然崛起。

在丰声论坛，王卫几乎每天发声，关于工作的点滴反思，关于创新的想法，关于生活的体悟，很多页面被同事截图保留，互相勉励，奉为圭臬。一句一句读来，甚暖也甚清醒，成为顺丰的精神符号。

在狂欢时保持谦逊，在喧闹中保持清醒，在浮华中保持淡定，谦虚、虚心学习和真心待人，这是王卫心目中顺丰人真正的形象，他"希望今年年底的目标是我们的同事在工作中可以流露自然的笑"。

那个穿着破洞牛仔裤拜会招商局总裁的青年Dick（迪克），后来穿上赭黄色西装，成为站在签约台前的青年王卫。

但那份真心，那个站在你面前真诚地看着你的人，一直如此。

/"传奇"腾飞/

二十四五岁，风华正茂，是中国民营快递在 2018 年的年纪，也是中国民营快递"第一人"聂腾飞生命画上休止符的年纪。

1998 年 9 月 28 日，24 岁的聂腾飞因一场车祸意外离世，留下悲恸的妻子陈小英和 1 岁的幼子。有情有义、精明能干、敏锐果敢、有战略眼光……这是亲人和朋友给故去的聂腾飞的"画像"，直到今天，在家人之外，昔日的好友詹际炜年年去他的墓地祭扫，詹际盛还念念不忘要为他立一座塑像。

车祸发生前的一星期，他刚对别人说自己正打算卖掉杭州的网点，然后到上海发展。如果他还活着……但一切没有"如果"，历史的悲剧与遗憾正在于此。

或许是年轻气盛导致了这起意外，但如果没有他当初的敢想敢干，今天的快递业或许是另一番样子。

聂腾飞有超凡的商业直觉。16 岁之前他便从桐庐的山沟沟走出来，到杭州印染厂上班。

按照印染厂的作息时间，星期五早班是下午 3 点下班，要到下星期一晚上 11 点才上夜班，中间空了两天半的时间。青春期的聂腾飞哪能耐得住寂寞，开始张罗同屋的人打牌消遣。但即便是打牌这样一件小事，一众室友也被他折服。因为聂腾飞总是有自己独特的打法，策略和胆识俱在，牌局上眼看着败局已定，但他在关键节点带着队友力挽狂澜。

那时母亲在杭州灵隐寺附近的117医院打工，聂腾飞周末经常骑自行车去看望她，顺便到西湖周围闲逛，一边看风景，一边期待未来可以灵光一现。他完全不甘心在印染厂挣"死工资"，包括在饭店跑堂的一年多，他也觉得太过安逸，他渴望的是更大的机遇和更广阔的天地。

他的内心永远有使命感在驱使。偶然间，长三角冒出了"跑腿儿"的活儿，一下子把他的奇思妙想激活了。他当机立断，毅然从杭州印染厂辞职。

这个决定，让他成为中国民营快递经济的原点，他身后直接衍生出来的申通快递和韵达快递都是后话，受其影响间接衍生的品牌更是数不胜数。

从为别人打工，到挂靠神通广告公司，再到自己另立门户，敢想敢做的聂腾飞只用了一年多的时间。在神通公司（申通快递的前身）创立时，聂腾飞开朗热情的性格优势发挥得淋漓尽致。在与湖墅南路的老板谈合作时，一句"放心，只要你今天上午答应我，下午就产生效益"，顺利拿下客户，并且他果真就是说到做到。

聂腾飞是很好的合作伙伴，他有换位思考的意识，从小他便懂得人情世故。小时候，舅舅周柏根到家里来，聂腾飞每日都会打好洗脚水给端过去。舅舅带着妹妹到杭州来看他，他送完快件后会专门去买一个毛绒玩具送给妹妹。

当骑着车筐里装满快件的自行车在杭州大街小巷送件时，聂腾飞从小养成的良好素养，早早为中国初期萌生的快递服务立下了标准。

"我要把申通的旗子插遍全国！"穷且益坚，不坠青云之志，就当同龄人还找不到出路，糊口混日子的想法占据多数的时候，聂腾飞在杭州塘河街道一间又小又乱的屋子里发出行业最强音，彼时，他心中还有一座高耸入云的"腾飞大厦"。

心中的那点光，熊熊燃烧成火炬。聂腾飞在杭州站稳脚跟之后，将眼光瞄准了上海，要将申通的旗子插遍全国，杭州之外，上海必定是第一站。说干就干，他相继把同乡詹际盛和大舅子陈德军派驻到上海，局面很快打开。

3年之后，除崇明岛等少数几个偏远区域，申通在上海几乎实现了所有区域上门派送。

然而，理想以逗号结束，留给大家的是一个"如果"——如果聂腾飞卖掉杭州网点，踏上上海的土地……

1994，无惧未来

"咱们回杭州做什么？"1994年，离开神通综合服务部的时候，詹际炜问哥哥。詹际盛并没想多久，不懂技术的他，觉得就快递这个事情实在，触手可及，今天开干，明天就是现金流。在神通综合服务部的经历，让詹际盛看到了快递市场的潜力，于是再次回老家借钱。

源于法语的"企业家"一词，原意就带有冒险家的意思。而浙江这个地方的神奇之处就在于，只要有梦想、有激情、敢冒险，你身边永远都不缺乏信任你的人。看着眼前这个常年在外闯荡、充满激情的年轻人，亲戚朋友几乎都没问詹际盛要去做什么，又一次选择了信任。就这样，詹际盛凑齐了3 000元，又回到了杭州，他坚信自己在杭州一定能干出点事情来。

中国民营快递发展初期，每跑一个单子都有现金进账，所以先期的投入并不多。1994年10月，拿到钱的詹际盛在曾经的老师的推荐下，在杭州天目山路一家名叫天天货运的公司基础上办起了托运业务，10月8日，天天快递公司宣布正式成立。

天天快递诞生前的3个月，也就是7月开始，《中华人民共和国公司法》正式施行。这部法律确认了公司在现代企业制度中的地位，其公布施行对规范公司的组织和行为，保护公司、股东和债权人的合法权益，推动国有企业改制和经济体制改革，促进社会主义市场经济发展发挥了积极作用。

在杭州再次创业的詹氏兄弟并没有关于"注册难"的记忆，但仅仅几个月的差别，刚刚到北京落脚的陈平遭遇了因为机构改革还没有完成不好注册公司的窘境。陈平去海淀工商局注册时，工商局还只有个体科。

个体科工作人员对他说，你要注册的是有限责任公司，我们这里是个体经营科，我不知道怎么注册，你想注册的公司，我们这没有。后来辗转找到工商局的一个副局长，交代了一位科长出面接待。陈平说，我从日本回来的，我要做一家快递公司。科长说，我们现在正在成立一个企业科，因为1992年小平同志视察南方以后，说要市场经济，允许有私人企业了。

于是，陈平又被带回了个体科，得到一份公司注册条件的清单：一份公司章程，3辆车，最好每辆车配两个驾驶员，防止疲劳驾驶，驾驶员还得有北京户口，再就是还要场地，以及2万元钱的注册资本金，最后是等社会决议，等等。公司章程没有模板，陈平就用圆珠笔手写了一份，用复写纸复印。可以说，注册北京双臣快运有限公司还完全处于"找不着北"的状态。

虽然赶不上"冒险家"一般的年轻人实现心愿的急迫心情，但中国的改革正在一步步扎实地向前推进。宏观管理体制方面，1994年提出对财政、税收、金融、外汇、计划和投融资体制进行系统改革的方案，确立以分税制为核心的新的财政体制框架和以增值税为主的流转税体系，中央银行的调控职能得到加强。

找司机不容易，还要找到有北京户口的，这事难倒了陈平。登报纸？那时候《北京晚报》登一次大广告大概要5万元钱，比注册资本金还多。没钱登广告，陈平想了个办法：在电线杆子上贴广告。他让嫂子帮他打印20多份招聘启事，在冻得瑟瑟发抖的大冬天，买了瓶糨糊，穿件黄大衣，坐上公共汽车，一站一站往电线杆子上贴招聘启事，贴完以后就把招聘启事塞到军大衣里赶往下一站，从德胜门一直贴到了沙河，快贴到昌平了。

这种后来被称为"城市牛皮癣"的玩意儿还挺管用，一贴就有人围过来看。陈平上了公共汽车后，看到大家都在围观电线杆子，感到特别自豪。那时候工作难找，宅急送开的工资又高，一般工资是200多元钱，陈平直接开到300元。所以不到3天，家门口的公用电话接到30多个来电。他就在东单一个四合院租的房子里见了十几拨人，不过很多人一来看是四合院，扭头就跑了，以为是骗局。通过这种方法，陈平终于筛选出3位北京户口的驾驶员，复印了驾照，把注册条件都凑够了，终于在1994年1月18日完成了工商注册。

时间继续流淌、聚拢、成型、扭曲、缠绕、还原、断裂，再次连接……"注册难""开局难"之后，还有千般万般的"难"在等着创业者们。

像日本四处奔跑的"黑猫"那样，中国快递的业务出路究竟在哪里？为了招徕生意，陈平和员工开始一家家地往人家门缝里塞小广告卡片。公司的司机每天的工作就是"扫街"，看看会不会碰到搬着大件东西的人。陈平自己就是开着车每天在北京的大街小巷漫无目的地"扫街"的司机之一。偶尔找到一份活，便心急火燎地给客户送过去。陈平开车向来是不看路，开快车，有一次前方没有井盖他也想直冲而过，汽车直接陷了进去。大哥陈显宝和大姐跑来帮忙，三人一起才将汽车推出来。

"扫街"收获终究寥寥无几，陈平额头上有了快递服务在中国水土不服的愁云。有一天终于撑不住了，他只好暂时收起了最初"门到门"

的想法，忍痛花了 5 000 元在《北京晚报》登了一则最便宜的广告，就是一小格豆腐块：印着"替您办事，替您跑腿，替您送货，替您购物"，然后是商号"宅急送"，电话、号码、地址。把 1988 年米家山和王朔编剧的喜剧讽刺电影《顽主》中"替人排忧、替人解难、替人受过"为主要经营内容的三T公司直接搬进了现实生活。

一个广告登出去，市场的需求顿时被引爆，陈平家那部由国防大学总机转家属院分机很快就被打爆了，业务一下子火起来了。为了及时和客户联系，陈平还专门配了一个摩托罗拉BP机。

陈平说，创业之初自己和亲友兄弟们干过不少匪夷所思的业务：帮着送煤气罐，接送小孩，搬钢琴，翻窗户取钥匙，布置婚礼现场……最离奇的是，还曾经帮人运过死者遗体，从北京运到甘肃，路上足足走了七天七夜。

就在陈平四处碰壁之时，詹际盛在杭州遥相呼应。他也不记得自己有多少次被客户当作皮包公司赶出大门。

但市场的需求总是第一位的，在经过困难期之后，1994 年 11 月底，因为业务逐渐增多，天天快递成立一个多月就招收了第一个员工。这位员工现在还在宁波经营着天天快递。到年底，天天快递的货量越来越多，于是，詹际盛又招了第二个员工。

南南北北的中国民营快递初创者们，通过各自的零星实验，一头扎进了中国改革开放的大试验场中。他们不断试错，调整，适应，再调整，再适应……越挫越勇。他们的成长轨迹与国家当年提出的改革方向惊人地一致。1994 年 3 月，政府工作报告提出："根据国内外市场的需求，主动调整产品结构，努力生产适销对路产品，不断开发新产品，增强市场适应能力和竞争能力。"

1994 年，崔维星的快递梦又向前了一步。那年回家过春节，在珠海回山东的路上，他特意到广州看望了国旅的同事。在拜访广东国旅旗下"广东国际货运公司"一位副总时，对方向崔维星介绍了航空货运的发展前景，希望崔维星能到他们企业开拓货运业务。一说要开拓新业务，本就想离开酒楼的他答应下来。这年 3 月，崔维星正式加入这家公司，被委派到广东中山成立"速达货运"。

创业者们都有惊人的商业直觉，他们一个接一个地走进国家产业政策所倡导的第三产业领域。1994 年 3 月，国务院还颁布了《九十年代国家产业政策纲要》，不断强化农业的基础地位、大力加强基础产业、加快发展支柱产业、继续大力发展第三产业等，都是这个年代国家产业政策要解决的重要课题。

1994 年，邮电总局雄心勃勃地提出要面向大市场，开拓新领域，发展大邮政。一位安徽的邮政工作者，总结了当地从 1989 年开办 EMS 业务后 5 年来的启示，首要一条就是，对于邮政新业务的发展，必须以市场为目标，要从过去的"我们提供什么，社会就使用什么"转移到"市场需要什么，我们就发展什么"的经营运作轨道上来。

这番感言透出的，是国有企业与民营企业一样，在探索新路上都曾有过不适、走过弯路、难掩青涩。但不同的是，在 1994 年，国资和民资的发展程度还有着天壤之别。当陈平和詹际盛等人还在一件件凑单时，中国速递服务公司的速递服务网络迅速扩大，业务收入和业务量持续猛增，年初，其特快专递业务量的目标就指向了 3 000 万件，业务收入 12 亿元。

这一年，中国邮政豪掷2亿元救活了一个汽车厂的消息在坊间广为传播。这一手笔来自原邮电部副部长刘平源。内蒙古包头有一个由兵工厂改造而成的汽车厂，因面临诸多经营困难，濒临破产，职工们苦不堪言。邮电部已经开始践行"陆上有汽车"的立体运输梦，正好需要运邮车辆。刘平源获知后，带团队花2亿元购买了100辆运邮车，一下子让这家汽车厂起死回生。

比这件事更具气魄的是，1994年1月，我国申请举办1999年第22届万国邮联大会的请示得到了国务院的批准。原邮电部部长吴基传向万国邮联国际局总局长提出在北京承办1999年第22届万国邮联大会的申请。

是年9月，在韩国汉城（2005年改名首尔）召开的第21届万国邮联大会上，我国代表团举行了1 100多人的大型招待会，气氛热烈而融洽，中国代表团团长刘平源在讲话中提到我国政府决定申办下届大会，希望各国给予支持时，来宾们报以热烈的掌声。据当年的《中国邮政》杂志记载，"万国邮联国际局总局长称，自中国提出申办后，他没有听到哪个国家有异议，这是众望所归"。以此为起点，有史以来规格最高、规模最大、影响最深的万国邮联大会从这一年开始筹办。

刘平源还在这次大会上放了一颗"卫星"，他隆重宣布，中国即将有自己的邮政航空公司，中国邮政航空公司已获批成立。

当刘平源即将凯旋时，他接到一个电话，告诉他上级下令"停办中国邮政航空公司"。多年后，回顾这段历史时，刘平源并未提及当时心情如何、反应怎样。但后来人可以想到，这一消息对刘平源来说简直是"当头一棒"。刘平源刚刚飞抵北京，顾不上回家，马上去向分管副总理邹家华请示汇报。原来，当时中国民航局人事变动，新上任的副局长上报了一份文件，要求停止新建航空公司。总理已批示同意。

刘平源汇报说，自己已在万国邮联大会上宣布中国将新建邮政航空公司，如果取消将失信于世界。邹家华指示他，马上重新打报告，继续申请开办中国邮政航空公司。刘平源又接连去找国务院副总理朱镕基、主管科技的国务委员宋健，甚至找到了国务院总理李鹏。刘平源在内参中写道，旧中国的邮政就有航空公司，上海邮政有 3 架飞机，除了运送邮件，还可以救灾，难道新中国就不能创办自己的邮政航空公司？美国、法国、英国也都有自己的邮政航空公司，而且飞机很多。中国邮政航空购买的 3 架飞机刚刚飞抵天津机场，全世界都知道中国要筹办邮政航空公司了，就此停办恐怕会让世界各国笑话。

奇迹出现了。国务院经慎重考虑，决定重新批准筹办中国邮政航空公司。刘平源松了一口气，心里悬着的那块巨石终于落了地。外界评价说，是刘平源将中国邮政航空公司从死亡线上拉了回来。

变化正在悄然发生。4 年之后将出现的邮电分营，已初露端倪。1994 年 6 月 19 日，邮政总局局长张关基在全国邮政通信会议上剖析新形势时透露，发展条件发生了新的变化。邮电部将对邮、电两大专业试行新的经济核算办法。这一切都将促使邮政全面走向市场。而随着国家统一税率和改革投资体制政策的出台，以前制定的"以邮养邮"政策也正在逐步改变。

关于未来，总有周密的安排，然而剧情，却总是被现实篡改。计划的春天，有童话的色彩。每一个真实的现在，都是我们幻想过的未来。

人物小传 1

/"悲情英雄"陈平 /

日本便利店里的无意一瞥，改变生活的种子便已发芽，他曾被称为"中国快递鼻祖"。

他脱下军装到留学日本，本是去学广告影视，阴差阳错地带回了异国他乡的快递服务理念。陈平创办宅急送一战成名，从"四替"转型到调整失败，从负气出走到回头转身，再到空留的那一声叹息，寥寥二十载，他的快递人生就像一部多幕剧，出场—谢幕—出场—谢幕……

他最好的年华献给了快递。从宅急送到星晨急便，从"四替"服务到"云快递"理念，便是他的快递职业生涯的路径。

他踏着改革开放的浪潮而来，刚注册公司时，正值邓小平南方谈话之后，那时的私营企业还是凤毛麟角。没有可以借鉴的先例，工作人员按照新出台的《公司法》给他列了个清单，就这样，一份手写的公司章程开启了他的快递生涯。

帮人送煤气罐、接送小孩、布置婚礼现场、搬钢琴、送鲜花，甚至翻窗户取钥匙，只要不触及法律红线又能帮人完成心愿，那就是他们的业务范围。为了寻找稳定客源，他在北京站的一战成名，也奠定了后来宅急送B2B（企业对企业）的业务模式。一条没人走过的路，走过去，才能成为路；一条充满挑战的路，走下去，才能有答案。

第二次出山，只想专门设计和搭建一个物流平台，解决电子商务运营商对物流、资金流的全程监控和管理，还希望自己的产品能够和其他快递公司共享，"我们都是朋友，不是对手，我们希望通过这样的管理共同为电子商务服务，市场好了，谁都会发展得好"。

这是一条本可直达"帝国"的路径，却因为战略失误、家族矛盾、身体不适，抑或是流年不利，终究以失败告终。

回望曾经的辉煌与失意，恍如隔世，他离开快递圈已经有段时间了，但心中的那团火似乎还没有灭，坐在来访者面前，他坦诚如昔："我懂物流，热爱物流，也投身物流。我是拿物流当生命的人。"

有人说，陈平是个能干事的人，是个想干事的人，但他周围没有一个好人。这句评价带着偏见，带着怜惜，是感叹来路坎坷，也是叹息英雄壮志未酬。

陈平评价自己，只懂快递，不懂资本，更不懂政治，是个悲情英雄。他心中的底稿，逐个在旁人手中实现，没有人质疑他的能力，但欲速则不达。每一个转弯处的加速，可能不是"弯道超车"，而是"人仰马翻"。

理想主义的挫折，犹如寒冬中的刺猬，根根竖起的棘刺，将陈平与梦想隔离。

在其他民营快递企业飞速向前的浪潮中，无数次摇摆再调整，让曾经的北方巨头踟蹰犹豫、错失机会，小件快递市场上，顺丰、"三通一达"（申通、汇通、圆通、韵达）、百世已经占据有利地位；大件快递市场上，迎头赶上的德邦、优速、速尔正在崛起。

昔日的对错已不是那么重要，自我放逐之后的清醒，远远比一句"算了吧"深刻。

曾经的兄弟，还指望他力挽狂澜；曾经的战友，依然对他充满期待。如果还有重返战场的机会，这位昔日的"孙行者"，会不会身披黄金甲，踏着筋斗云，翻越十万八千里，如原来那样一呼百应，在快递的市场上挥斥方遒？

人物小传 2
/ "两上两下"詹氏兄弟 /

　　离开神通，并不是詹际盛和詹际炜的选择，而是历史的选择。从客观的角度来看，聂腾飞虽然是好兄弟，但归根到底与詹氏是两家人，好聚好散。

　　一切归零。1994 年，杭州天目山路，詹氏兄弟的天天快递低调开业。詹际盛也不知道自己有多少次被客户当作皮包公司赶出大门。很多时候，詹际盛在地毯式"轰炸"加上苦苦解释下，仍被当作皮包公司拒之门外。

　　但随之而来的快乐也是令人难忘的。詹际盛回忆，那时一件最开心的事情，是他刚刚被轰出去不到一小时 BP 机就响了，原来刚刚轰他出来的人有东西让他马上送到宁波。詹际盛开价一百元，对方同意成交，这也是天天快递的第一单快件。

　　创业初期少不了困难，但只要肯跑，加上脸皮厚，业务总会有。天天快递刚成立的第一个月，员工只有詹际盛和詹际炜，两个人轮流到上海出差。因为有在神通综合服务部一年多的经验，詹氏兄弟对于如何做快递轻车熟路。况且辛苦之外，腰挎 BP 机坐在公交车上，看到同车人投来羡慕的目光，心里还是美滋滋的。

　　1995 年，经过一年的发展，天天快递在杭州打下了基础，于是，詹际盛将其余两位兄弟招致麾下，开始开拓苏浙沪的市场。

　　兄弟齐心，其利断金。从 1995 年到 2006 年，天天快递在詹际旺、詹际盛、詹际恒、詹际炜四兄弟的执掌下，不断"开疆拓土"，总部从杭州迁到了上海。詹际盛坐镇上海总部，詹际旺负责上海运营，詹际恒负责南京运营，詹际炜负责杭州运营，快递业务量最大的几个城市，统统被詹氏兄弟所把控，天天快递也从默默无闻，一路成长，直至如日中天。

　　但兄弟"割据"的布局，最终成了发展的掣肘。在父亲的谆谆教导下，詹氏四兄弟的家庭关系一直很和谐，导致了在经营过程中四兄弟谁也不愿给对方脸色，谁也不愿打破平衡，四人各管一方。

　　但对于市场来说，一个区域的经营不合格时，就应该及时调整甚至"砍掉"。詹际盛说："在这个生意场上，不能讲情谊，但我讲了情谊。"当人心不齐，天天快递整体指挥上就产生了问题，比申通快递慢了半拍。加上在对待"淘宝件"问题上的迟钝，天天快递从 2006 年开始市场份额逐渐下滑，直至 2010 年、2012 年、2017 年被多次转手。

　　苏宁收购天天快递时，天天快递已经两易其主。"这品牌保留吗？"天天快递早已是别人家的孩子，但詹际盛还是悄悄向苏宁内部人士打听，他心里还存着一丝欣慰：品牌还在。

　　遗憾肯定是有的。与上市同行们相比有落差，没有抓住机会，詹际盛说是自己的误判；但与那个曾经是穷山沟里穷孩子的自己相比，付出得到了回报，他无疑是成功的。

　　随着詹际盛的退出，其他兄弟也暂时退出了历史的舞台。詹际盛已经体会了倾家荡产和人走茶凉，但他现在要做的就是把茶热回来，人走茶不凉。

詹际盛依然看好快递业，他说自己还需要再次追梦，因为没有向成功冲刺的梦想，人会空虚。

1995，命运交集

在宁波市电信局工作的"苦逼青年"丁磊，下决心辞去朝八晚五、四平八稳的工作，买了张火车票就去广州闯荡，时间是1995年4月。

这一年，丁磊的一位网友"小马哥"，创建了惠多网深圳站（名为Ponysoft），同年进入深圳润迅通信开始做寻呼系统的研发。这位网友的真名叫马化腾。

从1995年起，留学美国的北大骄子李彦宏已经是"身在曹营心在汉"，每年都回国考察是否有商业机会，从华尔街一家公司道·琼斯到硅谷的引擎公司Infoseek（搜信）公司任职期间均是如此。

同年，31岁的杭州英语教师马云成立了一家只有3名员工的小公司——海博电脑服务有限公司，费尽心思向企业推广"中国黄页"。那时候，寂寂无名的马云推销时还要把比尔·盖茨"捎上"才能说服人。

10月31日，同是31岁的张朝阳从美国飞到首都机场，回国任美国ISI（美国科技信息所）公司驻中国首席代表。日后张朝阳回忆他回国创业的第一天，他说："就觉得北京特别冷，还下着雪。"

但显然，这一年特别冷的只是天气，对于中国第一代的互联网明星创业者们而言，每个人内心都有一团火。

互联网界通常把1994年界定为中国进入互联网时代的元年，当年，中国安装首条64k（千字节）的国际专线，全功能接入国际互联网，沧桑巨变，肇始于此。但巧合的是，中国互联网产业的标志性人物大多于1995年不约而同地出现了。这一年，中国公众互联网建成，标志着中国互联网进入社会化应用阶段。

"越过长城，走向世界"，是 1987 年 9 月北京市计算机技术应用研究所成功发出的中国首封电子邮件的内容。虽然在 8 年之后的 1995 年，中国快递大佬们与这批中国互联网产业大佬们还几无交集，但因缘际会正在酝酿。

1995 年，《华尔街日报》唏嘘不已："达到 27 亿美元市值，通用花了 43 年，网景花了 1 分钟。"因为当天浏览器公司网景在美国上市，股价从 28 美元一飞冲天至 75 美元，资本市场正在为五花八门的".com"公司着迷。

但即便如此，人们也不可能从网景的一飞冲天，预见若干年后"互联网+快递"将要在中国发生的"化学反应"：成就中国特色的电商快递业务板块，造就业务量全球第一的快递大国，带动中国寄递服务越过长城，走向世界……

这期间，互联网和快递之间说得上"交集"的，除了马云的"黄页"之外，还有邮政的国际特快送款业务。在北京、上海、大连、青岛等城市，通过这项中国速递服务公司和美国西方联合金融有限公司合作开办的业务，借助连接世界各国的计算机网络传递信息，用户在数小时甚至几分钟之内，就可以在当地取到所需的现金。

1995 年 7 月，经过长达一年的筹备，位于中山市东升镇东方商贸城的"速达货运"正式营业。崔维星负责经营管理和业务开发工作，手下只有一名司机和一名搬运工。新成立的速达货运没有客户资源，崔维星就按着黄页上的电话轮番轰炸，最终寻到了第一个客户：5 千克的空运货，收客户 43 元，成本 35 元，赚了 8 元。凭借着崔维星的努力，速达货运在一年时间内相继拿下山水音响、丹丽洁具和登云针织厂等大客户，并实现了公司的盈亏平衡。

此外，在这两个行业之间，1995年还有一位"跨界小子"陆德作为"交集"。这一年，毕业于南京邮电学院的通信工程硕士陆德组织并参与了广州华美综合业务示范网的建设工作。那是国内第一个示范网，其主要任务是建立"中文网络"品牌概念，面向国内用户，正式涉足互联网运营。同年，陆德进入了当时新成立的广东省邮电管理局拓展办，负责推广视聆通。1999年2月8日，21CN网站正式开通，陆德任21CN常务副总经理，掌舵21CN网站。陆德在任期间，该网站成功地推广了网上电影播放。2004年5月，陆德辞职。

在电子商务还没有发展起来之前，国内的快递业务量很小，利润却相对丰厚，因为快递企业的运营成本除了交通成本以及人工成本之外，几乎没有其他支出。经过1994年的积累，天天快递1995年开始进军上海。但在当时，由于快递市场逐步形成，申通、闻达、天天等以及同城配送企业之间的竞争也逐渐激烈起来，跑腿的价格已经从1993年的100多元降到了30多元一件。单件利润的降低，使得詹际盛不敢冒险在上海单独设点，而是亲自往上海押车，每次大概有十几份快件，到了上海再满城去送。

至今詹际盛还为当时没有在上海设点而遗憾："在这一点上，我的格局没有聂腾飞那么大，他从一开始就看到了上海的市场，天天快递跟申通比也是慢了半拍。"1995年，当天天快递到上海发展的时候，申通在上海设点已有3年，除了崇明岛等少数几个偏远区域，几乎实现了所有区域的派送。而对天天快递而言，很多区域都无法送达，如果要送，客户需要另加 50 元。

1995 年，詹氏四兄弟中的另两位也加入了快递行列，在杭州打拼的詹际旺和在淳安做机修工的詹际恒一起加入了天天快递。因为绍兴纺织品外贸生意兴旺，所以两人最先开拓了绍兴的市场。这一年，天天快递的网络已经触及了杭州、上海、绍兴、宁波、温州等地。

1995 年，29 岁的喻渭蛟还是快递的"门外汉"。他靠自己的一手木工活到杭州闯荡。2 年后，喻渭蛟开始自己接单，他先后去过宁波、厦门、上海等地，并很快赚到了人生第一个 10 万元。

1995 年，先达国际创立。这家香港上市公司的核心业务为空运及海运货运代理，并提供配套及合约物流服务以及其他业务。22 年后，喻渭蛟与先达国际出现交集。2017 年 11 月 3 日，双方在香港完成股权交割，圆通正式控股先达国际。2018 年 4 月 10 日起，先达国际在港交所的名称正式更改为"圆通速递国际"。

当秘书两年，郜伟 1995 年被调到深圳速递局，那时候叫特快专递局，很快就当上了深圳速递局的总经理。当时邮政也开始做清关快递，郜伟就专门管快递业务，郜伟因此与创业之初的王卫有了交集。王卫托人辗转找到郜伟，希望获批中山顺德邮路班次。1995 年至 1997 年，正是王卫心力交瘁时，扩张网络遇到不少阻力，一度还想过把深圳的网络让给郜伟做。

创业者的辛苦和心酸不说，那个时候，快递业还无形象可言，大部分人认为送快递的人就是个跑腿的：光着膀子，穿着拖鞋、大裤衩的形象。旧时有句老话：车船店脚牙，无罪也该杀。这里面，"车""船"都是搞运输的，"脚"就是以前的脚夫，就像现在替人跑腿的快递员。

　　1995 年，陈平接到一家商贸公司的电话，让从玉泉路送 10 箱火罐到王府井一个门市部卖。陈平亲自到客户单位取货，却被告知搞错了，让他回去。陈平感觉受骗了，找打电话给他的人去理论，反倒逗乐了人家：你穿个西服去拉货，西服上边还插一个白手绢，头发一根一根打着摩丝，谁能看出你是快递员？最终陈平还是派了司机去，才把这单业务完成。而另一次宅急送的司机给国贸一家世界五百强港资企业送货，由于光着膀子，被前台女接待员投诉耍流氓，足见当时境内境外对快递员和快递服务在意识方面差距之悬殊。

　　刚刚入门不久的快递大佬们并没有意识到，从这一年开始，由邮电部邮政总局组织的"打击非法经营信件寄递业务行为，维护邮政专营权"的行动在全国范围内展开，而日后自己便是那个"非法经营信件寄递业务"的主体，会像过街老鼠一样被人追打。所幸彼时的民营快递业务量尚未入人法眼，并不是邮电部邮政总局这次行动的主要打击对象。

　　1995 年 6 月 29 日，时任外经贸部部长的吴仪签发了《中华人民共和国国际货物运输代理业管理规定》（外经贸部 1995 年 5 号部令），其中涉及国际货物运输代理企业可以接受委托，代为办理的业务里有一项是：国际快递、私人信函除外。但是按照 1986 年施行的《邮政法》规定：信件和其他具有信件性质的物品的寄递业务由邮政企业专营。国际货代业务是否侵害邮政企业专营权？一场旷日持久的"互掐"由此拉开序幕。

　　当年，邮电部开始部署邮政领域的行业管理工作，成立邮政行管队伍，当时在上海市邮电系统担任基层领导的高镇海，被调到新成立

的邮政行管处，成为当时行管处两个半人（共三个人，其中一个人还
要兼做其他的工作）之一。

"高镇海们"所要做的，就是调查国际货代有没有侵害邮政企业的
专营权的情况。对于《邮政法》关于邮政专营权的规定和 5 号令关于
国际货代企业经营业务的规定，邮电部和外经贸部有不同的看法和意
见，彼此的分歧还一度惊动了国务院相关领导。

这段历史故事的前因后果要追溯到更早。改革开放以后，国际商
务活动日益增多，国际快递的需求也日益增加，外资快递企业对中国
市场心驰神往。但当时政策要求，需和中国本土企业合资成立公司，
外资在中国提供快递服务才能经营。1986 年，DHL 进入中国市场，中
外运敦豪就是它和中国外运的合资公司。

其实，DHL 起初最希望合作的是中国邮政，但邮电部考虑到邮政
涉及国家主权并没有同意。DHL 转而与外经贸部下属的中国外运合资，
曲线实现了入华战略，双方各持 50% 的股份，从此有了"混血儿"中
外运敦豪。

1995 年开始，针对经济过热，国家采取了严厉的宏观调控政策推
动经济增长在 1996 年实现软着陆。而另一场"持久战"——国企改革
也有了新动向。1995 年 9 月，党的十四届五中全会通过的《中共中央
关于制定国民经济和社会发展"九五"计划和 2010 年远景目标的建
议》（以下简称《建议》），对国有企业改革提出了新的思路：一是转变
经济增长方式；二是实行"抓大放小"的改革战略。

关于"抓大放小"的改革战略，《建议》指出："这种改组要以市
场和产业政策为导向，搞好大的，放活小的，把优化国有资产分布结

构、企业组织结构同优化投资结构有机地结合起来，择优扶强，优胜劣汰，形成兼并破产、减员增效机制，防止国有资产流失。"

有 1994 年重庆市在国有经济相对困难的情况下做出的"抓大放小"成功案例在先，全国的国企改革多了几分底气和思路。浙江桐庐县的心思也开始活络起来，据《浙江日报》记载，1994 年，桐庐县吸取乡镇企业改制经验教训，扬长避短，开始对国有集体企业进行改制试点。桐庐五金工具厂、杨浦水泥厂、桐庐造纸厂成为第一批一次性转让给个人经营的企业。

1995 年底，在桐庐县外经委下属公司担任过经理的方里元，碰巧就赶上了县里的这场"抓大放小"的国企改革，参与了一家带着 90 多万元亏损企业的改制。被"放活"后，这家公司开发了桐庐世纪花城，至今仍然是桐庐县最大的一个小区。

1995 年，FedEx 与中国内地市场的正式"交集"也出现了。它以 6 750 万美元收购了当时唯一可以直飞中美的常青国际航空公司，而事实上 1984 年 FedEx 就开始在中国开展快递业务，此后步步为营深入中国市场。1990 年，FedEx 在台湾开展业务，1992 年将亚太区总部迁至香港。1995 年，通过开设苏比克湾转运中心，推出 FedEx AsiaOne（一日达）亚洲服务，开始运营中国的货运业务。

这一年，中国正在酝酿第一个在万国邮政联盟担任高层领导的人选。

当年的 1 月下旬，黄国忠被通知进京，吴基传和刘平源分别与其谈话。听完部领导的交代后，黄国忠感觉，事关国家声誉和形象，对个人素质能力要求很高，自己不能胜任。感谢完部领导的信任后，黄国忠诚实地谈到自己大学的专业是无线通信工程，研究生专业是管理工程，改行做邮政管理工作时间不够长，尤其外语水平距离要求相差甚远，并非竞选万国邮联国际局总局长或副总局长的最佳人选。

当时距离担任万国邮联行政理事会主席有近 5 年时间，距离竞选万国邮联高级职位有近 10 年时间，黄国忠刚四十出头，尚有相当长的准备时间。在得到部领导"只要个人努力，相信有担当重任的潜能"的一番勉励后，黄国忠最终决定个人服从组织，接受部领导的决定。1995 年 2 月，他被调入原邮电部邮政总局工作，开始参与邮联北京大会的筹备工作。

有人"走进来"，有人"走出去"，千差万别的记忆，进行了一场永无止境的战争。世界就是如此，万物互联。一样的大地，一样的天空，你我未来命运休戚与共。

/"中国声音"黄国忠 /

万国邮联 130 多年没有中国人担任高层的历史，在 2004 年被黄国忠打破。

这一年，在罗马召开的第 23 届万国邮联大会传来好消息——中国政府推荐的黄国忠以绝对优势当选万国邮联国际局副总局长。他是中国乃至亚太地区担任这一联合国国际组织高级领导职务的第一人。

看似寻常最奇崛，成如容易却艰辛。1994 年 9 月，中国政府在汉城万国邮联大会上提出要申办 1999 年邮联大会。彼时，海口市邮政局局长黄国忠即将调任海南省邮政局副局长。消息传来，黄国忠感到很振奋，但他万万没有想到，自己的生命轨迹将因此发生重大变化。

翌年 1 月下旬，邮电部通知黄国忠到北京。邮电部部长吴基传和副部长刘平源分别找他谈话，提出由他担任邮联行政理事会主席，并竞选邮联国际局总局长或副总局长。根据邮联规定，邮联大会主办国在大会结束以后至下届邮联大会期间的 5 年，负有担任邮联行政理事会主席的责任。邮电部领导认为他年轻、有外语交流能力，具有邮政专业高层管理经验和组织协调能力，足以担此重任。

黄国忠却打了"退堂鼓"，担心自己不能胜任，不是最佳人选。部领导鼓励他，距离任职万国邮联行政理事会主席之日还有 5 年，距离竞选万国邮联高级职位还有 10 年，只要个人足够努力，相信他有担此重任的潜能。

改革开放后，随着国力的提升，中国在世界上"发声"初期，难免会有试探、犹疑。但堡垒是用来攻破的，中国终将站上世界舞台。

黄国忠开启疯狂补课模式，学习邮联法规文件，攻克英语难关。时任邮电部副部长刘立清还亲自出面，与美国邮政总局协商，安排他去见习考察。

1999 年，我国成功举办万国邮联大会，黄国忠顺利履职。

刚刚打赢一场硬仗，又一场硬仗迎面而来。即将卸任的邮联国际局总局长利维（美国人）建议中国派人竞选副总局长。2002 年 3 月，黄国忠成为候选人，一场竞选"马拉松"由此开启。

竞选副总局长除了精通英语，还需要精通法语。法国主动抛出橄榄枝，赞助培训费和住宿费，由法国国际法语推广协会实施培训计划，帮助黄国忠提升法语水平。黄国忠暂时放下国际合作司司长工作，在巴黎突击强化培训法语 3 个月。与此同时，中国政府多次组织会议，征得多国支持。

2004 年，黄国忠成功当选万国邮联国际局副总局长，在万国邮联历史中留下"中国好声音"。而这个"零"的突破背后，是他多少次挑灯夜读。

此后，在他的推动下，万国邮联上有了"中国声音"，在实施"北京邮政战略"国际会议上，黄国忠为中国的普遍服务慷慨陈词，更多中国邮政业发展现状为世界知晓。

在他的推动下，"马班邮路上的忠诚信使"王顺友、"溜索姑娘"尼玛拉木等基层邮递员登上邮联讲坛，更多中国邮政基层工作者的故事让世界感动。

在他的推动下，最大的发展中国家代表，为世界人民享有用邮权带来了中国样板，为邮联的多样性和包容性发展提供了更多注脚，更多促进全球邮政业发展繁荣的举措得以实施。

在他的推动下，"邮政作为公共基础设施，不能被边缘化，应成为大众的接入点""必须抓住新技术产业革命带来的发展机遇，加快信息技术与传统邮政网络之间的对接""邮政发展取决于发挥自身优势，提高服务质量"……更多"中国声音"成为促进世界邮政发展的基石。

历史赋予他重任，他不负重托，终在万国邮联历史上留下"中国声音"，铿锵有力，掷地有声。

1996，暗语 297

297，如果读不懂这三个数字的内涵，你便走不进 1996 年华东快递先锋派的朋友圈。"任何人都猜不到，这是我们的暗号……连上彼此的信号，才有个依靠……"

当年在上海和宁波之间往返着一趟绿皮火车，重要的是，火车途经杭州，是一趟承载着大家发财梦的"梦想列车"，它就是 297 次列车。

廖建国搭上了这趟列车。1996 年，中长跑健将廖建国没有上成大学，在一次同学聚会时第一次听到有"快递"这个行当。更巧的是，一天他从杭州来到上海，听到了路边围墙内传来熟悉的声音，循着打电话的声音找过去，围墙内就是自己的同学。这位同学投身于申通快递，还邀廖建国一起来赚钱。听说送快递赚点儿钱不成问题，廖建国懵懵懂懂就入了行。这种懵懂入行的模式，几乎也就是这个特定年代的人加入快递行列的一般模式。

此时的申通在杭州和上海已经站稳脚跟，在客户的需求之下，公司开始向外扩张，宁波、南京等苏浙沪所属区域成为继上海之后申通最先拓展的地方。廖建国的工作就是到火车站将上海的快件交给在火车上押运快件的同事。

当时大家使用的还是数字BP机，为了第一时间告知同伴取货地点，通常会事先将车次车厢号发到对方的BP机上，例如 29716 这组数字指的就是 297 次火车 16 号车厢。彼此相熟的同事通过这种暗语，能迅速找到对方，完成交接。

廖建国回忆:"那时的说法是'一张站台票跑遍全国',买张站台票,带上快件,去跟发出暗号的火车上的同伴完成交接,快件就能顺利到达目的地。"通常,每个人带上两三个编织袋的快件,这便意味着一趟下来就诞生了一位万元户。

"货到了——货到了——"收派员嘴里一边吆喝,一边随手捡起路边的小石子,照着七楼扔去,一阵急促的"噔噔"声响过后,一哨人马从楼上飞奔而下,与来人一起动手,麻利地将车上的货件搬上楼去。这不是绿林豪杰,这是最初的广州顺丰。石子就是顺丰小哥们传递信息的特殊工具。

在顺丰家史中记载的这个场景,说的是广州顺丰草创的最初几年里,整个广州区域只有一个办事处,最早的办公地点在克山附近一所民房的七楼,是一套两室一厅。由于没有通信设备,每当收派员将货件运回来,就得用路边的小石子充当"无线电话"。

1996年6月,王卫拿到了名为广州顺丰小件快运服务有限公司的牌照,网点员工增至5人,网点业务量增长迅猛。与顺丰更早设立的网点南海办事处相比多了很多倍,南海收派员每天还只有三五票,广州收派员却已经超过30票,一车油还不够跑一天。

与番禺一江之隔的东莞,1996年才开始设立顺丰的网络。"广东四小虎"顺德、中山、南海和东莞当中,东莞开通时间最晚,顺德和中山都是1993年开通,南海1995年开通。顺丰东莞网络的开通,源于深圳业务的向西延伸。这年年底,顺丰虎门办事处开通。

珠三角地区以香港件为主,通常最后一批件到东莞已经是晚上七八点,即便再晚,香港区客服都会要求当天一定要派完。晚上十点,收件回来的快递员忙着做件。十一点半，接到香港电话，有一件快件当天晚上必须派到，外边大雨滂沱，自己又饥肠辘辘，快递员一下子失声痛哭，哭完，马上出发……

1994 年底 1995 年初，王卫感觉到，顺丰进出港快件所依赖的容奇水路越来越不安稳，于是将眼光投向深圳罗湖关，希望从这里再开辟一条陆路。在深圳协助顺丰快件通关的第一批员工，顺带着开始做起了深圳片区的快件收派服务，陆路一下子打开了局面。两路通关后，1995 年 9 月，王卫心中已经架构起顺丰的组织架构图。

一只华南猛虎就这么一步一个脚印、不动声色地成长壮大了，而身在华北的陈平仍然在打杂跑腿的"四替"服务中苦苦挣扎，与华东同行们"万元户"的华丽转身相比，差距不小。

那年某天下班后，饥肠辘辘的他接到一个电话，有人想从双井送一个鱼缸到方庄。服务费 50 元，陈平心中一动，马上拉上他姐夫、侄子和司机四人就去帮忙。鱼缸死沉，2 米长，缸底还铺着厚厚的石子，没有绳子，没有杆子，没有电梯，目标是 6 楼，四人"人肉托举"艰难上行。却不料，17 岁的小侄子在跨进门的那一刻，手一滑，鱼缸碎了一地，功亏一篑！从晚 7 点忙到 11 点，陈平最后不得不花了 70 元钱重做一个鱼缸还给人家，才取回这 50 元服务费，还倒贴 20 元。这种模式下，陈平全年下来赚个三四千块钱，还忙个四脚朝天。

宅急送所做的"四替"服务就是同城快递的雏形。搞砸的"鱼缸事件"深深触动了陈平：这种服务模式需要改变。而直接推动宅急送改变的，却是北京火车站百子湾仓库的一场火灾。

随着业务的发展，让陈平去北京火车站代取货物的客户越来越多。

那时，通过火车运送的货到了，火车站会给货主发一张通知单，请货主去车站自取。有的客户嫌麻烦，就委托陈平这类跑腿公司代取。如果超过一定时间货物还没有取走，就会转移至位于当时北京东郊的百子湾仓库里。车站收取的滞留费用，是车站的一笔数量可观的收入。对宅急送来说，直接从车站取走货物交给客户是条好财路。于是，陈平便和车站管理者商议：能不能直接在货单上盖个章，车站打电话给客户，以货单上的章为凭，宅急送直接送货上门，但车站认为这纯粹就是"虎口夺食"，断然拒绝了陈平的想法。

半年后，百子湾仓库突然遭火灾，转机陡然出现——因为仓库不能再存货了。车站管理者想起了来谈判的陈平，主动提出现在可以满足他半年前的请求了。车站在通知单上盖上陈平自己刻的戳，宅急送员工替车站填用户地址，再送货上门。那期间，宅急送俨然成为北京火车站的编外送货部门了。虽然承担了中间环节成本，但在陈平看来，这种合作是公司成立以后最正规的，也最有保障的业务种类。"这种驻场服务，救了我们。那个时候，一天发出的快件至少有30多单，最高的时候达到300多单。"北京站的经验，后来被陈平复制到了广安门车站、东郊车站、西直门车站、北京南站。

这一年，陈平经营的宅急送拥有了合资企业的身份。陈平回国创业办快递的事情被中央电视台报道并被日本媒体转载，引起了他在日本工作时的一个朋友，在日本从事长途运输服务的长野县一城株式会社的小林宁夫的注意。小林很快来京，决定投资18万美元，和双臣成立合资公司（小林占37%股份），公司名称改为双臣一城快递有限公司。有了资金的陈平，把公司迁到了北京市朝阳区大山子，并且开始在北京以外的地区铺网了。2002 年，公司更名为北京宅急送快递有限公司，"宅急送"正式进入公司名称，不再仅仅是个商标。

此时的喻渭蛟还是快递"外围人士"。在他的履历表上，1986 年至 1999 年还在经营装潢公司。这段跟井冈山有关的经历只能用"惨痛"二字来描述。29 岁的喻渭蛟接下了一个 560 万的大单，到井冈山给一家宾馆做装修。最开始接触这笔大单时，农家孩子出身的喻渭蛟心中狂喜：干完这一单，挣个 100 万，以后全家衣食无忧，自己彻底告别日出而作日落而息的父辈生活。心中有多憧憬，干得就有多欢快。那些日子，他带着装修队，垫资开工，夜以继日地干。

这一年，崔维星的天空变得更加开阔。广东国际货运公司决定放弃中山业务，将办公大楼、车辆设施等一并收回。业务刚有起色，再加上对空运市场的看好，不甘心的崔维星决定自己创业。

1996 年 9 月 1 日，崔维星正式以"崔氏货运"的名义对外开展业务。员工只有 4 个：除了崔维星和爱人薛霞，还有速达货运留下的一个司机和一个搬运工。启动资金东拼西凑：向父母借两三万，向客户借一两万，向合作商借两三万，向爱人也借了两三万，总算筹集到了 10 万元，其中 9 万元买了一辆小货车，又花了 9 880 元购买了一台西门子手机。

大洋彼岸，从 1985 年到 1996 年，在贝尔实验室搞技术、搞研发、搞产品的周韶宁，历经了 11 年的打磨，从工程师"炼成"了无线通信部部长，这是贝尔实验室有史以来少有的华人高管。但此时的他，想回家看看，想回国看看，想回去干点事，创业梦已经难以阻挡。断舍离，创业去！就在这一年，他背着包就离开了贝尔实验室，马上被好友UT斯达康（中国）CEO（首席执行官）吴鹰召唤过去。

1997年，周韶宁正式出任UT斯达康（中国）COO（首席运营官），成为吴鹰身边的"隐身武士"，为"大胡子"操心资源、路径、组织、流程等繁杂细节。少小离家的周韶宁11年后，惊诧于国内的变化，自此就扎根国内，再也没回头。

事后中外观察家们用"激情四射""野心膨胀""狂飙突进"来描述1996年中国民营企业的状态，但这个时刻国企寒冬来临了，且亏损前所未有。1996年，国有企业破产总计6 232家，超过了过去9年的总和。在两大股市上市似乎成为"救命稻草"，引发了一轮国企大规模上市潮，股市比国家财政更迅速地成为给企业输血的工具。财政、银行、股市接力一般给国企扶持，《人民日报》通过记者观察开始反思，经济学家们也撰文"泼冷水"。

同年，一个由上而下的"抓大放小战略"渐渐成型。在"抓大"方面，国家确定了对1 000家重点企业分类指导，300家明确主办银行、落实经营资金。

在"放小"方面，这一年出台了关于放开搞活国有小型企业的意见，各地通过改组、联合、兼并、股份合作制、租赁、承包经营和出售等多种形式，把一大批小企业直接推向市场。

方里元就是这波浪潮的受益者之一，他在这年创建了浙江元泰控股集团。以此为基础，经过11年的打拼，发展成集项目投资、贸易、不动产开发、物业管理为一体的综合性企业集团。鼎盛时期，方里元控股8家企业：浙江富春房地产开发有限公司、浙江元泰广告策划有限公司、杭州元泰百货有限公司、杭州元泰装饰工程有限公司、桐庐高级职业学校、桐庐装饰五金灯具市场、桐庐县富春物业管理有限公司、CCES。

　　毛竹用 4 年的时间，仅仅长了 3 厘米。从第 5 年开始，以每天 30 厘米的速度疯狂地生长，仅仅用 6 周的时间就长到了 15 米。1996 年的马云还处在"毛竹生长的头四年状态"，他仍然在做中国黄页，开始了跟浙江省邮电管理局多经办浩木行业公司合作。多年后，视频网站上一部马云 1996 年跑业务被拒视频曝光，看哭了很多创业者。大家都在问自己：假如你穿越回 1996 年，你会成为马云的十八罗汉之一吗？

　　5 月 17 日，深圳蛇口的人们发现，身边悄悄增加了一家网吧"卡萨布兰卡电子咖啡屋"，这是中国第一家开门营业的网吧。冬天，北京中关村也新增一景——"中国人离信息高速公路有多远——向北 1 500 米"的巨幅广告牌赫然出现，这是张树新的瀛海威广告。这块牌子一度受到交管部门问询："这条路到底在哪儿？" 32 年之后，《中国互联网络发展状况统计报告》的"回答"是，截至 2018 年 6 月，中国 8.02 亿网民"走"在这条路上。

　　1996 年，中央电视台罕见地播放了一部上中下三集的电视专题片《邮政百年》和专题节目《邮政现代化》。中国邮政诞生已经 100 年了，新生代快递创业者此时想也不敢想未来是否可以百年屹立。片子里第一个镜头是印着中国邮政 logo 的汽车，第二个映入眼帘的镜头是一辆邮政特快专递车特写，紧接着，一架飞机慢慢起飞，沿着机场的跑道由慢变快……这似乎在表达某种期待和寄托，既是对未来速度的隐喻，也是对百年老字号再次腾飞的隐喻。

　　纪念日到来之时，刘平源发表了贺词，庆祝中国邮政百岁生日，祝愿行业以更大规模加速发展的崭新姿态跨入 21 世纪。三年后，新的《中华人民共和国邮政法》修订实施，"垄断"这样在中国邮政身上的历史标签一般的字眼就少见踪影了。

1996 年，承载百年邮政腾飞梦想的中国邮政航空公司的筹建进入了关键时刻。邮航与陕西飞机制造公司签约订购 Y8F-100 型运输机 3 架，并按规定程序分别通过了民航适航部门和航行部门审定，取得了航空器适航证、国籍登记证和机载无线电台执照，办理了飞机营运的相关投保手续。

5 月 10 日，3 架邮运飞机正式出厂交付。5 月 11 日，邮航飞行大队选派 3 个飞行机组将飞机接收转场至邮航基地机场——天津滨海国际机场。刘平源和时任邮政总局副局长谭小为出现在了邮航飞机转场接收欢迎仪式上。

1996 年 11 月 25 日，中国邮政航空公司成立，成为国内首家专营特快邮件和货物运输的航空公司，邮航成立后迎来第一架飞机

刘平源百感交集，看着跟波音 737 一样大的飞机，一个新的规划图在脑中形成：未来，邮航要拥有至少 20 架飞机，还要在新疆成立分公司，既拉货又载人。当天，他饶有兴致地登上了飞机试飞。飞机轰鸣着从天津起飞，飞向石家庄。

11 月 15 日，中国邮政航空公司正式获批成立。这一天，中国邮政业的航空史正式拉开了序幕。

1996 年，外资快递大步流星地加速入华进程。1 月，联邦快递终于获准使用自己的货机往返于中国与美国之间的直航货运航线，成为首家拥有中国航线权的美国全货运航空公司。同月，中外运–欧西爱斯国际航空快递有限公司在北京成立。6 月，UPS 与中国外运北京空运公司合资，成立了"中外运北空–UPS 国际快递有限公司"。

还有一个已经在中国深耕了 10 年的合资公司中外运敦豪，在这年 12 月迎来了它成立 10 周年的纪念日：一个北京总部，北京、广州、上海三个区域分部，26 个分公司，员工 1 500 人，其发展已经颇具规模了。

1 年，10 年，100 年……洒一路汗水，网一段时光。而未来，就像是一扇叫作明天的门，只要你心中的火不灭，随时都可以跨出去，抬起头，又是一片新的天。

1997，香江两岸

"我的音乐老师是我的爸爸

二十年来他一直待在国家工厂

妈妈以前是唱评剧的

……"

"我从北京唱到了上海滩

也从上海唱到曾经向往的南方

我留在广州的日子比较长

因为我的那个他在香港

……

1997 快些到吧，我就可以去 Hong Kong！"

是不是已经哼出歌手艾敬《我的 1997》中的调调？1997 年已经到了，我们可以去香港啦！这一年，香港回归是大事件。不但王卫可以把香港件背到内地，而且内地人进出香港也日渐宽松，内地和香港纽带系得越来越紧的同时，顺丰收获了更多的快件。

香江这边，顺丰的第一个落脚地——吴淞街宝灵商业中心二楼那间小小的办公室，已经承载不下王卫的雄心了。他把办公室迁到了砵兰街 422 号，位置临街，还有小阁楼，快件操作和行政办公自然分割，而且门前人烟稀少，刚好用来进行快件集散和中转。这期间，王卫还添置了一个"大家当"——一辆不知已经倒过几次手的白色面包车，这应该是王卫的第一辆"座驾"。据员工日后回忆，每当爬坡时这辆车就必须关掉空调才能上去。

这一年，在香江的另一边也发生着顺丰的成长故事。

在杭州市江干区机场路与天城路交叉口一侧，有一个不起眼的老式小区叫机神新村，冒出来一个顺丰浙江网点。这是顺丰走出华南后在国内布下的第一颗棋子，它是顺丰大规模网络扩张的起点。

10月2日，唐懿在杭州第一次见到王卫。言辞简洁的王卫对他说，想在杭州自设网络，让粤港过来的快件可以在杭州派送，同时量力而行开始拓展收件客户。王卫帮助唐懿买了一辆微型面包车，牌照浙A22995。10月中旬，顺丰在华东的第一个直营网点就张罗开了。

这个网点一共4个人，除了胖乎乎、每天自己开摩托送快件又变得黑乎乎的唐懿之外，还有3名员工。每天仅两三票粤港件到件，却要发往浙江的四面八方，南到温州，东到宁波，北到嘉兴……

让唐懿郁闷的是，到了年底，钱没挣着，还把王卫留在这里的钱花了个精光。唐懿甚至很担心1998年春节放假后，员工们是否还会回来。大年初四，心里没底的唐懿在机神新村门口坐着，看到大家一个个回来，这才把不安的心放回肚里去。

王卫初启华东网络的1997年，华东的同行们还在分别编织自己的梦想，还感受不到这股来自华南的犀利之风。

这一年，申通上海办事处已经从几个人发展到几十个人，而且每天的快件量在逐渐增加，陈德军决定在上海注册公司。但种种原因之下，"申通"很长时间没有注册下来，陈德军就决定换一个读音接近的名称进行注册。1997年8月14日，"上海盛彤实业有限公司"正式注册成立，公司的商标依然沿用原来的"sto"。1998年，"sto"申通商标正式完成工商注册。

　　凭借摸爬滚打的行业经验，"崔氏货运"的货量不断上升，到了1997年底，崔维星的全部资产到了20万元。由于业务的开展，崔维星和南方航空老干部航空货运处（简称"南航老干"）很是熟悉。后来南航老干部处决定将"南航老干"承包出去，崔维星经过反复思考分析决定抓住这次机会，承包一年，专做空运生意！

　　电子生意一做就是10年，此时的徐建国也成为总公司下十大分公司之一的总经理。在10个分公司里面，徐建国的业绩做得最好。但天有不测风云，因为总公司的老板出事，徐建国受到牵连，他决定辞职自己经商。

　　同年，下定决心下海经商的还有郈伟。"从她酝酿诞生的那一刻起……成为一个最有理想、最有纪律、最有感情、最有效率、最有发展前途的公司"，1997年7月22日，郈伟在《我们要建立一个怎样的公司》一文里写下这样的理想。

　　他跟深圳市运输局管快递的一位处长讲起自己的快递理想，后者怂恿他自己出来干。年届35岁的郈伟想想，再往上走也没意思了，还真就接受了他的建议。1997年，放下邮局"铁饭碗"跳槽出来，郈伟从这位处长手里办出了一张深圳勤诚快递公司的执照。

　　郈伟拉了两个人帮忙，一个是从市场上招聘的总经理，另一个是广西来的同学，当副总经理。10月1日开始，三个人就在深圳罗湖海燕大厦1506这个小屋子里开办起勤诚快递。当时主要是同城件，兼做香港件，招了十几个员工。起初的交通工具就是自行车，当时深南大道还没开通，一个区放一个人，南山一个，罗湖一个，福田一个，然后大伙骑着自行车收件，收了件就到中间地带交接。

12月，勤诚快递开通了广州网点，公共交通大巴成了郜伟起家的主要工具。当时大巴费用高，一个人来回折腾也辛苦，勤诚干脆就在广州租了一处房子，派驻一人，快件发大巴，一个大包一天带上十件八件。20块钱路费发到广州，广州驻地的员工前往提货，然后骑摩托把广州本地的件投掉，再坐大巴去中山、珠海投件。投完以后，晚上坐大巴再回广州。

当时勤诚投递的快件以深圳报关单和珠三角之间相互传递的样品为主。同城件单件25元，到珠三角的件基本上是50元，到香港120元。那时，一天十几件就可以维持十几个人的日常生活了。

但一天也就十几件，勤诚开始亏损，难以为继，这让初次下海的郜伟有些胆怯了，一度想过放手不干了。恰在此时，一家香港公司来找郜伟合作，托他把香港件投到珠三角。每个月固定给3万元钱费用，这笔收入挽救了差点夭折的勤诚。每天中午接到几个香港件以后，勤诚快递员坐大巴送到中山、珠海、广州、顺德，送一圈。送完以后，晚上再坐大巴回来。就这样，珠三角的业务就运转起来了。

1997年，31岁的喻渭蛟尚未走出厄运。井冈山的装修项目基本完工。天有不测风云，项目收尾阶段，传来了当地主管该项目的领导因涉嫌贪污受贿被人举报的消息，装潢工程款冻结了！辛苦钱拿不到，连垫进去的钱眼见着都要打了水漂，喻渭蛟蒙了。雪上加霜的是，他作为装潢施工队的负责人还被两天两夜传唤审查，经历了魂飞魄散的48小时。说起这段经历，喻渭蛟至今黯然神伤。那个时候，关于未来的门似乎都无情地对他关闭了……

传说中的百万酬劳眼见着化为乌有，喻渭蛟被打发了2万元钱下山过年。第二年，倔强的他每次带两三百元钱上山追讨自己的辛苦钱。每天宾馆花费 30 元，日常花销十元之内解决问题：早餐 2 元，午餐 3 元，晚餐 3 元，都是靠炒粉和河粉果腹。那时候，每分钱都恨不得掰成两半来花，喻渭蛟要求自己一天花销最好控制在 40 元以内。就这样，在井冈山上讨了一年的钱，也没讨回来。

当香江两边的人们忙着扩张、下海、承包、讨债的时候，世界正在发生着新的变化。1997 年，张树新的瀛海威"迷路"了，但中国互联网浪潮找到了入口。新浪、搜狐、网易三个带着新鲜气息的名字，在年轻人之间开始风行。这一年，时髦的年轻人爱上一种新鲜玩意儿——"网上冲浪"，国字号中国电信的 163 网和 169 网，拨号就能上网。那时邮局大厅可以上网，一小时 20 块，年轻人去邮局花上几十块钱感受上网的快感，玩得不亦乐乎。

1997 年 12 月，马云接到了外经贸部抛来的橄榄枝，带着 5 名员工来到北京开发了外经贸部官方站点，体制内的气息还是击退了这位有梦的年轻人。1999 年春节后，马云打道回府。

1997 年，世界笼罩在灰蒙蒙之中。2 月 19 日，中国改革开放的总设计师邓小平同志去世，让一个国家陷于悲恸。这位 93 岁的老人一生与香港有着不解之缘，他深爱这片属于中国的美丽土地，也曾承诺在回归之日亲赴港岛见证，可惜最终没有等到那一天。香港回归的那一晚，天津海河边打出"告慰小平，香港回家了"的横幅。

夏季开始，亚洲金融风暴在中国周边国家发作，历时 4 个多月，它对亚洲各国和所有的产业都造成了重大的影响，国内经济暴露出内需不足。

这一年，很多曾经风光无限的国内知名企业分崩离析。央视"标王"秦池陨落，史玉柱的珠海巨人集团倒闭，年销售额达 80 亿元的保健品帝国三株集团失控，连锁商业领域的翘楚郑州亚细亚陷入凄风苦雨之中……

但亚洲金融风暴加速了中国国有企业的市场化改造进程。国务院批转了国家经贸委《关于 1997 年国有企业改革与发展工作意见的通知》。国有企业改革是 1997 年经济体制改革的重点，也是政府工作的突出任务。

情况并不妙，1 月的第三次全国工业普查结果显示，在 39 个大的行业中，有 18 个是全行业亏损，整个国有企业集团资不抵债。

中国的第三次"思想解放"开始了。非公有制经济已经不仅仅是"补充"，1997 年 9 月，党的十五大明确宣告，"非公有制经济是社会主义市场经济的重要组成部分"。江泽民总书记在报告中对传统的公有制理论做出重大修正，提出了"混合所有制"的概念。

这个时代的人们，如此真诚热烈地相信未来会更好，又如此毫不犹豫地肩负起他们的道义责任。

就在这一年，袁国利出任中国速递服务公司总经理，并兼任国家邮政局速递局局长。但显然身上的担子不轻松，一线工人反映，邮政速递刚开办时确实快，而现在慢了。毋庸讳言，特快专递存在较大的服务质量滑坡现象。

中国速递服务总公司俞群智撰文提出，近年来邮政速递虽然在业务量和业务收入上均保持了较快的增长势头，但是其所占市场份额逐步下滑，并愈演愈烈，邮政速递处于人进我退的境地。

反思得失，继续改革，心无旁骛，向前看。在全国邮政工作会议上，作为会议专题材料的《关于中国邮政速递经营体制改革的意见》经邮政总局批准，成为速递专业化体制改革的初步方案。行业里在讨论，邮政速递为什么要改革？改革的要点是什么？改革要达到什么目的？

在全年的灰色基调中，邮航腾空而起，着实让中国邮政在高光之下高调了一回。1997年2月27日，天津滨海国际机场，伴随着螺旋桨发动机的轰鸣声，一架喷涂着邮政标志的运–8飞机腾空而起，中国邮航的第一个航班飞向了湛蓝的天空，中国民用航空无线电通话中有了"邮航"的呼号。

当天，由3架国产运–8飞机组成的邮航机队以天津为基地开通了首条自办航空邮路——"天津—上海—厦门"航线。由此开始，在中国的天空上有了快递货运飞机的身影。

邮航刚投运时，基地设在了天津。对于国内航空货运网络来说，天津算不上枢纽，但它的区位能覆盖京津冀三地的邮件运输需求。不过让邮航后来的掌舵者关荣顺感到遗憾的是，天津区位优势不明显，这限制了邮航建立全国性航空运输网络。而且北京的邮件量大，要先用车拉到天津才能上机，路上要跑两个小时。

这一年，尽管亚洲金融风暴阴霾不散，但广交会还是给世界传递了温暖。已经办了30个年头，1997年的交易数字还在继续增长，广州集聚了数以万计的外资工厂，成为外贸商品的最大集散地。

1997年也是外资快递的一个小小转折点，它们开始思考，什么是最适合本土发展的业务战略。1997年，吴东明担任中外运敦豪国际航空快件有限公司副总经理。他发现，尽管合资公司已有 10 年历史，但仍然缺乏规范的管理和流程，没有对客户的服务意识。彼时，吴东明并没有急于让 DHL 冲出去开拓市场。他说："我们的分公司已经能够覆盖主要城市了，但要想增长更快，自己机制如果不理顺，越快越乱，越大越难弄，所以花了很多时间调整内部结构。"

而且，当时亚洲金融危机刚刚过去，经济复苏尚需时日，外部市场环境不成熟，正好先练内功。1997 年以后，合资公司实现了迅速发展。从 2004 年到 2014 年，中外运敦豪的业务收入增长了 3 倍。

1997 年，联邦快递与中国外运分手了，选择了与大通国际运输公司合作，联邦快递在中国的业务也有了新的增长。

对于有些人，这也许是最好的时代；但对于另一些人，这或许是最坏的时代。区别在于，你能不能看明白趋势，你愿不愿学习、改变、成长。

人物小传

/"佛系大哥"陈德军 /

1993 年，沪杭快递的价格是一单 50 元，那是初出茅庐的陈德军，在接连栽了几个跟头后，无法招架的"诱惑"。在妹妹陈小英和妹夫聂腾飞的招呼下，陈德军开始了以杭州为起点，主攻沪杭的快递路。

彼时，陈德军每晚都在沪杭之间的火车上度过，早晨客户没上班，他已经在办公楼前等待送件。最初的艰辛，是后来他记忆中和妹妹每天用以果腹的方便面，以及翻烂的无数张上海、杭州的地图。

年轻时的陈德军被人"欺负"过两次，哭过两次。但在当时客户的心里，那个"脸上有两个酒窝的憨厚小伙子"的笑容永远质朴纯真。

最初只梦想在杭州能够赚到 5 万元钱，回浙江桐庐老家当个"万元户"，让自己生活得更好一点的陈德军，无论如何也没有想到，后来的申通能在 2016 年敲响上市的钟声。

一切都像是安排好的。

从 1997 年开始，为了满足客户收发全国快递的需求，陈德军动员一切可以动员的力量，到全国各地扎根发展。从此，申通的全国版图渐渐展开。

1999年邮电分营后，经过10年快速发展逐渐壮大的民营快递力量开始受到邮政更加猛烈的打压，并在2002年之后达到顶峰。尽管陈德军采取柔性的"疏通"方式避开邮政的锋芒，但仍有一些悲剧成为他心中永久的痛。

2001年，中国加入WTO（世界贸易组织）。陈德军心里再清楚不过，要想把好不容易才干出来的民营快递大旗扛下去，只有变革。所以，2005年，当中国外运找上门来时，双方闪电般"热恋"了。

而在此之前，陈德军更希望和像法国邮政那样的国际巨头合作。但品牌被吞并，是陈德军绝对不能接受的。

如果没有惊涛骇浪，何以称之为大海？

2005年到2008年，是陈德军感觉最痛苦、最艰难的3年。与中国外运的合作无疾而终、在《邮政法》修订的过程中不断博弈，但他没想过放弃，也不敢放弃。上书谏言、徐徐图之……他说，"如果公司只有我一个人，最多再回老家种田。当时，我要给几万人一个好的交代。"

所有的痛苦和压抑，在新《邮政法》出台后烟消云散。

可以名正言顺过日子的陈德军如脱缰的野马。2007年8月，申通E物流部门成立；2009年，申通启动"四进"战略。当然，陈德军也没有忽视阵容正在逐渐庞大的B2C（企业对消费者）客户，面对越来越多开始使用网上交易平台的制造商，推出"仓储加配送"的服务。

而此时，加盟模式的掣肘效应开始显现。网点尾大不掉的局面困扰着陈德军。不愿意伤害别人的利益——陈德军性格中的这份柔情，影响着他对申通全国网点的控制方式，那些割据一方的区域，已是申通总部也无法撼动的"堡垒"。

这让人想起人类历史上著名的独裁者恺撒和拿破仑，他们的故事似乎隐含了一种规律，也是对陈德军性格感到遗憾的人们想表达的："坏人"有时比"好人"更适合拯救危局。

陈德军终究还是没有放下。2009 年，申通开始将一些具有中转地位的省会城市加盟点改制为直营点。2012 年，申通管理层迎来创建以来最大的一次人事变动。陈德军亲自主管公司全国日常事务，包括副总裁等职务在内，共新任命 23 名管理者。

让任何一个人在一夜之间把家族企业变成现代企业都不是件容易的事，陈德军需要时间。

"我自己一直有一个梦想，有一天，在任何一个地方，快件都能在一天内到达。"

"我们的目标，是在大街上走的只有物流公司和快递公司的人，那其他人在干吗？他们都在等快件！"

……

这些熟悉的声音有的已然实现，有的正在靠近。

梦归处，来时路。

20 多年前，陈德军在全国大力推行加盟制模式，让公司取得了成功，也续存了经验和教训。如今在陈德军国际化的梦想中，加盟制仍然是他认为的最好的撒手锏。

或敢为人先，宽容仁慈；或杀伐决断，义薄云天。有人曾戏谑，偶尔会好奇陈德军生气的时候是什么样子。但至今，似乎无人听说或有幸见过这位佛系"大家长"生气的模样。

1998，高掌远跖

经济界流行一句话：“只有了解了 1998 年的经济，你才能读懂现在。”1998 年 1 月，上海的《解放日报》记载了一件匪夷所思的事。

1 月 13 日上午，上海申新纺织第九厂的工人们把机器上凡是能拆卸的机配件、锭子、梭子，都一一卸下，剩了一个生铁的主机架，然后开始敲。机架很结实、很厚，他们得用力地砸，还得轮流干，直至机器成为一堆废铁。紧接着，一位工人跟着装废铁的车去了上海钢铁三厂，看着吸铁盘把废铁吸起来，放进熔炉。随后，上海申新九厂3 000 多工人离开了工作岗位。

这是当年闻名全国的压产改革第一锤。1998 年，受亚洲金融危机影响，我国经济形势严峻，通货紧缩出现。国家统计局数据显示，截至1997 年年底，全国 31 个省（区、市）的国有及国有控股工业企业盈亏相抵之后，有 12 个省（区、市）为净亏损。从行业状况细分看，多个行业部门亏损严重，其中纺织、煤炭、有色、军工、建材为全行业亏损。

中国邮政面临的形势亦颇为严峻。信函包裹业务在经过短时间上升后 1995 年开始逐年下滑；外资快递企业加快进入中国市场，特快专递业务竞争更加激烈。在这种情况下，邮政亏损严重。虽经 1990 年和1996 年两次邮资调整，总体收入有所提高，但由于物价、运费、人员工资上涨等因素，出现价格与价值的倒挂，连年亏损。

为应对亚洲金融危机蔓延之势，1998 年 3 月，在九届全国人大第一次会议记者招待会上，朱镕基总理提出了确保 1998 年经济增长 8%的目标，并指出“实现这些目标的主要手段是提高国内的需求”。之后，中央召开会议，决定适时调整宏观经济政策的目标和方向，及时提出了采取更加有力的财政政策，扩大内需，刺激经济增长。

也就在九届全国人大一次会议上，国务院机构改革方案获得通过，新的国务院组成部门不再设邮电部，在邮电部和电子工业部基础上组建信息产业部，同时成立国家邮政局，由信息产业部管理。邮电分营的大幕拉开。

北京西长安街 13 号，从邮电部到信息产业部，再到如今的工业和信息化部，虽然历经几次部委的更迭和名称的变化，但大门顶端由毛泽东主席题写的"人民邮电"四个大字，自一挂上就从来没有变动过。

"邮电一家"更是人们多年的心理认知，也是现实存在。但从此刻起，邮是邮，电是电。

自此之后的 8 年当中，国家邮政局既是行政机构，又是公用企业；既要加强对全国邮政行业的管理职能以维护国家利益和用户权益，又要负责统一建设和经营全国邮政网，承担全国邮政普遍服务义务。这点，在《国务院关于部委管理的国家局设置的通知》（国发〔1998〕6号），也就是国家邮政局"三定方案"中得到确认。

1998 年，180 个编制，前面还有 108 道弯，在等待着这个崭新的机构。

一肩挑两担，谈何容易。开局半年多，国家邮政局只有局长刘立清一人到位。他面临的极度困境是，邮政"三多一少"：亏损多，负债多，建设资金缺口多，人才少。邮政独立运行后，缺少了电信的交叉补贴，隐性的巨额亏损顿时凸显出来。"分家"后，我国邮政总收入只有 287 亿元，亏损 179 亿元。那个时候，哪里有人敢想，中国邮政若干年后会杀入世界 500 强。

"分家"后，浙江省邮政局副局长吴鼎钧日子一点都不好过。以前有电信养着，大家在一个锅里吃饭，邮政发展的积极性和动力不高；分营后，没有了"靠山"，邮政遭受极大冲击。

吴鼎钧清楚记得，分营以后，浙江邮政召开第一次全省工作会议，在分解任务的时候，各市（地）邮政局的"一把手"们坐不住了，大家表示任务根本无法完成。这些"邮电时代"的"副职"们，在担子陡增的情况下心中顿时没了底。

阻力超乎想象，为了给大家打气，刘立清组织全系统大学习、大讨论，力求对"突破重围，实现扭亏"形成统一认识。慢慢地，在管理层达成了共识，并推及全系统。

那时吴鼎钧就当起了"游说派"，开始往浙江邮政各地分会场一个一个跑。在丽水分会场，吴鼎钧除了说些鼓励的话，干脆把自己和丽水干部职工绑定在一起。"我今年的奖金捆在你们丽水，你们完不成，我奖金全部取消，你们完成了，我就拿奖金。"就这样，丽水的工作才算做通。

事实上，在邮电时代，邮政基本上都是吃"上门饭"，铁饭碗意识很浓，业务收入也不算很高。当时，丽水市邮政的业务收入只有几百万元。在如此低的基数上，稍微努力一下就有不错的增长。当年年底，丽水市邮政局不但完成了任务，而且全网增长最快。第二年再召开全省工作会议，大家的精神面貌就大不一样了。

除了邮政的改革大刀阔斧，民营快递企业经过几年的发展也呈现出风火之势。

由于铁路自己成立了快递公司，陈平丢掉了在北京几大火车站的送货业务，开始转型试水 B2B 业务。20 世纪八九十年代的北京火车站，西侧通往崇文门的大街路南，云集了若干个货物托运站。对火车站再熟悉不过的陈平也在其中，不过和其他托运站不同的是，他们有收货的能力和服务——两年的送货服务使宅急送积聚了大量的客源，而且有汽车运输，效率又高。如此，除了也在北京站附近的北京市邮政局，宅急送的托运服务在不到一年的时间把周边的托运站全部挤垮，而被挤得无法生存的托运站顿时急了眼。陈平回忆，有一次，那些"失败者"纠集了 30 多辆平板车故意把行包房堵得死死的，宅急送的取货车进不去。于是陈平召集 20 多个搬运工，来到北京站把那些堵门的撵得满街跑。此"战"进一步巩固了宅急送在北京站地段的地位。这次转型，也使宅急送后来成为德邦、民航快递、中铁快递、中国外运、大通等快运企业的竞争对手。

6 月 1 日，崔维星再也不用做"二道贩子"了，他承包了南航老干，迈出了德邦物流从无到有、从小到大的关键一步。不过真正干起来才知道，情况远不是想象的那么简单。承包后的第一天，崔维星是怀着憧憬和忐忑走进南航老干的。从客户变成主人，他一时还不能适应这样的角色转变，甚至不知道该怎么宣示自己的主人身份，或者担心员工们不把自己放在眼里。据《德邦小传》记载，不善言辞的他甚至直到 2000 年才召开了第一次员工会议，三五分钟念完发言稿之后，再也说不出一个字了，于是散会。

崔维星上任第一天的忐忑变成了现实。承包南航老干的第一个月，他就遇到了管理和经营上的滑铁卢。管理上，柜台上原有的 4 名员工一下子走了两个，留下来的对他的水平不是很看好，也不大服从管理。

经营上，出于对新老板能力的顾虑，南航老干原来的老客户流失了
1/8，加上6月本身就是货运行业淡季，业务量由5月的97吨骤然下
降到60多吨，单月亏损3万多元。这种结果和崔维星当时分析承包南
航老干的结果相差甚远。

不过，崔维星没有退缩。第一步先招人。他和妻子一起到广州南
方人才市场的招聘大厅招聘人才，也许是南方航空的牌子响亮，应聘
的人非常多。这一批录取的人有不少日后成了德邦的骨干。第二步再
找货。因为承包南航老干要交承包费，但公司彼时最缺的就是货，没
有货哪有钱，所以这一段时间成了崔维星人生中最难熬的一段时光。7
月，暑期的到来为崔维星吹响了"天使之音"，电脑市场的走旺和非常
用心的服务最终使崔维星吸引了不少货源。承包南航老干两个月的时
间，崔维星的公司开始平稳发展。此后，崔维星用诚信经营吸引了越
来越多的客户，后来更是用"空运合大票"模式降低成本让利客户，
用运费到付模式满足不同用户的需求，实现了在激烈竞争的市场中虎
口夺食、逆境重生。崔维星后来说："如果不合票，我们相当于每年送
了一辆宝马给航空公司。"

7月，对更多的中国人来说，大洪水是这年刻骨铭心的记忆。珠
江、松花江、长江……中国境内全流域发生大洪水，荆州告急，武汉
告急，九江告急，大庆告急，哈尔滨告急。江西省黎川县一村支书这
样描述："从梦中醒来，发现背上有水。穿衣时淹到膝部，穿好衣服淹
到胸部。"洪水肆虐，人民子弟兵前赴后继赶往前线，用沙袋和身躯保
护人民的生命和财产安全。

9月28日，抗洪抢险斗争取得全面胜利。但这天的江南仍然闷热

难耐，对快递行业来说，洪水之后的另一起"灾难"降临。

詹际盛从上海办完事回杭州，车近杭州，他接到公司一个员工的电话。几乎与此同时，正在自己的木材加工厂忙活的周柏根也接到了一个电话，是聂腾飞的父亲打来的。两个人接到的电话是同样的内容，聂腾飞在去绍兴办事的路上出了车祸。这个消息使二人的心在炎热天气中一下子觉得冰冷刺骨。

绍兴交警为前来处理事故的周柏根还原了整个事发过程：在去绍兴上虞网点考察的高速公路上，没有驾驶执照的聂腾飞开着从杭州汽车租赁公司租的 2000 型桑塔纳，因为车速过快，在遇到紧急情况下发生了侧翻，高速翻转之下，聂腾飞被甩出车外，导致颈椎断裂。在高速公路边上的停车场，周柏根看到了出事的汽车，驾驶室已经完全变形，而副驾驶这边保持完好。

聂腾飞的骨灰在家乡桐庐县钟山乡夏塘村下葬那天，天阴沉沉下着小雨，申通的众多加盟商闻讯从全国各地赶了过来，送别这位带领他们踏上快递致富路的开拓者。从火葬场去墓地的路上，詹际盛抱着好友的骨灰，神情恍惚，他实在难以接受与情同手足的兄弟眨眼间阴阳相隔，脑海里涌现出他们一起在印染厂车间工作、一起在宿舍打牌的场景。在一旁撑伞护送的则是聂腾飞的弟弟、日后韵达货运的董事长聂腾云。此时的聂腾云，泪眼蒙眬中不由得想起当年与哥哥那段虽然艰苦但充满乐趣的少年时光。"那时候，我们每天上学走 2.5 公里路，两个人走一段，互相背一段，哥哥比我大 17 个月，但是我个子比哥哥高，通常是我背着哥哥。那时候我很享受，因为哥哥总是可以讲出很多有趣的故事。"聂腾云在接受行业媒体《快递》杂志记者采访时说。

带着对未竟事业的深深遗憾，聂腾飞走了，留给亲人和朋友的是无尽的悲伤。在詹际盛眼里，聂腾飞不仅是他最好的兄弟，更是中国民营快递的鼻祖。他相信，如果聂腾飞还在，如今的快递江湖可能是另外一番局面。对周柏根来说，聂腾飞葬礼上数百人的阵仗深深地触动了他，他决定以后在聂家需要他的时候不再拒绝。

彼时，申通在聂腾飞的带领下，井然有序地发展，但他的意外离世让公司的发展蒙上了一层悲伤的色彩。陈德军不会忘记，他一辈子最感激的人就是自己的妹妹陈小英和妹夫聂腾飞。当初，就是妹妹和妹夫组建了神通公司，让走出桐庐大山的亲人有了家的归属。忆起当年往事，如今的陈德军依然伤感。对于当年临危受命管理神通，在他眼里就是那时实在没办法，作为兄长的他挑起了重担。陈德军从整个公司的管理体制入手，在全国开始以"加盟制"模式发展申通。

对草根出身的陈德军来说，根本不可能自己出钱在全国建立分公司，加盟的形式成为当时唯一的选择。为了满足客户收发全国的需求，陈德军动员公司的快递员、自己的亲戚，甚至快递员的亲戚朋友，到南京、苏州、义乌、绍兴、北京、广州、深圳等重要城市以及全国各地扎根发展。当时一穷二白的这一批人，手里只要凑足了一两万元钱，就风风火火地投入快递行业。从省会的申通分公司加盟开始，再由省会向下一级推广，申通的全国版图徐徐展开。

1998年，很多国人还没有摸过电脑，中国的网络浪潮就开始热浪滚滚。11月，马化腾和他的大学同学张志东注册成立了"深圳市腾讯计算机系统有限公司"，国人开始正式进入"QQ时代"。

电脑和网络成就了崔维星和马化腾，但于徐建国来说是个例外。

虽然干着与电脑沾边的电子元器件生意，但徐建国难逃重创。因为最好的客户欠银行钱，公司被关停，徐建国也因此赔进去 50 多万元。生意场上的接连失败让他心灰意冷，此后半年多的时光，他待在家中什么都不想干，天天在小区里打牌麻醉自己。

"来吧！来吧！相约九八……"当那年最火的歌声响起，记忆被唤醒，所有真正经历过 1998 年的人，埋在心底深深的痛楚和彼时坚信未来更美好的憧憬会同时泛起。穿越 20 年后的时光隧道后再次回忆，面孔、心境已全然不同。

/"拓荒者"刘立清 /

　　回顾改革开放后邮政业波澜壮阔的发展史，后来人会发现，如果没有改革开放，就没有邮政体制改革，如果没有邮政体制改革，就没有邮政业今天的繁荣局面。而回顾这段历史，绕不开中国邮政体制改革风云人物刘立清。

　　1998 年 3 月 28 日，国家邮政局正式宣布成立，邮政与电信分家。这个日子值得纪念，逾百岁的中国邮政获得新身份，"世纪之门"缓缓开启。

　　但在当时看来，并没有这么美好。国家邮政局开局半年多，只有一位局长到位——邮电分营后国家邮政局首任局长刘立清。人们戏称他是"三个一"局长，只有一块牌子、一个公章、一纸任命书。直到是年 9 月 7 日，由刘立清、谭小为、武士雄、刘安东、马军胜、盛名环六位同志组成的国家邮政局领导班子开始运行，"三定方案"才开始正式实施。

　　那段岁月，岂是"艰难"二字能概括的？当时电信发展迅猛，邮政却大幅亏损，甚至处于"三多一少"的极度困难境地——亏损多，负债多，建设资金缺口多，人才少。独立运营之后，缺少了电信的交叉补贴，邮政还能活下去吗？有些基层企业甚至发不出工资，整个行业人心惶惶、情绪低落，患上了"恐邮症"。

时任国务院副总理吴邦国给中国邮政注入一针"强心剂"，即实施"8531 财政补贴政策"（即从 1999 年起逐年向邮政补贴 80 亿元、50 亿元、30 亿元和 10 亿元），财政再补贴邮政 4 年，补贴金额逐年减少，至 2003 年彻底"断奶"，让邮政自负盈亏。这也意味着，国家给邮政 4 年期限，必须扭亏。

尽管如此，彼时的邮政就像一片荒原，迫切呼唤拓荒者披荆斩棘，辟出一片新天地来。刘立清带领新生的国家邮政局提出战略目标："三年扭亏，五年步入良性循环。"不少人对此心存疑虑，甚至认为领导头脑发热，这个目标简直是天方夜谭。这一情绪的产生有其缘由：除了邮政濒临破产边缘，政企尚未真正分开之外，中国邮政还面临国外快递公司大举进入，面临上千家私营公司在经营邮政专营的信函业务。何况行政手段失效后，邮政发展商函及其他业务，只能依靠贴近市场、完善服务来提升业绩。中国邮政被政策保护惯了，短短 4 年就要与其他市场主体"短兵相接"，胜算几何？

不成功，便成仁。越是充满挑战，越是充满重生的机会。中国邮政举步维艰的境地，给改革者的魄力、视野、智慧、战略带来巨大考验。

刘立清迅速在全国掀起一场大讨论，"要不要扭亏？能不能扭亏？如何去扭亏？"全国地市局以上领导班子千余人分期分批来到北京，碰撞、培训、献策。时任南昌市邮政局副局长的江明发撰文提出，发展是关键、改革是动力、管理是途径。理越辩越明，越来越多的干部认识到，邮政已到了背水一战的地步，必须"突破重围、实现扭亏"。

市场经济的大潮汹涌而至，唯一破局的机会便是迎头赶上，中国邮政唯一的办法就是加快业务发展。在业务上，中国邮政与南方航空、中国联通等 19 家国内外大公司"结盟"，将业务扩展到电子、物流等行业。在营销上，中国邮政围绕国家大事、要事，不断重塑企业价值。在形象上，中国邮政围绕时限大做文章，展开三次邮件报刊大提速，汽车邮路"人歇车不歇"，开启全夜航，将"白天留给客户，夜晚留给自己"……

可以想象，在刘立清的心里始终憋着一股劲儿。"'等、靠、要'的滋味并不好受。"回忆起改革之初艰难推进的历程，刘立清坦言。

就在这样令人难受的日子里，改革者们卧薪尝胆、励精图治，不断尝试、不断推进、不断破局。就像屹立在深圳的拓荒牛一样，"刘立清们"硬生生在荒原上拓出一条路来。

2003 年，刘立清在退休前交了一份合格的答卷。中国邮政实现了"三年扭亏"的目标，邮政业务收入从他 1998 年的 287 亿元增加到 2002 年的 510.3 亿元。美好的未来正在向邮政业招手。

人物小传
/ "潜行者" 姚凯 /

　　1998 年进入苏宁，后担任天津、郑州等地区管理中心总经理，2016 年担任苏宁物流常务副总裁，2019 年成为苏宁物流当家人，姚凯参与了苏宁从 "＋互联网" 到 "互联网＋" 的转变。2016 年以后，他更成为推动苏宁物流从企业物流转变为物流企业的重要力量。

　　在十几年前那个电商快速生长的年代，实体零售企业的线上转型并不被人们看好，王府井百货、百盛等知名品牌的触电尝试，似乎也在告诉实体商业转型之路崎岖艰难。2009 年，苏宁电器网上商城更名苏宁易购，2010 年 2 月 1 日正式对外发布上线。对于苏宁已有的 B2B（企业对企业）物流体系而言，开展线上业务意味着需要对整体布局进行调整：平台品类扩充，小件数量迅速增长，苏宁物流在很短的时间里进行了网络裂变，建立适合小件的仓储、运输、配送网络。同时，为了保证服务质量，苏宁将小件的市场口碑作为突破口，通过借鉴成熟模式、分析海量数据打磨服务产品，让大件、小件服务保持同样的市场口碑。

　　起跑晚并不意味着跑得慢，短短 4 年之后，苏宁物流已经做好准备迎接社会化开放。在姚凯看来，自营物流支撑着苏宁零售业务一路走来，门店规模增长要求物流必须同频推进、超前布局。因此，苏宁物流社会化开放的底气更多来自 1990 年品牌创立以来的资源投入、信息化建设和经验积累。而曾经被认为会造成苏宁线上、线下业务"左右互搏"的实体门店，则以一种曲折的方式回应早些年人们的质疑。2018 年，苏宁物流积累的经验和资源又一次在支撑零售业态发展中表现出了惊人的爆发力：总部 30 人的团队用 3 个月的时间建立起一张覆盖全国的冷链网络，在全国 45 个城市布局了冷链仓，仓储面积达到 20 万平方米。

2017 年，苏宁物流收购天天快递，姚凯的职务中也增加了"天天快递总裁"的头衔。在此次收购中，天天快递覆盖全国的基础性网络，成为苏宁物流强化"最后一公里"派送能力的重要依托。2018 年，天天快递对外公布了"单量破 2 000 万件，服务争第一，末端网点数量超 10 万，基础设施升级"的 3 年发展计划。经过一年时间，天天快递在部分地区已经实现了与苏宁的业态融合：在北京、天津等地的大部分末端站点，苏宁和天天快递已经完成业务融合；在湖北，当阳天天快递还加盟了苏宁零售云和苏宁帮客，变为县镇综合服务平台。2019 年，在天天快递"极智 2019 年度工作部署大会"上，姚凯宣布，品质是天天快递转型升级的生命线，作为未来全场景业务整合的关键节点，天天快递 2019 年将重点打造 30min（30 分钟）、24h（24 小时）、48h（48 小时）三类标准化时效配送产品，构筑产品驱动的网络扩张和服务模式。

"服务是苏宁的唯一产品。"在姚凯看来，苏宁物流已经走过了比拼网络覆盖和送达时效的阶段，现在考验的是企业的履约能力，精准地满足用户"说什么时间到就什么时间到"的需求。在快速演变的零售业态中，苏宁物流在做的一直都是捕捉消费需求，强化基础能力，打磨服务产品。

03

1999 —2006
冲开一切

命运对勇士低语，
你无法抵御风暴；
勇士低声回应，
我就是风暴。

——谚语

1999，芝麻开门

与新年的曙光一同出现的，还有一个人。1月，在首届"新概念作文大赛"中脱颖而出的韩寒，以其异于常人的思维引起全社会的极大关注，中国语文应试作文教育经受着"新概念"的挑战。

同样接下"战书"的是新成立的国家邮政局。不过新成立的信息产业部非常理解被分到邮政的同志的压力和心情。年初的第一次全国邮政局长座谈会上，部长吴基传为大家"打气"："邮政的概念要拓宽，业务范围要有大的突破。要从思想上认识到，凡是市场有需求的业务都可以办！"吴部长一席话，切开了业务的口子，在座的每个人都听得热血沸腾。

无暇顾及邮政的发展，此时的中国民营快递企业却已经在"满足市场需求"的道路上走了很远的距离。

公司的发展欣欣向荣。为了满足过年期间客户的快递需求，人在上海的陈德军并没有打算回老家。当然，留下来过年还有更重要的原因。与后来激烈厮杀的快递市场相比，由于几乎没有竞争，中国民营快递公司最初发展的几年赚钱并不难，春节前后尤其是业务营收的旺季。过春节的时候，申通的很多快递员都会回老家过年，一个城市只留下一两个人维持网点的运行。往来于城市之间的快件如何处理？陈德军打起了同城配送公司的主意。

与申通的发展同步甚至更早，上海、北京等地兴起的同城配送公司不在少数。每逢大年二十九、三十，申通的快递费便会涨价，最高峰时每个文件收二三百元。因为自己没有人去收派快件，申通就与收派两地的几家同城配送公司合作，每收或者派一个件，近的地方二三十元，远的地方五六十元付给对方。这样，不管是申通还是同城配送公司，过个年都能赚不少钱。

春天总是充满惊喜和生机。传奇，就从这年的春天开始。

虽然很多年后风光无限，但这年的马化腾还没有一个跑腿的快递公司赚钱。沾着岁末年初的喜气，2月，腾讯开发出OICQ，一经面世即受到社会欢迎，注册人数短时间内疯涨到几万人。那时，在网吧里享受互联网春天的人，手里没有三五个OICQ号，都不好意思说自己上过网。

3月，从北京回到家乡杭州的马云，在城郊湖畔花园的家里创办了一家叫阿里巴巴的电子商务网站，期冀着芝麻开门的财富惊喜。马云正用他不知哪里来的底气，告诉他的"十八罗汉"："我们要建世界上最大的电子商务公司，现在你们每个人留一点吃饭的钱，其余的钱全部拿出来给公司。"

周柏根也不知道聂腾云哪里来这么大的底气，要离开申通，再创一家快递公司。

与陈德军坐镇的上海和陈小英驻守的杭州相比，已经毕业的聂腾云经营的慈溪网点可以说并不起眼。哥哥走后，经营着宁波申通的父母亲的心情非常不好，申通公司内部在沟通过程中不可避免地产生了一些矛盾。当聂腾云找到周柏根提出要再成立一家快递公司时，周柏根并不认同，他觉得如今的申通是以失去了聂腾飞为代价换来的，而且发展了这么多年十分不容易，全国各大城市都建起了网络，如果再成立一家公司，就要从头再来。而且，不管怎么说，一路走来，陈氏兄妹都是自己人。个性要强的聂腾云并没有听劝，周柏根两次反对后，聂腾云就再不跟他商量。在和陈德军打了招呼以后，1999年8月，聂腾云离开申通，到上海成立了韵达。

周柏根回忆，等聂腾云再次去找他的时候，韵达已经成立了。聂腾云希望舅舅能够出来帮他一起经营。初创的韵达只有 4 个网点：上海（总部）、宁波（聂腾云父母经营的申通网点转为韵达）、慈溪（聂腾云经营的申通网点转为韵达）、南京（聂腾云叔叔由常州申通转去经营韵达）。纵然聂腾云当年有雄心壮志，但周柏根怎么也没有想到韵达如今能发展到如此体量。

对快递的未来心存疑虑的还有张益忠。张益忠是陈德军在杭州印染厂的同屋好友，拿着陈德军借给他的 2 万元钱，去宁波发展快递业务，和他一起去的还有给他配备的助手，上海总部的一位女话务员，后来成为他的妻子。此去宁波，张益忠心中着实没底，反复问陈德军："能赚钱吗？这种东西赚不了钱吧？"陈德军拍着胸脯为他打下包票。事实证明，打的包票成为现实，网点不但能赚钱，而且收入还十分可观，1999 年 8 月，申通宁波分公司成立，张益忠的快递事业正在爆发出金钱的诱惑。

虽然从 1993 年就开始经营的火车票机票代理业务，让余联兵赚了不少钱，但票务代理不是余联兵的梦想，他想得更多的是如何使自己的事业更上一层楼。在好友刘强的力荐下，他注册成立了一家货运公司，尝试性地向快递领域迈出了第一步。6 月 28 日，宇鹏顺实业有限公司开业，但半年后才揽到第一单货运生意：将一件 20 千克重的货物送到美国。余联兵和刘强兴奋地将货物装进金杯面包车，把货物转交给了航空公司，一倒手净赚 200 多元。平均一千克货能赚 10 元钱，这激发了余联兵对货运的更大兴趣，他反过来鼓励刘强："胆子大一点，往前弄，不行我再投一把进去。"时隔不久，位于深圳沙井的一家美资企业有接近 10 吨的货物要紧急运往美国，恰巧南航开通了从深圳直飞美国的波音 747 货运班机，余联兵抓住机会揽了下来，通过包机分两批运到了美国。这笔交易完成后，宇鹏顺的账面上多了 10 多万元。余联兵开始在货运上面投入更多精力。第三单很快上门。宇鹏顺与台湾一家主营洁具的上市公司达成货物运输合作协议，一年里赚了 30 万元，余联兵拿出 27 万元买了一辆汽车犒劳自己。

孔子曰，有朋自远方来，不亦乐乎。

进入下半年，世纪之交的激情进一步迸发出来。中国敞开怀抱，向世界热情邀约。8 月 23 日至 9 月 15 日，第 22 届万国邮联大会在北京人民大会堂召开，全世界 189 个会员国和 30 多个国际组织派代表前来参加，会议人数多达 2 300 人。《人民日报》8 月 22 日为此发表社论《开放的中国喜迎五洲邮使》。

对中国邮政而言，这次大会的意义非同寻常。江泽民主席在大会致辞中向全世界宣布："中国实行了全行业的邮电分营。中国邮政已成为国民经济体系中独立运营的一个部门。""邮政事业要适应当今经济发展和社会进步的新形势，发挥更大的作用，必须进行体制改革和技术创新。"这既是对世界邮政发展的观点表达，也是对中国邮政发展的期待和要求。作为万国邮联大会东道主国家的邮政部门，这是一次难得的学习和交流的机会。

毫无疑问，在中国的精心组织下，第 22 届万国邮联大会取得了丰硕的成果。对世界邮政来说，大会是在世界邮政面临高新技术迅猛发展、整体业务受到严峻挑战的情况下召开的，会议为邮政作为未来世界通信领域的一个重要部门继续发挥重要作用，做了理论和实践上的充分准备。万国邮联国际局总局长托马斯·利维对这次大会印象深刻，他接受《光明日报》记者采访时说："我感到我们已成为中国的一部分了。万国邮联已经制定出面向21世纪的发展战略，就是《北京邮政战略》；对于那些预言邮政将走向死亡的人，我劝他们读一读《北京邮政战略》。"

1999年8月23日，第二十二届万国邮联大会开幕式在北京人民大会堂隆重举行，中国邮政开始作为主角参与邮联国际事务

此次大会的成功举办，反映出中国在万国邮联的地位和影响力的日益提升。然而，这个结果开始的过程却并不简单。

随着改革开放的推进，中国邮政在国际邮政中的地位和作用日益增强，万国邮联也日益重视中国的立场和态度。在利维之前任国际局总局长的巴罗斯曾说："现在世界都在注意着亚洲的发展，而关注的中心是中国，希望中国在邮联进一步发挥大国的作用和影响。"这意味着，中国申办万国邮联大会的条件已经成熟。

1994 年 1 月，经国务院批准，邮电部部长吴基传具函向万国邮联提出在北京承办第 22 届邮联大会的申请。这一申请在当年 9 月韩国汉城举办的第 21 届万国邮联大会上获得通过。中国政府对承办邮联大会给予了高度重视。1996 年 7 月，万国邮联大会中国组委会成立，国家主席江泽民任名誉主席，国务院副总理吴邦国任主席，邮电部部长吴基传任常务副主席。江泽民还为邮联大会题词："发展现代化邮政，满足社会需要。"

大会的筹备工作困难重重，刘平源对此印象深刻。当年作为邮电部副部长，他从申办成功伊始就开始张罗大会的筹建工作，仅筹备工作所涉及的项目就达到了五六百项，工程浩大。不过最难的还是缺乏有国际会议组织经验的人才。刘平源从全国各地邮政部门抽调了一批外语水平高的职工，并且新招录了一批工作人员，经过大会组织工作的实践，这些人员在日后成为我国邮政管理部门、邮政企业与国际同行交流的一支重要队伍。刘平源说，为了纪念这届邮联大会，中国邮政发行了一套三枚邮票，就是这一套邮票，让万国邮联大会的承办不仅没有花国家一分钱，而且还有节余。

对邮政来说，这一年还有一件"好事"——刚刚挂牌成立的国家邮政局把《邮政法》修改纳入工作日程，修改工作这年正式启动。不过，邮政部门当时根本没有想到，这件"好事"随着时代的发展逐渐脱离了自己的掌控，变成了一件"对自己不利的坏事"。其中，中国加入WTO，对邮政日后的冲击颇大。

11月15日，中国对外贸易经济合作部部长石广生和美国贸易代表巴尔舍夫斯基分别代表中美两国政府在北京签署了关于中国加入WTO的双边协议，标志着中美就中国加入全球最大贸易组织的双边谈判正式结束，从而中国"入世"迈出了重要的一步。

仿佛为迎接中国"入世"，货运行业传来喜讯。1999年，我国货运运输量、货运周转量分别达到170万吨和42.3亿吨公里，年均增长16.9%和19.7%。我国货运周转量在世界的位次从1978年的第35位上升到1999年的第9位。货运周转量占全行业运输总周转量的比重为39.6%，占全球航空货运周转量的3%。在这一时期，我国颁布了一系列与航空货运相关的法规和规章，规范和促进了航空货运的发展。1997年，中国外运就开始尝试资本运营，到1999年10月，中国外运空运发展股份有限公司正式成立，成为中国最大的货运代理公司。

1999年则是中国邮政发展的一个分水岭。中国即将加入WTO，未来将面对全球的竞争；邮电刚刚分营，邮政带着10%的资产和50%的人员走向市场，与民营快递争夺市场。"内忧外患"下，为了在市场中寻找突破口，邮政相关部门开始拿起《邮政法》中信件专营的条款打压"黑快递"，而不再把主要精力放在针对国际货代侵害邮政企业专营权上。

高镇海所在的上海邮政行管处的力量逐步得到加强，从最初的2人增加到6人，后来又成立了10余人的专职执法大队。高镇海回忆，民营快递企业的业务广泛，只要有需求，什么业务都做，所以时常会触碰红线。有的快递企业经营了信件业务，执法队的做法就是让快递企业改单，把信件装进EMS封套里，改由邮政企业递送，费用由快递企业出。在上海，邮政执法人员此时虽然已经有十几个人了，但仍然没有能力面对生生不息的民营快递。于是执法队创新了工作方法——让快递公司统计一段时期内所有快件中的信件占比，然后邮政按照这个比例让快递公司上交快件，不用再一件件检查。这样的做法在上海一直持续到邮政政企分开。

高镇海"创新"工作方法时，邰伟却"不知深浅"地开始"插足"上海，甚至北京。勤诚快递发展到1998年，虽然只有42个人，但已经在中山、珠海、广州、东莞每个地方都设了网点。1999年，逐渐做大的勤诚快递在广东省内开通了自己的班车，并在年底分别和上海金任群的闻达快递、北京智金良的群利天际速递合作，把触角伸向了长三角、京津冀地区。

新世纪即将到来，徐建国终于从浑浑噩噩中醒过来。情绪低落了半年多的他又有了工作的欲望。在朋友的举荐下，徐建国决定到申通，到快递这个陌生的行业一试。而此时，陈德军一直在寻找那个能够助力申通网络运营和发展的人。徐建国出现在他办公室没多久，他就让对方"马上来上班"。就这样，辽阳路申通装修一新的网管中心办公室，成了徐建国下海经商失败后的第一个办公地点。

中国开放的大门不会关闭，只会越开越大。对于在邮政和快递领域耕耘的人们来说，同样如此。世上没有魔力咒语，有的只是奋不顾身。门已打开，剩下该做的，就是全力向前，为了更好的明天奋斗。

人物小传 1

/"筑梦者"马云 /

"一切得从头开始,失败了也无所谓。我至少把一个概念告诉了别人。我不成功,会有人成功的。"此时的四处碰壁,是未来耀眼的必经之路。

"让天下没有难做的生意。"后来他和他的事业成为一个时代的标签——2018年12月18日,党中央、国务院决定,授予100名企业家"改革先锋"荣誉称号,马云正在其列,他被称为"数字经济的创新者"。

他是一个筑梦者,也是一个实践者。回顾阿里二十几载的发展,他说:"如果说电子商务在中国是个奇迹的话,物流行业才真正是中国过去10年诞生的最了不起的奇迹。"在相互成就的年代里,阿里的奇迹,也是民营快递的奇迹,阿里上市当日,快递员窦立国被马云选为中国快递代表参加敲钟仪式。

2013年2月,除夕前夕,马云在《中国邮政快递报》发表了《致快递战友的新春信》,向全国快递员拜年。在信中,他写道:"5年内,我们一定会超过美国的快递物流量。在未来8~10年,电子商务将步入年销售10万亿元的时代,那时候,每天将产生超过1亿单的快件,快递物流的增长速度将超出所有人的想象，这是行业每个人的机遇。"

如何让还处在劳动密集型阶段的快递企业消化巨量的包裹订单？在多次公开大会上，对快递老板们的考问也透露出这种担忧。憧憬之外，他更是做着准备。

时隔3个月，"菜鸟"的概念便提了出来，当时的人们并不能理解这只鸟到底要做什么，以为他是要打造阿里自己的快递物流；5年中，非行业内人士一度以为这只鸟鲜有动作，即将偃旗息鼓；但5年后，当每一件商品处于快递物流的哪个环节都清晰可见时，大家才恍然大悟：原来菜鸟的梦想是成为雄鹰。

数千亿砸下去，他要打造的是一张智能物流主干网。这张网将是未来的"物流大脑"，它将分散的个体连接，握掌成拳形成合力，共同降低物流成本。几年间，投资与被投资在阿里系的企业与快递企业中轮番上演。

除了个人财富的集聚之外，他更希望一直相互扶持的快递伙伴们能够肩负起社会责任，期望推动快递业向着全球化、绿色化、科技化、现代化的方向发展，构建快递包装回收体系、打造开放的社会化仓储网络、推动整个快递行业的服务升级、关爱快递小哥……

谁能想到20多年前西子湖畔的一位英语老师，能够借助互联网，成为当今世界最大商业帝国的缔造者；谁又能想到20多年后这位现时的商业巨子能够在人生最红火的时候，淡茶素衣，做回一位老师。

在《风清扬》中，他唱道："君不见自古出征的男儿，有几个照了汗青，一个个事了拂衣去，深藏身与名。"为他人构筑的梦想几近实现，他自己的梦想呢？

人物小传 2
/"大道至简"聂腾云 /

2019 年，韵达 20 周岁。

站在白板前神采飞扬地给记者讲架构的，追求 10：29 极致时间的，和高管推演自动化实现方式的，在新闻报道中鲜见名字的，哪一个才是真正的聂腾云？

他们都是，又似乎都不是。那个曾经扛着自行车上学，放学在山路上风驰电掣的孩子，就这样带着一家企业走了 20 年，讲着奥卡姆剃刀定律，讲着"为学日增，为道日减"，追求着大道至简。

在 2010 年之前，聂腾云一直住在公司，事必躬亲，在货车穿梭的轰鸣声中才能安然入睡。住了 10 年之后，他突然想走出去看看庐山真面目，这一睁眼看世界的动作，给了创造未来的无限可能。科技驱动，快递核心，快运、仓配、跨境等延伸服务，画出的是能量丰沛的生态圈。

2017 年 1 月 18 日，韵达重组上市敲钟，三位地方政府部门的官员分别来自青浦、桐庐和慈溪。了解聂腾云的人都知道，桐庐是他的出生地，慈溪是他做快递起步的地方，而青浦是现在韵达的总部所在地，选择这三个地方，用意不可谓不深，不管走得多远，都没有忘记出发的地方。

他何曾忘记，当初为何出发。

他创立韵达，就是要把握现在，以抵达更好的未来，立足现在，是为让年轻的生命拥有更多精彩，是胸怀做好快递、服务大众之心。没有人了解他的内心，毕竟20出头刚刚从学校毕业，他如何知道哪条路走得更远。要么安守于此，要么独自挣命。

如今看来，是否放下安逸而选择创业，像是《哈利·波特》中邓布利多校长说的那样，人世当中，我们面临的大部分选择，并不是"the right way"（正确的路）和"the wrong way"（错误的路），更多是"the right way"（正确的路）或者"the easy way"（容易的路）。事实确实如此，没有完全的正确和错误，但是有正确或者容易。

他有彷徨犹豫，还有资金的困境，他听从了自己的内心，选择了那条艰难的道路，取运送通达之意，起名"韵达"。一个执着的青年，用自己的青春为这个名字做了默默生长的注脚。当行业在突飞猛进发展之际，他尚未显山露水，回答只有三个字"练内功"，看起来倒是不急不躁，他相信笨方法才能跑完全程，种树要浇水施肥还要及时修剪，连上市的最初也是不声不响。

不站于台前，就穿着那身"西红柿炒鸡蛋"的工服，游走于公司的每个岗位之间，从员工的角度出发去考虑问题，一个分拨设备的弯角足以研究半日。

坚持每天学习，无论是业务，还是管理，对各方面的知识，他都如饥似渴。企业管理、自动化技术、射频技术等随时学，智囊团讲课是经常进行的科目，聚众人智慧汲取精华，是在时间有限的程度下所能进行的最高效的学习方式。

"让全世界的消费者拥有更加便捷、美好的生活方式"的目标，可以用高远形容。

"爱你所爱，行你所行，听从你心，大道至简"，他似乎从来没有为韵达设限，只讲着四个字，"顺势而为"。

2000，重新想象

2000 年，公元后第二个千禧年，中国农历的龙年。

《南方周末》的"我们从来没有放弃，因为我们爱得深沉"的新年献词和 1999 年的"总有一种力量让我们泪流满面"一样，成为青年人必背金句。

2019 年，《南方周末》给出的题目是：每一个这样的你都是英雄。

英雄们在这一年正在重新想象自己的发展空间。

9 月，联合国千年首脑会议召开，189 个国家签署了《联合国千年宣言》，提出了千年发展目标，共 8 项，其中就包括"与私营部门合作，提供新技术，特别是信息和通信技术产生的好处"。完成所有目标的时间确定为 2015 年。

今天，在中国，这一目标早已实现：通信技术领先全球，基于移动互联网的应用正在给人们带来前所未有的便利；快递发展世界第一，包括民营快递企业在内的市场主体正在以无处不在的快递服务改变着人们的生活。

人类的生活从来没有像现在这样离不开互联网。上个千年的最后 5 年，互联网发展风起云涌，受资本的强力推动，各种互联网公司如雨后春笋般诞生，其中就有 1998 年成立的腾讯、搜狐、新浪。而在 2000 年，看到了中国互联网及中文搜索引擎服务的巨大发展潜力，抱着用技术改变世界梦想的李彦宏辞掉硅谷的高薪工作，携搜索引擎专利技术，在母校北京大学资源楼的两个房间创立了百度公司；已经创立了阿里巴巴的马云则从软银等数家投资机构融资 2 000 万美元。那几年，每年在北京国际展览中心举办的国际通信设备展上，最为惹眼的展台，除了几大电信运营商的展台，其他无一不是互联网公司的展台，他们在赚足了眼球的同时，也在畅快地烧着投资者的金钱。

这样的好日子并没有长久。从 2000 年 4 月 3 日开始，美国纳斯达克股票狂跌，互联网泡沫最终被戳破。到了年底，中国的网站开始纷纷倒闭。至此，持续三年的互联网第一波浪潮突然从峰顶跌到谷底，互联网的冬天来临了。

人们对互联网公司的信任感在降低。阿里巴巴虽然并不缺钱，但业务开展却不那么容易，于是马云提出关门把产品做好，等到春天再出去；腾讯再次面临财务危机，最要命的是，没有谁清楚腾讯该怎么赚钱，包括马化腾。

这个冬天够长，持续了两年多，而春天毕竟挡不住地在 2003 年慢慢到来。那些挨过冬天的企业，都开始陆续进入了快速成长期。

在 UT 斯达康工作的 9 年时间里，周韶宁又迎来一个事业上的高峰。在他的带领下，由 UT 斯达康（中国）主导的小灵通在短时间内火遍中国，成为中国家喻户晓的品牌。当年即以 3.68 亿美元的年营业额和优异的管理绩效被美国著名财经杂志《福布斯》评为全球最成功的前 20 名小企业之一。UT 斯达康的小灵通手机几乎全部交由富士康生产，成为富士康最大的客户之一，周韶宁也因此和郭台铭结下深厚友谊。郭台铭不止一次对周韶宁说"将来你做什么我投什么，要多少钱我给多少钱"。这为后来百世第一笔融资埋下了伏笔。

曾有 UT 斯达康内部人士评价，周韶宁是一位"好管家"。在他的苦心经营下，UT 斯达康的中国业务经历了最辉煌的 5 年，用中国业绩支撑了 UT 斯达康在资本市场上的扩张。5 年内，周韶宁乌黑的头发变得斑白，鱼尾纹深了许多，但是周韶宁在管理层中的地位也因业绩出色而举足轻重。

在快递业的发展中，各种运作枢纽的位置更是举足轻重。

天津作为中国邮政航空公司的基地，显然已经无法满足甚至制约了后者业务的发展。对于国内航空货运网络来说，天津算不上枢纽，它的区位只能覆盖京津冀三地的邮件运输需求，不能形成互连互通，邮件无法进行集散。当时已经就任邮航总经理的关荣顺感受非常不好：大量北京的邮件要拉到天津上机，路上要先跑两个小时。

5 月 20 日，邮航股东大会选举出了新的领导班子，时任国家邮政局副局长的马军胜出任董事长，关荣顺任总经理。新领导班子上任后第一件事就是基地搬迁。7 月 16 日，邮航的飞行运营基地就顺利地由天津的滨海国际机场转移到北京首都国际机场。转场当天，正式执行北京—上海—广州及广州—上海—北京的邮运任务，实现了邮航自主航空邮路从北京始发，京、沪、穗三大干线枢纽互连互通的愿望。不仅解决了北京及周边地区邮件运输"瓶颈"，还免除了每天往返于京、津之间 6 辆邮车的盘驳转运，运输成本降低，运递时效的提升显而易见。

与邮航的美好明天相比，民营快递正在"至暗时刻"徘徊，同行的竞争，政策法规的压制，躲藏、罚款、停业、问讯成为常态。申通后来在其官网上陈述了当时所面临这一状况时的认识：这一切是当时快递人都要经历的磨难，申通创业者们用超乎常人的坚韧和勇气守护着比生命更重要的快件，让梦想离自己越来越近。

用磨难来形容那样的经历，对当时的申通并不为过。2000 年前后，作为当时发展最快的民营快递企业，申通受到了邮政执法人员的格外关注。国家邮政局办公室编发的 2000 年邮政大事记里有这样的记载："10月，上海盛彤（快递）公司大量违规收寄信件，在全国范围内用'盛彤'（或申通）名义开展违规经营活动的快递网点已有 160 多个。各地邮政行管部门配合工商部门对其在全国 10 多个省市的大、中城市里的 100多个网点进行了清查，同时对盛彤公司进行了处罚，规范了速递市场。"

事实上，政策壁垒下的快递市场，受到"特别关照"的不仅是民营企业，外资亦不可幸免。高镇海和他的同事一开始重点关注的就是外资货代企业。1 月，上海宝驿公司用外国运营商特许经营的名头，经营或变相经营信件寄递业务，上海市邮政主管部门会同上海市工商管理部门依法对其进行了查处。

尽管大环境给出了这样那样的限制，但依然有不少人被热闹的市场吸引。

崔维星经营的南航老干这时已经有了公司的架构和形象，统一工服，电子开单，分公司也在尝试之中，并且开始注重广告宣传，但随着承包关系即将结束，作为经营业务的壳的南航老干，历史使命即将终止。喜欢未雨绸缪的崔维星，着手开设自己的公司，并且要征集个名号。《德邦小传》给出了德邦名字的多重含义："重赏之下，奇思妙想不断。办公室文员蔡耀基以'德邦'二字从大批应征者中脱颖而出，并获得 500 元现金奖励。喜欢与众不同的崔维星，摒弃了一般物流公司取名必含'通''达''发'的套路，选择了德邦二字。取其'对客户讲诚信、对员工讲诚信，公司的所有人应该做一帮有品德的人'之意。"

2000 年 8 月 8 日，广州市德邦物流服务有限公司正式成立，注册资金 300 万元，专做空运代理。崔维星开始谋划着走出广州，珠海和深圳自是首选，有经验丰富的老员工自告奋勇前往。珠海的街头开始有德邦的货车每天转悠，四五个月后，珠海分公司平均每天的收货量已经达到 6 吨左右，占公司总份额的 1/6。

扩张首战告捷，德邦的业务开始滚雪球般增长，一些货运界的同行伸出合作的橄榄枝。12 月和成立于 1995 年并且拥有深圳地区空运代理权的沅江货运实现联合，相继开设了赛格、华强北等 4 个分公司；和具备过硬的航空公司的广州安达货运合作，航空货运能力迅速提升。2001 年 1 月，安顺达并入德邦。

在崔维星的商业版图越来越大之时，陈德军和聂腾云的公司管理正在面临人才掣肘。

这年春天，聂腾云第四次去请周柏根出山帮他打理公司。因为有约在先，周柏根答应处理好自己的生意后即去上海。9 月 16 号，扛着被子，带着期待和长留的准备，周柏根从桐庐来到上海。迎接他的是破旧的办公场地和总部二三十个员工，周柏根的心立即凉了半截。

得知舅舅到了上海，正在陈立英临安老家摆结婚酒席的聂腾云第二天急忙赶回，来不及嘘寒问暖，先满怀激情地谈论韵达的网络如何发展。韵达当时拥有两大核心区域，自己之前经营的申通慈溪和父母经营的宁波已从申通转为韵达，并且最为赚钱。聂腾云的想法是把舅舅安排到慈溪，抓住两大命脉基地，把利润输入总部供血。

9 月 18 日，聂腾云带着周柏根来到慈溪，把自己亲手做起来的网点和韵达的命脉交给这位年长 10 岁、有经验有阅历的舅舅。"以后所有的东西您说了算，帮我出主意。"聂腾云给出的使命，不但要管起慈溪，也要管起整个韵达。事实上，在韵达之后多年的发展中，周柏根一直在忠实履行着这份责任。

韵达布局慈溪之时，刚到申通 4 个月的徐建国被陈德军请到了办公室，请他来管理申通网络运营。徐建国有些茫然，不敢接受这份重托，并以辞职告白。急于用人的陈德军并没有放过徐建国，言辞恳切地鼓励他，徐建国最终应承下来，履职申通副总经理的他，开始管理申通总部几乎所有的事务。

申通和韵达的发展成功制造了"眼球效应"。在陈德军和聂腾云请高手出山相助的时候，"走投无路"的喻渭蛟开始谋划着成立圆通。他先去了自己妻弟张益忠所在的宁波网点进行了一番考察。

2000 年，圆通总部设在上海市长宁区镇宁路 45 弄 44 号，集办公、住宿、作业于一体，总面积约 150 平方米。圆通董事长喻渭蛟怀揣东拼西凑的 5 万元钱，带领 17 个人，一脚踏进了快递业

姐姐张小娟和姐夫喻渭蛟看到的，是张益忠头年成立申通宁波分公司后的昂扬斗志。作为陈德军中学同班同学的张小娟，立即和喻渭蛟一起，从宁波直接到上海找到陈德军，表达了想做一家快递公司的迫切愿望。陈德军对快递业队伍的壮大甚为欣喜，他头脑中的快递市场是一个广阔天地，多几个人多几个公司来扑腾，必定会掀起更大的浪花。"非零和博弈"精神极其强烈的他，脑海中画出的是行业的圆，有更多桐庐人加入，这个行业的同乡奋斗基底也将更加结实。

喻渭蛟是一个既然做梦就做大点的人。2000年5月，圆通速递有限公司正式成立，注册地选在静安寺旁边的长宁区镇宁路，立下了"死也要死在黄浦江"的破釜沉舟誓言，开始了创业阶段每天借钱苦求生存的日子，甚至买米都要到处借钱，借到周围没人借为止。这一痛苦历程成为他生命中的"四痛"之一。

触角延伸出来的DDS（勤诚快递公司），正因为到付机制结算问题的制约，不得不在2000年开始往长三角和京津冀派驻人员，一人一个主要城市，负责派送快件。DDS用深圳一个收件网点，辐射出越来越多的投递网点。这种模式一直持续到2010年崩盘，只不过那个时候收件点增加了广州和上海。

民营快递谋篇布局之时，刚刚分营到位的邮政也同样充满了信心。在邮电分营后的第二年，新年伊始的1月17日，国家邮政局局长刘立清在全国邮政工作会议上提出，2000年要提升邮递类业务收入占总收入的比重，为此要抓好函件、包裹、速递、发行等业务的深层次开发。其中，速递业务要抓住重点地区重点客户，加强区域和同城业务的开发，搞好与国外速递公司的合作，巩固国内市场，抢占国际市场。有着政策的保障，有着国有体制的优势，邮政的发力同样令人可期。

这年引人关注的变局还来自石油石化行业，以长江为界"划江而治"的中国石油和中国石化两大集团公司分别于 4 月和 10 月上市，日后随着全球能源价格的持续走高，相继成为"中国最赚钱的企业"。油价的涨跌让以陆路运输为主，尚未壮大的快递企业心潮起伏。更多的连接发生在 4 年后的 8 月，顺丰与中国石化开始携手，把全国物流网络和 3 万座加油站的效应叠加，推动生活驿站朝向更便捷方向前进。

行业可以依靠的发展力量不停壮大。10 月 31 日，中国自行研制的第一颗导航定位卫星"北斗导航试验卫星"在西昌卫星发射中心发射成功，为快递企业车辆定位导航铺垫出路径。

深入的关联发生在 2018 年。12 月 21 日，上海势航网络科技有限公司与一众快递企业联合投资的蜂网签订战略合作协议，北斗将为快递车辆提供搭载千寻位置高精度定位服务的车载终端，精度达到亚米级，实现车道级导航和精准位置追踪，物流平台能更准确地判断车辆离开和到达指定区域的时间，精准引导车辆到达指定停车点或月台装卸货物，导航路径规划等场景化应用也将利用历史轨迹沉淀数据而实现。6 天之后，中国卫星导航系统管理办公室宣布，北斗三号基本系统完成建设，从即日起开始提供全球服务。北斗系统正式迈入全球化时代。

如果生命的轨迹可以精准预测，每个人都渴盼路旁的鲜花掌声，投入命运激流时一定竭尽所能，自信和前进的勇气更加无可比拟。

正是，命运对勇士低语，你无法抵御风暴；勇士低声回应，我就是风暴！

人物小传
/"凿壁者"喻渭蛟 /

　　喻渭蛟的故事，是双重时态的共振。

　　行之力则知愈近，知之深则行愈达。

　　在他的人生履历中，木匠的故事、粉刷匠的故事，总是被屡屡提起，和妻子张小娟 5 万元钱的传奇紧紧地绑在一起，如同他重新获得新生的上海一样，天然地具有一种回溯特质。

　　他追求新潮，紧跟时事，最先追逐电商件，纷争中和阿里携手，开航空公司，大笔投资嘉兴机场，紧随"一带一路"走出。他秉承信念，言谈之间的高频词，是产品和未来。

　　他个人思想与行动的交织，折射出时代的光影，有着传统秩序的切割与重组，商业模式的冲突与进化，企业管理的激进与退让，个人气质的彰显与锻造。

　　他所经历的，都写在他的脸上。

　　喻渭蛟追求近乎极致的完美。当年即使在农村干活，也是村里热爱整洁衣衫整齐的那一位，如今他每天一丝不苟的发型就是证明。而在他看来，自己的人生不需要证明给任何人看，最重要的是，一直可以从中看到自己。

他一直说，如果自己的工作是去给别人拎包，也一定是拎得最出色的那一位，因为他会处理好拎包的每一个细节的因果和工作关系。

他的这种追求完美，贯穿在圆通的整个发展史之中，整个圆通深深地打上了喻渭蛟的个人气质烙印。他认为圆通的发展需要三大支撑要素：一是按照标准化、流程化、制度化和信息化，建立符合市场需求的标准作业体系；二是奔着战略目标，拼搏加上共享，发挥团队的核心优势；三是自己，所以自己压力很大。

从个性上来分析，喻渭蛟具有成为成功人士的多个要素：理解运气、风险和不确定性，理性和情绪双脑决策，反复训练的直觉，博弈高手，这是圆通十几年来高速发展的助力，但发生在资本层面的空战角逐想要更多。

动作不断的繁华和议论不断、质疑声声的困扰，共同构建了圆通发展的经纬。有人欢欣鼓舞，有人冷眼旁观，他自始至终坚持公司的"领先"理念。在黎明前的"至暗时刻"，他一边不断反思复盘，寻找事件症结；一边聚焦创新，将更多资源投入到结构调整、产品研发中。

塞翁失马焉知非福。艰难时刻的抉择，能够使得公司快速成长，在所谓的落寞冷清中重新劈开来路，锻炼的不仅是队伍，还有更多向前一步的勇气。

一起来看看著名的"20英里法则"。从美国西海岸的圣迭戈到东北部的缅因州，被称为"美国大陆最长的距离"。这段3 000英里（约4 828千米）的路程，地貌十分复杂，且常有恶劣天气。走完这段路程，最佳答案是什么？是天气晴好路途平坦时不顾一切，还是无论晴天雨天坦途坎坷始终坚持原则每天走20英里（约32千米）？答案是后者。

　　事实证明，规划、坚持、自律，才能率先抵达目标。

　　喻渭蛟觉得，这是凿掉桎梏，凿出法则后，所能预见到的圆通的未来。

2001，世界之外

一些影响中国发展历程的大事件要在这一年产生结果，这足以使"2001"成为无数中国人期待的一个年份。

7月13日晚10点，当"北京"的声音从萨马兰奇口中发出，北京获得2008年奥运会举办权时，整个中国沸腾了！夺得2008年奥运会举办权，引爆了中国人极大的爱国热情，民族自信心和自豪感大大提升。兴奋的中国邮政人第二天就用自己的方式来纪念这一重要时刻——发行北京申办2008年奥运会成功纪念邮票，主图是北京申办奥运会标志，舞动五环组成的人形太极。香港邮政、澳门邮政同日发行纪念邮票。这是新中国成立以来祖国三地第一次携手打造邮票，创造了多项纪录。

4个月后，喜事再次降临。经过15年的谈判，从黑发谈到白发，中国终于跨过WTO的门槛。11月10日，在卡塔尔首都多哈举行的WTO第四届部长级会议以全体协商一致的方式，审议并通过了中国加入WTO的决定，中国正式成为WTO第143位成员。从1986年7月正式提出恢复中国关贸总协定（WTO前身）缔约国地位的申请到最终加入WTO，中国人走的路实在太长。

加入WTO，我国对快递业对外开放的承诺是：对外开放快递服务，但"现由中国邮政部门依法专营的服务除外"。这一依据来源有二：《邮政法》关于"信件和其他具有信件性质的物品的寄递业务由邮政企业专营，但是国务院另有规定的除外"的规定，以及国务院1995年6月批准发布的《中华人民共和国国际货物运输代理业管理规定》

中"经批准成立的国际货物运输代理企业可以从事国际快递业务，但私人信函除外"的规定。

尽管信件的国内快递业务不对外资开放，但是多年来，中国和WTO在快递领域的合作一直在加强。17年后，WTO在瑞士日内瓦召开电子商务发展与多边贸易体制研讨会，会议的主角已经变成了中国和中国的电商快递企业。圆通速递、阿里巴巴等中国企业的代表走上讲台，向世界介绍电子商务和快递相互促进发展的"中国经验"。同年，在北京举办的以"电子商务发展与多边贸易体制"为主题的发展中国家WTO重点议题研修班上，15个WTO发展中成员国25名代表发出惊呼——中国快递的信息化和发展速度太快了，了不起！商务部副部长兼国际贸易谈判副代表王受文在开班致辞中说："让我们把中国快递的故事讲到WTO去，让世界了解中国快递！"

如果要让世界真正地了解中国快递，中国民营快递的峥嵘岁月是不得不读的篇章。

这年，对陈平来说，1998年派出去抢夺市场的得力干将都成了"一方诸侯"，反倒是总部逐渐式微。当年陈平的"没有总部，大家都是平级的兄弟公司"的负面效应出现了。有媒体报道了陈平当时的窘状：总部出现资金缺口，向各分公司求援时，上海分公司"慷慨"地捐献了一台复印机、一台传真机、一台数码相机。而大哥陈显宝掌管的北京分公司，也只贡献了7万元。最令陈平不舒服的是，当总部还蜗居在破房子里时，同在一城的北京分公司，已经入驻了豪华大厦。

在中国历史上，不乏因为地方藩王势力日益扩大影响王权而实行削藩的例子。2001年，陈平也决定进行"削藩"："分公司力量过于强大，再不收权，可能要脱离总公司了。"不难想象，此举遭到了激烈反对。有不少外地子公司骨干提出辞职，陈平使出浑身解数才稳住局面。而这还不算什么，最大的"藩王"是大哥陈显宝的北京分公司。陈平后来说，他上午召集所有人员开会宣布了的决议，下午就被大哥开会推翻。

就这样，用了长达两年的时间，陈平才把这些"藩王"请回了总公司，收回了各分公司的权力。宅急送的管理效率与运营效率因此显著提高。与此同时，公司成立华北、华南、华东三大物流基地，业务运作朝规模化、集约化、标准化迈进；与微软、首信、康柏合作建立了宅急送电子商务平台，大力推进公司信息化建设。一系列的动作，为宅急送后来几年的快速发展打下了基础。

聂腾云带领的韵达这一年开始实施网点加盟政策，以更好地拓展网络。7月，韵达的场地面积已经扩大到 6 000 平方米，杭州、无锡转运中心双双建立，日均业务量达到 1 000 件。公司网站开始建立，快件操作软件也在紧锣密鼓地开发，并开始运用条码技术提高操作速度和改善查询方式。这些对于刚成立两年的韵达来说，非常不易。

比韵达还晚一年成立的圆通更是度日如年。谈起这一年，喻渭蛟非常感慨："早上六点钟起，晚上没有一点钟之前睡的，天天如此。开车也好，发工资也好，天天为钱发愁。"他特意强调"天天为钱发愁"，足见当时公司资金的紧张。但是喻渭蛟一直保持着必胜的信心："圆通从创立那一天起，我从来没有感觉我喻渭蛟不成功，或者做不好，我没有。在我的口气当中，在我的形象当中，人家都看不出来。"自信来自对行业的信心。喻渭蛟心中有一个感受，那就是快递行业太大了。

这年，为了学习管理，喻渭蛟专心致志地读完了当下最流行的管理书《杰克·韦尔奇自传》。

杰克·韦尔奇，年仅45岁就成为通用电气历史上最年轻的董事长和CEO。20年间，他将一个弥漫着官僚主义气息的公司打造成一个充满朝气的企业巨头。通用电气的市值由他上任时的130亿美元上升到4 800亿美元，赢利能力位列全球第一。喻渭蛟准备干出一番事业之时，这位"美国当代最成功最伟大的企业家"已经准备"解甲归田"，但这丝毫不影响喻渭蛟对他的崇拜，他说这本书对他的启发很大。

这年，与加盟制模式下的快递企业相比，王卫既不用操心"削藩"，也不用为没有钱而发愁，日子过得简单而快乐。

开心的秘密很简单，就是"赚钱"。2001年，顺丰最牛的一个东莞区域经理一个月收入25万元，在当时已十分夸张。这得益于王卫从1997年开始就设定的一套制度——"利润分享"。制度执行起来十分简单——约法三章，所有的利润10%归管理层（总经理），90%上缴公司。这套制度当时在顺丰用得很成功。投递员每送一票算一票，多劳多得；管理层利润分享，分部经理、区域经理都按照"九一"的比例进行分成。王卫对员工说："你做多少业绩、拿几万元钱是你自己的本事。"王卫回忆，那个时候的快递火得不得了，对外出口贸易日益繁荣，丝绸、纺织品、小家电等商品日益增多，快递公司既满足了这头的客户，也满足了那头的快递员，每个人的脸上都洋溢着开心的笑容。

进入分营后第三个年头的邮政却笑不起来。一篇发表在2002年《中国邮政》杂志上的文章这样描述刚刚度过的3年："邮政独立运营之初，全行业亏损179亿元，银行负债97亿元，在建项目资金缺口

210 亿元，传统业务增长缓慢，网络运行效率不高，技术水平较低，资金严重短缺，人才十分匮乏。"这段话，道出了分营时邮政的窘境。

国家的政策支持对邮政摆脱窘境发挥了重要作用。邮电分营后，国家给予了邮政"8531"的运营资金补贴政策和 113 亿元的建设资金补贴，并将邮政纳入国家计划实行直接管理，对邮政企业实行了所得税集中汇缴。许多地方政府把邮政建设纳入了地方国民经济和社会发展的总体规划，全国有 15 个省出台了地方性邮政法规或政府规章，有的地方政府还给予当地邮政企业一定的优惠政策。

"凡是市场有需求的业务都可以办！"对困境中的邮政人而言，当年吴基传部长令人热血沸腾的讲话仍在耳边回响。不等不靠，搞活经营，强化营销，邮政自己给自己信念。1999—2001 年，邮政以市场需求为指引，逐步形成了邮递类、金融类和集邮类业务"三足鼎立、多元发展"的格局。7 月气势如虹，我国规模最大、自动化程度最高的国家一级邮件处理中心——广州邮件处理中心投产。随后，邮政快递包裹业务覆盖全国。

"地面部队"攻坚克难的同时，邮政的空中力量这一年也动作频频。3 月，邮航快速网开通；6 月，邮航与中国航空技术进出口总公司签署协议，租赁 3 架飞机用于新增开的沈阳—上海—沈阳、深圳—上海—深圳、西安—上海—西安 3 条航线；8 月，邮航运–8 飞机在上海做集散实验取得较好效果，为"全夜航"的推出积累了经验；9 月，邮航开通了上海至沈阳、武汉、西安、福州、深圳的 5 条新航线。至此，中国邮政已拥有 10 条运邮航线，60%以上的空运邮件自主运输。

总有一些事件让人热泪盈眶，也总有一些事件让人猝不及防。申奥成功的喜悦还挂在中国人脸上时，"9·11"恐怖袭击事件震惊世界。"9·11"事件致使美国快递物流业遭受很大影响。安全措施的进一步加强，使得物流的费用支出迅速提高。而且，处于高度警觉状态的美国海关对国际运输进行着严格检查。

当时的《电子采购杂志》报道说，一家美国电子制造商9月11日和14日向德国公司发的货物滞留美国海关，直到18日这些货物才被提出。有运输专家在媒体上警告，由于美国运输量在"9·11"事件后将进一步滑落，可能导致集装箱运输公司破产或合并。伦敦一家运输顾问公司将当年集装箱运输量从原来5%的预计增长率调低到3.9%，第二年的则从7.4%降到5.3%左右。而每天从加拿大进入底特律的卡车无一例外地要被拦下接受检查，一次检查有可能耗上几小时，而"9·11"之前平均每千辆仅有一辆卡车被抽检。

10月，美国发生的"炭疽幽灵"恐怖活动，在受到"9·11"事件影响的快递物流行业的伤口上又"撒了一把盐"。世界各国政府开始加强信件运行管理和安全戒备。在中国，2001年11月15日，国务院办公厅下发了《关于加强信件印刷品等寄递业务管理防止炭疽杆菌传播的紧急通知》。根据此通知，12月20日，信息产业部、对外经济贸易合作部、国家邮政局下发了《关于进出境信件和具有信件性质的物品的寄递业务委托管理的通知》，规定"本通知下发之前经外经贸部批准设立的国际货代企业，经营国际快递业务，需要办理进出境信件和具有信件性质的物品的寄递业务，应在60天内到邮政部门办理委托手续。

邮政部门自收到申请信件寄递委托业务的全部文件之日起，45天之内依法决定委托或不委托。在规定时间内未办理邮政委托手续的，应立即停止经营此类业务"，"通知下发之后，拟成立的国际货代企业，需要办理信件寄递委托业务的，应当事先到邮政部门办理委托手续后，方可到外经贸部办理相关手续"。此通知下发后，引起广大货代和快递企业的困惑，而部分省市邮政局开始据此查抄货代和快递企业，引起公众上告。

谁能想到，大洋彼岸的一场炭疽事件，在下一年度竟然引起了几个不同"阵营"之间的一场快递风波，而这场风波，只是一场持续多年的修法大战的序曲。

2002，快递风波

邮电分营后的 3 年，是邮政困难的 3 年。但这一局面在 2002 年发生了历史性的改变。

1 月 15 日北京召开的全国邮政工作会议上，国家邮政局局长刘立清宣布，经过 3 年的奋力拼搏，邮政实现扭亏，2001 年邮政全网实现收差 6 085 万元，全国 22 个省（区、市）邮政企业收大于支，发展取得了历史性突破。

这是在 3 年困难期，传统业务增长缓慢，网络运行效率不高，技术水平较低，资金严重短缺，人才十分匮乏的情况下，邮政打的一次翻身仗。

捷报传来，上海浦东王港一块 156 亩（10.4 公顷）的土地破土动工。这里本来要被建成邮政汽车转运中心，但因为地理位置不好一直被闲置。随着邮政业务快速发展，上海火车站和沪太路的邮政支局原有的包裹、信函分拣中心已经不能满足需求，他们将在王港这片土地上建起一座华东最大的自动化分拣中心——上海浦东邮件处理中心，各类信件、包裹、快件、印刷品等都将在这里综合分拨。

日后，这里成为全国 7 个一级邮件处理中心之一，主要担负华东地区各类邮件的经转及上海邮区各类邮件的分拣封发任务，在全国邮政通信网中占有非常重要的地位。

彼时，民营快递和外资快递正加速占领中国的寄递市场，但它们被不少邮政人称为社会的"毒瘤"，阻碍了我国邮政事业的健康发展。在这样的共识下，不少地方的邮政开始分出更大精力，将矛头对准

"黑快递"。

2001 年底国家邮政局、信息产业部、外经贸部联合下发的《关于进出境信件和具有信件性质的物品的寄递业务委托管理的通知》所引起的风波，进入 2002 年之后，被彻底点燃。

2 月 4 日，国家邮政局发布 64 号文件，设置 500 克以下业务专营的门槛，进一步引起中外货代和快递企业的极大不满和质疑。500 克以下的业务量占了民营快递业务的绝大部分，此规定实质上意味着民营快递公司的死亡。尽管引起不满，但部分省市邮政局还是加大了查抄快递的力度。

"黑快递"被抓得最凶的时候，浙江永康的天天快递老板把文件类快件装到塑料袋里，外面再用棉袄裹上装到箱子里，箱子外面贴上标签——发件人：服装公司。但是他忘了一件事：没有准备多余的文件类快件。因此，当他的车在高速公路收费站被邮政人员检查的时候，对方在没有发现文件类快件的前提下要求开箱检查，最终事情"败露"，并引发了一场肢体上的冲突。

詹际盛所在的天天快递总部也难逃厄运。一天下午，上海的天天快递总部被 4 辆车包围，从车上下来一批人冲进一楼操作场地检查，但是这个时间并没有快件来。正当詹际盛暗叹躲过一劫的时候，检查人员发现场地一侧墙上贴了一张纸条，纸条的内容是告知操作人员不要在快件上写"文件"两个字。"你这是上有政策下有对策，你想干什么？你想造反？"执法人员的怒火冲向詹际盛。詹际盛不得不到市工商局"报到"。

后来，工商局相关人员表示这次执法也是例行公事，而且大家对民营快递的速度也比较满意，最后罚了 1 000 元了事。但邮政局并不罢休，他们向快递公司下了"任务"，天天快递每天要向邮政局上交800 件文件快件。如果照此执行，对当时一天总共不过 1 000 多件的天天快递来说无疑是毁灭性的打击。执行第一天，詹际盛应付性地交了800 份报纸，果不其然又被请到了办公室；第二天和第三天，詹际盛连报纸都没有交；第四天，邮政局连夜将位于四川北路 1 号天天网点的文件全部拿走。

查抄并没有让民营快递的发展步伐停止，也没有浇灭桐庐人干快递的热情。同样是桐庐人的赖梅松，为了干快递一脚踏上了上海的土地。

经过近 10 年的发展，此时的申通快递正加速向全网型的快递公司发展，它的壮大，给歌舞乡这个偏僻的小乡村里自给自足的人们带来了翻天覆地的变化。"快递"两个字被村民们视为发家的象征，有不少人加入了快递的队伍。之前村里很少见到汽车，之后不少村民为了做快递纷纷买上了面包车。2002 年的时候，承包申通网点的小老板不少人一年有几十万的收入，商学兵就是其中之一。

有一天，在杭州的商学兵专门来到同乡赖梅松的木材公司，向他推荐快递的生意。赖梅松习惯了木材生意的清闲而且来钱快，他对做快递并不"感冒"。然而，经不起商学兵的软磨硬泡，赖梅松也开始觉得自己的人生似乎还是要闯一闯，就算亏了、做不下去也无怨无悔。但他给自己的目标是不加盟，他要自己做快递。为了保障家里人的生活，他给自己设了做快递的底线是 500 万元，如果都亏了，他就不干了。

几经周折，利用木材客户邱飞翔的资源，花 50 万元注册了浙江中通速递服务有限公司以后，赖梅松其实并没有想把快递作为自己努力的主要方向，他擅长的和依赖的仍然是木材生意，快递只在清闲的时候打理一下即可。但当把目标定在上海之后，赖梅松发现不全情投入根本不可能做成快递生意。

为了尽早地进入角色，赖梅松在商学兵的介绍下，认识了申通的网管经理张惠民。赖梅松清楚地记得，与张惠民的见面时间是 3 月 23 日。那天，在西湖边上，质朴的赖梅松把自己想做快递的心声和盘托出。他的诚意也打动了张惠民，谈好了 5 000 元一个月的薪酬待遇，一周之后，张惠民带着赖梅松来到了上海。5 月 8 日，中通快递在上海市闸北区普善路 290 号开业，赖梅松开启了初期十分艰难的快递生涯。

57 件，79 件，110 件，这是中通快递开业前 3 天的业务量，而且这些快件中大部分都是从苏州张家港来的，因为张家港市天天快递与总部闹别扭，就把快件交给了中通。当时的上海快递市场，大部分快件都发申通，不发申通的发圆通和韵达，然后才有可能轮到中通，中通的业务量用惨淡来形容并不为过。刚刚成立的中通，上海虹口、闸北、龙湾和杨浦 4 个区的收派由招聘来的 10 多个快递员负责，赖梅松要为每个员工支付 450 元的月工资。

为了省钱，本已过上安逸生活的赖玉凤（赖梅松的爱人）开始亲自东跑西颠地送快递。雪上加霜的是，新招来的员工因为对环境不熟悉，有时候早上拿出去 3 个快件，晚上都回不来。"找不到，找不到！"赖梅松的电话里都是这样的声音，他只好让员工找两三元钱的招待所住下，第二天再回来。

除业务难做之外，加盟也出现了很多问题。在当时，所有加盟快递的人，一定会先选择申通，其次是圆通、韵达，中通的网络小，自然不会考虑。再加上没有电商件，散件揽收的概率就很低，大客户的门又进不去，中通的处境异常艰难。

本来轻松的生活变成了"又烦又赚不到钱"，赖梅松动摇了，木材的生意一年可以赚上百万，不干快递，他有着比别人更好的退路。有时候，他真想把公司卖给别人。但紧接着赖梅松就发现自己跳进了坑里，想退哪有那么容易。赖梅松说："你再无法回身，因为有那么多的人在跟随你，你如何退？除非你再也不想在国内待了，要不然根本无颜见江东父老。"

与赖梅松一样苦恼的，还有首次征战世界杯的中国男子足球队。尽管中国邮政新中国成立以来首次为中国足球队发行了邮票，但依然没能改变其小组赛三战三败垫底出局的结果。男足世界杯的表现只是让人失望，曾经同为"一家人"的电信 5 月 16 日重组，更让不少邮政人羡慕和嫉妒。中国电信、中国网通成立，中共中央政治局委员、国务院副总理吴邦国致信表示祝贺。他在信中说，组建中国电信集团公司和中国网络通信集团公司，是深化电信体制改革、进一步引入竞争机制、促进我国电信事业发展的一项重大举措，对于完善社会主义市场经济体制、推进国民经济和社会信息化具有深远意义。

电信引入竞争机制对邮政未来的发展有着重要的借鉴意义。然而邮政虽然意识到了民营快递对自己的威胁，看到了快递发展的未来趋势，但却不能掉转船头积极融入。

有危机感的不只中国邮政。6月，中国、日本、韩国、美国、澳大利亚、中国香港6个国家和地区邮政在夏威夷卡哈拉东方饭店召开了6个邮政CEO高峰会议，计划成立一个机构为邮政的发展做些实事，并带动其他国家和地区的邮政一起发展。澳大利亚邮政在会上提出，快递的大门即将对邮政关闭，邮政应该团结起来，挤进门去，别让人家把自己拦在外边。会后，占全球邮政特快专递80%业务量的几个国家的邮政，在美国牵头下，成立了卡哈拉邮政合作组织，中国邮政是组织的一员。卡哈拉发展至今，已有20多个国家和地区加入，组织有着很严格的考核，业务量和服务质量都要达到一定标准，才能加入这个组织并对外承诺。承诺什么？比如从中国河北的廊坊到美国加州的某个城市要走5天，如果5天到不了，用户投诉的话，就得赔偿。

从第一次会议开始，马军胜代表中国邮政参加过卡哈拉的两三次会议。刚参加卡哈拉大会时，我国邮政EMS全程时限达标比例只有30%，这种情况下，其他国家邮政对中国邮政的能力提出了质疑。回到国内，马军胜用了两三年时间，下大力气从全国邮政系统调人，开始改造EMS系统，并计算中国邮政的网络情况、对外承诺和赔付情况。大额的赔付让人望而生畏，却坚定了中国邮政加入卡哈拉合作组织、倒逼自己改造提升质量的想法。2005年7月，中国邮政与卡哈拉合作组织成员共同推出中国内地、美国、澳大利亚、日本、韩国、香港间时限承诺服务。

在卡哈拉组织规则的约束下，各国建立了EMS跟踪查询系统，并在香港由专门的机构来监控质量，每次大会还要向各国邮政报告运行质量情况，至今坚持了十几年。应该说，正是卡哈拉组织严格的质量监控让EMS搭上了世界潮流的列车。

6月18日，国家邮政局与南方航空公司在北京签约，重组并合资经营中国邮政航空公司。重组后的邮政航空公司由国家邮政局持股51%，南方航空公司持股49%，公司按照现代企业制度实施运营。由此，邮航主力机型由运–8飞机升级为波音737飞机。此后两年间，依托邮政市场资源、地面网络资源，依托南航飞行、机务和签派的专业力量和先进的管理经验，强强联合释放出的能量为全面提升中国邮政自主航空网做好了准备。

让整个快递市场热血上头的"封杀"风波终于在一条"补充通知"中降下温来。9月9日，信息产业部、外经贸部和国家邮政局联合下发629号文的"补充通知"，说明"经邮政部门委托，货代企业可以经营除私人信函和县级以上党政军的公文之外的国际业务快递业务。有分支机构的快递（货代）企业可以由总公司（总部）统一办理委托手续，期限为60天"。至此，风波告一段落。

中国外运集团总公司的刘建新第一时间对这场风波进行了总结：2002年发生的"快递风波"，从一个侧面集中反映了我国邮政部门现行的政企不分的计划经济体制与坚持开放竞争的市场经济新体制的尖锐矛盾，反映了邮政部门以扩大行政垄断的做法挤压竞争对手和与要求规范邮政部门的行政管理，实行公平竞争的中外企业（市场主体）之间的尖锐矛盾。凸显了改革我国邮政体制与修改《邮政法》工作的紧迫性。

而对民营快递企业来说，这场风波既不是开始，也远没有结束，其只是这场旷日持久的"围堵黑快递"的游戏中的一段插曲。但不可否认的是，这场风波之后，《邮政法》修订工作开始进入加速阶段。

专做国际货运代理的余联兵对这一切并无深刻体会。30 岁的他心高气傲、血气方刚，只知道联邦快递开始向他收取燃油附加费，这导致货运价格大幅波动，他强烈不满，决定要自己打造"中国的联邦快递"。

做中国的联邦快递，就要对中国的快递市场有充分了解。9 月，余联兵决定到全国各地考察快递企业的运作方式。在连续考察了江西南昌宅急送代理公司、浙江杭州闻达快递代理公司和上海闻达快递总部后，余联兵认为做快递"很容易"。回到深圳，他立即着手筹备创办快递公司。投入 8 万元，他在虎门租下不足 1 000 平方米的仓库，在二楼搭建了 100 多平方米的简易办公室，摆几张桌子，围成两个办公间，新公司的总部就投入运营了。余联兵将新公司取名为"龙邦"，龙即中国，邦为联邦，"龙邦"就是"中国的联邦快递"，主营业务为航空货运代理。10 月 3 日，"龙邦物流"正式营业。

如今快递业关乎民生，但在 2002 年，大多数人并不知快递为何物，他们在这年关注的最大的事就是中国共产党第十六次代表大会。会议提出，在 21 世纪头 20 年，集中力量，全面建设惠及十几亿人口的更高水平的小康社会，使经济更加发展、民主更加健全、科教更加进步、文化更加繁荣、社会更加和谐、人民生活更加殷实……2001 年刚成为 WTO 正式成员、对外开放进入新的发展阶段的中国，在党的十六大上提出了全面建设小康社会的构想。

小康社会的构想，将惠及十几亿人口，包括改革前夕的邮政全网员工，以及伴随着改革开放走出大山做快递的乡民。

/"达人"梅松 /

沿着蜿蜒的山路一直向里行，尽头是被乡亲们称为"最山里"的中通快递董事长赖梅松的老家，高山苍岭，蓝天碧水。站在低处，远望过去，两座红顶白墙的传统徽式小楼，被浓翠欲滴的竹林松林的"元宝山"环抱。

从这里到浙江桐庐县城，有40余千米的山路，中间要翻过一座山。尽管出来打拼多年了，赖梅松和他的爱人赖玉凤还时不时地一起回家看看，仿佛在这里才可以放下燥热和喧嚣，找回内心的宁静和平和。

外界没法想象，从这种静谧安宁中会走出一个又一个代表行业峰值的人物，国务院总理李克强两度亲临中通视察并"点赞"。这就像著名企业家褚时健一辈子没走出哀牢山，却引领了一个时代，给世人留下谜团。

从这里走出的赖梅松和他的中通，就像丑小鸭，刚开始很不被人看好，在周遭的不顺中，长着长着，一个华丽转身，却成了美丽的天鹅。松风梅骨，收获天时地利人和；思乡恋旧，让一抹蓝走出海阔天空。

做木材起家的赖梅松有着南方人在生意上的灵动头脑，2002 年才投身于快递，彼时的他便拥有六七百万元资产，一家人过着幸福的日子。一个 50 万元投资快递就能起家的蛊惑，让他奋不顾身地投身于此，结果一下子投进去了 500 万，这已远远超出他最初心里的投资底线。

虽然遇到各种挫折时，也想过往回退，但他发现，只要置身于此，就不能回头。"再也无法回头了，因为有那么多人在跟随你，你如何退？只有向前，不然根本无颜见江东父老。做到这个时候，更多的是责任了。你有多大的想法，你就能做多大，现在只有努力做好，因为你不再是一个人，你身后是很多个兄弟，很多个家庭。"

赖梅松平和敦厚，他只想给兄弟们一棵可以遮挡风雨的大树，天时、地利、人和，这棵树长成了参天大树。它一路生长，终究会变成一片树林。

所有的出人头地都是熬出来的，"熬过去"的每道沟、每条壑，在外界看来是惊涛骇浪，在赖梅松"小世界"里却波澜不惊。

2010 年，各网点的兄弟们不理解为什么要被"收编"。赖梅松精打细算，根据网点的盈利情况、市场份额在全网中所占的比例，评估折算后拿出对价方案。他用最平静的方式完成了收编，这便意味着，他的让步让利以及他的价值观得到了最大程度的认同。

2016 年，赖梅松顶着压力，率中通远赴美国上市。面对质疑，他坚持说中国快递长期被低估，改变现状是他义不容辞的责任，他要努力在全球资本市场上讲好中通故事，讲好中国故事。

2018 年，阿里巴巴与旗下菜鸟网络向中通投资 13.8 亿美元，持股约 10%，外界认为中通被"掐尖儿"了。赖梅松不争不辩，他内心看重的是，他要找到可以帮助中通走出去，走得更稳，走得更精彩的伙伴。

他恰似行业走过青涩后杀出的一匹"黑马"，以创新创业创投为己任，让共治共担共享成风尚。他坚信，命运要掌握在自己手上；他坚信，手指握成拳头能迸发更加强大的力量；他坚信，行业进入新时代，快递企业将大有可为。

他身边少有是非，心中能纳百川，容事，容人，达人，达己。熟识他的桐庐政协主席王金如此评价，赖梅松与别人不一样，他为人正直，懂得取舍。如果说同样是 10 分球选手，赖梅松的进球姿势会更好看。

赖梅松故乡的老宅中有一副对联："惠风不止接兰沁，江水长流纳洪福。"他说，做快递，是他最有眼光的选择。

2003，关键一役

2003年年初，一个叫SARS（非典型性肺炎）的"幽灵"侵入中国。这是一种病原不清、极易引起集体传染的病症。这种具有高度传染性的非典疫情在深圳、广州等地突然加剧后一路北上。3月，疫情扩散到北京，北京很快成为重灾区。

在非典疫情出现较早的广东，王卫还在考虑如何让顺丰发展得更快，他已经不满足于让公司的快件零星地出现在各个航空公司的散航腹舱里。王卫看上了扬子江快运的飞机，借航空运价大跌之际，他与对方签下了一年的包机合约。这一天，是2003年1月5日。然而这个举动，顺丰内部并不看好，就连合作伙伴深圳机场和扬子江快运都认为不靠谱。一个飞行小时1.7万元，只拉1.7吨的货，"疯了吧？"

在没人敢想的恐怖玩法下，王卫很冷静："飞！"1月7日凌晨，第一架拉着顺丰快件的扬子江快运全货机从深圳机场呼啸起飞，带着大家的不解，带着王卫的梦想飞向上海。深圳到上海是王卫认定的当时最重要的一条线，业务量也最大。看着远去的飞机，王卫并没有太考虑这架飞机往返所需的6.8万元运费，他只想让顺丰更快。

谁也没想到，3月非典的爆发，竟然阴差阳错地帮了王卫一把。特殊环境下，不管是办公还是生活，人们对快递的需求更为强烈，于是王卫的飞机马上就装满了。到了5月，一个晚上要飞两个来回才能把快件运完，这种情况震动了整个行业。

非典成就了顺丰的"航空梦"，也为中国邮政航空在抗击非典的战斗中提供了立功表现的机会。因为北京疫情严重，需要从安徽阜阳紧急运送一批非典防护服到北京。而当时阜阳只有一个抗战时期的沙土机场，不适于波音飞机降落，但螺旋桨飞机可以起降。在当时国内的航空公司中，只有邮航有螺旋桨式的运-8飞机。4月25日，接到马军胜电话后，关荣顺紧急调配两架运-8飞机到安徽阜阳。当飞机飞回首都机场时，天空净空，邮航的飞机优先落地，时任北京市委副书记、代市长的王岐山亲自到达机场迎接。飞机降落后，12辆运输车在机场滑行跑道上整齐排列，等候装车。邮航也因在抗击非典中的此次立功表现，获得了"首都防治非典型肺炎工作先进集体"称号。

在行业里"高高在上"的陈平并没有把顺丰包机放在心上，他甚至很长一段时间里都不知道有顺丰这么一个对手。当听说有家叫顺丰的快递企业正在包机时，他顿时产生了好奇心。在他的意识中，宅急送一直是行业的领头兵，他还没有遇到一个敢包飞机的人，何况是没有听过的顺丰。

陈平一张机票就飞到了深圳。顺丰的总部当时就在一个不足500平方米的大工厂里，陈平在那里第一次见到王卫。转过总部之后，王卫请陈平吃了顿午饭。这顿饭给陈平留下的印象深刻。如今回忆起来，陈平说自己抠门，请客从来都是萝卜白菜，但王卫的这一餐，鲍鱼、海参一样不缺。这个香港人特大气！这是王卫给他的第一印象。

吃了饭，王卫又带着陈平去看顺丰的呼叫中心。在一个20平方米的小卖部一侧，有一扇三合板做成的小门，门上用毛笔写着"闲人免进"。陈平一脸疑惑地推门而进，紧跟着就吓了一跳。不起眼的小门后竟然别有洞天：一个近1 000平方米的场地上分布着100多个座位，全是小姑娘在接电话。而当时宅急送的呼叫中心不足20人。让陈平又产生疑惑的是，宅急送的呼叫中心都是整齐的工位隔断，上面刷着公司的口号，而这里的桌子全是三合板钉起来的。"你怎么不放桌子？"陈平问王卫。"我随时好跑。邮政来抄家，随时好转移，我们就是打一枪换一个地方。"王卫说。

顺丰东莞的分拨中心建在一个湖中心的岛上，岛上停着几百辆摩托车，还搭起了一个300多平方米的大棚，一条分拣线放在其中。陈平一看，顺丰的员工分拣的全是信件，这时他才知道顺丰在做什么。与宅急送的重货模式不同，顺丰的快件全是商务文件。陈平回忆说，其中有60%的快件都套上了邮局的信封，以躲避邮政的追查。这在陈平看来不可接受，加上对顺丰总部没有留下太好的印象，陈平对顺丰的轻视之心越来越重。

如今的陈平后悔当初，当时自己太高调了，没有看懂王卫的低调和他背后的内敛。最重要的是，他忽视了一个细节，别看一封信才20元钱，但是一麻袋就是5万元，而宅急送一卡车的运费才2 000元钱，这是宅急送与顺丰本质的差异。正是这个原因，顺丰能包机，宅急送包不了。之后，陈平赌气之下也想尝试包机，但先尝试着包舱包了半年，最终亏得一塌糊涂，也就不再提包机的事儿了。

非典也无心插柳地奠定了顺丰在北京的发展基础。派件时，客户不敢用手接快件，用镊子夹走，顺丰北京区300多人，依靠强有力的应急措施，无一人离职，无一人感染，有效地占领了北京市场。这一年，顺丰的网络疯狂扩张，先后开通了长春、石家庄、沈阳、武汉、西安、成都、重庆、济南、青岛、烟台、郑州等11个城市的网络服务。包机的成功，也让王卫内心萌发了更疯狂的想法。此后，顺丰在空中资源获取上步步为营，专机、散航，直至自建航空货运公司。

也就从这年开始，政企合一的国家邮政局开始了关于"非法寄递文件"的专项整治活动和长期的专项检查。当时几乎所有的民营快递企业，都开始了与邮政的"猫捉老鼠"的游戏。

郜伟回忆，DDS其实2003年就该倒闭了，当年经历的那一劫让他至今感到惊心动魄。2003年是查抄"黑快递"最严的时候，在东莞，每个村都有邮政的执法人员和当地的保安在村口把关。在深圳，一天3万件、占据90%的同城快递市场的勤诚，更是树大招风。

深圳邮局的一次查抄行动引起了双方的冲突。勤诚深圳分公司经理被公安人员带走。无奈之下，郜伟提笔给深圳邮局局长写了一封信，信中说："你是一个堂堂的深圳国有企业的邮局局长，我是一个个体户，你如果有本事就在市场上争高低，不要用这种行政手段把我封杀。你的老乡孙中山先生说，世界潮流，浩浩荡荡，顺之则昌，逆之则亡。希望你做一个顺应历史潮流发展的人。"第二天，不知道是这封信发挥了作用，还是机缘巧合，深圳邮局就派人来和郜伟谈判，并释放了被扣留的勤诚人员，勤诚则赔偿被打执法人员3 000元的医疗费。

但此事并没有结束。勤诚的运作部在深圳宝安铁岗水库，6月17日夜，宝安邮局不知怎么请来了800个民兵，还有公安、工商、税务的联合执法队，把运作部团团包围。接到通知的郜伟赶到现场，临时通知了1 600名员工，全部打车过来形成了"反包围"，同时向市政府上报情况。在市政府的调解下，风波暂时平息。

不久，深圳邮局将情况上报邮电部，最终导致勤诚在全国被封杀。西安、大连、沈阳、上海、南昌等地的快件全部被扣，郜伟心想，这次是活不下去了。被逼入绝境的他又想起了写信，给中央领导写信："我们是一个民营企业，只是想解决点就业问题，给国家上交点税收。为什么在中国的大街上可以允许DHL、UPS等外国公司明目张胆地去收快件，却不允许一个中国人的民营企业生存？"去信的结果令郜伟惊喜，邮政的一次紧急会议后，全国不再封杀勤诚，这次事件也最终平息。

申通也难逃霉运。江阴大桥，北京至上海国道主干线的跨江"咽喉"，一辆从上海发往北方的申通快递班车从桥上徐徐开过，刚一过桥，就被"埋伏"在这边的执法队拦了下来，整车快件被拉到当地邮局。"所有东西全部拆开来检查，包裹你们自己可以拉走，文件全部留下。"在执法队的命令下，申通一行人面露难色。无奈之下，陈德军只好亲自出面解决。他对几次处理江阴大桥的班车事件记忆犹新，不只是因为亲自参与过，还因为每年必须交上的几十万元"份子钱"。

在邮政执法大队严格执法时，5月，阿里巴巴投资1亿元创建了淘宝网。马云曾言："我觉得非典期间是我们最大的挑战。"不过，非典出乎他意料地成为中国电子商务猛然觉醒的转折点，人与人的正常往来被切断，很多企业只能靠互联网来进行沟通，阿里巴巴出现了转机。

抗击非典的斗争也迎来了光明。6月24日，世界卫生组织解除对北京的旅行警告，同时将北京从非典疫区名单中排除。中国人民赢得了抗击非典的胜利。对国家来说，抗击非典是这一年发展中的关键一役。对王卫、郜伟、马云而言，2003年无疑是企业发展中至关重要的转折点。然而，同样经历惊心动魄的还有聂腾云和崔维星。

7月，刚成立4年的韵达，总部正面临着一场生死危机——一个针对韵达全网的"政变"计划正在酝酿，并且即将针对总部进行"摘头"行动。"政变"的幕后策划者是刚成立没多久的汇通，股东包括不少韵达加盟网点和总部的管理人员以及外部人员。为了快速铺出一张全国的快递大网，汇通试图通过直接斩断韵达总部与各地加盟商的所有联系，取而代之。

周柏根接到聂腾云的紧急电话赶到上海时，汇通已装修好总部，正不断从韵达总部"挖"人，上至管理层，下至保洁员，一个都不放过。看着局势逐渐向"武斗"转变，周柏根当机立断，第一时间通过朋友向公安部门反映了情况，并及时将汇通即将在某一天晚上的武力行动计划做了报告。

入夜，上海物华路韵达总部异常地安静，但平静的湖水下暗流涌动。屋顶上、场院中、黑暗的角落中，便衣警察提前设防；警车、摄像等在周围随时待命；韵达总部如临大敌，几百根木棒、铁棍准备妥当，留守的人做好了反击准备。周柏根得到的消息没有假，当韵达准备好一切，汇通组织的一大群人便包围了韵达总部，人员、车辆不得进出。双方的对峙并没有持续太久，当场面即将失控，埋伏在四周的警察快速出动，四周的警笛声大作。作为闹事的一方，"摘挑"行动的策划者随后被逮捕。

在周柏根的主持下，历经两三个月，直到10月，韵达此次的危机才彻底解除。但聂腾云、周柏根等韵达高层意识到，如果总部对加盟商没有任何管控，加盟商想跟谁就跟谁，对一个加盟制企业来说，危机仍然会出现。所以，大家商讨后一致决定，只有在各地建立分拨中心，才能减少类似的危机。

这一年中，比韵达更早遭遇危机的是德邦。《德邦小传》记载：3月，德邦物流内部潜伏的一股危机即将来临。当时德邦的深圳分公司，最大的问题在于人事权的重叠和冲突，虽然深圳的人事工作仍由广州负责，但德邦的原副总之一，股东沉江有比较重的乡土情结，重人情关系，总部派来的人常常面临被架空的窘境。再加上在公司未来发展方向上有分歧，4月，沉江决定脱离德邦。崔维星闻讯立即从广州赶往深圳，并从广州紧急调了一批人员赴深。在去深圳的路上，崔维星虽表面镇定，但是焦虑与担忧无时无刻不在内心充斥。最终，深圳分家导致德邦直接损失300万元。

如果说深圳分公司的分家使崔维星感到突然，那么广州分家行动对崔维星来说可谓刻骨铭心。深圳事件期间，公司内部不知从什么时候开始就流传起了一个谣言，声称"崔总说湖南籍员工都不可靠，回到广州后就开除所有湖南籍员工"。由于德邦当时的湖南人很多，一些不明真相的员工听信了谣言，思想发生了动摇，甚至开始准备离开德邦。广州可能分家的消息被员工第一时间反映到了崔维星那里，但崔维星坚决不相信会发生这种事情。然而，真相在6月18日下午的高层会议不欢而散之后被证实了，崔维星与石浩文撕破脸皮。震怒的崔维星不愿意再束手待毙。刚一散会，崔维星就宣布了广州分家的消息。广州分家的第二天，德邦清点了人数，当时公司有900多人，走了208人。

两个月内连续两次分家让德邦元气大伤，一直到2004年初，情况才基本稳定。分家期间，坚定地站在德邦一边的员工后来都成了德邦发展的中流砥柱。而分出去的沉江和新邦逐渐销声匿迹。

老子说："祸兮福所倚，福兮祸所伏。"一切就是这样神奇。尽管遭遇非典这样猝不及防的灾难，但2003年的中国经济并没有受到太大的影响。到年底，国内生产总值的增长率达到9.1%，是"1997年以来增长最快的年份"。航空、旅游、餐饮、药品、食品、电信等产业，甚至包括快递都得到了意外的发展。

一切步入正轨，在外经贸部办公厅任职的相峰却决定不干了。36岁的他一直坚持着一个观点——年轻人在政府干一段时间差不多得了，该去企业去企业，还是企业天地比较大。萌生了离开机关的想法后，相峰从身边的朋友圈寻找出路。一次偶然的机会，一起在哈佛大学留学的校友向他推荐了一份工作——UPS正希望在中国找一个负责政府事务的员工。与UPS大老板聊了两次后，相峰找到了辞职下海的第一份工作。

UPS全球公共事务总裁阿诺德·威尔曼来到北京时，并不是奔着面试相峰来的，他要把来自全球的负责智能、政府事务的同事，全部都集合到中国来召开年度会议。但实际上，开会的时间并不多，更多的是"体力活儿"。这些来自世界不同国家的UPS员工要去西柏坡，UPS准备在平山小学里建一间计算机教室。10月28日，在平山小学预留出的计算机教室场地上，是UPS从美国直接运来的房子的一片片零部件，甚至连每一颗钉子都是从美国运来的，而相峰等人要干的，就是盖房子。刚刚上任的相峰，甚至还没来得及去一趟UPS在国贸的办公室，就从北京被拉到了工地现场。于是，现场出现了有趣的一幕：威尔曼在工地里上蹿下跳，一边干着活，一边上到房顶上看谁偷懒，相峰则埋着头叮叮当当地忙着手里的活儿。

众多快递企业虽然挺过了这一年的关键一役，但年底出炉的《邮政法》修改稿让大家的心情再次跌入低谷。

11月17日，由国务院法制办牵头、国家邮政局起草的《邮政法》修改稿第五稿出炉，掀起行业轩然大波。业界普遍认为，相比1986年

《邮政法》，第五稿再次强化了邮政的专营范围和权力，重提"500克以下专营"，且"500克内外都要邮政部门授权"，并提高了市场准入门槛。

东方万邦刘和平在接受媒体记者采访时表示，如果按照第五稿的规定，仅注册门槛一项就会使99%的民营快递公司关闭。第五稿也引起了DHL、FedEx、TNT和UPS国际四大快递公司的强烈反对，表示该稿"不符合WTO规则和中国入世承诺"。

非典、围堵、濒死、"政变"、分家、绝境，是民营快递企业这一年生存的真实环境。但走过了最黑暗的时刻，还有什么更加可怕的呢？

2004，飞翔

街头的人潮中，农民的身影越来越多。此时，背井离乡并不意味着孤苦凄冷，结伴而行的他们在异乡干得热火朝天。

年初，中央一号文件《中共中央国务院关于促进农民增加收入若干政策的意见》下发，时隔18年后，再次聚焦"三农"。文件强调，"进城就业的农村劳动力成为我国产业工人的重要组成部分"。

界限不再那么重要，农民进城务工，不仅是农民就业的需要，也是城市发展的需要；不仅是农民增收的重要渠道，也是我国制造业和服务业始终保持低成本竞争优势的重要因素。

在这样的背景下，一批又一批民营快递创业者们来到城市，服务城市需求的同时，自己的腰包也鼓了起来。"总部投1亿，全网可以投10个亿"，得益于"加盟"模式，中国民营快递用从农村涌入城市的农民加盟商的钱飞速发展。

2004年，天天快递成立十周年，全国省会城市基本实现了全覆盖，全国的快递网络基本形成；在文件类快件的市场占比中，天天快递占45%；天天快递还于申通之前在西藏拉萨设立了快递网点。于是，詹际盛决定好好庆祝一下十周年。

上海大剧院是上海的标志性建筑物，它的建成使得人民广场成为上海名副其实的文化中心。大剧院成功上演过歌剧、音乐剧、芭蕾、交响乐、话剧、戏曲等各类大型演出和综艺晚会，成为上海重要的中外文化交流窗口和艺术沟通的桥梁。詹际盛将十周年庆典的地点选在了这里，并请来了屠洪刚等实力明星现场演唱。那场庆典至今还为不少业内人士所津津乐道。

天天快递成立十周年庆典活动

民营快递企业成长时，邮政也不甘寂寞。与民营快递公司比快，邮航的优势是无可比拟的，但航空带来的提速必须建立在一套科学合理的运营机制之上。

上任后的无数个周末，马军胜带着人马忙着到全国各地的机场调研，最后两个人都认为邮航货机在白天执飞并不可取。因为邮政投递员、揽收员、营业局所的工作时间都是白天，要把白天留给市场，夜晚留给邮航。2001 年起邮航快速网实行的"半夜航"必须要变成"全夜航"。

邮航要开红眼航班，就得经过民航局批准。马军胜思路清晰，他拿着和关荣顺一起设计的飞行方案坚持自己的观点："邮航要发展，没有别的路子走，只有夜航。如果继续白天飞，邮件的时效性就没有了，速度优势也没了。通常情况下，邮件揽收、内部处理、分拣分发，装上邮车奔机场，一套程序走下来晚上 8 点之前到不了机场，邮件没到，飞机也没法起飞。晚上 10 点左右，各地邮航的货机基本上可以起飞，

12 点前后降落。"

为了实现夜航，马军胜和关荣顺跟民航局开始协商。但民航局非常谨慎，雷雨等天气直接影响飞行计划，对晚上 12 点前飞完的方案并不买账。于是，关荣顺决定去民航局"磨一磨"，时任民航局局长杨元元上班一进电梯就能看见他，局长开会等着，不开会就一直跟着，软磨硬泡，一边还"唠叨"："局长，我没办法，我只能这样飞，不开夜航，飞机一袋邮件都装不上。"最终，邮航的红眼航班被"磨"下来了。

8 月 18 日 0 点，中国邮政自主航空网以上海为集散中心，以北京、广州、深圳、沈阳、厦门、潍坊和日本大阪为骨干节点，启动全夜航运行模式，EMS 借此空地网络紧密衔接，"次晨达"和"次日递"正式进入邮政业务词典。

这年，同样看着飞机在夜空中闪烁着点点红光的，还有王卫。包机一战，航空梦照进了顺丰人的现实。王卫问大家，是否期待有一天，顺丰自己的飞机在夜里划破长空？大家的眼神让他明白，这已经不是他自己一个人的梦想。

对邮政来说，2004 年绝对是值得铭记的一年。不只是因为全夜航的开通，还因为"飞人"刘翔。

8 月 28 日，在雅典奥运会上，刘翔以 12 秒 91 的成绩夺得男子110 米栏冠军，并平了由英国选手科林·杰克逊创造的世界纪录，夺得了金牌，成为中国田径项目上的第一个男子奥运冠军，创造了中国人在男子 110 米栏项目上的神话。当印着刘翔跨栏形象的快件出现在大江南北时，邮政 EMS 一时风头无两。

在袁国利看来，刘翔的形象与邮政EMS是契合的。雅典奥运会之前的几个月，刘翔在日本田径大奖赛中拿了冠军之后，速递局里一帮热爱体育的年轻人就建议赞助刘翔。"其实在这之前，我们已经开始赞助体育了。1994年足球改革，我们跟足协合作，在联赛中设立最快进球奖。每个赛区在赛后搞个发布会，给最快进球的球员发3 000元奖金，当地速递局去发奖。到1999年，我们还跟足协拍了个反映中国足球改革5周年的片子，叫《在路上》。"

发现刘翔之后，邮政EMS决定赞助。谈判桌上，除了袁国利，还有体委田径管理中心相关人士和刘翔的教练孙海平，孙海平坚持不要EMS出高价赞助费。于是，邮政EMS开始了与刘翔第一次的三年合作，签约价最终也不高。刘翔代言之后，邮政EMS做足了文章。2006年，刘翔破纪录夺冠，EMS及时送上鲜花祝福。那几年，也是邮政EMS发展最好的几年。

这年，第十届全国人民代表大会第二次会议通过了宪法修正案，首次明确规定"国家尊重和保障人权"。同时，《宪法》还首次明确规定，"国家保护合法的私有财产"，这标志着中国市场经济基本原则在中国社会得到确认，也有效地促进了私营企业的发展。

此时的陈平也认为自己的日子过得不错。在政策的春风中，考察完顺丰回来后，他一声令下，宅急送总公司成立航空处，七大子公司业务部全部增设航空科，为进行包机做铺垫，为宅急送的第二个梦想"飞机上天"做准备。此外，陈平不惜斥巨资通过在地级城市大量铺设网点，进一步完善宅急送的网络，形成"绿色割据"之势。但这种在很多人看来"激进"的做法，几个月后因为没有业务，导致公司利润下降，宅急送不得不重新调整发展方向。

这个时候，"拿命在做物流"的陈平病了。8月，陈平在美国短期考察联邦快递时，几乎 24 小时不睡觉，回国后一下飞机他又开始了全国巡讲。当他巡回到洛阳，给分公司的人讲完联邦快递的运作模式时，已经是晚上六点多。顾不上吃饭，他又马不停蹄前往西安，路上陈平吃了根香蕉，因为吃得太快，一下子噎住了。更严重的是，陈平感到心脏就要停止跳动，体温急剧下降，手脚冰凉，喘不过气来。司机一惊，连夜把他送到西安的医院。赶到医院以后，心电图却显示没有任何问题，最后也没查出病因。

但从那一次开始，陈平感到自己的状态开始不如从前。他自己总结，病因来自工作没有张弛，一直处于高度紧张的状态，加上过于要强、过于追求成功，身体一下子就垮了。这次的病情也成为他日后患上抑郁症的"病源"。

陈平休养期间，9月，崔维星成功地把德邦的运输成本降低了一大截。推出"卡车航班"，用公路货运的价格完成航空快运的业务。崔维星的一个创意使德邦脱胎换骨。

2004 年的中国物流界，大小物流公司蜂拥进入汽运行业，造成行业塞车。激烈的竞争让许多小货运企业不惜代价，展开了近似肉搏的价格战。身处"乱世"的德邦怎么办？德邦的汽运刚刚起步，打价格战能支撑多久？

崔维星觉得不仅不能打价格战，而且应该提价。提价得有提价的理由，德邦试图寻找一种产品，这种产品要经得起德邦高价格的考验。于是，他开始寻找一种介于空运和汽运之间的运输方式，这种运输方式价格要比汽运贵一点，速度还不能比空运差太多。就在德邦团队苦苦思量之际，一种舶来的运输方式使他们茅塞顿开。

法国巴黎机场、香港国际机场、美国达拉斯国际机场等国际枢纽机场都在建立一种叫作"汽车航班"的通行做法，即一种空运、陆运结合的联运模式。汽车航班对增加机场旅客和货物的吞吐量有巨大的推动作用，其服务半径可达 800 千米。香港国际机场的客运汽车航班直达浙江和广西。汽车航班在空运链中起着非常关键的作用。实际上，货物在空中运输的时间非常短，大部分时间被起点和目的地机场的收货、分拣、配载等多个中转作业所占用。

2003 年的非典导致广州、深圳等地到上海的很多航班停航，人和货物全都运不出去，一些航空代理无奈之下也采取了汽车运输的救急方式。讲究成本和效率的空运代理行业开始逐渐尝试用卡车运输来代替航空运输，德邦就是在这样的背景下，把汽车航班借鉴过来，并且进行延伸，将定义修改为"像航班一样的卡车"，在国内率先推出了卡车航班的运输服务：所有中长途汽车运输都采用集装箱装运，经过专业训练的作业员能确保 40 分钟内卸完整箱货物；车辆全部采用进口卡车，提高了运输效率。这一年，卡车航班让德邦华南地区的货物量迅猛增长。

这一年居民电话普及率也在迅速增长。《中国 2004 年国民经济和社会发展统计公报》显示，2004 年新增固定电话用户 4 970 万户，年末达到 31 244 万户。新增移动电话用户 6 487 万户，年末达到 33 483 万户。电话普及率达到 51 部 / 百人。

但这对 UT 斯达康来说并不是一个好消息。此前几年，由于固网运营商急需一个新的业务增长点与移动运营商竞争，而小灵通的出现恰好满足了固网运营商的这一需求，加之当时手机通话费用较高，因此小灵通一经面世，就引起了巨大反响。2004年下半年，中国电信和中国网通两大垄断巨头建设3G网络，降低了在小灵通方面的投入，直接冲击了小灵通市场。UT斯达康在2004年的业绩严重下滑。

在上海返回杭州的高速公路上，周韶宁开始思考自己的前途。途中被多辆卡车堵在高速公路上，半个小时车没挪动半分。卡车喷出的滚滚黑烟让人难以忍受，更令周韶宁惊讶的是这些货车的车厢都是空空荡荡的，这一幕在他脑海中定格成灰色的底片。周韶宁回想起美国高速公路上整整齐齐的货车，他开始思考中国的物流行业与国外的差距为什么这么大，一个"用所学的技术改变这个行业"的想法不经意间萌生，离开UT斯达康去物流行业创业的种子在周韶宁的内心破土而出。

相峰也想把自己认为的有很好借鉴意义的欧洲快递经验拿出来与国内民营快递企业分享。10月，在上海光组织的一场座谈会上，中国快递企业和国际快递企业交流经验。相峰代表UPS做的演讲中提到了"邮政专营"。而"邮政要不要专营、专营的标准定在哪儿"正是当时民营快递企业和国际快递企业关注的焦点。当大家还在为文件的专营到底是定500克还是定1 000克而争论时，相峰认为应该有两个标准：要么规定一个绝对的界限，比如一定克数以下必须专营；要么推出资费标准，邮局和民营快递各自推出价格不同的竞争性服务产品，允许消费者自主选择。相峰刚提出这个观点，就遭到了喻渭蛟的反对，这是相峰与喻渭蛟的第一次见面。"你讲得不对，你们外国公司老想着进中国市场。"喻渭蛟并不认同看起来代表外企利益的相峰。

被eBay（亿贝）全球总裁梅格·惠特曼断定"最多能活18个月"

的淘宝网还活着，而且活得很好。淘宝网正式上线运营一年后，在全球电商网站排名中已跻身前 20。同年，支付宝从淘宝网分拆独立，逐渐向更多的合作方提供支付服务。

在刘强东的坚持下，京东 2004 年转型电商。线下业务大部分被砍掉，京东只保留了一个柜台用于采购，开始涉足电子商务领域，经营电脑产品，从光磁产品逐步扩充到主板、CPU（中央处理器）等电脑核心产品。

飞翔，是 2004 年许多人的共同渴望。或拍打翅膀准备起飞，或伸展双翼高空翱翔，尽管姿态不同，但梦想均与天空同在。

在中国快递业无声萌芽的 1998 年,从人民大学毕业两年的刘强东拿着在外企打工攒下的 1.2 万元,在中关村租了一个摊位,成立了"京东多媒体",卖起了刻录机和光盘,正式开启了创业生涯。

乘着互联网的东风,刘强东在随后的 20 年里迅速崛起,从 10 岁以前没有见过电灯,到成为身价 600 多亿的电商巨头。在中国电商界,他被誉为"打不死的小强",铁腕、霸气甚至有些自负。而他最难又打得最漂亮的一战,就跟快递有关。

在刘强东刚刚涉足电商的年代,快递业还处于野蛮生长时期,刘强东本应该像其他电商一样,对快递即便有些不满,也只能一边骂一边依赖,可这位草根英雄身上的倔强却让他剑走偏锋,在"一身轻"的电商内部打造出一个差点把京东拖垮的"重资产"——京东物流。并在多年后口出狂言:长期来看,只有京东和顺丰会成为两大巨头,而剩下的物流公司会高度依赖平台,成为搬砖头、打酱油者,获得微薄利润。

这份狂妄来自哪里?要从奠定刘强东成功的三次力排众议说起。

第一次是 2004 年,在实体商业如火如荼的时候,他决定关掉给他带来"第一桶金"的实体店铺，转而专心做电商。第二次是 2007 年，在大家刚刚习惯在网上买电子产品的时候，将京东扩充成全品类电商，向真正的大型企业进军。第三次也是 2007 年，在投资人的质疑中，他提出了 10 亿美元的预算，计划打造京东自己的仓储物流体系。

如果说前两次打造了京东商厦，那么第三次则构筑了极高的竞争门槛，虽然让京东常年亏损，但也成为其在随后的互联网大潮中长期立于不败之地的关键所在。

现在看这个问题你会觉得顺理成章，可是如果把时间轴拉回到下决定的那一刻，你会意识到他遇到的这个问题有多难：10 亿美元已经很多了，可是就算给你 100 亿，就能马上打造一个顺丰吗？没人有这个能力，因为除了钱，做快递还需要几十万人支撑，从招聘组队到管理培训到渠道下沉再到最终铺成一张高效的网，就算每个点都不栽跟头，所花费的时间也是无法逾越的门槛。

更何况，要想跟电商同行竞争，价格战在所难免，电商的人工、房租、市场、技术四大成本都不能省，再背负物流这个占据 50% 以上成本的不可承受之重，怎么能赢？几乎所有人都反对，刘强东对赌了自己的股份才得以坚持。然而没有随随便便的成功，一年后，他便付出了代价。所有融资都花完时，恰巧赶上金融危机，没有人愿意掏钱给一个不知何时能赢利的企业。京东面临着倒闭的危险，一个月之间，刘强东愁白了头。

刘强东如此坚持，来自他对客户体验的极致追求。很多人都不明白，为什么京东可以这么快？客户一旦被"惯坏"，想赶走都难。作为京东的另一条腿，京东物流从服务京东的角度定位，走出了一条与传统快递不同的"偏锋"之路。

传统快递是在路上诞生的，通过线的交织连成了网，而京东物流则是以"仓"为核心，由点向面辐射而成。这两者的本质是"C2C"（个人对个人）和"B2C"的区别。前者的快递员永远不知道下一秒电话来自哪里，发到哪去，所以就连UPS也要有30%的人员冗余成本，而京东这种单向的只送不收的模式，通过信息的优化可以预算未来每个产品的各地销量，在客户下单前，商品已经运到当地的仓库。

正是这样的运作机制，让刘强东在2010年有底气提出"211限时达"，快递业为之一振。

刘强东就是京东物流的"第一代言人"，连续多年的重要节点时刻，刘强东都会亲自去派送快件。2011年，刘强东再次当上了快递员，并发微博上称，"如果转发微博，还能当场认出东哥，50% off（降价）"。

在刘强东的重视和力推下，京东物流迅速成长。2017年4月，京东物流宣布独立。在全国范围内拥有256个大型仓库，6 906个配送站和自提点，已经运营了7个大型智能化物流中心"亚洲一号"，自营配送覆盖了全国98%的人口。

能否成为行业霸主无人知晓，至少，刘强东用自己的方式成就了快递领域的一方霸业。

2005，买和卖

1月，Beyond（中国香港摇滚乐队）最后的演唱会"Beyond The Story Live 2005"于香港开唱，从此再无Beyond。不过，"自我超越"的事儿，这年里在"买"和"卖"之间频繁上演。

徐建荣决定不卖猪肉了，要"买"快递。与几位20世纪90年代就进入快递行业的同乡不同，徐建荣这年3月才打算正式进入。在这之前，他的身份是肉食加工厂的老板。从改革开放进入肉食加工行业，一直发展到2005年，徐建荣的生意做到了顶峰，高峰的时候一天销售8 000多头猪。他的食品加工厂更是占据了上海20%的市场份额，是上海最大的一家，最好的一年产值约15亿元。在当时来说，徐建荣的企业要比快递公司的状况好得多，"他们才几毛钱的生意，我们100元以下都算零头"。

徐建荣虽然这么说，但他在一次聚会上看到了快递更好的发展前景。成立于2003年的上海桐庐商会，陈德军、喻渭蛟分别任会长、副会长，徐建荣也是商会成员之一。在桐庐商会一次聚会上，徐建荣在与二人的接触中了解了快递。跳出行业看自己，徐建荣认为干快递比"杀猪"更有前途。

聚会之后，中意快递的徐建荣一直在关注行业的发展信息。2005年，徐建荣打听到一位同乡有一家快递企业，在投资了112万元资金后准备退出，他感觉机会来了。这家名为博盟物流有限公司的快递企业就是当年的汇通。在经历了当年的丑闻后，汇通的发展陷入低谷，业务也仅覆盖苏浙沪区域，2005年一天的业务量用徐建荣的话来形容，

"少得吓死人"。

2005 年，民营快递企业经过多年的发展，已经初具规模，但体量还很小。申通日均业务量约 30 万件，圆通日均业务量约 20 万件，而汇通只有 7 000 多件。汇通转手的原因很简单——资金链断裂。但在徐建荣接手的时候，由于对快递了解不深，对方几个人的吹嘘险些置他于险境："框架已经造好了，你只要买砖把这个墙砌好就好卖钱了。"收购不足 100 人的汇通后，他发现真相并不是对方吹嘘的那样，而是一个"坑"。好在徐建荣在肉食加工方面有深厚的积累，充裕的资金硬撑着汇通没有倒下。

徐建荣为了"买"快递痛下血本，陈德军则为了"卖"快递四处奔忙。在严峻的打压形式下，陈德军不得不开始考虑申通的前途，他开始把希望寄托于中国外运公司。陈德军的想法很简单，因为中国外运是一家央企，如果让中国外运在申通公司占大股，自己为对方操盘，这样就不会被打压了。而且，中国外运当时跟 UPS、DHL、TNT 等国际公司在进行合作，申通与中国外运合作后，还可以给 DHL、UPS 提供国内的服务。不光陈德军，在当时很多申通人看来，和中国外运合作，申通将不再受"欺负"，他们的声音也可以通过中国外运这一中国国际货代协会的会长单位传达出来，从而对邮政法的修订形成某种影响。

而作为中国外运集团总裁的张斌，深知中国物流业内外环境的变化和中国外运所潜伏的危机。其中，由于政策原因，中国外运享受了与外资快递公司合资的丰厚收益，而这一收益将由于国内快递市场的逐渐放开而不复存在，以往的合作伙伴也将变为潜在的竞争对手。中国外运必须寻找新的利润点。更重要的是,他试图将中国外运构建成一个可以"海、陆、空"立体作战的物流帝国,完成从传统的外贸运输企业向现代化的综合物流企业转轨。张斌把目光瞄向了国内快递企业,申通、宅急送等做得较好的几家快递企业都在他的考虑之列,但更倾向于申通。最终,当陈德军找到他时,双方一拍即合。

兼并是中国外运铺设网络的最快方式。彼时,申通在全国已经有400多个签约网点,覆盖城镇达到600多个。其中,申通在长三角地区市场有着明显的优势,这一带正是国内经济最活跃的地区。通过并购申通,中国外运可以以最快的速度得到他们想要的国内华东地区大量的快递客户资源与密集的网络,补上中国外运在物流供应链上的一个短板——国内快递的缺失。

对中国外运来说,收购申通只是一盘大棋中的一步。成功的话,接下来就是收购川航,之后用一定的时间整合好川航和申通,再加上东航货运公司的十几架货机,共同打造一个空中的平台。同时,利用中国外运在全国各地机场旁的土地资源建立快件仓储和转运中心,把末端"最后一公里"交给申通。到时,一个"海、陆、空"立体作战的物流帝国将初现雏形。

接下来,双方在近半年时间的接触和谈判中,快速敲定了合作事宜。陈德军将北京、广州、深圳、上海等8个城市的分公司打包,出让26.5%的股份,总公司出让51%的股份,中国外运共出资8.6亿元进行收购。收购成功后,申通快递董事长陈德军将担任中外运申通的董事长,中国外运虽占绝对控股权但只委派总经理。申通将成为中国外运排他性快递公司,即中国外运体系内唯一的国内快递平台,今后中国外运将以中外运申通的名义在国内运作快递业务，进行并购活动，先稳固扩张国内快递市场，再图谋国际快递市场。

随着中国外运与申通的关系日渐亲密，"申通投靠中国外运"的消息也开始在媒体上疯传。事实上，陈德军与张斌早在北京中国外运大厦张斌的办公室签订了协议，并且约定如果谁违反"游戏规则"，谁就赔偿对方 3 000 万元。但毕竟这么大的并购事件需要一场正式的签约和新闻发布。于是，双方向媒体发出邀请，11 月 18 日将举行正式的签约仪式。

上海淮海路商业街的瑞金宾馆刚刚装修一新，别墅式的装修风格让即将在这里举行的中国外运和申通的签约仪式散发着一股新生的气息。现场西装革履的陈德军在设想，正式签约后，他将告别过去几年被打压的日子，长长出一口气。正当他和申通总公司、各地分公司代表、中国外运公司代表以及各大媒体记者四五十人在台下握手落座，签约仪式暨新闻发布会即将开始时，刚下飞机的张斌让助手把陈德军叫到了宾馆房间里。

"陈总，这一次非常非常对不起，我刚下飞机时接到了国资委领导的电话，让先停止做这件事。"张斌怀着歉意向陈德军解释。陈德军一下子蒙了，怎么可以这样搞？协议都签了，代表、记者全都到了，这怎么收场？比这些难堪更令陈德军难受的是，唾手可得的 8.6 亿元股权转让资金转眼间灰飞烟灭。怀着沉重的心情，陈德军取消了发布会，张斌自然也没有再出席。媒体继而登出"原定于 11 月 18 日的签约仪式因为某种程序上的原因被推迟"。但大部分人还不知道的是，这次收购事实上已很难落地。

"变卖申通"的剧本无法落地，彼时的陈德军大不了感叹一声"时运不济"，但邮航的飞机这个时候必须找地儿降落了。邮航实现全夜航、在上海建立集散中心后，上海的区位优势逐渐显现。同时，1999年竣工的浦东机场分流了大量虹桥机场的客流，虹桥机场空闲的大量机位可提供给邮航使用。最多的时候，邮航在上海虹桥机场的航线数量达到9条。但好景不长，浦东机场在几年内达到饱和，航线开始向虹桥机场回流。同时，全夜航的模式也给虹桥机场周边的居民生活带来了困扰。而这时，邮航也打算寻找新的场地。2005年年末，虹桥机场已不能满足邮航的要求，紧张时，每天只能保障邮航两三个航班的起降。

当时，邮航有上海浦东机场和南京禄口机场两个选择。对于转场哪里，邮政内部也有分歧。由于承担着普遍服务任务，邮航的集散中心需要尽可能辐射更多省份。几经比较，邮航决定去南京。国家邮政局党组会讨论南京集散中心占地面积，最后敲定中心占地1 200亩（80公顷），机坪19万平方米，按计划分三期建成。中心投产后，国内、国际速递邮件将集中到南京，利用集散中心现代化的处理设备，在4小时之内完成邮件装卸、分拣、安检、海关通关等全部处理程序，实现空地一体化运作。

2007年7月16日，中国邮政航空公司转场至禄口机场运行。

这一年上演的"买""卖"大戏尽管与中通无缘，但从小数学学得好、对数字天然敏感的赖梅松仍是这个行业里最能精打细算的人之一。就算在最艰难的时候，赖梅松也没让总部亏过钱。不过起步较晚、资源匮乏还是逼着赖梅松想办法追赶先行者。2005年，当陈德军要"变

卖"申通时，赖梅松决定开通省际网络班车，这也开了民营快递的
先河。

　　当时快递企业之间的竞争已经非常激烈，快件从上海到北京或广
东仍需十几元每千克，因为航空运输成本昂贵，扣除五六元的航空费，
利润也剩不了多少。用公路运输降本增效，这是中通发展史上极具意
义的一次战略性改革。当赖梅松与北京的陈加海、广东的吴传龙商定
好一起开通省际班车时，三人都是两眼一抹黑，行业里还没有过先例。
三人相约，各自买来一些货车，一次拉上几百千克货就跑起了长途。
为了增加货源，赖梅松把市场每千克十几元的价格降到了八九元，跑
了半年多，中通的省际班车就装满了。随后，中通省际班车迅速向华
南、华中、华北等地全面延伸。彼时，成立两年的淘宝网已经成为亚
洲最大的网络购物平台，眼光长远的赖梅松提前为中通拥抱电子商务
打通了"任督二脉"。

　　这年，一场政策的春风显然让年度上演的"买""卖"大戏多了
一些不同的味道。7月，国务院总理温家宝主持召开国务院常务会议，
讨论并原则通过《邮政体制改革方案》。8月，国务院下发《邮政体制
改革方案》，强调随着经济体制改革的不断深化，我国邮政业传统的政
企合一的管理体制已不能适应市场经济需要。改革的基本思路是：实
行政企分开，加强政府监管，完善市场体制，保障普遍服务和特殊服
务，确保通信安全，改革邮政主业和邮政储蓄管理体制，促进向现代
化邮政方向发展。同时指出，鉴于现行《中华人民共和国邮政法》已
不适应改革与发展的需要，为保障邮政体制改革的顺利实施，有关部
门要加快修订工作。

陈德军应该感谢自己"变卖"申通的计划没有成功。事实上，如今的他也暗暗庆幸。但在2005年，另一场意外使他刻骨铭心。在自己承包的上海市西藏路、淮海路交叉口的欢天喜地酒店，陈德军酒后从五楼坠下，不幸中的万幸是，三楼卖手机的柜台救了他，但后果依然严重，脊椎和脚严重骨折。于是，徐建国和奚春阳一起商定出来撑起申通的局面。

在与命运的抗争中，有人幸运，也有人不幸，比如闻达的倒下。对于这家与顺丰、申通同时起步于1993年，与申通一样也靠代理加盟，曾经名盛一时的"上海派"快递企业没能走得更远，有研究者认为，相对于"浙江派"快递的商帮文化，网络重建之后闻达企业核心文化的缺失是其失利的重要原因，而经营团队在战略的发展方向上出现分歧时，企业就陷入迷失。对于闻达的没落，金任群曾从企业及网络文化、用人、品牌、产品、投资等方面进行了深刻反思。对于大踏步前行中的中国快递来说，这种与实践相结合的理论思考，是一笔宝贵财富，也是金任群和闻达快递最大的贡献。"闻达已是过去时，之后的历史可以说就是我个人的一部抗争史，为洗白民营快递的'黑速递'身份而战，这里面有历史的原因，也有我个人性格的原因。"从2005年开始，金任群进入了颓废期，2006年才走出来。

邮政一边与民营快递企业在快递战场角逐争斗，一边苦心经营着普遍服务。"深山信使"王顺友这年成为全社会的榜样。6月，王顺友先进事迹报告会在北京人民大会堂举行。报告会前，中共中央政治局常委、国务院副总理黄菊会见了王顺友和报告团全体成员，要求全社会都以王顺友为榜样，大力弘扬主人翁责任感和艰苦创业精神、无私奉献精神、爱岗敬业精神、求实创新精神，努力在全社会形成尊重劳动、尊重知识、尊重人才、尊重创造的时代新风。

在邮政的队伍中，那个年代并不乏求实创新的精神。吴鼎钧在浙江省邮政局局长任上时，就捕捉到了一个能让邮政产生大变化的契机。

一天，浙江省邮政局来了一位不速之客——创办了阿里巴巴、淘宝和支付宝的马云来了。马云亲自上门拜访，表达了和浙江邮政合作的想法。吴鼎钧很看好淘宝网的发展，他决定抓住这个机会，于是马上给北京打电话，向刘安东转达了自己的看法。吴鼎钧认为，虽然马云当时只是想和地方邮政合作，但是淘宝是面向全国的，邮政如果从全国层面与其展开合作，将打开一个更大的局面。第二天，刘安东发出指令，让吴鼎钧马上到北京汇报。国家邮政局所有党组成员，以及财务、人事和网运部门的负责人听完吴鼎钧的汇报，会上就做出决定，与阿里巴巴合作，并派马军胜带队到杭州与马云会谈。

虽然与邮政有更早的接触，但淘宝并不局限于邮政，而是将民营快递企业也纳入合作的视野，而且后者在嗅到未来巨大商机的同时更快付诸行动。因为邮政的价格一时难以与淘宝匹配，所以在与喻渭蛟会谈时，阿里派宋建宏重点谈价格。于是圆通的价格一路下滑，从20元降到18元，再降到12元。其中，价格又分为三个档次：新疆、西藏、内蒙古等偏远地区，因为件量少，淘宝并没有过多纠缠，20元的基础上降价幅度可以小一些；一般跨省近的地方圆通定价18元，底线15元，但最终被"砍"到了12元；区域快件，15元的定价被"砍"到8元，几近"腰斩"。在与淘宝的第三次会谈时，马云亲自出面，和喻渭蛟签订了合作协议。

与之前提出"周末无休"一样，喻渭蛟的"不守规矩"很快又招来了同行的批评，这次更为严重。但喻渭蛟认为，生意是自己的，企业是自己的，不要管人家怎么认为，自己定位一定要清楚，然后往前走就好了。

批评归批评，在巨大的商机面前，申通也选择与淘宝合作。但这个时候，如日中天的天天快递却慢了半拍。詹际炜回忆，因为当时嫌淘宝件价格低，而且产品比较乱，与天天快递做文件市场的高端服务品质不匹配。就这样，曾经文件类快件市场份额达 60% 的天天快递没有踩上时代的节拍，面对未来海量业务的淘宝市场，天天快递错误地点击了"先练内功"的选项。事实证明，等到天天快递把内功练好，圆通、申通已经与其拉开了两年的发展差距。天天快递的市场份额开始下降。

2005 年，邵钟林从上海邮政局网络处被调到行业管理处，这也让他与民营快递公司有了更多接触的机会，也有不少快递公司找上门来。邵钟林回忆，这些民营快递老板找他不是"拉关系"请他"网开一面"，而是讨教企业网络运营上的一些心得。

通过朋友的关系，聂腾云第一个找到邵钟林。在路边的咖啡馆，聂腾云把韵达网络运营中的问题拿出来虚心向邵钟林请教。彼时，韵达网络"政变"刚被平息没多久，企业中的混乱状况和总部的不可控因素很多。邵钟林对这位业务上的"对手"并没有心存芥蒂，相反，他根据对行业的理解，向聂腾云提出了忠告：分拨中心是你的心脏，长途运输是你的血管。控制住分拨中心和长途运输，就算网络出了问题，也都是局部的，韵达不会大乱。

实际上，邵钟林的建议正切中聂腾云的痛处。作为总部不能掌控地方的"尴尬"，聂腾云有着切身体会。虽然当时韵达已经建了少量直营的分拨中心，但是邵钟林的建议为聂腾云接下来大刀阔斧推进直营化改造打了一针强心剂。

UT斯达康2004年的业绩严重下滑，到了2005年，不得不大规模裁员1 400人，并调整在中国利润率低的个人通信部门，转而加强在无线、宽带和IPTV（交互式网络电视）业务的发展。周韶宁也在这一年从UT斯达康悄然离职，很多人解释为"讲义气的Johnny（周韶宁的英文名）将业务下滑的责任一肩扛了下来"。周韶宁给出的解释是，当时中国互联网刚刚萌芽，数字经济肯定会有重大发展，供应链物流对数字经济的发展是非常重要的，"再不出来做物流就要来不及了。我非得开始做不可"。

从UT斯达康离开之后，周韶宁本打算开启自己的创业之路，去实现用技术改变物流的梦想。然而，当时的谷歌需要找人来管理中国的业务，看中了周韶宁的才华与能力。周韶宁最终被打动了，在2005年10月25日正式加入谷歌担任大中华区的总裁，负责谷歌在中国的销售和渠道业务，并扩展谷歌在中国的战略合作伙伴关系，与当时负责领导公共关系事务以及谷歌中国工程研究院建设的李开复，形成"双核"模式。

这年年底发生了行业的另外一件大事——国际快递业务正式对外资企业开放。原来采用合资形式进入中国市场的外资快递企业纷纷脱离中国外运，选择单飞。12月2日，联邦快递首先宣布与中国外运分手，实施独资计划。次年1月，联邦快递宣布以4亿美元现金收购大田集团在双方从事国际快递业务的合资企业——大田联邦快递有限公司中 50% 的股份，以及大田集团在中国的国内快递网络。

UPS 在 2005 年就完成了全部的独资经营过程，几千名中国外运员工，绝大部分一下子转化为 UPS 的员工，并有很多成为 UPS 在中国区的管理骨干；逐渐地在整个中国市场的 23 个城市建立起了自己的服务团队；在上海和深圳建立起了浦东转运中心和亚太转运中心，进行了大量基础设施的投资和人才的培养。

汇通倒手、申通变卖、邮航买地、外企独立、闻达退出，这年，在邮政体制改革前夜，"买"和"卖"成为贯穿行业发展的奇妙音符。

/"教父"金任群 /

  判断一个人属不属于"快递圈",只需问他一个问题:认不认识金任群。金任群被公认为民营快递的"教父",人们对他的印象是博学多才、温文尔雅。

  这位"教父"不太冷。金任群个子很高,跟人说话时会微屈双腿,降低高度,不让人仰望,与人平视。

  金任群创立闻达快递的故事广为流传,他提出的经营理念至今仍让人耳目一新——"省一分精力,免一番为难,多一份体面,添一番浪漫",递送货物和玫瑰。闻达一度比肩申通,却在创办10年后退出快递市场。

  在改革开放40年的历程中,有的快递企业纵然一闪即逝,却影响久远。闻达便是如此,它迅速崛起,又悄然退场,成为快递史上的一个谜。对于这个谜,金任群曾经不愿多谈,认为很多人只看到结果,不分析成功或失败的原因,应该搞清楚事情的本质。如今,时过境迁,风吹云散,金任群敞开心扉,对这个谜有了更为透彻的领悟。而这些领悟则逐渐勾勒出快递江湖的底色。

  1992年,邓小平南方谈话力推改革。改革开放春风吹过,商业如雨后春笋，快递就成为一种"必需品"。其后，百福东方、宅急送、顺丰、申通等一批快递企业迅速生根发芽。金任群认为，中国民营快递的风口来了。

"通达系"快递企业背靠苏浙沪皖强大的GDP沃土，逐渐形成独立的运营体系，待成熟后慢慢展开双翼，向全国扩张。金任群认为它们最大的创举是，打破了行政区域的规划，并在2003年至2005年逐渐形成全国性网络。更重要的是，"通达系"发明了"加盟"的体制，而这种加盟制并非由外及内，而是在相同的价值观和基因上衍生出来的产物。统一的价值观、统一的文化，最终成为"通达系"成功的根本因素，足以让它们傲视群雄。

回忆闻达退场之因，金任群将其归结为缺乏具有统一价值观的人力资源。而"通达系"则是这方面的高手，它们是众筹众包的最早实践者，金任群说，浙江人创业时，很多人都把家里的田地、牛羊都卖掉，借遍亲戚朋友，然后到某一个地方创业。每一个人都断了后路，都拼命为自己做事，而实际上是在为一个共同体做事，努力保住胜利成果。"通达系"另一个创举便是虚拟资产证券化，即网点的经营权可以交易，经营的好坏与网点经营权价值密切相关，那么投资运营者便会积极推动网点向良性运转，才会有"接盘侠"前赴后继，才会有全国大网的稳定与延续。

"管理全国网络靠的是点线面。"金任群一语道破网络管理的秘密，点即枢纽、分拨中心，线即路由干线，面即覆盖全网的IT（信息技术）系统。在这一张网络之下，"通达系"靠规则管理各个网点，不允许跨区经营，有进入退出机制，严格保护私有财产的投资权，对网点价值的评估必须符合公允价值。

随着市场竞争不断加剧，打价格战、争抢市场资源成为很多快递公司的选择。在金任群看来，价格战短期看能得利，但一定会引起一连串不良后果，比如服务质量马上下降，利润减少，投入能力降低。有的公司忍不住，要去打一仗，最后受伤了自己舔伤口，结果形成恶性循环。

这些理论逐渐形成快递运营与管理的框架，成为快递业几经风雨后积淀下来的宝贵财富。金任群没有想到，当初只是跑跑腿的工作，能发展到今天这么大的市场，他也没有想到，他从图书馆走出去，在快递江湖中打拼一番后，又深藏于市，再做学者，成为快递发展的重要推手之一。

他曾是一名"闯将"，短短 10 年间，闻达于诸侯；如今的他，锋芒深藏，甘做"文官"，不求闻达于诸侯。

2006，曙光初现

"我们都是上海的民营快递企业，今年 1 月 10 日，我们从非官方渠道看到《邮政法》2006 年 1 月 5 日修改稿（以下简称第七稿），感受到巨大的失望和痛苦。2003 年以来，我们曾先后就《邮政法》修改的第五、六稿向全国人大和国务院法制办提出过修改的意见和建议。使我们失望和痛苦的是：所有重大的原则性的修改意见和建议均未被采纳。第七稿比 2003 年 11 月 17 日的第五稿还要糟糕，真是越改越倒退、越改越垄断。

"……"

元旦刚过，《邮政法》修改稿第七稿的出炉就像一声惊雷，在民营快递企业的耳边炸响。这封 21 家上海市民营快递企业 1 月 21 日联名写给上海市市长韩正的信中，充分体现了他们彼时心中的焦虑与不安。2006 年，《邮政法》修改已经进入到第 8 个年头，民营企业的生存环境却和以前没什么不同。

"上书"韩正的行动是东方万邦刘和平和申通快递陈德军两人发起的，信件由刘和平牵头起草。"我们一定要联名写信，联合快递企业，联合新华社。"刘和平对陈德军说。喜欢出头的刘和平给陈德军留下了深刻的印象。

写信不足以平抑心中的焦虑与愤懑。2 月 13 日，春节刚过，上海 7 家民营快递企业代表及律师一行 11 人就来到北京，到国家邮政局、商务部、国务院法制办、全国人大财经委、信息产业部等部门反映意见。据陈德军回忆，他数次前往北京，有一次他待了半个多月的时间，和相关部门不断交涉。徐建国后来回忆，在北京人刘建新的带领下，大家一起在各部委跑。有一次，在大家入住的宾馆里，刘建新充满激情地说："如果让我们几个人把中国的《邮政法》改变了，那就是一个历史性的改变，对中国邮政行业的发展是有重大影响的。"说完这话，他提议大家合了一个影。遗憾的是，这张记录行业重要历史时刻的照片，并没有留存下来。

徐勇亦是北京之行 11 人中的一员，他写了很多文章发给帮助民营快递企业呼吁的媒体，这甚至引起了公安部门的注意。为了不让公安人员盯着他，徐勇不得不一天换一个酒店。在他的记忆里，当时除了联名给韩正同志写信，他们还给包括公安部、交通部、国家邮政局等 6 个相关部门写信，信的后面光联名的快递公司盖章就有七八页纸，"凡是能沾上边的部门，我们都去送"。为了增强说服力，徐勇他们还做了问卷调查，让快递员在全国发了 5 万份，主要选项有："选择快递你会选择民营还是邮政""你觉得民营快递好吗""如果选了民营企业，给出理由"……每张问卷有签名或盖章才算数。调查的结果是，98.3% 都认为民营有存在的意义、价值，而大家选择民营快递企业的核心原因还是速度快。

反映情况争取权益的同时，民营快递老板们的经营丝毫也没有放松。尽管是在打压缝隙中生存，但是网点的扩张依然很快，能够承包一个快递网点还是一个十分赚钱的买卖。陈德军把申通做到了全国各地，建立起中国最大的民营快递网络，加盟的网点也水涨船高，在环境较为宽松的上海，像虹桥这样的加盟网点年利润都以千万计。一个人富裕以后，身边的亲戚朋友免不了眼馋，所以想来加盟快递网点的人越来越多。在当时，只要投个五万十万就能轻轻松松赚钱。

而这对徐建国似乎是个例外。徐建国是个几乎在每家快递企业都工作过的职业经理人。2006 年，奚春阳被任命为申通常务副总经理，他上任后，申通取消了所有经理的接送车辆。这让住在宝山的徐建国无法接受，停掉接送车辆，意味着他每天只能坐公交车从上海的另一边赶来上班，于是他决定辞职。陈德军打来电话挽留他，但徐建国依然离开了申通，直奔珠海。此前他买下珠海申通网点，交由一名驾驶员余岸青经营，此次他离开总部，担心珠海申通的经营权会因为他辞职而被收回，索性就以 120 万元卖给了之后长期"占据"广东的申通加盟商高汤根。此后，他又在济南申通何裴中之弟何勇军创立的合家快递短暂地停留了一年，卖掉珠海网点的 100 多万元也因为投资合家最终血本无归。合家倒闭的时候，徐建国欠了不少钱。心灰意冷的徐建国此时接到了喻渭蛟的电话，在喻渭蛟的热情邀请下，开启了在圆通的近 3 年职业生涯。

在大家都争着抢着去加盟申通网点的时候，赖梅松惆怅不已，这样一批借钱也要出来做快递的人，出来以后基本上没到中通的。不过赖梅松有自己的主意，那就是他后来引以为豪的省际网络班车的开通，让中通的业务量快速增加，中通的日子也开始好过了。怎样让人家来加盟中通呢？赖梅松看了看自己简陋甚至有些寒酸的场地，心中有了主意。人靠衣服马靠鞍，经营企业何尝不是同一个道理，赖梅松决定给公司换一个阔气的门脸。但当他一眼相中嘉定区曹安公路的场地时，200 多万元的租金让他心中打起了鼓，中通一年的利润也就 400 万元，租还是不租？中通内部也是议论纷纷，反对的声音不少。考虑了很久后，赖梅松还是下定决心要租。10 月，中通快递上海总部乔迁至嘉定区曹安公路 3818 号。

　　历史证明了赖梅松的决定是正确的。新场地不但满足了后续几年的企业发展需求，吸引了越来越多的加盟商，而且对中通之后搬迁至青浦区华新镇也造成了积极的影响。赖梅松说，华新镇为什么会接纳中通？跟中通在曹安路装修气派的新场地不无关系。招商引资的人到中通参观以后，对中通的规范留下了深刻的印象。

　　撑了不到一年，2006 年，徐建荣正式将公司的名称改为增洲实业有限公司，品牌仍然沿用"汇通"。从 2005 年接手一直到 2010 年，汇通从头亏到尾。徐建荣将 5 年一直没有赢利的原因归结为公司一直在不断地烧钱，开网络班车，建分拨中心。没有硬件的支撑怎么去争地盘？所以徐建荣大量地投入。但很不幸的是，电子商务的崛起，使得快递的价格一再走低，所以当汇通的业务量在 2010 年达到日均 22 万件的时候，仍然没有赢利。但在 2006 年，每个月几十万的亏损，徐建荣还扛得住。

　　另外一件让徐建荣忧心的事还是抓"黑快递"抓得厉害。在以"桐庐系"为主的到北京反映情况的队伍中，申通、圆通、中通、韵达、天天、汇通是主要力量。这件事在徐建荣看来也是他在汇通 5 年中干的最大的"工程"。至今徐建荣仍认为，刘建新在其中起到了至关重要的作用，如果自己还在汇通，公司上市的话，他肯定会给刘建新原始股。

　　这年，对于陈平来说，学习顺丰的最大改变，就是宅急送开始推出小件业务了。2004 年，当年看不上的顺丰快速发展起来，这让陈平深受启发。从 2005 年开始，宅急送开始调整业务模式，2006 年开始进行"小件革命"。陈平的思路很简单，就是和顺丰比着干，从产品种类，到网络布局都学习顺丰。但陈平自己坦陈，宅急送是个万金油，业务开展的范围很大，但哪里都不精。

不过同样一件事，别人做得好你未必能做得好。让陈平意想不到的是，"小件革命"成了宅急送走下坡路的开始。因为要铺网点扩大规模，陈平贷了8 000万元，但第一年（2007年）不但没有赢利，反而亏损了2 000万元，第二年又亏了4 000万元。宅急送发展十余年以来，还从未出现过这么大的亏损，这导致了家族的分歧。但陈平有自己的认识，他认为这是战略性的亏损，哪家企业都会遇到。可惜这只是陈平的一己之见，家族内并不容易接受这种看法，这也成为此后陈平出走的导火索。

余联兵创立的龙邦开始赢利了，好消息到来的同时也带来了一个坏消息：龙邦股东之间因为"是否走陆路干线"而出现不同声音。为了保护刚有点起色的龙邦，余联兵一再妥协，甚至提出40%的收益用于发展，60%的收益用于分红，结果还是没有解决股东之间的分歧。谈崩之后的余联兵一气之下干脆"不玩了"，他把手中持有的股份以300万元的价格卖给了其他股东，一脚踏出了龙邦。回想起当初的决定，如今的余联兵自嘲"头脑发热，不懂网络的价值，太傻了"。

不过，离开龙邦后，余联兵的"联邦快递"梦没有破灭。不到3个月，他再次创业，控股了深圳机场旁的一家深圳到上海的专线公司，欲将其改造成"快递模式"——资费为"到上海首重20元，续重0.5元/千克"，运输采用汽车，9辆车分9个批次将广东和上海有效连接起来。半年不到，余联兵就将整个广东区域的网络建了起来。因为有一位朋友持有"SURE"的商标，又有"又快又准"的引申义，余联兵就将其请过来入股，并担任董事长，企业的商标中文名就音译为"速尔"，2006年6月6日正式营运。此后，速尔迅速通过直营、控股、整合收购、加盟代理等方式搭建起一张快递网络。

快递的"江湖"每一天都有血有肉、丰富多彩。这年9月的到来，为这一切增加了一道温暖的底色。

2006年，邮政体制改革进入了真正的落实阶段。经过一系列人员的调配，从9月开始，全国31个省（区、市）邮政管理局相继组建，领导班子也配备到位，但新的国家邮政局和中国邮政集团公司尚未挂牌成立，老的国家邮政局还在执行着政企分开的推进工作。21日，有趣的一幕在北京发生：新成立的各地邮政管理局和即将退出历史舞台的各地邮政局的局长们在北京开了个会。这是第一次也是最后一次两种体制下的"一把手"能一起参加的会议。一个单位一个部门里共事的同事，即将确立管与被管的关系，这对即将成立的国家邮政局和中

2006年9月4日，陕西省邮政局正式成立，成为较早挂牌的省级邮政管理机构，邮政体制改革在这一年进入真正的落实阶段

国邮政集团公司来讲都是一种考验，需要双方共同去适应这种角色的转变。也正是从这一刻起，邮政管理部门的人要考虑的，已经不再只是邮政企业一家，而是要通盘考虑整个行业的发展。

杨世忠是浙江省邮政管理局首任局长，上任以后，在 2006 年年底和 2007 年年初，他分别组织了与国有、民营、外资快递企业的座谈会，正式向大家宣告：监管部门成立了，希望快递企业依法合规经营，监管部门"只设路标，不设路障"。杨世忠回忆，当时民营快递企业积极性都非常高，而且很兴奋：我们有娘家了！

邮政体制改革，不但给新组建的邮政管理局出了道难题，邮政企业自此也必须正视来自民营快递企业的挑战。吴鼎钧感受到了很大压力。

11 月，中国邮政与阿里巴巴签订战略合作协议，推出"e 邮宝"等电子商务专属快递服务。但由于成本、速度等各方面的限制，体量庞大的邮政反而让民营快递抢占了国内电商快递服务的先机。这让整个合作的重要推动者吴鼎钧始料不及。"我们离市场太远了，我们的机制、体制、观念与阿里巴巴有很大差异。"吴鼎钧回忆。其实，在当时包裹快递资费问题上，淘宝与邮政讨论了很长时间，也争论了很长时间。在淘宝的低价需求下，邮政将价格降到了最低 10 元。但对于淘宝大部分低廉的商品而言，邮费还是太高。10 元的标准没有维持太久，随着越来越多的民营快递加入与淘宝的合作队伍中来，快递资费降到了 6 元。眼看形势不利，邮政曾提出过在快递方面的排他性，但淘宝并不接受。更致命的是，邮政挂在淘宝网上的资费施行全国统一的标准，寄到长三角是 10 元，寄到新疆西藏也是 10 元。如此一来，邮政不但失去了长三角的电子商务市场，而且还以低廉的价格承担起了偏远地区的快递"普遍服务"。

直到吴鼎钧在浙江邮政公司退休，邮政在淘宝网的资费体系仍没有改。他感叹道，如果邮政与淘宝按照当时签约一直合作，并推出灵活的资费标准，参与竞争，邮政和民营快递的现状或将反转。

邮航基地定位南京后，这年年底取得了突破性的进展。5 月，中国邮政与江苏省南京市签署《中国邮政航空速递物流集散中心合作协议》，正式确定禄口机场为邮航的基地之后，年底，这项中国邮政有史以来最大的基建项目正式开工。与此同时，经过前几年的发展和积累，邮航走出国门、向外发展的时机逐渐成熟。韩国和日本与中国贸易往来频繁，距离适中，因此，这两个国家成为邮航走出国门的第一批目的地。但开通国际航线并非易事，涉及航权对等专业事宜。这个时候，关荣顺善交友、表达能力强的特点发挥了作用。经过不断地"晓之以理"，8 月 3 日、12 月 19 日，邮航分别开通了北京—韩国首尔、上海—日本大阪两条国际航线。

周韶宁在高速公路上萌发的"用技术改造中国物流"的梦想终于照进现实。这年的最后一天，在谷歌只待了一年多的周韶宁便再次离职。关于他的离职，各种猜测甚嚣尘上。谷歌官方对此的统一口径是"周韶宁将依据个人兴趣，继续追求事业新发展"。

离开谷歌之后，周韶宁终于放开手脚。拉上周建、张芒粒、周少华等 UT 斯达康时期的一批得力干将，义无反顾地投身到这个完全陌生的行业中。

春江水暖，坚冰渐融。莺啼燕语声中，新时代的大幕缓缓拉开。每个人心中，都有一个更好的明天。

/"跨界者"方里元 /

　　投身房地产没感受到"侯门一入深似海"，却在做快递时感受到了。方里元的人生，是在跨界中感受到了落差。

　　2007年就是这个转折点。2007年3月，在其他几家桐庐系快递企业的生意做得风生水起之时，方里元麾下的浙江元泰控股集团股份有限公司（简称"元泰集团"）才收购上海中诚快递有限公司，创建了CCES。这位"慢半拍"的桐庐房地产大亨，突然间宣布涉足快递领域的举动，着实让同乡震惊，确切地说，是被大家评价为"疯子"举动。

　　在桐庐系的快递企业家中，1963年生人的方里元，无疑是跟中国改革开放40年的重要节点最合拍的一个。他赶上了20世纪90年代中国经济的发展浪潮，享受了"双轨制"的红利，又从国企"抓大放小"政策中得到了机会。鼎盛时期，他控股8家企业，他的头衔简直令人眼花缭乱。

　　进入快递业前一年，无疑是方里元人生的"小巅峰"。这一年，他的元泰集团纳税1 200多万元，成为桐庐纳税大户。作为政协常委，他被桐庐县政协评为"双好委员"。经过资本的原始积累，他坐拥5亿资产，是桐庐房地产界的"腕儿"。高峰时，桐庐有42家房地产企业，后来只剩下 5 家，其中就有一家是方里元的。

眼看着一个个同乡的快递生意干得有滋有味，队伍越拉越大，网络越铺越全，方里元好奇了。查阅了很多资料，他惊讶地发现，原来国际上快递做得好的 UPS、FedEx、DHL 都是世界 500 强。于是，想要亲手打造一家世界 500 强企业的想法让他坐不住了，他要试一试。

作为快递领域的"后来分羹者"，方里元是个另类，他能察觉到与其他桐庐系的隔膜。与其他桐庐快递企业中规中矩的名字不同，方里元把中诚快递改成了 CCES，而这个名字本身就印证了他的特立独行。

方里元解释说，CCES 的每个字母对应一个英文单词，中文意思合起来就是"福星快递到你家"。他乐得使用这个看上去像外国企业的名字，据说这个全英文字母名称的公司成立不久之后，美国 UPS 就"慕名寻亲"，分别在 2009 和 2010 年洽谈过两轮收购，原因之一是 CCES 这个公司的名字比较好看懂。

方里元后来说，如果当初调查清楚了一家快递公司的运作模式，自己不会如此轻易就进入快递领域。不过，一旦决定进入这个行当，他就拿出了小时候打架打输时的"狠劲"来："只要给我一口气，我还要翻过你！"

但在群雄争霸的年代，"初来乍到"的方里元还是没能翻过去。2012 年 6 月 27 日，重组失败成了压垮 CCES 的最后一根稻草。6 月 29 日，CCES 服务电话一直处于"余额不足"停机状态，随后 CCES 被曝出因资金链断裂，陷入网络阻断、快件积压的窘境。7 月 11 日，中国红楼集团董事长朱宝良从方里元手中接盘 CCES，后更名为国通快递。

其实，转型和超越，一直是方里元使出"狠劲"要达到的目标。

他说："如果企业不改造，只按照个人意志发展，我们这些人，只能成为一些特定的时代英雄，时代塑造了我们，也同样会淘汰我们，必须前进，必须跟上时代经济发展的步伐，才会有未来。"不过，他自己也被这番话不幸言中。

为了偿还债务，方里元舍弃了自己的房产家业。但他说，试过了，闯过了，经历了，尽力了，知足了。

04

2007—2018

海阔天空

人多是"生命之川"之中的一滴，承着过去，向着未来，倘不是真的特出到异乎寻常的，便都不免并含着向前和反顾。

——鲁迅

2007，前路是光

关于未来，已知的最好答案是"不确定"。2007 年 1 月 29 日，离春节还有半个多月，北京，人民大会堂，重组后的国家邮政局和新组建的中国邮政集团公司举行了揭牌仪式。

2007 年 1 月 29 日，新组建的国家邮政局和中国邮政集团公司在人民大会堂揭牌，邮政体制改革的第一步顺利完成

当红绸掀开，写着"国家邮政局"和"中国邮政集团公司"的两块牌匾露出，改革的步伐又向前迈进了一步。但对于重新调整的局中人来说，尤其是职能转变的管理部门，此时脚应该怎么迈，向左还是向右？他们都很迷茫。

但无论如何，摆在面前的还有一件必须要得出结论的事情，那就是快递要不要由他们管，要是管该怎么管。当时，领导层的大多数人认为管快递比较麻烦，又散又乱。一份调查显示，全国有 2 422 个经营快递业务的法人企业，拥有分支机构的有 63 个。

好在马军胜不是保守派，认为快递不仅要管，而且要好好管。一次局党组会中，他一口气提出了 6 个"1"：做 1 次统计调查，编 1 个快递服务标准，订 1 个快递管理办法，修 1 部法律，成立 1 个快递协会，办 1 本快递杂志。第一个响应支持他的是时任政策法规司司长达瓦。内蒙古人达瓦用草原上盖帐篷的办法比喻马军胜的快递布局，他在会上说："就像我们蒙古人盖帐篷，先把支撑帐篷的 6 根柱子打好，再铺上布，帐篷自然而然就盖起来了。"基础打好，未来的高楼大厦才会拔地而起，此时最紧迫的任务就是建立体系。从摸底调查到制订行业标准，拟定管理办法，修改《邮政法》将快递纳入邮政业范围，再到筹备成立协会及创办主要发声媒体，一系列动作显示出的对快递业的重视不言而喻。而随后一段时间，邮政管理部门工作的重点也是围绕这 6 个"1"展开。

时任山东邮政管理局副局长赵民对此印象深刻，画布上已经落笔，未来一段时间要做什么显然已经很明确。曾经迷茫的人们，开始了新征程。

国家邮政局重组的第二日，就和国家统计局联合下发通知，决定在全国范围内开展快递服务的统计调查。一个多月之后，联合调研小组分赴上海、浙江、江苏、广东、广西等 5 省（区、市），调研企业包括东方万邦、申通、汇通、全一、天天、强生、顺丰、嘉里大通、韵达、UPS 等 20 家快递企业。

李永松当时是国家邮政局规划统计处副处长，在为期一周的调研中，他去了广东的广州、深圳、东莞，以及广西的南宁、柳州、桂林。

虽然有着统计局的助力，这场调查工作的开展还算顺利，但对6个城市的快递企业摸底下来，要真正一个个寻觅那些隐藏于居民楼并且流动性大的快递企业，还真不是一件容易的事。

由于件量靠人力尚且能够应付，不少网点分拣的方式还是"摆摊分拣"。与当时国有快递企业的"光明正大"不同，民营快递企业尚未从被"严打"的氛围中苏醒，它们频繁变更地址，东躲西藏，门脸大多数很不显眼，这给调查摸底工作带来了一定困扰。但从调查结果来看，民营快递企业显示出的活力已经压抑不住。当时2 422个全国经营快递业务的法人企业中，拥有分支机构的法人企业有63个，国有企业及外资、港澳台只占据4.1%，其余绝大多数为民营企业；22.7万人的从业者中，国有企业只占34.8%。

这只是一个小的分水岭，全国10.6亿件的快递业务量，国有企业占55.6%，但10多年后的快递江湖又是另一番天地。

这次调查走访中，王卫描摹的快递理想给李永松留下了深刻印象。他问王卫关于业务经营定位的相关问题，王卫用了一个比喻："好比进入一栋楼，一层人很多，二层人就少了，三层人更少。现在外资企业就好比在第三层，我们没法跟他们竞争，但顺丰要先进入第二层，这样就可以抛开一些竞争对手，才有向第三层发展的可能。"

显然，这只华南猛虎的目光不只看向国内，金字塔的顶端也有他的梦想。只不过这时，他的剑还暂时指向桐庐系快递企业的聚居地，也是他的出生地——上海。3月16日，顺丰速运集团（上海）速运有限公司正式在上海闵行区市场监督管理局登记成立。

在调查开启之前，国家邮政局还专门召开了重组后首次国内快递企业座谈会，告诉大家新组建的监管机构是新机构履行新职能，未来要做什么，对行业的态度是什么，顺便也为即将举行的调查摸底做准备。袁国利、许海峰、王卫、陈德军、喻渭蛟、聂腾云、徐建荣、赖梅松等11家快递企业领导人及其管理人员在内的二三十人参加了会议。

为了筹备这次会议，组织者甚至做好了打"艰苦战"的准备。国家邮政局市场监管司快递管理处副处长刘良一回忆，他们给每个人打了3次电话，反复确认邀请的这些人能不能到。从打击"黑快递"到邀请座谈讨论，曾经"猫捉老鼠"的游戏就要画上句号了。

但此时，犹如一直在黑暗中奔走突然行至明处，人们一下子还反应不过来。来参会的有国企也有民企，袁国利第一个发言，表示支持邮政管理部门的管理，许海峰第二个发言，之后是民营快递。对于民营快递企业老板们来说既兴奋也不安，兴奋的是这个长期处于监管空白的行业终于有人管了，他们直呼"找到了娘家"；不安的是，八易其稿却还未出台的《邮政法》对快递的定位还不清楚。对于这次即将进行的调查摸底，有人打了退堂鼓，如果把民营快递企业的情况摸得一清二楚，到时候《邮政法》还按第八稿落实，民营企业将陷入被动。因此，不少人看上去战战兢兢，陈德军还专门为发言打了一个草稿，写了一张小纸条攥在手里，内容是"三个代表"之类。

年底，国家邮政局又召集外资快递企业参与座谈，涉及国际四大快递和香港两家快递公司。但与国内民营快递企业不同的是，他们"来势汹汹"——企业老总把他们的法律顾问一起带来开会。其中，DHL的法律顾问发言，可以接受监管，但要与国内快递企业享受同等待遇，同时要求国家邮政局拿出法律依据依法行政。这对一个新成立的部门提出了很大挑战，此时《邮政法》尚未颁布，从法律层面来说，快递尚未纳入邮政的管理范围之内，更不要说管理外资快递企业了。

《邮政法》的出台紧迫而又慎重。温家宝总理在当年的政府工作报告中，提出要大力发展包括邮政业在内的面向民生的服务业，积极拓展新兴服务领域，不断培育、形成服务业新的增长点。半个月之后，3月19日，国务院以国发〔2007〕7号下发的《关于加快发展服务业的若干意见》强调："优先发展运输业，提升物流的专业化、社会化服务水平，大力发展第三方物流"，"建立公开、平等、规范的服务业准入制度"，"鼓励社会资金投入服务业，大力发展非公有制服务企业，提高非公有制经济在服务业中的比重。凡是法律法规没有明令禁入的服务领域，都要向社会资本开放；凡是向外资开放的领域，都要向内资开放。"

此时，国务院法制办主导《邮政法》修订的正是赵晓光，因果缘分，几年后，其出任国家邮政局副局长。民营快递的发展增速让赵晓光感到震撼，他认识到民营快递需要规范，需要得到法律承认，需要真正浮出水面，满足社会的需求。

在后来接受记者采访时，赵晓光坦言修法之难："阻力之大超乎想象，因为理解的人不多。"修法过程中，赵晓光对于民营企业的支持立场源于他的多次实地考察。其中一次是2005年初冬的一个夜晚，他在北京街区里看到，快递员骑着三轮车、自行车送快件到分拣场地，他们所谓的场地就在用柱子支起的围墙内。在分拣场地里，他发现有内件是研究机构科研配件的快件，他无比惊讶于如此重要的信件，科研机构也会放心地让民营快递投送，这是何等的信任。

　　之后，一次亲身测试也让他对民营快递刮目相看。在致电一家民营快递企业 15 分钟之后，一个背包的快递员就匆匆赶到了他的办公室取件。次日早晨他得到确认，生日礼物已经送到了女儿同学所在的写字楼里。其间还有一个细节令他感动，快递员建议他将两份寄往同一地址的礼物合并在一个包裹里，可以节省费用。

　　这些风里来雨里去的民营快递创业者的精神状态、服务意识，以及他们提供服务的低廉价格，加之快递业务量的爆发式增长，让赵晓光意识到，不管人们尊不尊重，承不承认，民营快递都是一种客观存在。"应当说，快递服务需求开始变得普遍，对于这种井喷式的社会需求，中国邮政一家已经再难独自担负得起了，民营快递理应登上历史舞台，与中国邮政一起，承担起服务社会、服务民众的责任。"他说。

　　在这种理念主导下，政府部门进一步表现了修法的诚意。

　　6 月 13 日，国务院法制办、信息产业部和国家邮政局特别在北京召集全国 13 家邮政和民营快递企业就"5 月 24 日稿"进行座谈，了解他们各自的诉求。这也是民营快递企业老总第一次迈进政府大门，与平常不修边幅不同，大家一反常态，西装革履，战战兢兢地走进了国务院法制办的会议室。

　　开放的种子一经播种，便有破土穿石的坚韧。关于修法的激烈争论被社会广泛关注。围绕《邮政法》的修订，专家学者、快递从业者、有关团体或发表文章，或接受采访，或参加研讨会，或写信反映，他们用各种形式表达自己对《邮政法》修订的意见和建议。

　　5 月 19 日，中国物流学会和中国国际货运代理协会在北京召开

"促进快递物流业发展"座谈会。会议纪要记录着《邮政法》修改应妥善解决社会关注的热点问题，对邮政专营范围、快递行业监管、快递企业准入门槛和普遍服务基金等事关各方利益的问题，必须统筹平衡、慎重决策，既要考虑国家普遍服务责任和国家安全，又要满足社会对快递的多样化需求，还要促进快递企业稳步协调高效发展。

6月18日，中国行政管理学会以专家建议的形式，就修订《邮政法》向国务委员兼国务院秘书长以及各副秘书长提出建议，包括慎重规定邮政专营范围，采用重量与资费相结合的双重选择标准、监管权与执法权相分离原则，由邮政监管机构负责对快递市场的监管，由工商部门负责对快递市场的依法查处。

7月24日，东方万邦等40家非邮政快递企业联合向中国国际货运代理协会会长赵沪湘，副会长刘占芳、罗开富传真一份紧急报告和提议，内容之一就是表达对6月13日由国务院法制办、信息产业部和国家邮政局在北京召开的有13家邮政和非邮政企业参加的《邮政法》（2007年5月24日修改稿）座谈会相关内容的不同意见，提醒协会重视。

就在这份联合报告送达的前一天，《瞭望新闻周刊》刊发了一篇题为《快递业"盯紧"邮政体改》的文章。文中，达瓦介绍，国家邮政局正在会同有关部门，研究、拟定促进包括快递服务在内的邮政业发展的产业政策。国家将积极扶持非公经济的发展，鼓励社会资金投入快递业务，特别是发展民营快递企业，培育民族快递品牌，培养一批经营有道、管理有方、竞争有序的优秀民营企业。

修法的过程虽举步维艰，但在不懈沟通下，冰雪渐渐消融，政府和企业逐步达成了很多共识。徐建国说，他一辈子都会记得时任国家邮政局行业管理司司长达瓦曾经说过的一句话："我们的民营快递和EMS不应成为敌人，而是一家人，大家要一起握起拳头，共同打造中华民族自己的快递。"

这年冬天，又一场联合行动展开，这一次是和国家工商行政管理总局。苦于无行政执法权的管理者们联合其他部门千方百计地为管理工作开路，这也是快递业走向规范的开始。

为了规范国内快递市场，首批快递行业协会也正在筹备中。9月21日，国家邮政局也发布了《快递服务》邮政行业标准。

在2个月前征求意见时，党政机关、各类企事业单位、学校和研究机构、相关学会协会等600多家单位，提出了700多条修改意见和建议。其中关于快递最低服务费用拟定8元~12元的标准，争论较为激烈。有人认为价格应主要由市场进行调控，不应在标准中进行约定；但有人认为应当进行约定以防止不顾成本压价恶意竞争；还有人认为8元~12元的标准偏高，应当调低，相反也有人认为这个标准太低。

最终出台的快递服务标准取消了最低服务费用的具体金额，只规定了服务费用的设置原则。后来快递市场的充分竞争得到了最大体现，但快递业多年后也无法轻易跳出低价竞争的泥潭。

这一年有人在彷徨，有人已经走上了正轨。

吴鼎钧是政企分开后浙江省邮政公司的第一任总经理。此时的长三角是全国电子商务最发达的地区，快递配送服务十分活跃。这从次年国家邮政局公布的一组数据可窥一二：2008年，每天为淘宝网提供的快递配送量150万件中，长三角的配送量超过1/3，预计随着电子商务的发展将继续保持高速增长。

在这些快件中，邮政速递占了多少？吴鼎钧此时忧心忡忡。就在此时，中国邮政集团公司决定在上海召开一次"长三角速递峰会"，这让吴鼎钧十分欣喜。在他看来，这次峰会的主题聚焦速递，切中了当下邮政存在的最大问题；其次，峰会开在长三角，这是快递竞争最激烈的地区。但当坐到会上，他满怀期待的心"咯噔"一下，本以为是研究在长三角如何部署发展战略、如何重塑市场和如何对付竞争对手等问题，但到现场才发现整个峰会只是研究很具体的问题，例如投递问题。

与吴鼎钧内心焦灼不同，民营快递企业却是一派生机勃勃的景象。虽然 2007 年的圆通在徐建国看来问题依然不少，但因为有着在申通时丰富的网络管理经验，他帮助圆通一点点地找出问题并解决。这一年，他开创性地在圆通全网施行"派费制度"，开行业之先河。一年后，在派费制度基础上，徐建国又有惊人之举，在总部建立了"派费基金池"。基金池做好以后，张小娟有一天来找徐建国："徐总，我账里突然多了这么多钱，这个钱是谁的？"徐建国解释说，这个钱是圆通网络的。每一个网点从派费里面抽一角钱，总部再出一角钱，一共两角钱放进这个池子里，用来平衡网络，圆通总部的钱包一下子鼓了起来。

这一年，申通正式以"申通快递有限公司"注册，公司新址迁至青浦区北青公路。年底，申通打破运行了十几年的互免派送机制，实施有偿派送改革，并且推出特困网点补助方案、大货派送费改革、外围到苏浙沪汽运核算和航空提货互补收费等一系列制度。所有制度都关乎钱，经济利益的杠杆决定着加盟网点的积极性。互相哺育的制度，增加了人口相对稀疏的中西部网点的派件收入，保障了快递运行全网的平衡性。

随着网点的逐渐铺开，快递服务从最初的暴利、神秘，到微利、普及，收益被越来越多的闯入者稀释。1993 年神通创办时，从上海到杭州的快件是一件几十上百元，如今一件已经不足 10 元。利润虽然降低，但申通的业务网络和业务量却发展迅猛，全国省会城市网点已基本覆盖，触角逐渐向地县两级延伸。上海和杭州并驾齐驱，形成了以上海为中心，向全国各大城市辐射的局面，使申通快递遍布全国，织就了一张庞大的网络。

陈德军和淘宝网总经理孙彤宇决定在淘宝开发的推荐物流系统也在 2007 年上线，申通接入系统开始为淘宝电商送件。以"通达系"为首的民营快递企业与淘宝系电商的爱恨纠葛就此开始。

根据当年淘宝网对外发布的《2007 年 1 季度淘宝网购物报告》，1季度总成交额突破 70 亿元，日平均交易额逼近 1 亿元。孙彤宇很自信地表示，两年内，淘宝网将成为 1 000 亿元交易规模的网站，同时为社会创造了 100 万个就业机会。

金任群认识到，电商业务的C2C模式，和"通达系"遍布全国的网络是高度耦合的，业务快速增长是顺理成章的。"2006 年申通和淘宝刚谈判的时候，约定一天大约 6 万件，但是合作之后，不久就达到了一天 20 万件。"从此，电商快件逐渐成为"四通一达"的主要业务。正是这些民营快递企业的支撑，造就了阿里巴巴的电商帝国，也使中国的快递业务量能在短短的几年内达到世界第一的位置。

不同于淘宝网与民营快递企业合作，另一位后来的电商巨头京东，也在这一年主动转型。刘强东不顾投资人和高管团队的反对，坚持自建仓配一体的物流体系，以解决大量的顾客投诉到货慢、货物损坏的问题。在他看来，与其与无法从根本上解决以上问题的社会物流合作，不如自建物流。破釜沉舟投入巨资后，加上又一个不顾众人反对的决定——启动全品类战略，电商平台"二哥"的位置就此奠定。

新的入局者也在这一年加入。8月13日，跨越速运在深圳注册成立。9月，周韶宁也成立了百世物流。2018年10月，周韶宁在自己的办公室里感慨道，11年过去了，我们现在做的事情就是当初想象的，只是一步步在实现而已。

随着国内快递市场的进一步放开，不仅民营快递企业之间的竞争异常激烈，国际航空快递细分市场也受到影响。2007年前后，中外运敦豪已经拥有74家分公司，覆盖全国318个主要城市，并且进入了一些不通航班的中国三线城市。

是冲进红海争夺市场，还是集中力量巩固优势？中外运敦豪的吴东明做出了一个战略选择：战术上分权，战略上收缩，聚焦核心业务。当时，中国的中小企业开始通过eBay等电子商务网站和自己的官网来建立业务。为了应对这一变化，DHL积极开拓B2C领域的机会。转向B2C市场的举措成效显著，该领域业务于2007年开始从零起步，很快便大幅增长，2015年为公司贡献了近10%的业务收入。

虽然亚洲金融危机尚未到来，吴东明已经看到了风雨欲来的天色。2007年之前，中外运敦豪下设17个分区的模式，吴东明将中国大区的权力进一步下放，给予更贴近市场的分区更多的权限，对接地方客户，以便在金融危机来临、总部应接不暇之时，地方分公司能够自己找到"充足的粮草过冬"。

改革的大幕已然拉开，从业者的呐喊声高潮迭起，管理者奋力突破，来年会不会比今年好一点？

人物小传
/"建言者"任玉岭 /

任玉岭不是"一般人"。

他的独特，在于他对解决民生问题"很敏锐、很执着、很热忱"。三个"很"字，让他在各种身份之间辗转。从生物技术专家、经济专家，变身"三农"问题专家、民生问题专家、教育专家、城市管理专家和议政建言的行家。

"不要被 GDP 牵着鼻子走""中国教育不均衡问题并未彻底解决""让教育发展更多一点雪中送炭"，他指出发展问题要害时一针见血，其提出的建言之多、影响之大、领域之广，被媒体称为"任玉岭现象"。

任玉岭在快递人心目中的地位，更是不一般。在邮政业改革的关键时刻，他协同两位国务院参事一起，依照自己对邮政业发展和民营经济的研判，执笔直言。

2006 年 8 月，在《邮政法》修改稿中关于邮政专营克数的争论一直僵持不下，任玉岭向国务院提交了一篇名为《打破邮政垄断，保护民营快递健康发展》的国务院参事建议。"邮政属于国家允许非公有资本进入的垄断行业和领域"，"其他商业信函和党政军之外的民用快递，

应放开市场，允许民营企业独资或合资经营承递"。他还建议"将全部
商业信函排除在专营范围之外，或把邮政专营范围定位为 100 克以下
的信函，留出市场份额，让民营企业参与竞争"。

"民营快递对未来的流通领域将发挥不可小觑的作用，应该支持他
们的发展。""在国家没有投入一分钱的情况下，民营快递已经做出了
上百亿元的行业规模。"这些支撑理念，都来自一线深入踏实的调研。

之后，政企分开、《邮政法》修订、民营快递合法身份确立，民营
快递企业由此进入春天。

一次不够，再来一次。

2009 年 10 月，任玉岭再次执笔，就"克数之争"又一次向国务
院紧急提交了《关于调整邮政信件专营范围的紧急建议》，直言"非邮
政企业已经成为我国快递市场的主体，快递业就业潜力巨大，还处于
发展初期，需要扶持和规范并重。""单一重量信件快递专营"方式将
造成邮政与非邮政快递企业的两败俱伤。制约了民营快递做大、做强，
也让邮政企业缺乏创新的活力和动力。他建议，按信件性质决定邮政
企业的专营范围，删除修订草案中"单件重量在 100 克以内（国家规
定的特大城市市区内互寄的单件重量在 50 克以内）的信件国内快递"
的内容。

"市场环境公平，企业分工专业，行业竞争有序，国有企业迎头赶
上"，他认为这才是大家最愿看到的情景。

"把创新作为引领发展的第一动力，把人才作为支撑发展的第一资
源。坚持以网络化、智能化为抓手，在信息传输、分工合作、资源配
置、自动分拣、仓储管理等方面促进连接升级，数据升级、模式升级，

尤其要关注无人驾驶、无人仓储、无人配送的研发与应用，促进整个物流业的智能化变革和智能化运作，为进一步提升物流效率，降低物流成本，赶上世界先进水平做出积极贡献。"直至现在，快递业的发展依然在他的注意范围之内，中国民营经济的"五六七八九"特征，让专注于民营经济研究的他，内心涌动着骄傲。

法国著名诗人波德莱尔说："英雄就是对任何事都全力以赴、自始至终、心无旁骛的人。"80 岁高龄依然行走在调查研究一线的任玉岭，就是这样的英雄。

2008，翻越高山

先是天降暴雪，继而是大地裂缝。这一年，世界的舞台上，中国五千年的文明在惊呼中华丽绽放，但老天似乎决意在原本应该喜气洋洋的 2008 年考验中国人，它的方式很残酷。

就在春节即将到来之际，大半个中国，从宁夏、陕西到湖北、江苏等 10 多个省份出现百年一遇的特大暴雪。持续 20 多天的暴雪袭击，导致全国交通秩序紊乱，主要的铁路、公路和机场等关键运输动脉断裂；湖南的冰雪冻住了 136 列火车；湖北约有 10 万人在一周时间没有饮用水；停电状况遍及 17 个省份，数以万计的工厂停产关闭。此时，正是最为繁忙的春运时节，大雪灾使得这场全球最大的季节性"移民"陷入空前混乱，在人口流动大省广东，至少有 50 万人滞留在广州火车站。

在突如其来的雨雪冰冻灾害面前，中国邮政启动应急预案，邮航飞机冒着大雪，紧急抢运救灾物资，第一时间向贵阳运送 76 吨救灾货物。邮政 EMS 想尽办法，将发电机、蜡烛等救灾物资安全送达。

2 月 7 日（大年初一），胡锦涛总书记看望和慰问了坚守在生产一线的干部员工。他说："邮政事业关系到千家万户，关系到人民群众的切身利益。在这场雨雪冰冻灾害面前，邮政职工迎难而上，奋力拼搏，克服了种种困难，保持了邮路基本畅通。我们要更好地发展邮政事业，为人民群众提供优质的邮政服务。"

春暖花开缓解的冰雪灾害还未让人来得及长舒一口气，另一场灾害接踵而至。5 月 12 日下午 2 点 28 分，四川汶川发生 8.0 级强震，同时引发的还有滑坡、坍塌、泥石流、堰塞湖等严重的次生灾害。

强震破坏了原有的通信系统，震区与外界的联系一度中断。这一次的救灾英雄还是有中国邮政。关荣顺接到任务要送6箱卫星电话到四川，在不断的余震中，邮航全货机依靠人工完成降落，通信设备安全抵达成都双流机场。

为全力保障救灾物资的运输，邮航暂停了全部13架货机的飞行任务，包括部分飞往国外的班次。据统计，邮航执行包机任务46架次，运输抗震救灾物资257.79吨。

震后，中国邮政还开通了向灾区捐款、捐物的"绿色爱心通道"，邮政营业网点免收向灾区捐赠包裹的邮寄费。他们在重灾区的废墟上、灾民临时集散点均设立了临时邮局、流动服务车及步班邮袋邮局，还向灾区群众免费开办向外传送平安信息的业务。

经历了长达30年的高速增长之后，中国变得空前自信，8月8日举办的北京奥运会被外界认为是宣示"大国崛起"的标志性时刻。但奥运圣火的传递却屡遭"藏独"及反华分子阻挠。此时，五星红旗迎着圣火高高飘扬，已成为全世界华人的愿望。

保卫圣火活动不断展开，中国国旗在有的国家"一旗难求"。4月15日，有上海青年捐赠了2 700面五星红旗，准备分发给奥运圣火所经过城市的华人。喻渭蛟得知这个消息后，当即表示：愿意无偿把全部国旗快递到韩国、日本、澳大利亚、马来西亚等地，声援海外华人为祖国呐喊助威。

邮政EMS也为国旗捐赠迅速开通了"绿色通道"，派出专人专车将一批批国旗送往机场，赶乘有效航班最快速度发到目的地。4月19日到24日，邮政EMS从北京、青岛等地为海外同胞运送国旗21 050面，十几个国家和地区21个城市的爱国华侨手中握有其运送的国旗。

2008 年，随着国家体育场鸟巢正式投入使用，国家体育场邮局也开始对外营业，这是北京奥运会第一个对外营业的场馆邮局，也由此拉开了中国邮政奥运现场服务的序幕

北京奥运会开幕式上，五千年的中国文明震撼世界。那一年，中国获得了 51 枚金牌，21 枚银牌，28 枚铜牌，金牌数位列世界第一。中国邮政也得到了一枚沉甸甸的服务"金牌"。国际奥委会终身名誉主席萨马兰奇在奥运会后离开北京前，来到奥林匹克大家庭饭店总部——北京饭店邮政服务点，与邮政服务人员道别，在嘉宾留言簿上现场题词"GOLD MEDAL"（金牌），称赞中国邮政服务优质、高效。

对邮政管理部门来说，重组的第二年就承担大会寄递安全工作，是重任也是锻炼。以保奥运安全为契机，国家邮政局完善了寄递渠道安全监控机制，要求并指导企业建立严格的收寄验视制度和应急保障制度，并且细化安全监控流程，逐步建立自己的监控系统。

与国际性的快递巨头 UPS 成为北京奥运会物流与快递服务赞助商，并且负责指定场馆、奥林匹克公园、运动员村、媒体村的快递和物流服务不同，这一年中国民营快递企业在这场盛会中，尚没有太多突出表现，全国性的网络尚未搭建完毕，更不要说全球了。

在高峰期，UPS为服务奥运专门投入217辆卡车和包裹递送货车，递送的最大货物为58.75立方米的船艇架。其全球服务网络更是在这场盛会中发挥了重要作用：分布在欧洲的4个枢纽点，共为61个国家的奥组委递送了254艘皮划艇和赛艇。

前方已知的高山就矗立在那里，沉浸在小山头之间比试的民营快递已渐渐苏醒。

年初的冰雪灾害使所有的快递车辆都趴在路上动弹不得，时任浙江省邮政管理局监管处处长金国治看在眼里。他给王卫写信说："没有翅膀的快递，永远是一个爬行动物。"

一句话点醒梦中人。11月，杭州萧山机场的一块空地原先留着给德邦建设中转中心，在德邦转而选择了广东之后，这块地暂时没作他用。顺丰抓住机遇拿下了这块地，与萧山机场共同投资建起了航空货运枢纽。第二年6月，顺丰投资7.1亿元在这里建设自动化分拣设备。整个项目投资共计13.8亿元，皮带机总长40千米，要建设亚洲最大的航空货运枢纽。

当其他民营企业还在为陆运战场厮杀的时候，顺丰已经有了一飞冲天的梦想，这也为其日后长久占据国内高端快递市场奠定了基础。历经10年，2018年9月20日，萧山机场终于飞出了第一架洲际货运飞机。

此时喻渭蛟正在进行一场想了很久的"直营+加盟"的改造，对重点区域的关键环节收归直营，预计两年内全部完成。"收归直营以后，服务质量、管理能力及全网的控制力等都给圆通打下了坚实的基础。"喻渭蛟后来这样说。但这场面向标准化、规范化的直营化改造，因手段较为激进而被外界认为是"桃子熟了抢桃子"，收与被收的激烈抗争终于爆发。在北京圆通，一度剑拔弩张，甚至惊动了维稳办。

韵达在2008年也有了一定的规模，但聂腾云和周伯根去了两趟德国考察国外快递的分拣方式之后，直言"韵达现在搞自动化分拣完全是'瞎搞'"。虽然他们已经事先了解过自动化分拣，但在现场依然深受震撼。在周伯根看来，韵达当时管理没有人家规范，业务量也没人家大，快件类型又杂，怎么可能实现自动化？

与国际快递公司的自动化分拣不同，那时候，国内做快递完全拼手工。单号需要手抄，发件地和目的地也需要手抄，结算都是现金。自动化分拣设备是完全依靠信息化系统支撑的，没有信息化系统，根本无法实现自动化分拣。

少年依旧是那个少年，自己认为对的事便要坚持做下去。聂腾云决定先做自动化分拣的第一步——做系统。于是，韵达开始了一段"特立独行"的日子：每个晚上，一批韵达总部的员工开始手工把当天快递的发件地址和收件地址全部录进系统。5年后，韵达在上海应用了第一套自动化分拣设备，这也是行业中最早应用的自动化分拣设备之一。再过5年，韵达又实现了分拨中心的自动化全覆盖。

在已成红海的快递市场中，中通向下突围，以求走出一条特殊的"农村包围城市"道路。赖梅松推出了有偿派费制度，并优化了二级中转结算体系，让网点有钱赚才是网络更加稳定的基础。他的想法也很简单，在华东和华南这些地区，中通与同行的距离可以用遥远来形容。有没有扬长避短的方式？作为"农村包围城市"战役的"第一枪"，西南和西北等快递发展薄弱的地方也被赖梅松寄予更多期待。

有偿派费的推行，给了发展薄弱地区的加盟网点更多信心。在赖梅松的想法中，他尽量不让网点亏本，也不会将一个赚钱的网点归为己有，而是一直认为网点越赚钱，对中通的贡献就越大，总部要鼓励和支持。一位投了两三万元加盟苏州吴江中通的老板找到赖梅松，说自己生意不好要关门。但赖梅松绝对不会让"关门"这种事发生，关门就意味着中通在这里的阵地丢掉了。赖梅松找到原来跟他一起做木材生意，并且愿意加盟中通的朋友，对方出三四万元，赖梅松又补了2万元，保住了苏州吴江网点。在激烈竞争的环境下，愿意吃亏、不怕吃亏的赖梅松看得更加长远，这也是中通网点比较稳固的原因。

对于邮政速递物流来说，2008年，尚未跳出窘境。面对矛盾，邮政集团专门召开了全国邮政速递物流工作会议，中国邮政集团公司党组书记、总经理刘安东强调要从研究问题入手，不回避现在存在的主要矛盾，直面改革深层次问题。就在离2009年还有10多天时，12月19日，全国邮政速递、物流完成整合，成立中国邮政速递物流公司。看似将业务独立化和公司化的操作，能否重新焕发生机，还有待时间检验。

这一年，历时多年的《邮政法》修订工作终于进入全国人大征求意见阶段，从1999年着手修法到2008年提交人大，再到2009年最终确立，10年修法国内罕见。

10月6日，国务院总理温家宝主持召开国务院常务会议，讨论并原则通过《邮政法（修订草案）》，决定修订草案经进一步修改后，由国务院提请全国人大常委会审议。20多天后，全国人大常委会第五次会议初次审议了《中华人民共和国邮政法（修订草案）》，并将修订草案及草案说明在中国人大网公布，向社会公开征集意见。

除了快递企业的呼吁、从业者的建议以外，这部法案的修订工作多次征求意见，尽可能地吸纳公众意见。

此前的 7 月 12 日，交通运输部以部令的形式公布《快递市场管理办法》（以下简称《办法》）。这在《邮政法》修订施行之前，对快递管理和服务进行了有效规范。国家邮政局对《办法》的制定非常重视，专门于 5 月 14 日召开了有 17 家快递企业参加的征求意见会议。与此同时，全国邮政管理部门开展了快递企业备案管理，5 659 家快递企业办理了备案手续，这为后来建立快递市场准入制度和快递企业分级分类管理奠定了基础。

行业正走在逐步规范的道路上，所有的尝试都是为了中国的快递业有一天能够与世界比肩。

始于 2007 年第 4 季度的一项名为"快递服务公众满意度"的调查，终于在 2008 年 4 月 28 日公布。调查涉及北京、沈阳、济南、南京、长沙、郑州、南昌、西安、昆明、兰州 10 个城市，邮政 EMS、民航快递、申通快递、顺丰速运、宅急送、圆通快递、全一快递、天天快递、韵达快递、汇通快递等 10 家快递企业都在调查范围内。

这次调查在国内尚属首次，虽然只选择了 10 个城市和 10 家快递企业，但在一定程度上反映出了我国快递服务水平，对社会各界了解国内快递服务具有重要意义。也是从这次调查开始，快递服务公众满意度调查这种形式便成为国家邮政局的一种行之有效的行业管理手段，并一直沿用至今。

快递服务满意度的公布对企业亦有一定触动，它们开始理解管理部门的良苦用心。4 月 9 日，徐建荣亲自组织汇通总部全体人员认真学习通报内容，他告诉企业管理层，国家花人力、物力、财力对快递企业的服务质量进行测评是对快递企业的爱护，也是国家邮政局对抓好快递企业服务质量监管的重大举措。

松闸的信号一波接着一波，快递纳入邮政业被越来越多的人所接受。快递企业做大的信心也越来越强，用地成为首先面临的问题，时任上海市邮政管理局局长李惠德在年底把各家快递企业召集起来，商量抱团以较低价格在青浦拿地，这就是后来青浦快递聚集的雏形。而这之后，李惠德就如同上海快递企业的"保姆"一样，企业只要向他寻求帮助，他都极尽热情地帮助大家实现目标。事后，当快递企业回忆起他的谆谆教导都会讲起"黑快递"时期，他为大家指的一条出路：把文件类快件给邮政EMS，大家安下心来做生意，这为在夹缝中求生存的民营快递争取来了缓冲的机会。2009年《邮政法》出台之后，李惠德的心思只有一个：促进民营快递企业心无旁骛地发展。

在中央层面营造的宽松氛围下，地方政府也为快递业的进一步发展提供了政策支持。以安徽省为例，11月下发《中共安徽省委安徽省人民政府关于进一步推动个体私营等非公有制经济又好又快发展的意见》，将快递、物流纳入进一步推动个体私营等非公有制经济又好又快发展的意见中，从放宽准入领域、激发创业活力、承接产业转移、提高创新能力、改进金融服务、转变发展方式等7个方面推出了扶持优惠政策措施。

10月9日，世界邮政日，有着"隐藏的莲花"之称的墨脱终于开通邮政业务。自此，我国所有行政建制县全部通邮。也是从这一天起，邮政服装正式更换为运动帽、夹克装，不断开拓邮路的他们，以新的面貌迎接新的变化。

人物小传

/ "斗士" "二刘" /

　　2009 年《中华人民共和国邮政法》颁布前的修法史，就是一部民营快递企业的命运抗争史。刘和平和刘建新，一南一北，为改变民营快递企业命运鼓与呼，被业内尊称为"南北二刘"。

　　刘和平，在上海振臂一呼，代表快递企业仗义执言；刘建新，恪守尽责，带领快递代表北京陈情。

　　"二刘"的并称，最先出于邮政之口。2009 年新《邮政法》出台前几年的博弈中，上海东方万邦快递有限公司副总经理刘和平和中国国际货运代理协会国际快递工作委员会秘书长刘建新，因多次"炮轰"《邮政法》修订稿中划定的邮政专营范围，成为被邮政重点关注的"二刘"。

　　2002 年，随着邮政开始对快递猛烈打压，刘和平走上了漫长的与政府部门的沟通之路。刘和平不想"出名"，至少不想以这种近乎赤膊相争的方式出名。但他始终放不下，因为他对行业满怀希望，况且还有十多万兄弟靠快递吃饭。

　　刘和平是一支"好笔"，这与他过去插过队、在学校和机关工作过有关。于是，他在管理着快递公司的同时，花大量的时间给政府相关部门写信。一件件十几页厚的"意见书"不断从上海寄出，到上海市政府，到信息产业部，到国家邮政局。

"上书"韩正的行动是刘和平和陈德军发起的，信件内容由刘和平起草。"我们一定要联名写信，联合快递企业，联系新华社。"刘和平一向语速很快，加上他喜欢出头，这给陈德军的印象很深。彼时，51岁的刘和平已经因为慢性肾炎只能上半天班。

《邮政法》修订稿第七稿出炉（2016年1月），民营快递企业如坐针毡，尤以快递发展最快的上海企业为甚。一过春节，刘和平和上海7家快递公司的老总（陈德军、聂腾云、赖梅松、喻渭蛟、詹际盛、徐建荣、陆雄、徐建国、徐勇①）一商量，决定共同前往北京，刘和平还聘请了他的好朋友法律顾问彭旨平律师，一行人探讨成立"上海民营快递协会"的可行性。在北京拜访各部门的过程中，刘和平不停地记笔记，到后来积攒了几百页的会议记录。

在北京，"二刘"相遇。

与刘和平一样，刘建新曾经也是一名上山下乡的知识青年。云南、山西都曾经留下他青春的足迹。他能把中南海的水带到云南，让农场的领导激动万分，连夜开着汽灯欢迎他的到来。从云南到山西"转插"，刘建新借着自费"红色旅游"的机会，到南昌、上海、武汉等地，开启了20多天的红色之旅。在山西襄汾，几十万知识青年高考，极低的概率下，刘建新考上了山西大学，并且在毕业后顺利回到了北京，进了外经贸部工作，在经贸学校有着10年的讲学经历，后凭着自己的才华成为"外运一支笔"。

刘建新对小岗村的改革深有感触，8年的农民经历，让他深深体

---

① 徐建国、徐勇为职业经理人。

会到吃不饱肚子是一种什么感受。多年后，等回过头来给曾经插过队的村子写村史的时候，他写得泪流满面。同样，他把这份感情也用在了源自农村、与命运抗争的民营快递企业身上。

刘建新因为有长期文字工作的积累，所以对参与的每件事都会详细记录，不但记笔记，经手的关键文件、会议资料、媒体报道文章都悉心收藏。在刘和平组织的 11 人来北京之前，他已经以中国国际货运代理协会的名义对邮政体制改革和《邮政法》的修订提出了旗帜鲜明的观点：2002 年，对"快递风波"的总结；2003 年，中国外商投资企业协会、中国国际货运代理协会、中国对外贸易经济合作企业协会三协会就《邮政法》修订稿上书全国人大；2005 年，在《国际商报》发表《实践是检验邮改成效的标准》；2006 年，在《北京青年报》发表《促进竞争和规范竞争是邮政改革的方向》。2003 年到 2006 年，刘建新 5 次参加国务院法制办召开的《邮政法》修订座谈会，建言献策。

刘和平等 11 人到北京时，经常来往于各相关部门的刘建新自然就成了大家的"向导"。由于时间紧、任务重，在到各个部门进行座谈的间隙，11 人分成多个"小队"。每一份反映民营快递现状和对《邮政法》修订意见的资料都要盖上十几个章，再复印几十份，由各小队分头送往相关部门。媒体适时发布他们与政府部门沟通的最新进展，也对修法进程进行关注，尤其是上海和北京两地的媒体都紧盯 11 人的动向。

民营快递企业赴京陈情，将零散的民营力量集结起来，出人意料地打出了一套"组合拳"，在其影响下，《邮政法》的修改沿着时代发展的脉络一路向前。

南北"二刘"，在滚滚向前的历史轨道上，留下自己特定的印记。

2009，拨云见日

从这年春天以来，H1N1甲型流感就在全球蔓延，5月12日中国内地第一例甲流患者确诊。比甲流更让人揪心的，是上年底发端于美国的国际金融危机，给中国经济发展带来的前所未有的困难和挑战。出口大幅下降、财政减收、就业困难增加……使得2009年成为21世纪以来中国经济发展最为困难的一年。

快递人也感受到了寒意。在2008年险些亏本的顺丰，2009年虽然"脱贫"，但用王卫的话讲"只是回到以前的小康"。金融危机对制造业以及外贸企业产生了极大的影响，快递订单数量减少，传统快件票数开始萎缩，陈德军也开始头疼。遇到相同情况的还有在华的外资快递。中外运敦豪内部的一项研究表明，快递业务量和空运进出口的相关性在90%以上。2009年中国进出口贸易出现大幅度下滑，并直接导致快递业务量的下降。

笼罩中国快递人的愁云惨雾，被一部法律驱散。

4月24日，十一届全国人大常委会第八次会议表决通过了修订后的《中华人民共和国邮政法》。除了第一次在立法层面明确了邮政普遍服务的制度，将保护用户的合法权益作为重要主旨之外，修订后的《邮政法》对快递业务有了专章表述，首次明确了包括民营快递在内的非邮政快递企业的法律地位，使快递企业依法经营和政府依法监管有了明确的法律依据和保障。

10年修法路，举步维艰，在政府和企业不懈沟通下，冰雪消融。

金任群感觉"好像天突然亮了"。9月18日，上海市委机关报《解放日报》开辟两个整版集中宣传贯彻《邮政法》。看到《解放日报》第一次正面提到快递，金任群的眼泪都快下来了。

2009 年之前的 3 年是陈德军感觉最痛苦、最艰难的时刻，与中国外运合作的失败、《邮政法》修订中的不断博弈，让他倍感受挫与失落。但他不敢放弃，如果公司只是他自己一个人的，那最多再回老家去种田，可现在全网好几万人员怎么活？新修订的《邮政法》的出台，让陈德军心中的痛苦、身上的压抑得到了充分释放，他欣喜若狂。《邮政法》出台几天后，陈德军和"三通一达"的几个人挑了一个晚上共同举杯，一醉方休。

然而，春寒料峭，修法过程中围绕邮政企业专营范围的争论，余波犹在。

8 月，《邮政法》的配套法规《国务院关于邮政企业专营业务范围的规定（草案）》（以下简称"草案"）面世，再掀波澜，焦点集中在草案第二条。该条第三款将"单件重量在 100 克以内（国家规定的特大城市市区内互寄的单件重量在 50 克以内）的信件国内快递业务"列入专营范围，引发了民营快递企业家的强烈反对。据他们测算，这个条款将使他们失去约 50% 的异地快递业务量和 85% 的同城快递业务量，90% 以上的同城快递企业将面临倒闭，异地快递企业也将由于业务量大幅减少、利润骤减而逐步倒闭。

以京沪两地为主的民营快递企业人士再次集聚北京，通过各种渠道向有关部门倾诉。他们也找到中华全国工商业联合会副主席保育钧反映情况，觉得他们"讲得有理"的保育钧，在 8 月写下一封亲笔信，收件人是时任国务院副总理马凯。信中，保育钧直言草案第二条第三款"很不科学",他建议,如果要规定信函重量,那也应参照其他市场经济国家的通行做法,实行资费与重量相结合的办法,让市场去选择。

9月22日,时任交通运输部副部长高宏峰在出席《邮政法》贯彻实施全国电视电话会议时表示,邮政专营范围相关条例"正处在制定过程当中",正在广泛、深入地听取各方面的意见。9天后,《邮政法》正式实施。虽然草案因在有些地方存在争议而被暂缓执行,但流传在民间的担忧并没有散去。10月,任玉岭再次执笔,向国务院提交了参事建议。在这封紧急建议中,他表示我国快递业还处于发展初期,需要扶持和规范并重,建议调整邮政信件专营范围。

此后,相关条例的制定事实上被搁置起来了,用户通过给信件"增重"或者民营快递企业采用"加重不加价"来规避专营的黑色幽默没有成为现实。

合法身份的确立,使得此前对"黑快递"驻足观望的"有钱人"的心态发生了根本性的变化,与创业者的一穷二白相比,如今大批充实到民营快递网络中的加盟商都自带资金。从此,解开束缚的快递业如脱缰的野马,飞速奔腾。

以加盟和承包的方式,申通快递的网点迅速扩张。面对电子商务快件比重逐渐上升的情况,陈德军号召网络更贴近网购客户,围绕电子商务做更大的文章。这年,申通基本每天会接到五六十万单的业务,电子商务快件占业务量的比重提高到50%以上。

聂腾云采取了"聚成管理,通道领先"的加速策略。引进科技手段,投资成立IT部,自己研发快件操作软件和财务结算软件,极大地改进了管理效益。打造强大的地面运输体系,达到最理想的衔接,是他的目标和手段。到 2009 年年底，韵达在全国铺设的直营转运站已经达到 51 个，开通干线班车 600 多辆，车线通达全国 20 余个省市，全网络日转运能力达到 2 000 多吨。

圆通自 2009 年年底对全网络进行调整，增加互带派送费的标准，用四类地区的派送交叉补贴来平衡网络发展。喻渭蛟回忆，当时表面上看牺牲了一些加盟商的短期利益，但是从长远来看，公司整个网络的平衡发展才能提供可持续健康发展的动力。

与刚获得合法身份的民营快递企业相比，邮政 EMS 明显超前一步，上市的准备工作已经在稳步推进。为了股份制改造，审计、资产评估、证券、法律等中介开始进驻邮政 EMS。但改造过程异常艰难，资产剥离、审计等工作都要做。袁国利回忆，邮政原来几乎所有的房产都没有完整合法手续，邮政 EMS 组建时拨出来的房产只有 3% 有房产证，在启动上市方案之后一年内才陆续把房产证都办好。2009 年，邮政 EMS 从中国邮政集团公司实质性地独立出来。

虽然"快递和电商风火互助"的提法要在 5 年之后才出现，但在 2009 年，一些改变未来的事物，已经开始孕育或者萌发。

9 月 10 日，杭州黄龙体育中心，在阿里巴巴十周年庆典晚会上，马云以嘻哈乐手、白发魔女、印第安酋长的混合造型三次登台。坐在台下的赖梅松印象更深的，是马云第三次登台时的激情演讲，特别是那句"人家相信不相信没关系，但自己必须要相信"。从那时开始，赖梅松开始相信"相信"二字的力量。

"阿里将为全世界一万多家企业提供一个生长的平台，我们将创造一千万家中小企业的网上群体，我们要为全世界创造一亿个就业机会，我们要为全世界十亿人提供消费平台。"马云对 10 年后阿里的激情描述，引发台下雷鸣般的掌声和欢呼。互联网特别是移动互联网的发展，让马云的设想有了实现的可能。1 月 7 日，工业和信息化部发放 3 张第三代移动通信牌照，标志着我国正式进入 3G 时代。更快的网速，更低的资费，3G 开始为客户开创一种新型的网络化生存环境，其中就包括手机购物。10 月 13 日，以手机为终端的无线淘宝日交易笔数首次突破万笔大关。

大家耳熟能详的"双 11"，诞生于这一年的夏天。在当时还是淘宝CFO（首席财务官）的张勇的办公室里，市场部开会讨论能办点什么有意思的活动，刺激一下下半年销量。在场的几乎全是光棍，白板上写满创意方案，有人指着白板上的品牌说要是这些东西都打五折就好了，有人说要是在 11 月 11 日"光棍节"搞活动大家还能买些东西送给暗恋对象当礼物。嘻嘻哈哈中，在 11 月 11 日这天全场五折全国包邮的"双 11"活动方案就定了下来。

跟后来动辄百亿千亿级的"双 11"相比，第一个"双 11"显得相当寒酸：只有 27 个品牌参加，总销售额也只有 5 200 万元，甚至连业绩牌也只是用几张 A4 纸涂写成的——虽然这已经是日常销量的很多倍。在那个电子商务还处在被人质疑的阶段，5 200 万元对张勇他们来说是一剂强心针。当然，这样的销量产生的物流订单数量，对当时的快递企业来说根本谈不上压力，这也为第二个"双 11"的快递爆仓埋下了隐患。

在快递规模急速增长的同时，加盟模式的隐患开始成为发展的瓶颈，众多加盟商割据一方，相互间纷争、混战、兼并乃至争夺的局面已然出现。

　　网点尾大不掉、割据严重的局面困扰着陈德军。在某些地区，贵为树干的总公司已经无法撼动越来越粗壮的树枝。2009 年开始，申通快递总部权力不得不下放，仅靠省际主干线物流、利用软件控制车辆和总部信息系统查件等方式掌控局面。如果加盟商不听从总部指令，快件则只能在省内流通，出不了省。外界对陈德军的评价是宅心仁厚，不愿意伤害别人的利益。陈德军说他不愿意像其他快递公司一样，直接买断各地重要的加盟网点，毕竟大家一起经营这么多年，自己不能一味收编，可以通过换股的形式去换取总部的管控力，也更尊重各个加盟网点的利益。但多年后陈德军还是为这番话付出了巨大的代价。

　　周柏根仍继续在全国建设韵达总部直接管控的分拨中心。这一年，他在嘉兴和厦门受阻，当地的网点极力反对，因为有了分拨中心不但要多收他们钱，还要没收他们的经营权，很多赚取差价的空间会被总部压缩。在地方刻意回避下，周柏根只好一个人跑到嘉兴，自己去找场地。没有自行车，也不舍得打车，他就在这个人生地不熟的地方走啊走，待了一个星期，人都晒黑了。

　　中通的"收编行动"以"直营+加盟"的模式展开。赖梅松给网点两个选择：一是总部以全部现金支付的方式收归网点所有股权；二是以总部相应股权去换取各分公司网点不同比例的股权，网点负责人受聘为区域经理，成为职业经理人。9 月，辽宁网点和湖北网点的大部分股权相继收归。此后，中通总部成功对天津、湖南、广西、江西等地的网点进行了股权整合。收编行动顺利进行，赖梅松把接下来几年的发展重心放在集中力量搞基础设施建设上。以华东为例，从 30 亩到 100 亩，不管大小，中通基本上在每个地市都有自主产权的土地。如今来看，中通在"通达系"中自有厂房面积最大，印证了赖梅松早期决策的正确。

圆通在收归北京直营的道路上大动干戈。2009 年年初，这一事态发展到不可调和的地步。原来，圆通总部为了实现北京的快速直营化，抛开原有加盟商的分拨中心建立起一个新的分拨中心，并已经开始投入运行，北京圆通加盟商知晓后派人上门阻止新总部的运行。一个要堵门，一个不让堵，双方陷入僵局。几经协商，圆通将分拨中心的各项工作自然退回原有网络，保障了两会之前快递业务的正常运行。

最终，双方也约定坐下来好好谈。这天，喻渭蛟带着几十人来了，全部身穿黑色西装。北京市邮政管理局的牛建明是这件事的见证人之一，"这些人中，有些是北京区域负责人的老乡朋友，有些是从附近的东北、山东过来的，一是为了壮声势，二是为了瓦解对方心理防线"。后来的结果是，圆通总部分三年赔偿 600 万，北京区域的负责人不得继续在行业从业。

但这番扯皮让北京圆通每天七八十万的件量降到了三四十万，而且造成了积压。原来的加盟商不给投递，喻渭蛟只好求救于顺丰和邮政EMS。想着同行之间能帮就帮，而且用户都是老百姓，袁国利就让北京邮政EMS去帮忙投递。后来袁国利讲，其实当时是有风险的，快件已经积压，很容易遭到用户的投诉。

解决了生存大计后，越来越多的快递人将目光投向天空。只有在天上，快递才能更"快"。

9 月，中国货运邮政航空有限责任公司去掉了"货运"两个字。

在时任总经理李玉峰看来，作为中国邮政EMS的空中运力，这是为了与"中国邮政"的品牌保持一致，同时也是为了与一般的航空货运公司区别开来，把速递的特点宣传出去，以利于今后争取相关政策和支持。

顺丰则被当成了"顺峰"。2009年，顺丰正式向有关部门提出开办航空公司的申请，没想到遇到了很大阻力。"一个开饭馆的开航空公司干吗？"沟通的时候，对方乍一听到顺丰，还以为是顺峰餐馆。一步步地迂回和商讨，误会解除，开办航空公司的意义和作用越来越明了，航空公司的牌照终于拿下。当时，正处于大部制变革时期，许多人认为王卫拿下牌照没戏，但他一直坚持，正是因为向着不可能的方向去努力，顺丰才有了今天。12月31日凌晨2点56分，顺丰航空第

2009年12月31日，拿到了中国民航局颁发的运营许可证的顺丰航空首航成功，成为第一家拥有自建航空公司的民营快递企业

一架自有全货机从深圳起飞，王卫的航空梦翻开新的篇章。

中国民营快递企业在这年迎来大发展，国际快递企业不敢掉以轻心，同时伴随着国际贸易的萎缩，它们将目光投向了中国市场。数据佐证了它们决断的正确，国内电子商务的高歌猛进，带动了快递业的繁荣，就算在国际金融危机期间，中国快递业仍保持着每年25%到30%的增速。

2月6日，位于广州白云国际机场的联邦快递亚太区转运中心正式投入使用，联邦快递将亚太货运转运中心从菲律宾苏比克湾转移到广州。接下来，联邦快递在武汉设立客户服务中心，引入次日达服务，连通中国内地、香港、新加坡与法国和德国之间的快递网络，在珠三角提供延长截件和缩短运送时间的服务，提升在中国上海的国际入境快递服务，联合包裹特快专递也登陆深圳华强北中心商务区。

中外运敦豪以3亿元现金交易形式收购民营企业全一快递100%的股权，开始迅速布局国内。此前，中外运敦豪在中国已拥有400多个网点，覆盖中国95%的人口和经济中心。这些网点主要经营国际快递业务，国内快递业务较少，主要面对高端市场，仅作为其国际业务的配套和补充。全一快递拥有的直营网点正好弥补了这一不足。

中国快递人的目光也开始更多地投向了国际同行，除了学习借鉴，也开始尝试"走出去"。王卫清楚地认识到，国际快递不是一个高端市场，而是寡头垄断市场，新的竞争对手很难进去打开局面。但是世界市场很大，一旦进去，情况就不一样。此前几年，顺丰一直在试水，2009年才开始真正进入其他国家和地区。

在美国参观时，联邦快递的信息化自动分拣作业深深地震撼了喻渭蛟，回国后，他决定着手构建圆通的信息化系统。2009 年年底，为了推进信息化系统建设，喻渭蛟不顾一些高管的反对，跟 IBM 签下了合作协议。徐建国正是其中的反对者之一，反对的原因一是 IBM 对圆通的态度，二是改造系统要花费上亿元的天文数字。最终，徐建国反对无效，因此离开了圆通。

有成功，就有失败；有离去，就有新生，这是自然的法则。

离开了创建 15 年的宅急送，陈平 3 月 9 日创立了星晨急便速递有限公司。在星晨急便成立之前，陈平对公司做了全方位的分析，他想用新公司架起和电子商务主动连接的桥梁，他试图通过"云模式"来完善加盟制的管理。仅仅 10 个月时间，星晨急便在全国建起 1 400 多个网点。如同在宅急送时一直记得司机在寒风中交给自己的一元钱的收入一样，陈平同样记得星晨急便的第一单货、第一个客户和第一笔收入。"第一笔收入只有 10 元钱，是在公司开业当天实现的。"

由于发展理念不同，速尔股东之间的裂痕逐渐显现。5 月 2 日，速尔紧急召开股东会投票选举新的管理层，大股东张煊楠成为新的董事长，余联兵出局。就像自己的孩子被人抱走一样，余联兵心里很不甘，充满无限的失落和心痛。他想要重新创业再次证明自己，又怕伤害速尔，反反复复纠结了 3 个月。这期间网络上出现的一些不利于余联兵的流言蜚语，反而激发了他再次创业的热情和决心。9 月，余联兵以 500 万元收购了广东本地老牌快递公司"奇速快递"，11 月 1 日，广东优速物流有限公司正式成立。名为"优速"，意为"优化速尔"，要好于那个让他又爱又恨的速尔，直到 2012 年才重新诠释为"又好又快的快递公司"。

9月30日，北京小红马快递服务有限公司宣布次日起正式退出中国快递市场。而从一年前的9月1日起，董事长曹杰就开始停止小红马全部国内快递业务，并用一年时间对员工、客户及同城快递业务进行了必要的过渡、协调。这家成立于1999年、曾经是京津冀地区同城快递及电子商务配送领头羊的企业，其全国网络基本通过合作搭建，在经历了进军上海市场失败、退守华北又遭遇低价竞争冲击之后，最终选择了退出。

设三五个点，二三十号人，一天几百件快件，当周韶宁尝试在杭州等城市自建一张直营快递网络，做自己的快递梦时，陈德军已经站在了中美邮政改革和快递服务研讨会上。"我们的目标，是在大街上走的只有物流公司和快递公司的人，那其他人在干吗？他们都在等快件！"陈德军作为快递公司代表发言时，说出了这样一番话。不管是已经成功的陈德军还是处于创业期的周韶宁，快递人多年来都在为这一番话而努力。

/"冯谖"徐勇 /

　　战国时，孟尝君有难，冯谖挺身而出，以战略家的眼光，巩固了孟尝君的地位。在快递圈里，亦有一位冯谖式人物——徐勇。

　　2006 年《邮政法》修订稿到了第七稿，仍保留了"信件和其他具有信件性质物品的寄递业务由邮政企业专营"。这被中国国际货运代理协会快递工作委员会原秘书长刘建新称为"决定民营快递企业生死存亡的条款"。国务院法制办已经签过字，准备递到总理那里，似乎大局将定。民营快递企业如坐针毡，很多人都绝望了，认为"这下完蛋了"。

　　这年春节一过，上海 7 家快递公司的 10 位老总组成的赴京请愿团里，已卸任天天快递总裁的徐勇有了新定位，他被众多民营快递公司聘为联合顾问，负责向政府有关部门起草请愿书，牵头出面与政府有关领导见面，对接媒体并接受媒体采访，表达民营快递企业诉求，坚持快递服务是正当合法经营。

　　徐勇曾去美国联邦快递学习，了解美国邮政如何监管快递。他坚信中国已加入 WTO，对快递的监管必须与国际接轨。他和刘建新找到任玉玲等 3 位国务院参事，想尽办法向总理反映情况。在跟相关部门沟通交涉时，徐勇声音洪亮，逻辑缜密，说话也不客气，他提出一个观点："外国人在中国可以经营国际信件，为什么我们中国人不能经营国内的商务文件？"国务院参事们认为，这是自己歧视自己、垄断市场的行为，要打造民族快递产业。

徐勇像冯谖一样，"舍得一身剐"，有勇有谋，敢于为民营快递争取地位而奔走呼告。徐勇当时一心想为快递正名，并没有多想。他认为做快递吃了很多苦，挣一点辛苦钱，却要被查被罚，很不公平。至于当时为什么那么敢说话，他说，背后关系到十多万民营快递企业弟兄的饭碗。至今，徐勇还记得，当时几个民营快递的负责人承诺，如果徐勇被抓了，他们就去给他送饭，甚至照顾好他的家人。

2009年，新修订的《邮政法》颁布实施，快递如愿以偿地被纳入其中。在徐勇们艰辛的努力下，快递业的历史被改写，快递业迎来了拐点，繁荣发展的春天很快就要到来。

在2007年，徐勇开始转行做咨询，为四大国际快递和几家民营快递出谋划策，而他敢于说话不留情面的风格保持至今。"谁先涨价谁先死，谁不涨价谁等死。"面对国内快递企业的同质化竞争，怒其不争的徐勇批评起来照样不客气。在相当长一段时间内，这句话成为不少快递企业生存状况的真实写照。"没有加盟模式就没有中国快递的今天，但未来的路不能这么走了！"对于民营快递加盟模式存在的问题，徐勇也直言不讳，要从过去的拼人力转变为拼技术。

如今，除了做快递物流咨询网首席顾问，徐勇又多了一个头衔：蜂网投资有限公司首席执行官。这家申通、圆通、中通、韵达共同出资组建的公司，致力于推动智慧快递、物联网和"云计算"快递业的应用。

徐勇说："对于民营快递，我没拿它钱时，都没有说它不好，还是肯定它；现在我虽然拿着它的投资了，有了问题我照样说它。"

"如何理顺快递与电商之间的关系？不为员工缴纳社保是不是不公平竞争？……"在 2018 年 10 月中国邮政业发展高层论坛上，徐勇连珠炮般抛出 25 个问题。

一如既往地犀利，一如既往地直击要害。

2010，梦想重塑

2010 年的春节，比往年都来得更晚一些。

1 月 19 日，刚进腊月，国家邮政局在北京召开 2010 年工作会议。这是《邮政法》修订实施，民营快递被赋予合法地位后，国家邮政局召开的第一次年度工作会议。"大发展、上水平"六字浓缩的会议主题下，行业这一年的跌宕起伏暗隐其中。

工作会召开后的第三天，一条民营快递企业轰然倒闭的消息震惊行业——DDS 多地网点被追讨欠薪、欠款的员工和客户围堵，DDS "大跃进"输掉"致命赌局"、董事长邰伟被刑拘……

这起让当时的民营快递受到极大关注的事件，即使后来被谈起，仍令人唏嘘。也许有人只记得这是民营快递发展历史中一个教科书式的失败案例，又或者很多人已经忘记这起事件当初的"惊天动地"，但作为 DDS 的精神领袖，邰伟一直都不曾被人遗忘。

从 1997 年创立勤诚快递，历经 12 年将其打造成国内快递界声名鹊起大型民营企业，邰伟是那代快递人记忆中不可磨灭的烙印——敢想敢做、军事化管理和作风。后来，有人说过如果当时有人拉他一把，也许就会有一个不一样的结局。可正如多年以后再回忆当初，邰伟坦言，人生不存在如果，历史也不存在如果。时代成就过我，也总要有人为这个时代付出代价。

各路媒体报道中紧张激烈的措辞刺激着刚刚步入历史转折期的快递业，逼迫着市场重新思量中国快递业的未来。一时间，运用并购手段推动快递业整合重组将成为快递业持续健康发展必由之路的声音渐起。

此时，已经踏错节拍错失电商市场的詹际盛压力无比巨大。他开始感到害怕，害怕自己的企业像DDS一样突然倒下。急于寻找依托的詹际盛再也按捺不住，以至于在与海航集团刚刚认识，在没有律师辅助的情况下就与对方"闪婚"。当曾在海南工作过多年的浙江省邮政管理局局长杨世忠给他打电话时，詹际盛已经在与海航集团的协议上签下了自己的名字。

5月10日，海航北方物流（控股）有限公司与詹氏兄弟正式签约重组天天快递，并以8 000万元控股天天快递60%的股权，成立了海航天天快递有限公司。时任新公司总裁的詹际盛一度乐观地认为，新的合资公司还将依托海航集团强大的综合资源优势和原天天快递良好的网络优势，在全面提升管理水平的基础上迅速做大做强，并致力于打造国内快递业的全新标杆品牌，争取在未来5年内成为国内综合实力最强的快递企业之一。然而，詹际盛不知道的是，他与海航的注资合同中并没有对赌条款，海航的8 000万元资金具体到位也没有时间表，只掌控公司40%股份的詹氏兄弟在并购后将遭遇新的困境。

与詹氏兄弟角力的过程中，李维艰显然更胜一筹。翻看李维艰的商业履历，2010年之前，他与"快递"之间的交集为零；2010年之后，你却会突然发现，这个名字开始频繁地与一家名为"天天快递"的公司联系在一起。

毕业于哈佛大学管理学院的李维艰，时任海航集团北方总部的董事长，也是海航快递控股有限公司的董事长。2010年，海航分别收购天天快递和青岛元智捷诚快递，海航快递控股公司应运而生，"海航天天"和"海航元智捷诚"成为其麾下两大快递品牌。

一切源于海航对快递企业的并购，但结果并没有像外界所担忧的那样简简单单止于并购。媒体这样评价，李维艰将"鹰派"的铁腕和"鸽派"的细腻这样一对自相矛盾的特质融入快递服务之中。2010年，他用"不近人情"的方式解雇了不能让海航天天快递服务满意度得到提升的高管，他说："市场不听理由。"转身他又心平气和地对员工说："一切都得脚踏实地，客户是真正的上帝。"

为企业的生存深深担忧的还有徐建荣。从他接手汇通之后，闻达快递在2005年倒下，一统快递于2008年倒闭，小红马快递在2009年退出，DDS又在今年年初突然崩塌，徐建荣开始忧心忡忡。这年，汇通的日均业务量已经达到22万件，虽与当初不可同日而语，但却距离"80万件就能挣钱"的门槛相差甚远，加上每个月几十上百万元亏损的积累，汇通已经亏损了近3 000万元。曾经辉煌的肉食加工生意也早已离他而去，徐建荣没有了继续发展下去的底气。

当周韶宁一身便装，背个背包来到徐建荣办公室的时候，后者已经打算把汇通的未来交给面前这位有着深厚背景的百世掌门人。此后，百世物流将收购汇通的消息便开始在坊间流传。细心的快递人会发现，在淘宝新上线的物流平台"各地分仓"一栏中，有一家新公司悄悄出现在华东地区的推荐名单上，这家公司就是百世物流。

年底，百世物流正式收购汇通。徐建荣完全卸任放权，仅以公司顾问身份出现。对于周韶宁给他的4 000万股股权，徐建荣最终也没有要，完全撤出了汇通，原因是百世汇通接下去的发展"烧钱就像烧纸一样"，他看不到希望。而从华尔街归来的精英周韶宁也因以标准的华尔街式打法强势入局快递，一战成名。

如今的徐建荣对于当初放弃4 000万股股票（如今价值数十亿元）并不后悔。他回忆说："周韶宁跟我们的身份是不一样的。他哪天把这个汇通做亏了，一张机票到美国，我是找不到他的，找他也没有用。所以我撤出来了。"让徐建荣没想到的是，周韶宁能融到那么多钱。按照当时快递发展的情况，百世汇通能融资几十亿元已经很了不起了，但最后累计砸下去100多亿元。

2010年，很多人已经不敢做快递了，"门外汉"周韶宁的逆流而上让人质疑。而周韶宁的回答只有一个："快递的规则是要不懂快递的外部人员去打破的，靠内部的人士打破不了！"

周韶宁的话十分灵验，最基本的"跑腿"哲学已经无法应对市场的变化，大批快递企业面临巨大的生存压力。此时，唯有在产业升级的大趋势下，在信息化、运力、中转等各方面大量投入，才能活下去。快递业再也不是谁进谁赚钱的天堂，而变成了像种桃树一样，种下去3年以后才结果。

赖梅松没忘记当年的承诺，4月，徐建国从圆通一出来就被他请到了中通。徐建国在圆通施行的网络平衡制度取得了巨大的成功，在他离开圆通的时候，圆通的基金池里还有9 000多万元。来到中通以后，他将过去的所有经验用在了改造中通的网络上。与徐建国同时进入中通的还有金任群，徐建国负责网络、运营和监察，金任群则负责客服、IT和市场，二人搭档在这段时间里为中通打下了扎实的基础，加上赖梅松的豁达，中通在大区管理方面得心应手。在徐建国看来，中通今天的稳健一是得益于赖梅松的豁达心胸，大家都很愿意跟着他；

二是中通的区域平衡政策好，虽然徐建国在几家企业都设立了派费基金池，但只有在中通，这些基金全部用在了网络的平衡上，此外，赖梅松还把客服考核的处罚款全部放到了基金池里面，数额非常庞大。多年来，派费补贴、二三级中转的补贴，中通做得都很到位。

天天和汇通的变动对赖梅松触动很深。这年的中国快递市场三家独大：邮政、顺丰和申通。整个快递业全年业务量23.4亿件，中通只有1.5亿件。彼时的中通，体量是申通的1/4，圆通的1/2，韵达的2/3。虽然和老大哥在不断缩小差距，但赖梅松从未松懈。

赖梅松发现，企业要继续走下去，完全加盟的模式一定会有瓶颈。因为加盟模式的优越性是把大家的力量整合起来，用最小的成本博取最快的发展，但管理就会产生很多矛盾，最突出的就是所有省份相互之间的结算"扯皮"，没有一体化的思想。而在此之前，中通已经开始了股份制改制，正是因为赖梅松看到了多个利益主体之间的严重危机。

让赖梅松没有想到的是，"从0.8元变成0.9元"的调价策略在广东和北京遇到了非常大的阻力。因为广东的运单价格是0.65元，北京是0.7元，本来就比全国大部分地方低了不少，这一调整，受影响最大的就是这两个地方。

面对广东和北京壮大后的"情绪"，赖梅松的第一预感是：要分裂。此时，广东和北京是中通除了上海之外的另外两个核心区域，两地占中通的市场份额约为29%，北上广组成的"铁三角"关乎中通生死存亡。于是，赖梅松与吴传龙、陈加海频繁相见于谈判桌前，谈判的难点便集中在了"全国市场每个地方的利润都不相同，如何进行利益分配，如何相互协调"。

这番谈判未能取得令三方都满意的结果。僵局之下，三人想到了请邵钟林帮忙。在分别与三人单独相谈后，邵钟林认为矛盾的焦点是利益分配问题，再加上彼此观点的不同。他提出，如果广东和北京分离出去，并不一定如吴传龙和陈加海二人预期的那样。快递的网络价值并不在于个人，不在于一个区域，而在于它的系统性、协调性以及高度的融洽，只有这样的网络才是最有价值的。而如果搞分裂，北京、上海和广东都将变得支离破碎，网络将失去原有的价值。

邵钟林提出的这一核心理念得到了三人的认同。赖梅松首先拿出诚意，欲将总部 30% 的股份分给两家公司。吴传龙同意了，赖梅松按照约定给了 15.5% 的股份，此外又帮对方买了约 3% 的股份；陈加海不同意，赖梅松只好走另外一条路，总部以全部现金支付的方式收回网点所有股权。

陈加海退出中通的时候，赖梅松支付了 1 亿元，与 2004 年陈加海被从上海派到北京手里的 60 万元相比，已是天壤之别。况且，60 万元中还有赖梅松的一半。"天要下雨，娘要嫁人，随他去吧！"陈加海走的时候，赖梅松说。

这年，优速搬迁到广东虎门后，余联兵开始采取收购、兼并和控股的方式在全国搭建快递网络。此后的三四年，优速先后整合了 13 家快递企业，除最初的广东奇速快递外，还有北京的飞豹快递、湖北捷特快递、DDS 四川加盟公司、江西快捷加盟商，山东、重庆、石家庄等地的速尔快递加盟商，以及浙江、东北等地区的快递企业。这些公司也从股份制逐渐过渡到优速的全资企业，最终形成一张具有战斗力的网络。

丝毫没有理会下游快递行业的动荡不安，电商行业一场风暴正在形成。凡客横空出世，淘宝"光棍节"实现了9.7亿元的销售额，当当网在美国上市，京东商城实现销售额突破100亿元，美团、唯品会、聚美优品或获得风投，或纽交所敲钟……这是一场3月起就形成的中国电商风暴。中国互联网络信息中心（CNNIC）统计，截至2010年底，中国网络团购用户数达到1 875万人。在网购带动下，邮政行业在"十一五"收官之时完成业务总量1 975亿元，业务收入1 280亿元，与"十五"末相比实现翻番，而快递日业务量更是突破1 000万件，进入世界前三位。

电商的崛起正在让民营快递企业的梦想重塑。庞大的市场面前，"垂涎"的不仅是民营快递企业。

6月10日，中国邮政速递物流公司完成股份制改造，成立"中国

2010年1月5日，国家邮政局向中国外运航空发展有限公司等4家企业核发了国际快递业务经营许可证

邮政速递物流股份有限公司"。与此同时，国家邮政局批准了中国邮政速递物流提出的经营快递业务的许可申请。这次整合建立在原来速递业务和物流业务板块基础上，经营范围包括国内和国际快递业务，经营区域涵盖全国 31 个省（区、市）。从某种意义上说，此时的国企和民营快递企业站在了同一条起跑线上。

行业变革的阵痛中，政策积极向好。1 月，国家邮政局向中国外运航空发展有限公司等 4 家企业核发了国际快递业务经营许可证，在2010 年初，首批获得邮政管理部门颁发的快递业务经营许可的企业共有 13 家。

3 月，全国 26 个省（区、市）的 29 322 名快递业务员走进考场，参加首次快递职业技能鉴定全国统考。在这群考生队伍中，有的已经从事快递工作 20 余年，是行家里手；有的是刚跨出校门的年轻人，是行业新兵。《邮政法》赋予了他们合法的身份，他们从此可以通过职鉴考试，开启持证上岗、规范服务的新篇章。

2010 年，有些意料之中，有些预想之外。当人们再度回忆起这段中国快递业在中国经济崛起时的奋争史，一些人的命运和关于他们的记忆不应该被遗忘。他们是大的历史背景下的小人物，也许微不足道，但若缺失，于真实、于行业、于时代，或是无法估量的损失。

/"传说"郐伟 /

很少有人见过郐伟真容，DDS（初创时叫勤诚快递，后来在广州市叫得道快运，在上海叫当大速递，在北京叫千禧鸽速递，在深圳叫东道快递）不再，江湖上只剩他的传说。

郐伟是中国民营快递企业当中少有的科班出身的创业者。1978年，他考入广州邮电学校，学了邮政管理专业，这也是中国最早的邮政管理专业。

你眼前的，是一个再传统不过的人，配上方框眼镜，国字脸变得更加方方正正。单从相貌来看，与其说他像商人，还不如说像体制内的领导干部。

他保持着特定年代的特定习惯，写信是他最好的表达方式。一封接着一封，就像粮食和武器一样，贯穿了他起伏跌宕的职业生涯。

1983年，20岁的时候，因为受不了到农村农业路邮电所锻炼的艰苦，郐伟用毛笔写了一篇文言文的信，寄给了郑州邮局，一下子被从省局办公室秘书到郑州市当局长的赵振铭看中，惺惺相惜，被调去当了秘书。

第二封还是自荐信，这让郐伟1993年从郑州邮局成功"转会"到改革前沿阵地深圳，因为他给深圳邮局的组织处处长写了一封自荐信，感情真挚，言辞恳切，很快被调到深圳南山邮局当秘书了。直到后来1997年从体制内出来，他又写了一封辞职信。

还有一封信郜伟记得特别清楚，是写给邮政部门的。因为快递业务发展，DDS成为邮局的对立面，被后者的执法大队严查。2003年那年，在郜伟看来，DDS就算是死过一回了。实在没办法了，郜伟晚上给邮局局长写了封信。去人家家里敲门，把信从门缝里塞了进去。信的大意就是，你们是堂堂的国有企业，我是一个个体户。有本事，我们就在市场上争高低，不要用行政手段把我封杀。他还引用孙中山先生的话，世界潮流，浩浩荡荡，顺之则昌，逆之则亡，希望做一个顺应历史潮流发展的人。最难的时候，郜伟甚至给国家领导人写信吐苦水。他的连环信一直写到了跟邮局"休战"。

去过郜伟家的人，印象深刻，家中墙壁上是毛主席语录，毛主席是他最崇拜的人。如此，DDS这个名字就不再费解了，它要表达的是要走毛泽东道路之意——简称"东道"。

一支笔赛过3 000支毛瑟枪，郜伟在DDS用一份《勤诚简报》来统一思想，后来叫《东道战报》，这份内部刊物一直出了10年，每个星期出一期。第一篇文章就是理论学习文章，由高层管理人员每个星期轮流写，每周一晚上中心组学习雷打不动。

郜伟从体制内抽身，本想跳出体制，身上却打上深深的体制烙印。他有路径依赖，邮局出身的他笃信直营模式就是"真理"，他一打到底。从2000年到2010年崩盘，都是采用这种中央集权制的管理模式。这种模式也创造过辉煌，DDS曾创造过仅有深圳、广州、上海三个点收件，却可以通达 1 800 个县市的奇迹。

放到历史长河来看，DDS 盛极而衰的历程在倏忽之间。2009 年，固守华南市场的 DDS，高调进军上海，全面布局华东市场，一时风头无两，全国直营分公司达到 14 个。但疯狂的扩张很快导致了资金链断裂。DDS 多地网点被追讨欠薪、欠款的员工和客户围堵，2010 年 1 月 21 日，邰伟被刑拘。他给员工写了他最后一封信，DDS 帝国崩塌了。

邰伟生于北京，长于郑州，创业深圳，折戟上海，出狱后他回到上海做互联网金融，他的心愿是回到北京。

邰伟说，往事如烟，烟消云散。

/"过客"维艰/

　　李维艰是海航集团的"老人"。

　　2010 年之后，他开始和中国快递业产生连接，当然这一时间也不长，两年而已。

　　这年 5 月海航收购天天快递之时，李维艰任海航集团北方总部的董事长，也是海航快递控股有限公司的董事长。

　　什么样的快递企业才会进入它们"猎取"的视界？李维艰将自己的目光锁定在"一个区域内，创业企业家的企业，存在 10~15 年的企业，团队较稳定的企业。因为收购网络型公司，收购的不是资金，而是网络的稳定性，一个完整的网络，比什么都重要"。

　　按照海航的习惯，合作的结果就是要取得话语权。他带着新理念入局，想要改造出来的新天天快递可以迅速流淌出海航的血液，但带有深刻桐庐基因的企业改造，并不只是名字的改变和制度的建立那么简单，"人"是其中最重要的因素。

　　"制度、规范、服从"的迹象从签约当天的统一着装就已展现，那些四处借领带、西装，甚至专门跑到商场购买的加盟商，在海口开始了新的期待。收购后的第一个年会，加盟商整齐划一，斗志昂扬。这个状态让李维艰颇感兴奋。

带着科学管理与产业升级的螺旋桨，海航天天快递首先出手的，是建立完整的现代企业制度。一系列机制章程形成，以法人为基础，以社会责任为核心，合法经营、依法经营、合规运行的体系建立。他构思着从产品服务、公司解构、商业模式、科技应用等层面全部打破重构，瞄准需要中等服务的中等价格适应人群。

他提出了"中速中价"的市场策略，提升市场产品层次，大力拓展服务领域，将服务范围向中高端大客户延伸，统筹协调电子商务（主要是B2C业务）、COD（货到付款）业务、仓储供应链管理等业务的发展；同时强化同城平台服务能力，推进区域一体化进程，引进航空（全货机、腹舱）网络，拓展网络竞争能力，实现服务品质跨区域对接，满足区域经济对快递服务的需求，重点打造长三角、珠三角、环渤海区域快递，推进区域快件时效产品，实现新的增长点。

但业内疑虑不断，连呼这场收购看不懂，看不懂对于业务延伸的作用，看不懂给快递业带来的改变，看不懂为何要接连并购两家快递企业。李维艰当时的表达是"使海航整个物流的价值链向外拓展，使海航物流的海陆空一体化格局更加稳定"，愿景磅礴。

现实骨感。本以为结构改革是一场正中痛点的洗礼，经过冬日刺痛的淬炼，可以在春日绽放，但重组的过程，是在动态环境中寻找平衡的过程，不能否定一切，也不能听之任之。新旧架构的转换，未能开启全新的明天。

收购过程的激动，如今还犹在眼前，但在两年之中，在出资8 000万元，扩充了海航天天快递的资本金和填补此前亏空之后，海航再无投资动向，而海航天天的经营也无起色，所期待的"更上一层楼"成为烟云。

李维艰离任海航天天快递董事长职位时，悄无声息。

这场严格意义上的加盟制快递公司的首次资本运作，以天天快递再度易主而告终。

2011，再次定义

世事纷纭的熙熙攘攘中，时间是最不留情面的那一个。

不管你努力不努力，春节就这样开启。积压、爆仓、堆积如山，能想到的关于"多"的形容词，被"快递春运"这一中国式词语尽皆概括。每一个人的脑海中，都是春运期间火车站摩肩接踵的场景。只不过这次，是分拨中心的快件。

尽管国家邮政局强调春节期间，服务不能停，并且大型网络公司已经承诺春节不放假，但相距很近的元旦、春节，频繁的电商促销，身姿尚未舒展的快递企业，在这个春节变身成亚马孙森林中振翅的那只蝴蝶。

独立运行第一年的邮政速递，看到的是100%和200%多的快件增长量，面对的是内部处理能力、运输能力、投递能力等的综合考验。这场艰苦的战役，事后被网络运行部主任王同聚总结为24个字，"提前储备、加薪留人；加大投入，有序疏运；靠前指挥，动态调度"。

这基本上是直营模式的顺丰和邮政选择的一致道路，统一调配指挥的优势，保证两家公司在春节等特殊时期的服务不缺位，彰显社会责任的同时，市场的正向反应也在印证付出和收获的正比之理。

加盟制快递企业这次处于风口浪尖。1月23日，申通西北区总经理姜文斌的满面愁容，是几家快递企业的现状投射。春节将至，快递员提前回家，他亲自披挂上阵也难以应对蜂拥而至的大批快件，而且外围网点大多已经停止派送，除了苏浙沪和北京等快件量比较大的城市还照常营业外，其余地区都无法送达，他磨破了嘴皮子不断地向客户解释。

对此，时任上海市邮政管理局局长李惠德认为，对于加盟制的网络型企业而言，管理者最大的烦恼就是总部对网点的管控力薄弱，存在"总部口号响，网点落实空"的现象。

在快递业内专家看来，快递春运留给企业的最大命题在当时是"在总部构建一个一体化的信息平台，并以此来对各种信息进行疏导"。首要任务是实现企业上游产业间信息的沟通和对接，其次要保证总部能够与全国各网点进行及时的交流和信息共享，从而便于统一指挥和调度。

媒体报道了亲情和民众与快递服务需求之间的冲突，企业也在反思常态服务能力和短时间高量冲突背后真正的矛盾。改善被动挨打，不只是设立一个对接淘宝的专业部门就行，还要研究淘宝网的运营策略甚至战略方向，加强对话。

此后，产业协同、错峰发货，均衡推进的信息对接和分流调节原则被确立，以避免"上游集中放水，下游快件爆仓"问题。随着产业协同的愈加成熟，最终形成"错峰发货、均衡推进"应对快递高峰核心机制，在此后的数次高峰应战中，这成为最值得称道的战术。

伤痛，在很多时候，是成长的力量。

"人"的问题在这一年集中爆发，并在此后多年困扰快递企业，尤其是基层网点，天天招人成为此后常态。

第三个"双11"如约而至，单日交易额53亿元，已经是2009年的100倍，快递企业面对几乎相当于头年4倍的快件量，居然挺住了。

知名研究咨询机构IDC数据显示，2011年中国网民在线购物交易额达到 7 849.3 亿元，比上年增长了 66%，远远超过同期中国社会消费品零售总额实际增长率 11.6%。

变化还发生在，淘宝商城正式更名为"天猫"，"网购狂欢节"改成"购物狂欢节"，占领零售事业主战场的心思，悄悄表达在一字之改上。

一边是烈焰，一边是海水。

在国家发改委新修订的《产业结构调整指导目录（2011 年本）》中，快递服务被纳入国家鼓励发展的产业目录，作为政府引导投资方向，管理投资项目，制定和实施财税、金融、进出口等政策的重要依据。

用工荒问题在这一年逐渐凸显，截留、抢夺农民工的报道屡见报端，并已经逐步演变成一个突出的社会问题，尚处在劳动密集型发展阶段的快递业更是"用工荒"的重灾区。

这年的情人节，申通人力资源部总监杨靖皓过得与众不同，他带着一辆大巴车深入到江西某县，在当地电视台连续做了 3 天广告，先后造访 9 个自然村，最终于 17 日晚 10 点返回上海总部，将新招来的员工安置好后，才长出了一口气。

与此同时暴露的，是"最后一公里"问题。2011 年，国家邮政局受理的消费者关于快递业务的有效申诉中，反映快件延误问题的 25 705 件，占到 52%，较 2010 年增长了 366%。

这一高得离谱的增长引起了全社会对快递服务的关注。《快递》杂志为此专门做了调查，得出路难上、车难停、门难进三大缘由。

社会需求强劲，极端困境难解的矛盾，在禁止载货汽车通行、客改货违规、电动三轮车禁止上路的各种规定中难以纾解。在安徽铜陵，曾出现过 4 家快递企业同时向邮政管理部门提出停业申请的情况，原因是作为派送快件主要工具的电动三轮车被禁止上路。邮政管理部门只能将其上报省政府，得到指示以后才得以解决。三轮车无处停放，机关大院、学校、小区进不去，直接催生了之后的快递"校园围城"。

危机和商机并存，转机也在发生。

5 月，北京一个名叫"快递企业共同经营点"的小店悄然出现在北京师范大学和首都对外经贸大学的校园，各家快递员都可以把快件投递至此由学生自取。一个有着相同功能的名叫"城市 100 共同配送"的连锁店高调亮相。12 月 20 日，北京市商委牵头的十二五物流重点工程——城市末端物流"共同配送"宣布启动试点，首批 15 个"共同配送"网点在社区、高校等需求集中的地方落户，服务半径覆盖近 100 个社区。末端共同配送，成为之后快递业发展路径的最大探索之一。

梦想还是要有的，万一实现了呢。

快递物流的发展，正在重构以劳动力输出为主的中部城市格局。6 月 10 日，邮航波音 737 飞机飞抵河南郑州新郑国际机场。17 天之后，又一架顺丰航空波音 737 在这里首航成功。这个在地图上被四通八达、纵横交错的铁路线交织的城市，成为中国快递企业空中网络中一个重要节点。

中国快递企业的飞行梦，曾经被列为困扰快递发展十难之一的"包舱难"，如今在各地相继破冰。时任河南省邮政管理局局长的杨汉振，心里"将郑州建设成为全国很重要的快件区域集散中心和分拨中心"的梦想，在一次次的沟通协调中，在《河南省邮政业与民航业协同发展意见》出台后，离现实更近了一点。

2018 年 9 月 11 日，一架 B757 货机从日本东京成田国际机场飞抵郑州，标志着圆通航空"郑州—东京"国际定期货运航线的首航成功。这条中国快递业首次开通的往返东京的货运航线，圆了行业一直以来的梦。

1 月 19 日，阿里巴巴在北京正式对外宣布物流战略，将投资 200 亿~300 亿元在全国建立起一个立体式的仓储网络体系，并与在电子商务生态圈中的其他合作伙伴共同集资超过 1 000 亿元人民币，来发展物流系统。10 年以后 8 个小时通达全国的理想，就在此时提出，而今看，这些都是后来建立菜鸟的肇始。

相遇有两种结果，结合或者分离，结合成就一段传奇，分离让彼此成为过客。

科技和快递业的遇见，成就了彼此的传奇。巴枪、信息化平台、自动化分拣系统，是 2011 年的行业革命。巴枪、E3、K8、方正颐和、RFID（射频识别技术）、ET6，这些专业术语，越来越频繁地在快递企业出现。

一直对技术发展情有独钟的聂腾云，在发展条件尚未成熟的前提下，应用科技的宗旨只有一个，"既然无法完全地改变，就要想着如何更好地适应"。自动化分拣在企业逐渐开始应用。

对于巴枪的热情，催生着这个产业的不断升级换代，企业定制巴枪成为新流行趋势。顺丰的合作团队为了严格验证巴枪在实际低温环境下的性能，研制项目组的三个年轻人从祖国南部的温暖城市深圳来到了严寒的漠河，在零下 30 多摄氏度的半夜时分满大街乱跑测试终端，出租车司机一见这三个人神神秘秘的，吓得掉头就走。

澎湃的互联网梦想不可抵挡。

5月9日，圆通金刚系统正式上线，把快递的整个生命周期细化为27个节点，通过人和系统的连接，解决问题，提升服务。

圆通邂逅IBM，始于2009年8月，圆通打给IBM需要专业咨询服务的电话，改变了圆通后来的发展路径。这个电话，一连打了三次，因为当时的IBM根本就没有把这个快递公司放在心上。

真正坐下来的过程也充满艰辛，磕碰不断。分公司和加盟商思想不统一，IBM对中国快递市场缺乏了解，需要不断修正概念，这种思想的碰撞有时以一方的拂袖而去而结束。尽管历经争执、焦灼与困顿，但一年多的时间，带来的不仅是一个系统，还有人心中根深蒂固的传统理念的改变，这是给企业带来的比系统更热烈的人的动能。

科技在成长，快递在成长，平行线上的同步位移，带动着肩并肩的前进，转型升级成为这年的关键词。

5月24日，国家邮政局审议通过《关于快递企业兼并重组的指导意见》，在业务主体已达6 000余家、从业人员超过50万人的中国快递市场环境下，提出鼓励兼并重组的六大重点，重在鼓励加强联合，走向市场化、产业化、现代化，国际化更成为未来期待。彼时的美国，三大快递公司的市场份额已经占到了95%。

这一年的海航天天快递正在展露新颜，百世加速快递战略，友和道通从DHL手中接过全一，实现对速尔快递的全资控股，星晨急便与鑫飞鸿合并、CCES与一邦合作。人们还未能放开想象，未来5年之中，"大洗牌"之后的快递业，会呈现出怎样的景象？单打独斗、独闯江湖之后，1+1 能否大于 2，成为行业的时代问题。

6 月 28 日，《邮政业发展"十二五"规划》出台。这部开启了快递转型升级机遇之门的宏观规划，给大家描绘出邮政业未来的无限美好蓝图：列出而今看来甚为保守的，快递业务量到 2015 年达到 61 亿件的目标；在发展步伐、服务水平和竞争能力三个方面分别设定"标杆"，启动自主快递航空运输网建设、航空快件绿色通道建设、企业信息化建设、产业联动发展、绿色发展五大"护航"工程。

"7·22"京珠高速卧铺客车燃烧，"7·23"甬温线动车相撞，相继发生的事故牵动着国人的神经。7 月 27 日，国务院召开常务会议，决定采取坚决措施全面加强安全生产，国家邮政局向全行业发出了《关于进一步加强邮政行业安全生产工作的通知》，安全这一最需要坚守的底线，再一次被重申，成为悬在每一个从业者头上的达摩克利斯之剑。

2011 年，第五届中美邮政改革和快递服务研讨会在广西南宁召开。

第五届中美邮政改革和快递服务研讨会开幕式

百万俱乐部的概念在这年开始提起，邮政EMS、顺丰、申通、圆通和韵达5家快递企业，在成长的门柱上留下了企业发展的又一个印记，跻身百万俱乐部。从外围走入核心的它们，参与着更多中国式快递成长的故事。

谁会成为新版图的缔造者，谁将首先分享变革的利益，哪种模式将最终受益，每一家企业都在思考和行动。

这一年，王卫主要思考三个问题：市场需要什么样的快递企业？政策的引导方向是什么？企业自身所具备的能力有哪些？未来的快递将是铁路网、公路网、天网、空中口岸枢纽网的互相联动。勤于思考的他认为，要么就让企业关门，要么就想出解决方案，做企业一定要多想、多沟通，这是一门学问。

这一年，申通快递的全国布局已经形成，网点覆盖全国各大省市县级区域，江浙沪地区基本实现派送无盲区。联邦快递在上海开设了最大的快递站点，苏宁开始全面设计和试运营小件商品的仓储、快递体系。在退出中国国内快递的同时，DHL加快了对传统国际快递业务的投资与创新步伐。

美国时间10月5日，56岁的乔布斯逝世，留下了一个天才关于卓越判断力和远见的传奇，奥巴马评价他"改变了我们每一个人看世界的方式"，国内外果粉一片哀恸，世界深感遗憾。

对阿里巴巴来说，似乎十几年发展生涯中的大困扰都在这年集中体现。"欺诈门"中全部2 326家涉嫌欺诈的"中国供应商"客户已经全部进行关闭处理，并已经提交司法机关参与调查；和雅虎之间关于支付宝的恩恩怨怨让马云在国际资本市场饱受争议；"十月围城"中，一个多月的中小买家抗议以商务部的介入和新规执行的延后而告终。

马云在致员工的信中说，这是一个好时代，这是一个谁都不愿错过的时代！坚持理想，坚持原则能让我们成为这个时代中的时代！If not now, when？ If not me, who？（如果不是现在，那是何时？如果不是我，还能是谁？）

每个人都在反思自己，又在肯定自己，在"请胸怀大志，并努力深刻地理解世界"的心灵鸡汤中，勇敢地向自己的梦想冲锋，这个世界被再次定义。

人物小传

/ "天外来客" 周韶宁 /

　　2010 年的秋天，周韶宁一身便装、背着双肩包推开了时任汇通快递董事长徐建荣办公室的门，也推开了快递的大门。

　　徐建荣下定决心，把汇通的未来交给这位有着不凡经历的百世掌门人。

　　当然，就是放到今天，在快递圈里也找不到第二个在投身快递业之前，履历可以跟他一般光鲜漂亮的：16 岁考入复旦大学计算机系，18 岁留学美国先后获得纽约城市学院电气工程学学士学位和普林斯顿大学工程学硕士学位。进入快递物流之前，他是贝尔实验室高级数字通信研究团队负责人，还担任过 UT 斯达康总裁、谷歌公司大中华区联席总裁。

　　在外人看来，快递本是一个"草根江湖"，大多数创始人学历不高，靠着吃苦耐劳、敢想、敢闯、敢干的拼劲闯出了一片天地，这个只在与李开复、吴鹰、郭台铭等商界名流合影中看到过的海归精英，突然踏入这个行业，无异于"天外来客"。

　　2004 年 11 月的一天，周韶宁出差返回杭州，不想却因一辆辆货车被困在了高速公路上，许久不得通行。恰是这次偶然事件让周韶宁萌生改变行业的心愿:"中国物流的现状就是小、散、乱、多,我相信各行各业都需要先进的技术,需要信息化,这样做起事情来才更有效。"

周韶宁想用IT的方法改造传统的物流业。他说:"一个行业的变革,一定来自外部力量。"就像谷歌整合互联网广告平台,携程整合传统旅行社和分散的售票点一样。周韶宁对技术的重视到了痴迷的程度,在百世内部倡导工程师文化,快递、快运、供应链等事业部的总经理都是工程师出身。

过去以艰苦示人,如今以炫酷示人,通过技术,百世完成了对一家传统快递企业的变革。刚接手汇通时,周韶宁面对一天几十万的包裹就忙到晕头转向,"双11"还要跑到运转中心连续三个通宵帮助做分拣、贴面单。而如今每天面对上千万包裹,周韶宁也能"闲庭信步"了,依靠的就是持续不断的电子面单、大数据路由分配、智能化设备等科技投入。

除"技术控"这个标签之外,周韶宁还是会讲快递故事的"资本高手"。从2007年成立,到2017年上市前,周韶宁一共为百世拿下7轮融资,总金额近百亿元人民币,这些钱全部用于技术投入和并购快递、快运、跨境电商和便利店等业务。百世起步时,周韶宁几乎每天在办公室的主业都是与投资机构打电话沟通,讲述着他的故事与梦想。

2017年9月20日,百世终于在纽交所上市,敲响开市钟时,久经江湖的周韶宁笑得尤其灿烂,这一幕,就是他10年前想象的场景。

2012，向死求生

陈平跑路了？

2012 年 3 月初，一条短信在媒体上传播开来："公司解散了，阿里 7 000 万，我的 5 000 万全部赔光了。现在客户的 2 000 多万货款被加盟商非法侵占，也不能返还。1 400 多名员工两个多月没有工资，我已经倾家荡产。做生意有赔有赚，现在公司赔本了，恳请大家一起承担，在此，真诚地向大家说一声：对不起了。"

短信正是陈平写的。他本来想安抚一下围攻他的加盟商，但没想到短短 100 多字仿佛一条蚀骨之虫，让星晨急便迅速垮塌，而陈平也从快递业的老大哥，变成了蒸发的红人，受到全社会的关注。

陈平真的跑了吗？作为宅急送和星晨急便的创始人，快递界的标杆人物，刚刚获得阿里巴巴的战略入股，年前与鑫飞鸿完成合并。英雄的光环还没有散尽，剧情就如此反转，到底发生了什么？

"人生总有起落，精神终可传承。"2012 年再度火起来的褚时健和他在哀牢山种了 5 年的橙子，给了迷雾中顽强前行的中国商人灯塔般的勇气和感召。2012 年，曾经的"世界泵王""光伏之王""造船大王"先后陨落。春、秋两季的广交会都出现了订单大幅下滑的迹象。中国经济处于向下一个阶段迈进的复杂扩容期的阶段，互联网冲击了各个领域的传统企业，该以什么样的姿态迎接未来？摆在昔日王者面前的，大多是"不转型等死，转型找死"的尴尬叹息。

一边是冰山一边是火焰。与传统行业相反，互联网和电子商务继续蓬勃发展，中国社会科学院财经战略研究院等联合发布的《流通蓝

皮书》预测，2012 年中国网络购物市场交易规模将超过日本，2013
年超过美国，成为全球第一大网上交易市场。这也让中国快递的未来
充满期待。2012 年快递服务需求非常旺盛，日均服务能力约 1 500 万
件，已经达到 2011 年旺季阶段的水平，并开始以 50% 以上的增速启
动"黑马"的飞跃模式。

2012 年 5 月 28 日，在首届中国（北京）国际服务贸易交易会上，一份超过 50
亿元的"超级大单"在各方关注的目光中落定

　　3 月，京东、亚马逊相继拿到快递经营许可牌照，凡客旗下如风
达开始社会化接单，涉足"纯快递"业务。9 月，FedEx、UPS 获许经
营国内快递业务。快递的领地来了众多不速之客，眼前是刚刚入局的
世界巨头"洋老虎"，昔日最了解快递的电商转而成为身后的"狼"，
除此以外，传统快递企业还面临落地配等新生力量的挑战，游戏规则
将会发生怎样的变化？快递业也面临第二次洗牌。这一次洗牌，直接
为行业霸主、各类翘楚的出现奠定了基础。

2008 年以来的上一波洪流中，华东以申通、圆通、中通、韵达为代表的快递企业紧紧抓住了电子商务溢出的商机，实现了突飞猛进。到 2012 年，申通日均业务量已经达到 100 万件。而以粤港件起家的快捷速递，成立于 1997 年，2012 年每天业务量大约为 30 余万件，刚跨过小件 25 万的收支平衡线。华南以及华北的一批快递企业不禁感叹，错过一刻便错过一个时代。它们在这个经济周期被逼到了突围的墙角，也陷入了转型的困局：转向哪里？如何转？稍有不慎就有可能满盘皆输。

随着用工成本日趋提高，珠三角的内外资制造业正逐步迁移或倒闭，速尔、快捷、能达、龙邦、鑫飞鸿等一批 80% 为"省内对流"的华南快递企业面临是否向"全国对流"转移的困局。华东的水很深，华北的浪很大，华南的船有多大？迁都华东？进军全国？"招兵买马"、拉网布点、信息技术与基础设施建设等方面的投入需要大量资金，特许加盟的体制本身就面临融资难的问题，而以华南模式套华东市场，又缺乏有实力的优质加盟商，"挤牙膏"式的投资，赌博式的扩张，到底能搏来什么？商场如战场，可是最可怕的战争往往不是正面冲突，而是这种四周漆黑，不知敌人在哪，不知路在何方，铆足了劲用力一挥拳却什么也打不着，慌了。

于是一个最合理的可能性出现了，就是抱团。1 月 29 日，快捷速递总部与北京鑫飞鸿闪电签约，宣布合作，也拉开了这一年变局的序幕。

6 月 27 日午餐时间，上海希伊艾斯快递有限公司总部的走廊里乱作一团。20 多个要钱的人抢走了每天供应 120 位员工的午饭，剩菜剩饭倒了一地。公司的几位管理者和员工默默地看着，像是无声的谴责。这一天，公司租赁的员工宿舍里，所有员工遭到房东驱赶。

7月18日下午，从红楼集团董事长朱宝良办公室走出来后，牛文利长出一口气，并暗暗攥了一下拳头。作为CCES山东区的加盟商，在内心经历了20天的煎熬以后，悬着的心终于放下了。他给了不断打电话咨询的客户和网点一个明确的答复——今天晚上起，CCES全网恢复运营，所有业务照常开展。他的"定心丸"，是浙江桐庐商人朱宝良2 046万元"输血"CCES的收购行动。这笔巨额资金足以让资金链断裂，陷入网络阻断、快件积压窘境的CCES起死回生。朱宝良火速更换CCES品牌为"国通快递"，并计划3~5年内投入20亿元来重组和发展，他做好了"亏损"的准备，还下决心10~20年都不会将企业卖掉，他说要竭尽全力把这件关乎"千家万户"的事做好。然而，谁也没有想到，还没到10年，他也面临垂死挣扎。

没结婚的愁嫁人，结了婚的入围城。已经与海航联姻两年的天天快递，再度发生危机。海航天天快递的快递网络急需增开一条线路，詹际盛按照海航的要求递交了报告，可迟迟得不到回复。等收到回复的时候，黄花菜都凉了。他数了一下手中批文上的签字，120个！失去话语权的他暴跳如雷。

海航集团掌控天天快递后，直营化的大手一挥，天天快递原来13个城市的运营全部由加盟变成了直营。在海航集团的影响下，天天快递公司也执行了海航的一套管理制度，但在詹际盛看来，这一套制度用在天天快递身上根本不合适，适应不了快速发展的快递市场。对天天的直营化、网格化改造，从未来发展的角度来说是一种趋势，但在当时过于超前，以至于在企业应该注重发展业务量的时候就去提前做标准，在市场抢抓机遇中又慢了一拍。而紧接着到来的弊病让天天快递处于一种完全失控的状态。当詹际盛踩破海航的门槛讨钱发工资时，他发现直营网络中滋生了很多贪污腐败，很多项目在现金交易时被拿了回扣。"那个时候一个月亏 3 000 万。什么贪污腐败都来了，可以说就是失控了。"至今回想起来，詹际盛仍然气愤不已。

两年之中，由于海航的"按兵不动"，让所有人对这次收购直呼"看不懂"。而草率签订的合同，甚至都没有约定投资到款的期限，也暴露了詹氏兄弟在融资和商业合作方面缺乏经验。曾经以服务质量第一著称的天天快递，难道就这样成为下一个 DDS？当预期的双赢没有到来，当看到以海航天天快递为名义的 3.75 亿元贷款一分钱没用在天天快递发展上，詹际盛被逼入绝路，他决定帮助企业重新选择领路人。

詹际盛的人缘不错。当天天快递陷入危机的时候，很多身边的朋友想过接手。在这些人当中，詹氏兄弟认为奚春阳最为合适。当时，奚春阳在申通有着很高的人气，而且加上陈德军的推荐，他决定让天天快递二次择主。2012 年 7 月，詹氏兄弟充当了一次"二传手"——从大新华物流购回两年前出让的 60% 天天快递股份，交给了奚春阳。当时天天快递的资金缺口不是几百万元的级别，而是需要十几亿元，包括分拨场地、流转资金，以及新加盟商的基金等。

奚春阳收购天天快递后，第一件事是组建团队。在方里元开的上海松江红楼宾馆见到多年未谋面的徐建国，奚春阳开口说了三句话。第一句话，"自从你离开申通以后，我这么多年听说的和看到的，我觉得你建国是一个很正直的人"；第二句话，"原本我一直认为，徐建国在申通一人之下万人之上，贪了多少都不知道，但是没想到这么多年来，你买个 90 多平方米的房子还要按揭，真的没想到"；第三句话，

"希望你来帮我，从现在开始，有我奚春阳的，就有你徐建国的"。三句话后，二人冰释前嫌。

奚春阳自己就是申通多年来的管理者，他又联合了有着申通、圆通和中通三家大型快递公司丰富管理经验的徐建国和运营经验丰富的陈向阳，组成了当时"民营快递最强管理团队"，天天快递的改变可想而知。从接手时的 26 万件左右到短短几个月突破每天 130 万件还不会爆仓，奚春阳仍然保持清醒，他要求不要超过 150 万件，保持稳定再图发展。他们采取的办法叫"以网养网"——总部政策向落后地区的基层网点倾斜，从发达地区基层网点利润中抽成来补贴偏远地区网点。在此基础上继续施行"派费基金池"制度。逐渐地，天天快递的网络终于有了起色。此外，天天快递不断地引入有质量的加盟商，特别是有一定实力的省会加盟商，能带着下面的基层网点一起走下去。除了喝药还得"打鸡血"，没钱的时候怎么办？靠打气。于是，徐建国开始前往全国各地，演讲、开会，没有用钱也把天天人的火给烧了起来。

如果说天天快递的命运虽曲折，但相比之下还算幸运，因为它有了起死回生的医者。而星晨急便和陈平没能躲过这一场生死劫。

公安局收到举报，说陈平诈骗，于是两位警察来到他家里抓人。恰好他已经搬家，虽然租户吓得够呛，却没能找到陈平。于是，陈平的律师打电话给警察说，陈平不是诈骗犯，他都按时给工人发了工资，就最后解散的那个月工资，是因为账户冻结了才发不出去的。

通过封账掐住陈平脖子的是昔日的客户，一家电商网站快乐购。他们举报陈平诈骗，请公安局不是按照经济纠纷而是刑事案件处理，公司 3 000 多个账户被封，部分车辆被扣。公司的资金往来都靠网银，账户一封，资金流转上不来下不去，如同人体的血液循环一样，一旦停止，生命也就此停止。

快递业"教父"级人物的"名人效应"，马云的青睐，资金的注入，后来被验证的正确思路，这本来应该是走向成功的康庄大道，到底是如何付之东流的？

这还是要从整整两年前的 2010 年 3 月，陈平获得阿里巴巴注资说起。越涨越高的市场洪流，期待大鱼的出现。面对错失的第一波电子商务良机，陈平坦言，传统快递没机会了，他给出的药方是做"云快递"，其核心理念就是要布微仓，实现"货物先行、订单随后"，这正是之后菜鸟、京东以及业内普遍认可的云仓模式。2010 年，当陈平的这一观点在媒体上发表后，马云的团队就与陈平进行了深入的探讨，最终马云以 7 600 万元投资星晨急便，并承诺后期还会加投 2.1 亿元。

然而陈平误解了马云。多年后他才明白，马云是想让他做一个菜鸟的孵化器，可他以为这钱是用来发展壮大星晨急便的。2011 年星晨急便和鑫飞鸿正式合并为"星晨急便·鑫飞鸿"，朝着陈平的"云快递"梦想进军。他看中了鑫飞鸿强大的班车能力在华南地区可以做到朝发夕至，弥补了星晨急便区域能力的缺陷，双方的件量相加基本可以覆盖成本，业务范围也得以扩大。然而相爱容易相处难，合并后的步子迈得太快，8 个月成立了 30 多个分公司，吸引了 1 000 多个加盟商，陈平大旗一挥，跟随者众多。

明星队也要集训才能参赛。在鑫飞鸿创始人邓飞浪看来，陈平的战略多是纸上谈兵，他的客户要的是效率，而星晨急便以 COD 配送为主，不要求时效，导致鑫飞鸿原有的客户大量流失。最致命的导火索是陈平对北京鑫飞鸿的"削藩"之举。当时北京鑫飞鸿作为独立的加盟商，并没有随总部一起并入星晨急便，陈平一直想将其"收编"，但价格迟迟"谈不拢"。情急之下，陈平决定砍掉业务量很大的北京鑫飞鸿。"削藩"之后，发往华北的快件移至星晨急便进行中转，完全超出其承载能力，导致全网业务大幅下滑，大量快件囤积在北京无法有效中转，网点质疑、客户投诉随之而来，全网开始动摇并一发不可收拾。

"跑路事件"以后，陈平也陷入了人生低谷。他四处筹钱、讨债，本来账上有 1 000 万元被封，还有 5 000 万元的账没有要回来。他抵押了自己的车子和房子，昔日欠他钱的人，以各种出人意料的方式拒绝还钱，或者是"睁一只眼闭一只眼"。钱没追回来多少，他到东北追回来一批货。于是，53 岁的陈平带着秘书、司机在北京天通苑的天桥上摆上了地摊，为 200 元钱跟别人讨价还价，因为那个时候他太缺那 200 元钱了。初春的寒风吹得他心也冰凉冰凉的。

末端的动荡让行业管理者揪心不已，邮政快递业深入基层的属性，决定了监管体制的形态。2012 年 3 月，全国开始完善省级以下邮政监管体制，全国 31 个省（区、市）的 357 个市（地）级邮政管理局相继建立，年底，组建工作顺利完成。

马军胜亲自率领各市（地）局长，前往井冈山庄严宣誓，决心发扬井冈山精神，投身邮政基层管理工作。走过那条长 3 000 多米，垂直高差 800 米的挑粮小道，市（地）局长们的兴奋劲儿也渐渐消退，因为这个新部门没有经验，缺人少钱，不少市（地）局甚至连办公场地都没有，而要面对的问题却是服务质量参差不齐、管理体系多种多样、发展阶段各不相同的行业企业。也是从这条小道中，他们体会出了马局长的用意。

国家邮政局副局长王梅回忆，这一批市（地）局长是一支在"德才兼备、以德为先"的用人标准下拉起来的队伍。井冈山是他们的第一站，以坚定理想信念和革命传统教育为主；紧接着就是第二站北京。在北京，677名来自五湖四海的局长们主要接受知识教育。"平均年龄只有42.8岁，大学本科以上学历占82.7%，其中研究生学历达到1/6。绝大多数都有基层管理工作经验。"王梅口中的这支队伍为邮政行业完善管理机构，充实监管力量，落实安全责任打下了坚实的基础。

省级以下邮政监管体制的完善，是国家邮政局重组后的一件大事。王梅说，这项工作"结束了邮政管理'高位截瘫'的尴尬局面。市地邮政管理局的组建，建立健全了政府依法监管、责权关系明确、上下转运顺畅的国家邮政管理体制，为促进邮政业发展提供了体制保障"。

在王梅看来，这些离百姓最近，可以说是"最接地气"的机构，在组建后开展了大量卓有成效的工作，为健全完善邮政管理体系，提升行业管理水平，促进行业健康快速发展发挥了重要作用。

7月21日，北京遭遇了61年不遇的强降雨，造成人员伤亡。晚上，快递员鲁永乐把当天的收件放到车厢时，却发现回公司的路已经中断。无奈之下，他推着电动三轮车到附近小区避雨。一天没吃东西，又冷又饿，他买了一桶方便面，坐在居民楼道里吃了起来，而这一待就是一夜。跟他一样，仅申通丰台南分公司就有8名快递员没能按时返回公司。22日，雨过天晴，从丰台南分公司通往派送区域的道路仅剩下一条，涉水勉强可以通行，但仅限行人使用。等待积水排尽吗？快递员可以等，但三轮车上的快件不能等。情急之下，快递员让三轮车"骑"在了自己的身上，硬是涉水从马路牙子上把电动车连同车里的快件给抬了过去。

　　如果你能理解这一幕，你也就可以想象陈平们所面对的那些加盟商情绪有多么激动，你也更能明白快递的速度究竟源自哪里。因为在中国，送快递对于快递员和网点老板来说，不是简单的职业，也还上升不到崇高的事业，但是他们却赌上了身家性命。遇到解决不了的难题，只好向死求生。

人物小传 1

/"踢馆选手"朱宝良 /

2012 年，"桐庐首富"红楼集团董事长朱宝良接手同乡方里元的 CCES，正式踢馆快递。

朱宝良进入的时机恰到好处，此时快递行业正处于爆发期，电商件初显峥嵘，一到旺季各种爆仓。当时快递公司登陆资本市场还没有实现零的突破，CCES 的网络有较好基础，红楼旗下有上市企业，加之朱宝良之前的江湖称号就是"资本狂人"，所以他甫一接手，业界浮想联翩。

然而，上天总是如此荒谬，让你在唱过歌的地方感受毁灭。

刚接手，朱宝良便给CCES改名国通，这名字听上去比申通和圆通还要霸气，正应了朱宝良的行事风格，大气磅礴。他拿了 20 亿元进场，准备砸出个样来，提出了"一年一个样、两年不一样、三年变个样、四年大变样、五年是个样"的口号。

5 年后却是"欠费停运"，"倒闭危机"，"40 亿投入让朱宝良不堪重负"等传言满天飞。

绝大多数人害怕失败，可是作为"收购达人"，朱宝良的思维是逆向和大胆的，"危机就是转机"才是他的信条，"做事情总会有失败，失败就是起点，失败就是幸福，因为知道了什么是错误，可以去总结、去完善，去做得更好"。他收购过的很多亏损的项目和公司，在他的手中都起死回生。所以他曾经的信心和豪情理所当然。

收购CCES之前朱宝良承认他并不了解快递，在敲定收购的7天7夜里，朱宝良同时还收购了一个上海璞邸精品酒店。在他竖版名片的背后，印着麾下18家公司的名录，从酒店、旅游公司，到丝绸公司、地产公司、百货公司，一应俱全。桐庐同乡回忆起朱宝良早年创业的艰辛故事，泪光盈盈。早年从大山里走出来的他，从3 000元摆地摊起步，由杭州转战上海，再转攻江苏、甘肃，旗下拥有数十家全资控股企业，进入快递业的时候资产超过百亿。

他是个说一不二的人，据说他几乎不开高管会议，公司很多决策都是靠个人内省，闭门冥思苦想之后，电话通知自己的管理团队执行。尤其在自己的老本行——圈地上，他拥有超乎常人的嗅觉和魄力，买地建设快递分拨中心，几年间仅地皮就翻了几番。他做快递不仅是看同乡们火起来心里痒痒，而且是他看准了快递的发展前景，一直期待一个机会，能有一张全国性的网。

他看到了同行加盟的弊病，看到了管理对于快递的重要作用，于是提出要通过参股、控股的方式实现直营，提出了"股份制企业、捆绑式经营、保姆式服务"。

但他唯一没看准的，恐怕就是他自己。朱宝良的起家与发达都跟买卖有关，可通过买和卖来赚钱与干快递是两码事。

2016年，朱宝良受挫于深圳分拨的风波。因为考虑到成本控制，他决定裁撤这个分拨中心，却没提前做好人员安排工作，导致分拨人员扣押快件多日。全程全网的快递大网是靠信用搭建而成，这一事件触动了"多米诺骨牌"。自2016年"双11"过后，国通的业务量急剧下降，从日常的百万跌至一半，从此一蹶不振。

外界评价，朱宝良是把红楼集团经验复制在了国通快递身上。但红楼集团是忠犬守护型的企业，新兴的快递市场则需要狼性团队开疆拓土。

磨合，磨合，再磨合，国通的高管频繁换班成了常态，2017年12月，满身疲惫的朱宝良，通过一封公开信确定了妻子洪一丹的掌门人地位，自己退居幕后，不再参与国通的经营与管理。

昔日首富，到底该如何重整河山？

人物小传 2

/"铁腕"奚春阳 /

在快递江湖中,有奚春阳的一把交椅。

浙江建德,与桐庐交界,出生于此的奚春阳,与中国民营快递的连接,形同于此:浸身其中,又若即若离。

2012 年年中,海航准备退出天天快递,诸多桐庐和建德籍网点老板找时任申通快递总裁奚春阳诉苦。亲情、乡情加上想独立运作一个快递网络的愿景,他立即行动,斥资 1.6 亿元收购天天快递 60% 股权,同时迅速将徐建国和陈向阳两员大将招致麾下。

天天快递很快开始"狂飙突进",突破苏浙沪业务,调整结构、引进资本、迁往杭州。与此同时,天天快递进行大规模"换血",将海航天天快递直营网点重新改制为加盟模式。

这一招既解决了网点鱼龙混杂管理不便的问题,又有助于解决单纯直营模式中不能对接其他资本联盟的难题。然而,对天天快递的加盟商来说,他们未必这么认为。原来直营的办事处变成了分公司,加盟商原来交一两万元就能做的业务,现在竟然要缴纳十几二十万加盟费。

能者上,劣者下。在一系列大刀阔斧的改革中,天天快递"破茧重生"。2012 年"双 11"，天天快递单日最高峰值达 150 万件，创下创立 19 年来的新纪录。于是，士气大增。

"从年亏损数千万到停止亏损，从快递量每天 28 万件到每天 60 万件，天天快递的新掌门奚春阳只用了一个月。"2012 年《青年时报》报道称，奚春阳对天天快递的第一剂药见效。

天天快递重组之初，杭州很多电商客户对其避之唯恐不及。奚春阳组织一支队伍，专门研发"天网"，将收、转、运、派、签统一纳入，有效提升了服务质量。很多大客户闻讯而来，天天快递大有重振雄风之势。

奚春阳一直认为"进攻才是最好的防守"。他曾在多个场合提醒网点老板们，不要观望、不要抱怨，切忌闭门造车，要多动脑筋，不计成本地开拓创新求发展，跟上总部的节奏，加强协作，共同打造天天快递新的品牌。

变化一直在发生。

2015 年 9 月 25 日，申通天天战略合作网络大会在上海召开，本着"两者资源整合，发挥各自优长，节约成本，减少内耗，避免同质化竞争"的目标，被认为是"申通快递或将结束频繁更换总裁的尴尬局面，战略将逐步清晰；天天快递新的互联网概念也将更好实现"双赢之作。

2016 年年底，奚春阳以 1.6 亿元接手的天天快递，以 42.5 亿元的估值被苏宁收购。不到 5 年间，天天快递的市值增长了 25 倍多，而业务量也从每天 28 万件，达到 550 万件，增长了近 20 倍。

这 5 年的业绩，不可谓不漂亮。

自从苏宁收购天天快递之后，奚春阳便淡出媒体视线。

但江湖关于他的传说，一直都在。

2013，资本时代

　　吴亦兵在老家湖南读书的时候，因为数学好拿了无数的奖，而且因此被保送进中国科技大学，后来又去哈佛大学攻读了博士学位。毕业后进入麦肯锡，成为麦肯锡全球历史上晋升最快的资深合伙人，2007 年任联想控股常务副总裁，2009 年任中信产业基金总裁，2011年兼任中信金石投资基金董事长。这样一位久经商场的高手，却在代表金石投资入股中通的谈判桌上，败在初中学历的赖梅松面前。

　　这次谈判的结果先不谈。在他与赖梅松认识之前，其实红杉资本2012 年就敲开了赖梅松的门。以赖梅松的性格，平日里是基本不见投资人的。不是中通不缺钱，而是他认为，跟这帮人很难谈出结果。结果是，红杉一直找赖梅松，后者一直都没见他们。在这背后，其实赖梅松也很苦恼，还专门把在北京的邵钟林请了过来。见到邵钟林，赖梅松将心中的困惑诉说给对方："有很多的金融机构来找我，希望能够投资，但我现在资金流没问题，我想听听你的意见。"

　　邵钟林问了赖梅松一个问题，给了他一个选择，让他茅塞顿开。问题——中通将来要做一个什么样的快递企业？选择——一是按照现在的中通做下去，资金流也没问题，管理也说得过去，财务虽然不是非常严格，但钱是稳赚的，这是一种小康模式；二是靠自己的资本积累不可能有大的投入、大的发展，要做成百年企业，就要抛弃小富即安的现况，融资这条路非走不可。从来不拿笔的赖梅松，在这次与邵钟林的谈话中专门拿了个本子进行记录。

　　赖梅松打开了心扉，红杉终于苦等到机会。当红杉、云锋基金来人见到赖梅松的时候，他们为中通估值 42 亿元，参照标准就是 2011 年复星集团牵手联想创投入股韵达时对韵达的估值。彼时的中通体量与韵达接近，市场口碑也不相上下，但对中通的估值高于韵达，所以赖梅松认为这个估值是人家看得起他。但因为受吴传龙要退出中通这档子事影响，和红杉的第一次谈判最终没有成功。

红杉的客人前脚刚走，后脚进来的就是吴亦兵。在茶桌上，吴亦兵给了赖梅松和红杉一样的估值。整个谈判的过程较为顺利，但在就要签合同的最后时刻，因为合同中一些具体文字的分歧，双方僵持不下，赖梅松决定不接受和金石合作。吴亦兵在赖梅松面前"败下阵来"，说的是为赖梅松的人品和智慧所折服。所以，在赖梅松明确不接受金石参与这次投资的前提之下，吴亦兵决定以个人身份另外组织市场资金投资中通。而这样做的前提和代价是，他需要立即辞去金石投资董事长和其他职务。于是，这位空降金石投资并被外界认为是金石酝酿战略变局的关键人物，仅仅两年就选择了离开。

吴亦兵选择中通的原因很简单：第一，他认为赖梅松讲诚信，说话算数，在接触了无数企业家的他看来，这个是非常难得的；第二，吴亦兵认为作为数学竞赛冠军的自己"算不过"赖梅松，这从一个小小的侧面反映出了赖梅松的智慧和敏锐，尤其是他对于行业的洞察和业务的精确把控。他对于快递行业的发展和中通业务发展的未来，都有着独到而深入的见解。而且他能"说到做到"，今天回头来看，赖梅松当年的预测都成了现实。投资中通以后，吴亦兵又成为淡马锡的核心人物，同时他还是中通的特别顾问，在中通的股份制改造、战略制定和赴美上市过程中发挥了重要作用。

伴随着资本敲开快递的大门，修订后的《快递市场管理办法》这年3月1日开始生效。新桃换旧符，阳春三月为衬托，行业迎来新气象。然而，气象万千背后，快递战场的肉搏战更加激烈，肃杀之气在快递战场弥漫。

3月，"价格战"在全国各地不同程度地上演，而且大有愈演愈烈之势，每一个从业者都哭着说不能活，但面对同行竞争时，却又毫不犹豫地冲锋陷阵，展开肉搏。5年间，同城、异地、国际及港澳台快递业务收入平均单价，从25.8元一路跌至15.2元。

此时，不怕竞争的只有京东。2月获得加拿大安大略教师退休基金和Kingdom Holdings Company等共计7亿美元融资后，京东从以往的"京东商城"变成了"京东"，表明其定位已经不再是一家纯零售企业。随即，京东推出"双11"免运费活动，促成了POP（卖点广告）平台1 000家商家上架与京东配送合作。5月，京东开始搭建干线运输网络。

对于"价格战"愈演愈烈的快递市场，京东无意搅局，完全是迫于无奈。2013年以前，京东经常会出现爆仓的情况，主要有两个原因：一是基础设施比较差，仓储面积不够，也没有自己的干线运输网络；二是业务增长比例太高，基本上都是100%的年增长。那时候，从管理层到员工都非常辛苦，很多管理人员都要到一线支援。王振辉在面试员工的时候曾经说，他在京东穿得最好的时候就是面试那天。随着基础设施越来越完善、经验越来越丰富，京东物流逐渐学会了如何应对，信息化系统的完善也给仓储运转和配送提供了有力支撑。

几乎与京东搭建干线运输网络同时，阿里巴巴、银泰集团联合复星集团、富春集团、顺丰集团、"通达系"快递企业，以及相关金融机构共同宣布成立菜鸟网络。

对于"菜鸟"的解释，菜鸟网络董事长马云说："我刚做互联网的时候，大家觉得我和李彦宏、马化腾等人都是菜鸟。事实上，只有菜鸟才能飞向千家万户。"与菜鸟网络一同诞生的还有一个新名词——"智能骨干网"。智能骨干网有一个宏大的长期规划：第一二期的投资额分别高达 1 000 亿元和 2 000 亿元；计划在 5~8 年内通过自建、共建、合作、改造等多种模式建立一张能支撑日均 300 亿元网络零售额的智能物流骨干网络，支持 1 000 万家中小企业发展，创造 1 000 万个就业岗位。

日均 300 亿元，意味着网络零售额一年即可破 10 万亿元。即便以阿里巴巴在 2012 年"双 11"当日的交易额 191 亿元计算，日均 300 亿元看起来仍然是一个有些遥远的目标。但事实证明，在电子商务和快递惊人的发展速度面前，任何纪录都有可能被打破。

"这是一个充满理想主义色彩的项目。我们的目标是，未来只要你上网购物，货物 24 小时之内就能送到你家。"马云在启动仪式上如此评价智能骨干网。他去日本、美国和欧洲考察，都没有发现这样的先例。没有人知道，这最终到底是个什么产品，方向和模式又是怎么样的。"万一能够成功，我将此生无憾。"马云说。

尽管菜鸟表示自己仅仅是搭建平台，并不做快递。然而，很多人并不这么看，菜鸟大有"挟电商以令快递"之势。此后菜鸟推行电子运单的时候，更是遭到快递端的一致排挤。赖梅松当时的看法并没有什么不同。但如今，赖梅松认为很多快递人包括自己当初对菜鸟的认识存在误区。电商是上半身，物流是下半身。阿里想用平台技术的力量赋能快递企业，如今的赖梅松对此不单单是认可，而且付诸实际行动。2018 年，在阿里巴巴与菜鸟网络以 13.8 亿美元战略投资中通快递后不久，中通对菜鸟旗下的"最后一公里"递送业务菜鸟驿站投资约 1.68 亿美元，获得约 15% 股份。阿里是一家什么公司？在赖梅松看来其实很简单——开赌场的人不大可能去赌。

对于快递的江湖之争，此时的相峰并没有多想。6 月，喻渭蛟向他发出邀请："你到我们这儿来，我们为你提供一个平台来发展，一起来做中国人的快递。"一起做中国人的快递？相峰认为这个目标对身为中国人的自己来说也许更有意义，于是加入了圆通。从外资企业来到中国企业，相峰面临着完全不同的文化氛围。但在他看来，虽然中国民营快递的企业文化与外国企业文化不同，但文化并不分高下，而是一种互相学习借鉴的关系。离开文化不谈，企业的管理是相通的。相峰把在 UPS 多年的现代管理经验运用于圆通，在推动圆通建立现代企业治理结构的过程中起到了重要作用。但他同时也认为，在管理的精细度方面，圆通距离国际快递企业还有不小的距离。

敲开赖梅松的门后，资本界又一次欢呼，顺丰的大门也被他们"攻下"。资本欢呼的背后，是王卫的改变，变得不再那么"自私"。8 月，顺丰宣布出让不超过 25% 的股份，获得元禾控股、招商局集团、中信资本的投资，这是顺丰成立 20 年来的第一次股权融资。一直以来备受资本瞩目的顺丰，传说被上百家基金、投资公司所追逐，一直坚持着不融资、不上市，这一次的举动被媒体报道为"颠覆性行为"。事后证明，这次融资成为顺丰上市前的一大动作。

对于当年的选择，王卫很坦率："如果你说真正为了自己的话，肯定不想上市，但是如果现在从竞争的角度看，人家有资本的竞争力，你没有，那你就落后了。而且你要留住人才，上市是很好的激励。"如果说王卫之前是为了自己而"自私"，那么现在是为了大家的利益而融资和上市。对于为什么接受中信，王卫认为当时顺丰缺的是国有资本，所以 2013 年顺丰已经率先实现了混合所有制。以民资为主，国资为辅，王卫认为这样最有活力。

快递市场的火热，在这年 8 月又催生出新的面孔。6 月刚注册成立的增益速递宣布启动网络试运行，成为快递行业的又一支力量。尽管其前身是成立于 1993 年的全日通快递，但一旦进入快递深水区，没有优势又谈何成功？此时的快递市场已难以撼动，要想建立起全国网络，增益未来的艰难可想而知。

增益面临的难题在另一个新面孔看来似乎不足为惧。伴随着《国务院机构改革和职能转变方案》的审议通过，铁路政企分开。3 月，原铁道部门口新挂出的牌匾上，"中国铁路总公司"几个大字分外醒目。这年，在一向具有"先行先试"传统的广东，在武广高铁广州南至长沙南段，邮政 EMS、顺丰、德邦等企业的快件已经搭载高铁运行了一年多，高铁快递也成为航空、公路运输外，快件运输的又一种有效途径。相比增益，"铁老大"以强大的底蕴为支撑，气势自然强了不少。

印度新德里，另一种气势冲向云霄。

"给我机会！给中国机会！"9 月 6 日，亚太邮联秘书长中国候选人林洪亮登台演讲。聚光灯下，有着多年国际交流合作经验的他潇洒自如，演讲简明扼要，一气呵成。一时间，掌声四起。

新德里时间下午 3 点 20 分，"China，Lin Hongliang！"当"中

国，林洪亮！"这 5 个字再次变得响亮时，亚太邮联第 11 届大会主席高普因阿斯正式宣布：中国候选人林洪亮成功当选为下一届亚太邮联秘书长！

这一刻终于到来，马军胜率领的中国代表团全体起立致谢，每一位经历其中的中国代表眼中都泛起激动的泪花，与全场雷动的祝贺掌声相互交融。

这是中国加入亚太邮联以来首次当选该要职。此刻的辉煌源于 5 年来的磨砺。虽重返国际邮政组织多年，但中国鲜有高层任职的经历，历数亚太邮联历任高管，中国一直缺位，甚至东亚也一直缺位，这不能不说是一个遗憾。可以追溯的仅有在 2004 年秋举行的第 23 届万国邮政联盟大会上，原国家邮政局国际合作司司长黄国忠当选万国邮联副秘书长，以及 4 年后的连任。

眼睛湿润的还有远在中国上海的陈德军。10 月，以"传 20 载激情，承百年梦想"为主题的申通快递 20 周年庆典隆重举行。这一天，申通快递邀请各方嘉宾与来自全国的 2 800 多名网点代表共聚一堂。"谢谢你们！"陈德军站在台上说出这句话的时候，内心的百感交集，只有他自己可以体会。当年和妹妹分吃一包方便面的他，终于可以站在 20 周年庆典的舞台上，向公司 17 万名员工，向合作伙伴，向一直帮助支持他的人，说声"谢谢"。

想对快递从业人员说声谢谢的还有马云。这年年初，马云通过《中国邮政快递报》发表了《致快递战友的新春信》，向全国快递员拜年："亲爱的快递战友：此刻，或许你已踏上回乡的路，或许你放弃了与父母亲人团聚的机会，仍在异乡为客户送货而奔波忙碌。无论你在哪里，都先允许我，代表 5 亿网购网络消费者，向你以及你的家人送上最真挚的祝福……"

一句"谢谢"背后，是几十万上百万快递大军的气吞山河。"300亿！"11 月 11 日晚 9 点 18 分，马云从杭州向马军胜现场直播实时刷新的"双 11"天猫网购交易数据。正在北京邮政业信息监控中心的马军胜听到这个数据后，以手击案，为随之将要产生的超过 1.4 亿件快件而振奋。11 日至 16 日"双 11"期间，全国快递业务总量为 3.46 亿件，比 2012 年同期增长 73%。

与此呼应的是快递业从业人员好人好事越来越多。

2014 年 4 月 20 日，四川省雅安市芦山县发生里氏 7.0 级地震。各邮政、快递企业采取捐款捐物以及开通赈灾包裹、救灾汇款免费服务等多种方式，全力支援地震灾区人民抗震救灾。

雅安地震后，快递员们骑着摩托车参与救援

2013 年起的 3 年里，百世汇通的业务量保持着 100% 左右的增长。收购汇通以来，快递业务量在 2013 年突然猛增。这年"双 11"，周韶宁在杭州分拨中心待了三天三夜，早上上班至晚 9 点，要到分拨中心待到次日早上 7 点，然后回家洗个澡，再到办公室办点事情，马上又到分拨中心，周而复始。周韶宁回忆，那时全国一两百万件快递，就搞得鸡飞狗跳。

这年"双 11"，还有一个面孔嫌快递不够热闹。11 月 1 日，赶在"双 11"之前，德邦快递在北上广深等 13 个城市正式上线。11 月 11 日，经历了短短 10 天上线的喜悦之后，德邦快递就迎来了第一波阵痛。"双 11"期间，杭州地区首先出现了落地配接货不及时、派送时间长等问题。其实在快递上线之前，德邦就已经研究出了多种发展模式，其中就有利用零担现有的网点、车辆、人员等资源来发展快递的方案。但是前期预测上线以后落地配将承担 60% 以上的货量，所以就采用了与落地配合作的模式。然而，落地配导致德邦被动的局面在"双 11"期间变得突出。如果积累的快件不能及时派送，势必会影响客户体验，引发投诉，甚至造成客户流失。

13 日上午，一场关于快递的紧急会议在德邦上海总部召开，当天就做出了利用德邦现有的零担资源来发展快递的决定。新模式在安徽进行试点，结果证明，安徽模式奠定了德邦快递发展的初步模型。

2013 年注定是"资本之年"。眼看这一年即将翻篇，中国邮政速递物流突然对外宣布，撤回 IPO（首次公开募股）上市申请材料。这成为年底行业内最具爆炸性的新闻事件。走了多年的 IPO 坎坷路，在上市前夜突然中止，正式宣告了"中国快递第一股"上市计划"搁浅"。

从 2008 年开始启动方案，耗费大量资金，其投入的精力更是难以计数。计划上市筹集资金用于邮航南京基地建设、几大邮件处理中心新建改建、运输车辆和飞机采购等项目，一些大的工程已经提前开工了，用的是贷款，就等上市募资后还贷。

上市中止之后，邮政EMS背上了沉重的包袱，原本可用于扩大再生产的利润要用来还贷款本金和利息，在市场竞争中就失去了调整价格的余地，如果不是因为要上市做了那么大的投资计划，日常开销、折旧之类的也会少很多，再加上作为国企员工成本本来就高，日子开始不好过了。

有时候，人生就像一个"8"字，兜兜转转之后，发现自己又回到了原点。曾经拒绝的，选择了接受；曾经追逐的，选择了放手。也许，若干年后又会踏进同一条河流，谁知道呢。

人物小传 1

/"匆匆"建荣 /

在快递界,"四通一达"名震一时。如今,只剩下"三通一达",汇通改旗易帜。

在汇通的发展历程中,徐建荣是一个关键人物。

2005 年,徐建荣从肉食加工业转行做快递业,可谓转型剧烈。当时由于污染环境,他的肉食加工厂不得不逐渐远离城市,生存环境日趋严峻。而那时快递崭露头角,散发出的光芒诱人,桐庐同乡们频繁传来的捷报也着实是个诱惑。

决定经营汇通后,整整 5 年里,他几乎把自己所有的感情和精力全部投入其中。他凡事认真,事必躬亲,甚至在分拨中心跟员工一起肩挑背扛,让员工煞是感动。

尽管徐建荣是在快递发展的风口上接手了汇通,但奇怪的是,直至 2010 年卖给百世,从头亏到尾。

在外界看来,民营快递企业发展的初期并不需要多少钱,靠人和自行车,再租几辆班车就能起家。徐建荣的汇通缘何 5 年未赢利?因为恰好赶上了电商快件的"价格战","烧钱"后才能扩大规模继续迎战,迎战后才能形成战绩继续"烧钱"……但徐建荣舍不得下这么大血本。做惯了肉食加工生意的他，习惯了左手出产品，右手拿现金的快进快出，他的观念就是"现金为王"，他内心里有自己设定的投资红线。

2010年，徐建荣进退两难。如果继续做大汇通，软件系统要完善、班车要全部开到位、全国的中心要建设到位。用户对快递的需求已经发生了变化，如果仍然按照以往思路先在上海做同城，再逐渐向苏浙沪延伸，那么没有人会把快件交给汇通。

他是做生意的一把好手，他喜欢算账也能算好账。以班车运营为例，如果每个中心开一辆班车，全网一天的消耗在百万元以上。而且，物流车辆有货就运、没货就停，快递班车则需要每天定点对开，一旦停掉，就再也没有起来的机会。

徐建荣回忆说，他预计汇通业务量在当年要达到日均80万件才能赢利，但其最高峰时仅有22万件。要想填平这一巨大沟壑，唯有继续投入巨资。除此困境外，徐建荣认为自己的公司管理也跟不上，于是决定退出。

他退得毅然决然。周韶宁提出要100%收购汇通，同时给徐建荣4 000万股股权，徐建荣最终没要股权，完全退出。原因是快递"烧钱就像烧纸一样"，他看不到希望。假如，他听从了劝告，留下汇通股权，现在的价值是30多个亿。

2010年年底，百世物流正式完成对汇通的收购，徐建荣完全卸任放权，仅以公司顾问身份出现。

时过境迁，徐建荣听说了百世美国上市的消息，他说，并不后悔当年从汇通彻底退出。当初眼看汇通新"掌舵人"周韶宁大把大把烧钱，面临巨大风险，他确实做不到。

如今，他仍然看好快递的发展，仍然活跃在快递圈子里。他做起了物流地产，在上海市青浦区华新镇，徐建荣投资的物流园区拔地而起，70%的入驻企业都跟快递有关，它已经是一个成熟的快递第三方物流中心。

拿得起放得下。徐建荣的人生字典里没有"悔"字，却留下了"快递"两个字。

人物小传 2

/ "合伙人" 童文红 /

江湖上到处都是关于她的传奇故事。

一般从兼职前台开始，讲到身家亿万女总裁，讲到阿里最励志合伙人。

她说："我从来没觉得自己与众不同过，我是一个非常平凡的女人，可以走到今天，是历史和命运决定的，是因为选择的目标和企业的价值观一致，所以一直坚持自己，坚持自己的初心并且会把它转化为自己的行动，对得起自己，对得起信任自己的人。"

在 2018 中国绿公司年会上的演讲中，童文红又谈到价值观，谈阿里凭什么可以活到 102 岁，出自"对使命愿景的相信，对文化的相信和始终对人的相信是组织最重要的"三个相信。

2000 年加入阿里，在 2014 年 6 月阿里更新招股书所披露的 27 位合伙人中，童文红以"菜鸟网络负责人"位列其中，2013 年 5 月菜鸟网络成立时担任首席运营官，2015 年 3 月升任 CEO，2017 年 1 月接替张勇担任董事长，一直是菜鸟网络的主要操盘人。她全身心投入这个最初她认为"就是一群抽着烟的男人干的"事业当中，与快递公司唇齿相依，用女性的坚强和柔韧叩开了坚实的物流之门。

　　简单直接、气场强大、雷厉风行，快递业内的人这么评价她，她笑称自己"又傻又天真，又猛又持久"，是一个理想主义加现实主义者。

　　她毫不留情地说快递业"需要颠覆以前靠江湖关系维持的利益关系和江湖情面维系的网络关系"；她直言"没有规则的平台都是耍流氓"；她坚信"没有无缘无故的创新，一定是基于客户价值和需求"；她鼓励伙伴们"心态上做菜鸟，行动上做雄鹰，勇敢前行"。

　　2017 年 5 月，《福布斯》发布 2017 年全球变革者榜单，童文红与默克公司 CEO 肯·弗雷泽、英国戴森电器创始人詹姆斯·戴森等全球 30 名企业家最终上榜，她所在的智慧物流领域第一次上榜。

　　《福布斯》称，童文红掌管一张巨大的协同物流网络，为阿里巴巴及社会各界服务。她曾经在阿里巴巴多个岗位历练，现在她已经是大师级的人物，她负责的物流数据平台每天支撑着 5 700 万个包裹的递送。童文红对《福布斯》所说的话一如既往："菜鸟是通过与物流合作伙伴一起努力，用数据和计算能力赋能他们，从而带动智慧物流发展的。"

　　这份努力，一直都在。

　　因为她看到了中国快递事业的中国特色和神奇，看到了同质化竞争的残酷，看到了供给端和需求端的不匹配，也在和快递小哥一起坐三轮车派件过程中深刻感受到末端问题。所以才用更多具体的动作，矢志不渝地推动着菜鸟做着"全世界从未有过的事业"，从无到有地搭建出智能骨干网，推动着快递网络从 IT 时代向 DT（数据处理技术）时代全面升级，奔着数据和社会化协同的未来，共享互联的智慧物流的未来，步履不停。

　　这是她期待中已经到来的未来，能力跟得上梦想、技术跟得上挑战、智慧跟得上胸怀、灵魂跟得上财富的企业和人的未来。

2014，"黑马"奔腾

这年的快递大幕，从一场"营改增"的大戏拉开。2014 年 1 月 1 日起，铁路运输和邮政服务业被纳入营业税改征增值税试点。

一时，"营改增"在快递企业中引起了一场大讨论：税负升还是降？收派与运输如何划界？总部分部如何纳税？能否增加定额发票？而对此，国家邮政局做出分析，邮政业纳入营改增试点范围将给快递服务带来三大利好：推动行业转型升级，逐步降低税负，规范财务管理制度。马军胜认为，2014 年，税制改革是重点，"营改增"把邮政业纳入其中，"打通了服务业、服务对象与上游制造业的税收链条，对激活市场主体活力、降低社会流通成本、直接服务民众，意义重大"。

讨论声中，"向下、向西、向外"的三维立体发展之路在当年的全国邮政管理工作会议上被提出。启动"快递下乡"工程，推进"快递西进"工程，推动"引进来""走出去"更好地结合，行业进入一个新的发展阶段。

1 月 27 日，古城西安的大街小巷，人们喜气洋洋地置办年货。位于西郊肖里村的顺丰快递员们，此时异常忙碌，春节前是一年中的快递旺季，有人通过快递置办年货，有人赶在返乡前将包裹寄回家。下午，李克强总理来到陕西顺丰的分拨现场，为他们带来了党中央、国务院的亲切关怀。一边是最基层的快递员工，一边是党和国家领导人，此时距离如此之近。

总理来看望大家了！突然降临的幸福让快递员们一时不敢相信自己的眼睛。刘昭龙正在操作台上包装快件，无意中看到几个人走进分拨中心。他下意识地看了一下，这一看把他着实吓了一跳，来人居然是李克强总理。他不敢相信自己的眼睛，胆大心细的他很快就稳定了自己的情绪，告诉总理，公司为春节期间坚守岗位的员工的家人准备了一份新年礼品，要通过快递的方式寄给他们。刘昭龙一边介绍，一边拿出手持终端，在上面输入寄件人和收件人信息后，请总理亲自点击"确认"。随后，系统显示发送成功。很快，一份订单就打印出来了。总理问道："这是我下的订单吗？"得到肯定答复后，总理仔细核对了面单信息，亲手为这个将寄往陕西渭南的包裹贴上了面单。"快递业关系经济民生，你们既是在运送商品，也是在传递亲友心意，给大家送去春节的温暖，把幸福快递到千家万户。快递业是中国经济的'黑马'！"李克强临走时鼓励快递员们。

快递小哥在阅读李克强总理看望顺丰员工的新闻

"黑马"横空出世！奔腾到 3 月，变成了"快马加鞭"。第十二届全国人民代表大会第二次会议开幕会上，李克强在做政府工作报告时指出："要深化流通体制改革，清除妨碍全国统一市场的各种关卡，降低流通成本，促进物流配送、快递业和网络购物发展。充分释放十几亿人口蕴藏的巨大消费潜力。"这是快递业首次被写入政府工作报告。马军胜说，如果说 2009 年将"快递"写入《邮政法》是对快递身份的认可，那么，被写入政府工作报告，就是对行业近年来迅猛发展、业务量连续同比增长 50% 以上的一次充分肯定，是行业发展的一座新的里程碑。

虽然快递被写入政府工作报告，但改变不了越来越激烈的市场竞争。"硝烟"弥漫，所有规模以上的快递企业基本上都参与到了这场惨烈的战役中，二三线市场、基层网点成为重灾区。

3 月，从义乌发往全国的小件，只要发货量达到一定件数，首重 0.3 千克以内的快件全国统包价降至每件 4 元甚至更低。4 月，福建泉州下辖的县级市石狮，有快递公司推出"3 元跨省件"，以超低价吸引寄往邻省的快件；湖北随州，为了争夺网购件，更是拼命压低价格，甚至打出到全国各地每件只要 2.8 元的"跳楼价"。"杀敌一千，自损八百"的"价格战"导致企业利润在盈亏线上下徘徊。行业陷入"谁先涨价谁先死，谁不涨价谁等死"的怪圈。

顺丰"不怕死"，不去打"价格战"，走在另一条探索道路上。5 月，518 家嘿客社区店在除青海、西藏外的全国各省（区、市）同步开业。按照顺丰的宏伟计划，年内嘿客在全国布局将超过 3 000 家，未来这一数字将变成 3 万家。一时，顺丰的"疯狂"让各方人士大呼"看不懂"，看不懂顺丰在搞什么，也对它的前途充满了忧虑。事实上，不仅同行没想明白，顺丰自己恐怕也没有十足的把握和信心。

开业后，嘿客争议不断，业内很多人不看好这种方式，结果在不久后得到了应验。据顺丰借壳上市的鼎泰新材披露的财报数据显示，顺丰"已剥离业务商业板块"自 2013 年至 2015 年亏损分别是 1.26 亿元、6.14 亿元、8.66 亿元，相加亏损 16.06 亿元。而亏损的原因，报告中称"主要是因为顺丰商业自 2014 年开始集中铺设线下门店所致"。这也意味着，在 2013 年至 2015 年，顺丰因为线下店的探索亏损严重。

崔维星也不怕"价格战"，但绝不参与其中。2014 年，德邦快递单件价格高达 40 元，远高于行业的平均水平。单件价格高，很大一部分缘于重量，续重多费用自然也相对较高。德邦快递的定价标准，在快递同行中处于中等偏下水平，这也是德邦的产品定位决定的。但无论怎么发展，崔维星都坚守这样一条原则，即通过高质量的服务和差异化的产品来赢得市场。

关于德邦的服务有这样一个小细节。一对夫妇去德邦托运东西，营业员给夫妇每人一杯水，然后说"这杯是您的，这杯是您的"，唯恐给错。夫妇心想杯子又没用，为啥分这么清？办完事临走时，丈夫准备把杯子丢掉，看妻子杯子里还有半杯水，为避免浪费，就把它喝了，之前的疑惑瞬间解除，原来丈夫的水是冰的，妻子的水是温的。

这年 9 月，各大视频媒体同时出现了一支一分钟长的音乐舞台剧。视频中，一群身着德邦工服的帅哥美女及不同群体的客户，载歌载舞。这个视频是德邦的首个快递广告，也是德邦"快递引爆"全面启动的标志。在麦肯锡的协助下，德邦快递一边致力于城市覆盖、场地建设、线路规划和人才培养，一边从客户开发、产品设计和推广渠道入手，多措并举推进营销工作开展。从这时起，德邦连续 3 个月对外投放快递广告，覆盖了网络视频、移动门户、搜索引擎、社交媒体、垂直网站和地铁广告 6 大渠道。载歌载舞中，德邦快递很快覆盖全国 100 个城市，全年实现营收 5.3 亿元。

快递市场激战正酣，菜鸟冷不丁扔下了一颗重磅炸弹。

在民营快递发展的 20 多年中，快递运单格式不尽统一，电商为了批量发货不得不接入不同快递公司的打单系统，接入成本较高；并且由于大量使用的纸质运单没有接入数据平台，快递公司需后期手工录入简单信息，录入成本很高。这也导致快递业一直未能实现大数据化管理。看到各大快递公司虽然在陆续自行推广电子运单，但普及速度很慢，菜鸟决定"一统江湖"。5 月，菜鸟网络联合"三通一达"等 14 家快递公司推出了标准化的公共电子运单平台，并向商家和所有快递企业开放免费申请接入，电子运单在民营快递企业中的使用率一下子获得突破，从 5% 增长到 60%。

不过，菜鸟电子运单的推出惹来一片争议。不少人指出，单纯从业务角度讲，菜鸟运单的确是为卖家和快递公司解决了很多的问题，不过也进一步"控制"了快递公司，隔断了卖家和快递公司的交互联系。

对于菜鸟，争议更大的是各方对其在全国"圈地"的质疑。成立仅半年多的菜鸟网络在华北、华东、华南、华中和华西地区迅速布局"地网"核心节点，其获取土地的能力令物流地产开发商感到压力。在媒体报道中，土地增值的潜力被认为是菜鸟网络建设"地网"的主要目的。面对"圈地"质疑，菜鸟网络的回应是"通过线上大数据的运用和线下仓储的布局，构建一个和谐的物流生态产业链"。

虽然菜鸟主动回应质疑，但围绕这一话题的讨论并没有停止。"马云如果做一个物流的第四方智慧平台，我觉得对我们国家做出了重大贡献，但是发现他走歪了，到处建物流基地建仓储，因为经不住诱惑，地方政府太重视电子商务，给他非常便宜的地，而土地会升值赚大钱。"7月，在青岛召开的2014中国国际电子商务大会上，时任商务部电子商务司副巡视员聂林海公开批评马云和菜鸟网络。而在一年前，商务部对刚成立的菜鸟网络还给予了肯定。

在中国，"走歪了"的评价分量很重，因为这属于路线和方向问题。新华网财经频道的编辑和记者当时特意以"菜鸟网络到处拿地，是不是走歪了"为题发起了讨论。支持菜鸟网络的观点认为，"即使是平台型，菜鸟也依然标有物流的属性，而'地'是不可回避的问题，仓储暂时还实现不了虚拟化，这是产业环环紧扣的一节"；反对者则指出，"菜鸟网络这个概念真的很好，所以在去年它进入人们的视野时，有那么多地方政府愿意为它开绿灯，也正是因为有这么多关注，一年以后，并没有什么动作的菜鸟网络才会受到大家的批评"。

对聂林海的质疑，菜鸟回应称，目前已在国内15个城市布局仓储中心，建设工作正在逐步推进，并在积极考虑拓展海外物流。时任阿里巴巴集团首席市场官王帅在微博上给出了更"形象"的回应——"在全国各个物流中心区域建设仓储中心，搭建连通全国的高标准仓储体系是支撑智能骨干网的'下半身'，这个'下半身'事关'命根子'，实在缺不了"。

菜鸟的步伐没有停止，"铁老大"的试水也在继续向前。7月，上海闵行货运站，一趟满载着电商快件的专列，徐徐开动，驶向终点深圳。两个小时后，另一班同样载着电商快件的专列，从深圳出发，终点是上海。18个小时后，两班列车到达各自的目的地。这是国内首趟电商快递班列正式运行的轨迹和场景。

火车一响，黄金万两。中国铁路总公司开通铁路快递电商班列在全球铁路运输方式上是一个创新，是铁路货运改革向市场化转型升级的重要标志之一。它将改变快递业以公路运输和航空运输为主的格局，加快形成公路、航空和铁路三种运输方式并重的格局。与公路和航空运输方式相比，铁路快递电商班列具有时效快、运输规模大、运输时间可控、受气候影响极小、运输成本低和节能环保的优势，适合1 000千米以上距离的干线运输，且运输距离越长优势越显著。但是，快递对运输作业场地有特殊需求，应适合快递的集包装卸特点，使用效率较高的输送设备装卸模式。这就意味着铁路进入快递电商运输还需要对相关配套设施进行技术改造。火车送快递，道阻且长。

坐看风云起。这年的宅急送选择了"不再折腾"。陈平在离开几年后，宅急送陷入连年亏损，二哥陈东升出来"救急"。10月，作为实际控制人，陈东升力邀好友助力宅急送。复星集团董事局主席郭广昌、招商证券董事长宫少林、弘泰资本董事长任道德、海通证券总裁瞿秋平、中新建招商股权投资基金董事长郭健，这些深交多年的商业伙伴一齐亮相，宅急送转型决心强大。陈东升很清楚接下来最重要的就是如何利用好这份"厚礼"，答案是重回B2C模式。"过去，我们摇摆了，我们动摇了，我们折腾了。今天，我们不再摇摆，不再动摇，不再折腾。"陈东升说。

快递业奋发图强中，总理的关怀又至。

"你们有没有跨境快递？""有！""你们的快递能不能送到港澳台去？""能！""西藏能送到吗？""能！"这是李克强与中通快递员范浩浩的一段对话。11月19日下午，李克强到访浙江义乌青岩刘村的中通快递网点时说，从小处说，快递不仅创造了就业岗位，也创造了新生活；从大处说，农村的东西送到城市去，城市的东西送到农村来，缩小了城乡差距。物流是现代经济核心之一，快递是物流的重要组成部分，工作虽然很普通，但很关键。"你们的工作了不起！"

11月22日下午，从浙江义乌寄出的总理爱心包裹运抵青海省果洛州班玛县玛可河乡寄宿制小学。老师和周末没回家的孩子们，早早就盼望着总理爱心包裹。见到中通快递车进入校门，孩子们蜂拥而至，接过总理的爱心包裹，他们把手放在包裹上说："谢谢李爷爷！"在老师的带领下，孩子们欢快地跳起了舞。

快递企业的竞争在加剧，与之相关的电商巨头们开启了另一场征程。虽然这一年中国股市IPO重启开闸，但由于不符合上市标准，京东和阿里先后于5月22日和9月19日在美国上市。

京东在美国纳斯达克证券交易所上市时，公开募集17.8亿美元，是当时中国企业在美融资规模最大的首次公开募股。

阿里在美国纽约证券交易所上市时，首日报收93.89美元，较发行价上涨38.07%，以收盘价计算，其市值破2 300亿美元。

这年中国与世界的关系越来越紧密，"一带一路"倡议提出，中国快递的所到之处愈来愈广。

伴随着电商巨头的喜报，我国快递业务量在10月首次突破100亿件大关，标志着我国在从"快递大国"向"快递强国"转变的道路上向前迈了一大步。2014年全年，我国快递业务量达140亿件，同比增长52%，跃居世界第一。

黑马蹄疾，中国快递的奔腾时代已经到来。一日看尽长安花之后，目光又投向了更远的地方。抬头看天，也在低头看路。

/"长跑者"崔维星 /

　　崔维星可能永远都忘不了大一时的校运动会，他报名一万米长跑，跑着跑着心跳越来越快，脚步越来越沉⋯⋯

　　这种感觉崔维星在创业历程中多次遇到。1992 年，从厦门大学会计系毕业后，本可以在国企里稳稳当当地过上一辈子，却阴差阳错地踏进了物流圈。1998 年，他用东拼西凑来的 10 万元创业，第一个月就亏了 3 万元，员工几乎走光。2003 年，德邦物流刚踏足陆运，合伙人却因种种原因相继离开。2015 年，德邦开始申请 IPO，却波折丛生⋯⋯

　　校运会那次长跑，崔维星咬牙坚持下来，最终跑完了 25 圈成为冠军。德邦也在多次危难时刻化险为夷，并一步一步成为"零担之王"，也最终成为国内首家 IPO 快递股。崔维星解释他之所以爱长跑，是因为长跑不单单要拼实力，更要有耐力支撑和合理分配体力的长远策略。所以，每逢德邦的历史性时刻，崔维星穿着运动短裤长跑的照片总会出现，上市时出现了，转型大件快递时出现了，这种代表着坚持不懈和长远发展的"长跑精神"已经融入每一个德邦人的骨子里了。

　　崔维星爱长跑，也爱借外力，更爱用年轻人。

借力咨询，是德邦的秘密之一。最早投资德邦的钟鼎创投总裁严力曾评价崔维星"很抠门"，因为请吃饭从来不超过 150 元，但是却舍得每年花 2 亿元做专业的企业咨询。崔维星努力地和咨询公司合作，就是要努力地学习全球最佳实践，借咨询公司的帮助去做差异化。

2013 年，在咨询公司麦肯锡的建议下，德邦成为一名"快递新兵"，直面更加强大的邮政 EMS、顺丰、"三通一达"。崔维星却认为，这个市场经过激烈的搏杀，最终会只留下两三家快递企业，德邦仍有赢的机会。"用速度跑赢时间，是我们唯一的生机。"他在内部信中鼓励德邦人跑起来。

"黄埔军校"是外界对德邦的另一种称谓。圆通执行总裁邓小波、壹米滴答前执行总裁黄偲海……出身德邦的快递物流企业高管不计其数。自己辛苦培养出的将才常被同行挖走重用，崔维星"从不挖人"，而坚持大力培养校招大学生。

现如今，德邦高管团队不足 35 岁，几乎都是从一线的大学生中提拔上来的，而这支年轻的团队就是崔维星的底气。更重要的是，对于这样的一场竞争长跑来说，一支年轻的队伍意味着更大的潜力，也意味着有更大的概率能够帮助公司在后半程里发力，反超对手。

2018 年，北京奥运会十周年前夕，四四方方的水立方一如既往地闪烁着变幻的光。德邦踏上了"大件快递"的全新赛道，48 岁的崔维星开启了一次全新的长跑，他说他的目标是用乌龟的速度达到兔子的结果……

2015，合纵连横

2015年2月3日，农历立春的前一天，胡润发布最新一期的富豪榜，比尔·盖茨以5 200亿元财富蝉联世界首富，李嘉诚、李兆基、李河君位列大中华区富豪前三名，王健林和马云也只能排到第四和第五的位置。

王卫比2014年一下子蹿升了155个名次，以270亿元排名第253位，很不显眼。陈德军和喻渭蛟、张小娟夫妇首次入榜，成为新晋"10亿美元+"富豪。从这一年起，快递老板们的名字开始出现在各类富豪榜上，他们的创业故事逐渐被外界所了解。

一个月后，一年一度的全国两会正式拉开帷幕。《新京报》记者林其玲在全国人大会议闭幕后的记者会上获得提问机会，她问李克强总理："我们注意到您最近在多个场合力挺电子商务和快递等新业态，我很想知道您个人从网上买过东西吗？如果买过，最近买的是什么？"

李克强总理回答说："在场的各位都有网购的经历，我也不例外，我网购过，最近还买过几本书，书名我就不便说了，避免有做广告之嫌。但是我很愿意为网购、快递和带动的电子商务等新业态做广告。因为它们极大地带动了就业，创造了就业的岗位，而且刺激了消费，人们在网上消费往往热情比较高。"

总理为快递"代言"了，就像推销高铁、核电一样在公开场合推销"中国快递"。这极大地振奋了每一位快递人，不少快递网点将总理的这段话制作成标语张贴在网点内，他们认为有了总理的支持，干快递一定是一件非常有前途的事。

总理"代言"的这一年，快递企业也不负期望，表现越来越活跃。在全国两会结束后即传来了关于中通快递的令人激动的传闻：融资 10 亿美元，并启动上市计划。传闻出现的第二天，赖梅松只是称上市时间表"更像一个愚人节玩笑"，但并未否认融资一事。后经证实，在郭山汕的引见下，美国华平投资集团等其他机构联合向中通投资数十亿元，红杉资本再次参与跟投。

2015 年"双 11"，寄递企业处理能力再创新高，最高日处理量达1.6 亿件。

2015 年"双 11"，异常火爆的百世供应链上海一号仓包裹验货区

中国邮政集团公司在这一年也进入一个重要拐点。4 月 8 日，中国邮政集团公司在官网发布《吸收合并公告》称，拟与各省级邮政公司及其所属分支机构进行吸收合并。这意味着中国邮政集团公司"子

改分"正式启幕，将由原来的"母子公司制"调整为"总分公司制"。子改分后，中国邮政集团迅速开启包裹快递业务改革。

从4月开始，行业仿佛进入了"圆通时间"。

4月22日，世界地球日，由圆通速递发起的"全球包裹联盟"峰会在上海隆重召开，韩国CJ大韩通运、台湾统一速达、日本西浓等十几家快递企业参会，并共同签署了《全球包裹联盟（上海）峰会宣言》。

更"爆炸"的新闻很快发生。5月14日，阿里巴巴集团宣布联手云锋基金对圆通速递进行战略投资20亿元，童文红出任圆通速递董事，云锋基金董事潘水苗也成为董事之一。获得阿里巴巴投资后的喻渭蛟豪情万丈，表示圆通未来15年要更大胆求变，与阿里、菜鸟的合作要成为行业的样板，通过管理和产品的提升，带动整个行业发展。

圆通的"好事"接二连三地到来。6月1日，中国民用航空局发布《关于为杭州圆通货运航空有限公司（筹）颁发公共航空运输企业经营许可证的公示》。圆通成为继邮政EMS和顺丰之后国内第三家拥有航空公司的快递企业。而在获得许可之前，国家发展和改革委员会已同意圆通引进3架波音737货机（购买2架，租赁1架），喻渭蛟也成功邀请长龙货运航空总裁苏秀锋担任圆通航空总裁。

8月10日上午，杭州萧山国际机场，一架名为"淘宝号"的波音737-300货机顺利降落，正是圆通旗下航空公司首架自有货机。"没有飞机的快递公司，不是真正的快递公司！"第一架货机让喻渭蛟多年来的梦想终于实现。两个星期后，美国当地时间9月23日上午，喻渭蛟出现在美国芝加哥的波音公司总部，与波音方面正式签订了波音

737–800BCF全球启动用户协议，豪购15架飞机，堪称中国民营快递史上最大手笔的采购。

投资圆通之后，阿里巴巴在快递物流领域不断有新动作，面临的猜忌也越来越多。5月28日，首届菜鸟江湖大会在杭州召开，聚集了包括"通达系"在内的近500家快递物流服务企业。张勇首次以阿里巴巴CEO的新身份亮相，表示未来几年要力争以菜鸟为平台，让物流向生态系统发展，为电商发展创造新的动力。童文红则在台上一再表示菜鸟绝不会做快递，而是希望将所有快递业务数据化、信息化，让数据在快递网络上活起来。

"菜鸟绝不会做快递"的话音刚落，快递企业即联手上演好戏。6月6日，顺丰、申通、中通、韵达、普洛斯联合发布公告，共同投资创建深圳丰巢科技有限公司。其中顺丰速运以出资1.75亿元占股35%成为最大股东，总裁王卫担任丰巢法定代表人。可能谁也预想不到，丰巢在迅速成长为"独角兽"的过程中，要接连经历"对决菜鸟""通达系快递企业悉数退出"的"大风大浪"。

这年，顺丰在"折腾"中度过。在上半年的公司架构改革中，顺丰将把原有的业务系统制升级为事业群制，把现有的业务板块重新划分为五大事业群——速运事业群、商业事业群（顺丰家、顺丰优选）、供应链事业群（普运、冷运）、仓配物流事业群（电商、海淘）、金融服务事业群（顺手付），以子公司形式独立运行。而王卫对此次改革并不满意，认为"不是很成功"，并令他"痛苦"。所以，顺丰在上半年拆分事业部之后，下半年又开始了"合"。

而在另一个维度，德邦也在"陪着"顺丰一起折腾。6月19日，端午节前最后一个交易日，沪指受到重创，单日大跌 6.42%，收至 4 500 点以下，两市上演"千股跌停"的惨案。6 月 23 日，端午节后第一个交易日，德邦物流就首次向证监会报送招股说明书申报稿。两天后，A 股跳空低开，沪指跌幅 7.4%，创业板当日下跌 8.9%，两市跌停个股逾 2 000 只。7 月 3 日，德邦物流的 IPO 被证监会受理。就在当天，证监会暗示会减少 IPO 数量，并确定中央汇金已入市操作。7 月 4 日，周六，证监会紧急出台多项救市政策，其中就包括暂停上交所和深交所共 28 家企业 IPO，德邦物流则不幸成为被暂停的企业之一。

德邦物流被暂停 IPO 令人遗憾，但快递小哥却在股灾中迎来好消息。7 月 29 日，2015 版《中华人民共和国职业分类大典》颁布，快递员作为新职业被纳入其中。

8 月 8 日，一场"风暴"登陆南京。

8 月 10 日上午，南京苏宁总部的"紫金峰会"正式开始，万达王健林、百度李彦宏和苏宁张近东相继登台演讲。下午，马云、张近东又一并入场，宣布阿里和苏宁正式达成"跨星体"的战略合作。按照双方协议，阿里巴巴以约 283 亿元战略投资苏宁云商，其中 95 亿元用于物流平台建设，苏宁物流除将为自家网店提供配送服务外，还首次入列菜鸟网络的物流服务商，向阿里巴巴所有商家开放。马云在现场也激动地表示，双方的合作是"年轻人的决定"，将使商家在线上和线下有完整的通道，获得完整的服务。

行业大事不断，老牌快递企业申通和天天快递终于按捺不住。杭州紫云山上，陈德军、陈小英、奚春阳、徐建国等相对而坐，秘密会谈。彼时，申通遭遇发展低谷，总部管理人员严重不足，而从申通走出的徐建国、陈向阳则组成了行业的"最强大脑"。于是，一场申通与天天快递联手的策划行动秘密展开。9月中旬，申通快递召开了管理层会议，宣布申通、天天两家快递企业启动战略重组，加快推进两个企业的资源整合。双方"联姻"之后，首先打通的是管理层，陈德军同时任申通快递和天天快递的董事长，奚春阳同时任两家公司的总裁，陈向阳则同时任两家公司的执行副总裁。在当年的"双11"，二者完成了战略重组后的首秀，在四川部分地区成功完成了双方资源的互补。

优速也在行业急剧变化时找寻"活路"。与淘宝融合两年后，余联兵仍然备感吃力，一是因为网络的覆盖率没有"通达系"高，二是商业件跟电商件之间的冲突，部分员工出现抵制情绪。面对如此局面，余联兵果断选择转型——避开电商小件的诱惑，聚焦"大包裹"。

仿佛是要看一看"代言"半年后的行业发展成果，总理又来了。

9月24日下午，李克强到河南保税物流中心视察工作，走进中通快递（郑州）国际包裹分拣中心。看到总理来了，盼望多时的赖梅松迎上前去问好，难掩紧张与激动。"13年前，我和伙伴们从浙江桐庐农村走出来创办了中通快递，我们是'大众创业、万众创新'的忠实实践者，总理对快递业的每次点赞都给我们带来巨大鼓舞和信心。"赖梅松一边介绍中通一边陪总理查看分拣区。与2014年总理第一次视察中通相比，赖梅松有了一种不一样的感觉，他觉得总理这次来更多的是关心中国快递业如何从大到强。"你的快递量（列）全国第几位？""你们有飞机吗？""那与FedEx相比呢？"赖梅松一一作答。

按照行程的安排，李克强在中通的停留不会超过三分钟。但当后面的人"催促"的时候，总理摆摆手，示意还要继续在现场交流。赖梅松记得，总理那天和他握了三次手，言语中不但关心快递，而且很懂快递，说快递不但要做大，还要做强。"后劲足！祝你们成功！"总理离开中通快递工作区时，不住地挥手，让赖梅松深受鼓舞。

在郑州视察完快递业发展后的一个月，李克强又亲自为快递送上大礼包。10月14日，李克强主持召开第108次国务院常务会议，正式审议通过了《国务院关于促进快递业发展的若干意见》（以下简称"61号文"）。10月26日，"61号文"正式发布。

进入"百亿时代"后的中国快递业，其发展已是另一番景象。"'单打独斗'的政策出台已经不能有力支撑它的可持续发展，我们就开始思考如何打出一套政策'组合拳'，让这匹国民经济的'黑马'搭上发展的快车。"国家邮政局副局长邢小江说。

这是国务院出台的第一部全面指导快递业发展的纲领性文件，聚焦长期以来快递业发展的瓶颈问题，明确了转型升级提质增效的战略方向，提出了一揽子的解决方案，注重综合施策，具体政策涉及简政放权、优化市场环境、健全法规规划体系、加大财税土地政策支持力度、改进快递车辆管理、建设专业人才队伍等方面共30多项政策点，为快递业发展提供了强大的动力，对行业发展产生了广泛而深远的影响。

在邢小江看来，如果2009年《中华人民共和国邮政法》赋予了快递企业法律地位，那么"61号文"就是从政策层面明确了快递业在国民经济中的定位，是真正第一部全面指导快递业发展的纲领性文件，是快递业发展进程中重要的里程碑。

"61号文"中明确提到鼓励各类资本依法进入快递领域，支持快递企业兼并重组、上市融资。这也正是王卫、陈德军、赖梅松、喻渭蛟和聂腾云多年以来的梦想。

走出第一步的是陈德军。10 月 21 日，"杉杉系"上市公司艾迪西发布《关于筹划重大资产重组停牌的进展公告》，称与申通快递股东达成收购申通快递股权的初步合作意向，并签署发行股份购买资产框架协议。

艾迪西公告一出，快递圈立即炸开了锅。申通要成为第一家上市快递企业了？其他快递跟不跟进？一直坚持不上市的王卫还会继续坚持下去吗？当行业还在热烈地讨论申通借壳上市的时候，陈平回来了。

"你不是一直还想做快递吗，回宅急送吧。"在二哥陈东升的劝说下，已在泰康打工 3 年的陈平 11 月 9 日回到了宅急送。

"老板，你好！""陈总，你好！"陈平回归宅急送，首度参加员工早会，他一亮相，全场就为之沸腾，会场秩序被打乱。17 年，仿佛"大圣"未曾离开。

陈平投桃报李。在早会现场，他为"宅家人"送上见面礼——拿出一个月的工资发了微信红包。其实，陈平知道当时的宅急送很困难，之所以答应，是因为他一直把宅急送当成自己的孩子，他要把它救活。早会现场，他动情地说道："宅急送的这只猴子，是我在 22 年前从日本回来自己画的，当时我画这只猴子的时候，我想到的是孙悟空一个筋斗十万八千里，就是让我们的货物快；这个猴子有一个圆的门，是在 22 年前，我们率先在中国提出的门到门服务。时隔 22 年，我这次回来，听到我们的干部说，门到门我们是鼻祖，可是现在我们的员工连门到门都做不到，我们连把货物送上门的勇气都没有，这让我非常寒心，非常痛苦。我相信这一刻即将过去，宅急送的兄弟姐妹们已经憋了一股劲儿，一定不服输，一定不言败！"

不服输、不言败的还有邮政EMS，在民营快递的市场占有率不断提高的情况下，中国邮政航空在12月15日几乎是以"闪购"的方式，一口气签订17架波音飞机（7架波音B757–200飞机购机和10架波音B737–800飞机客改货），刷新了当时国内货机单笔最大规模购买纪录。中国邮政集团公司副总经理李雄在协议签署仪式上说道："邮政航空借此快速提升了运力规模，引进的波音757有效弥补了现有运力与EMS市场发展的供需缺口，改善了邮政航空机队配置，缓解了单一机型在某些航线运能与运量不匹配的矛盾，促进了邮政航空飞行、机务、运控等专业队伍的建设，为中国邮政开通远程国际航线积蓄了力量和积累了经验。"

航空力量增强后的邮政EMS在圣诞节砸开了一个"彩蛋"。当天，在北京工作的万先生买了3千克的稻香村糕点，花了40多元钱快递费，通过邮政EMS寄给四川广安市岳池县的爷爷尝一尝，这是当年产生的第200亿件快件。

第200亿件快件给快递人又画出一个远大的目标，它不仅是一个数字，更像是一场由来已久的梦，让你回忆起当初为何出发。所以当快递人聚集在11月底在桐庐举办的"首届中国国际快递业大会"上时，时任浙江省省长李强的一段话，引起在座各位快递企业董事长的共鸣。李强表示："快递业是浙江桐庐的金字招牌之一，桐庐快递从无到有，从小到大发展变化，是浙江乃至全国快递业发展的一个精彩生动的缩影。小快递大行业，小快递大产业，小快递大民生，小快递大责任，发展快递业，浙江大有可为。""四小四大"的解读，不仅是对快递业定位的准确诠释，也是对快递业桐庐出发的深情追忆。

对于桐庐，桐庐县委的感情非同一般，他们对于桐庐的定义是"把快递作为县域的核心竞争力，透过最美的风景，可以看到桐庐人的努力和坚持"。快递人的这种努力和坚持，正在回报给桐庐。在他们眼中，快递业不仅仅是一张"金名片"，更是未来发展的"新蓝海"。在2018 年年底中通投资 20 亿建设的中通快运全球创研中心项目上，县长方毅言辞恳切，桐庐籍企业家对故乡的拳拳深情，将加速快递物流行业人才资源向桐庐集聚，有效带动桐庐现代物流等新兴潜力产业蓬勃发展，助力桐庐从"快递人之乡"向"快递业之乡"转变。转变一直在发生，但纵横捭阖之外，不变的是内心归处。无论走到哪里，你从未走出的心的边际。

人物小传 1

/"梦想家"余联兵 /

余联兵是圈里唯一一个有三家快递企业创始人身份的"奇人"。

2002 年,龙邦;2006 年,速尔;2009 年,优速物流。

和大多数快递老板在社交网络的沉默寡言不同,四川人余联兵热情活络,他时常会在微信朋友圈里转发、点赞,他不掩饰自己的兴奋,也不吝啬自己的赞美。

虽然在快递物流圈内打拼 10 多年,已经是不折不扣的"快递老兵",但余联兵一直把自己定位为创业者,他觉得一切都很新鲜。普洛斯战略顾问董中浪评价他"依然充满创业激情",这也是见过他的人对他的一致评价。

从 1988 年背着简单的行囊,怀揣仅有的 300 元,来到深圳闯荡,余联兵先后 5 次创业。从 90 年代初期的丽晶饭店到宇鹏顺商务公司,再到龙邦、速尔和优速,余联兵赶上了最好的时代,自豪于创办的三家公司都还在"好好活着",也感慨自己一直为梦想活着。

梦想的种子总在不经意间发芽。世纪之交,美国联邦快递开始收取燃油附加费,几乎每周都会调整几次价格,这被联邦快递国内代理商之一的余联兵认为"很麻烦"。"为什么不能做一个中国的联邦快递？"

一刹那的念想，竟成了他毕生的梦想。

龙为中国、邦为联邦。2002 年 10 月 3 日，"龙邦物流"正式营业。不到 4 年的时间，龙邦开始赢利，分红还是继续投资？余联兵和股东之间产生了针锋相对的分歧，一心要成就大事业的他一气之下选择了离开。梦想路上摔的第一个跟头并没有让余联兵感到很疼，只是让他认为自己"很傻"，不懂快递网络的价值，轻易让出。

梦想路上摔的第二个跟头叫速尔。离开龙邦不久，余联兵东山再起，创办了速尔快递。然而在赢利之后，速尔又上演了与龙邦相似的戏码，股东之间又发生了不可调和的矛盾，余联兵在股东投票中失去了控制权，成为一名"局外人"，被迫离开。这一个跟头让余联兵遍体鳞伤，心如死灰，"就像自己的孩子被人抱走一样，充满无限的失落和心疼"。

梦想的轮廓很清晰，但实现的过程却一波三折，面对前进路上的绊脚石，是跌倒后的停滞不前还是站起来继续赶路？余联兵选择了后者。在连摔两个跟头之后，余联兵再次起航，梦想里掺杂着悲伤和愤怒。优速，这个最初寓意为"优化速尔"名字，让外界看到了余联兵敢爱敢恨的一面，也让余联兵张开了快递梦想的翅膀。

"打一口井，一米宽，一千米深。"这一次，余联兵用理想、胆识和实干不断朝梦想奔去。2015 年，余联兵率领优速转型大包裹。限时达产品从 350（3~50 千克），到 2 100（2~100 千克），再到 330（3~30 千克），数字不断变化，只为更好聚焦和精确大包裹。

优化华南、打造华东、铸就华北、根植中国、走向世界……心中的火还在，梦想就不灭。

人物小传 2

/"征服者"张近东 /

　　20 世纪 80 年代末 90 年代初，公务员掀起"下海潮"。30 多年后，张近东是为数不多的仍站在潮流之巅的那一个。

　　不管是线下零售，还是线上零售。在家电市场上，不管是"美（国美）苏（苏宁）争霸"，还是"苏（苏宁）东（京东）剧斗"，抑或当前火热的新零售，他从未缺席。

　　他的起点在南京。当时 27 岁的张近东从国有企业辞职，怀揣工作之余承揽空调安装工程赚到的 10 万元本金，"下海"创办了苏宁交家电，专营空调。那时的空调属于奢侈品，但在一年赛一年的高温中，空调销售也日渐火热，第一年他的营业额高达 6 000 万元，净挣 1 000 万元。相传，快速发展的苏宁交家电让当地的八大商场感到担忧。在一次公开场合中，他邀请八位商场总经理参与活动，但当主持人报到张近东的名字时，八人拂袖而去。

　　此举激怒了张近东，他接二连三在媒体上投放了一些火药味十足的广告，比如让人设计了一副"后羿射日"图，暗示苏宁可以像后羿射日一样把八大商场一个个射下来；而另一则广告上，苏宁骑着一匹战马，挥刀把八大商场斩于马下。

时过境迁，反观苏宁现在的卡通狮子形象，其锋芒早已被隐藏。

2010 年前后，电商江湖无比热闹，前辈后生汇聚一堂。当时，互联网和传统产业几乎水火不容，描绘其关系最多的词是"颠覆"和"取代"。尽管苏宁仍是线下巨头，但电商人并不把它放在眼里，游戏规则变了，苏宁有可能被淘汰出局。

张近东承受着巨大压力，是坐等被淘汰，还是主动征服？他选择重新出发，因为他知道，脚底下的山是冰山，正在融化。他说："趋势取代优势是任何一个企业都逃脱不了的宿命，企业不怕选择艰难的道路，就怕迷失正确的方向。"

求索的道路上，无畏者无惧。成功实现线上线下双线并行之后，张近东感慨："互联网帮我们打开了产业的天花板，让我们有了更多的梦想，以及更大的追求。"

但无论是线上还是线下，在新零售的背景下都绕不开快递物流这个基础设施。早期苏宁以经营电器为主，已具备强大的配送和装配服务能力，因而苏宁物流的发展几乎与苏宁主营零售业务同步。张近东重金投入快递物流，将 2004 年上市后募集的资金几乎全部用来购土地、建仓储、组团队，不断优化快递物流运营体系和管理手段。2013年、2014 年，苏宁物流先后拿到国家邮政局颁发的全国和国际快递经营许可证，为张近东再次起飞铺设了新的跑道。

在张近东看来，电商也好连锁也罢，都应建立在强大的物流体系与完善的供应链基础上。2012 年，苏宁物流转型成为第三方物流公司。2015 年，苏宁物流集团成立，加速了快递物流业务板块产业化发展、独立化运营的能力。2017 年年初，苏宁物流斥资 42.5 亿元收购天天快递，大手笔扩充服务网络。2018年年初，苏宁物流升级为集团八大产业板块之一，张近东用"极速"一词为其发展定了基调。

张近东对细节的要求近乎苛刻。据媒体报道，2008年奥运会时，他是火炬传递接力手，私下把跑步的姿势练了又练。在快递领域，对此亦能窥见一斑：苏宁快递员"火箭哥"最快送货速度达到18分钟，有效最快送货速度为36分钟。

可以预见，张近东将再次率领苏宁"军团"攻城拔寨，向未来快递第一梯队进发。

2016，鸣锣敲钟

快递行业起风的时刻到了！这是各路资本对 2016 年快递行业的判断。然而经过 2015 年的合纵连横，这股风到底刮向哪，谁也说不好。

1 月 1 日，《中华人民共和国人口与计划生育法修正案（草案）》开始施行，中国的生育政策从"只生一个好"变迁到"全面两孩"。当天，一项对快递业影响深远的法律也正式实施了，《中华人民共和国反恐怖主义法》因第二十条、第八十五条、第九十三条直接涉及快递领域的安全查验制度而广受行业关注。在接下来的两年时间里，不少快递网点因违反此法遭到重罚乃至查封，在一定程度上倒逼了快递企业落实收寄规定，规范了行业健康发展。

股市才是开年真正的主角。1 月 4 日，上交所和深交所正式发布"指数熔断"机制：当沪深 300 指数涨跌超 5% 时，将暂停交易 15 分钟，全天任何时段涨跌超过 7%，将暂停交易至收市。"熔断"机制本意是维护市场平稳运行，但这项起源于美国的政策在中国完全失灵了。股市一开盘，很快便跌至"熔断点"，仅 4 个交易日股民就损失了 5.6 万亿元。

1 月 7 日，在一片质疑和批评声中，"熔断"机制被紧急叫停，成为中国证券史上最短命的股市政策。"熔断"风波中，很少有人注意到大连的高端定制服装品牌"大杨创世"的一系列动作：1 月 5 日停牌，1 月 12 日宣布收购事项达到重大资产重组标准，双方仍在洽谈中，但与谁重组极少有人知道……

谜底终于揭开，1 月 15 日晚间，大杨创世宣布将以发行股份购买资产的方式收购圆通速递股权，同时募集配套资金。由此，圆通继申通之后，成为第二家试图通过借壳登陆 A 股市场的企业。

当外界还在讨论申通和圆通谁会成为"中国快递第一股"时，美国《华尔街日报》又引爆一枚重磅炸弹，其援引知情人士的消息称，中通快递计划在 2016 年底或 2017 年初在美国上市，目前已经聘请投行针对其 10 亿~20 亿美元的 IPO 计划进行推介。如果上市成功，中通快递或将成为继阿里巴巴、京东以来最大的中资公司赴美 IPO。同一天，还传出另外一个版本：据彭博新闻社报道，IFR Asia（国际金融评论亚洲版）援引知情人士的消息报道称，中通快递计划今年在香港上市。而国内的澎湃新闻则报道，中通快递已邀请了七八家香港知名投行到公司交流，并向其咨询上市的相关情况。

中通上市的消息还在雾里看花，顺丰要上市的消息在第二天便有了"实锤"。

2 月 20 日，在《深圳商报》第八版国际版左下角一个不起眼的角落里，顺丰刊登了一篇"豆腐块"公告，文字虽少，但足够震撼。这则公告名为《顺丰控股（集团）股份有限公司上市辅导公告》，称顺丰拟在国内证券市场首次公开发行股票并上市，目前正在接受中信证券股份有限公司、招商证券股份有限公司、华泰联合证券有限责任公司的辅导。

彼时，中国商场上流传这样一段顺口溜："永不上市三大家，华为顺丰老干妈，若再加一个，莫属娃哈哈。"《深圳商报》这个小小的"豆腐块"，标志着"不上市联盟"开始瓦解。

3 个月后的 5 月 22 日，顺丰控股全体股东（明德控股、嘉强顺风、招广投资、元禾顺风、古玉秋创、顺信丰合、顺达丰润）与"鼎泰新材"、刘冀鲁及其一致行动人刘凌云签订《重大资产置换及发行股份购买资产协议》，顺丰借壳鼎泰新材上市正式拉开序幕。

2016 年，快递业吸引着资本的目光，也成为中国快递企业的上市元年

在快递企业追赶上市的浪潮中，全国政协主席俞正声在 1 月 21 日主持召开了第 46 次双周协商座谈会，聚焦《快递条例》。作为快递企

业代表，参会的王卫感慨万千："我 22 岁出来开的顺丰，之前被人叫了很长时间'黑速递'，现在叫'黑马'，国家层面能够关注我们这个行业，这 23 年真的没有白干！"

双周会上，"电动三轮车合法化"问题成为焦点。刘强东为快递三轮争取路权时表示，不应简单地只看到电动三轮车对城市形象和交通的不利影响，一辆快递电动三轮车的规范运行，可以有效替代其他社会车辆，有利于城市管理。

刘强东为电动三轮车争取路权不是没有现实困境的。双周会召开后没多久，从 3 月 21 日开始，一场被称为史上最严厉的"禁摩限电"集中整治行动在深圳开展，那些不在"配额"范围内的快递三轮车被查扣，甚至有快递小哥被拘留。在巨大争议中，深圳公安于 4 月 5 日召开媒体通气会，表态将增加 5 000 辆备案电动自行车，同时将延长过渡期。

4 月 6 日，李克强在国务院常务会议上指出，政府必须要提高规划、管理能力，绝不能光图省事"一禁了之"。这被相关舆论认为是对深圳"禁摩限电"行动的表态。

带着电动三轮车问题，北京市快递协会常务副会长兼秘书长王宝华，又一次坐在了北京市公安交管局负责人的办公室。"放"与"不放"之下，是一轮轮的沟通、磨合。王宝华有一股子倔劲，有理的事就要争个明白，而且有"61 号文"中"各地可结合实际制定快递专用电动三轮车用于城市收投服务的管理办法，解决'最后一公里'通行难问题"的规定做后盾。

9 月 19 日，曙光照耀，北京市交通安全委员会办公室、北京市邮政管理局、北京市公安局公安交通管理局三部门联合印发工作方案，快递电动三轮车统一形象、统一标识、统一编码上路，上下一片欢呼。"三统一"政策极具轰动效应，"北京模式"成为样板，全国 200 多个城市相继逐渐解决三轮车通行问题。

在北京，另一场因为电动三轮车引发的摩擦更是引起了全国范围内的关注。4 月 17 日，顺丰快递员冯艳明在北京市东城区富贵园一区内，驾驶着电动三轮车送件，过程中与一辆正在倒车的黑色京 B 牌照小轿车发生轻微碰撞。没想到，57 岁的小轿车驾驶员李某下车后不由分说，至少连抽冯艳明 6 个耳光，并破口大骂。冯艳明没有任何还击，只是不停地说"对不起"。

打人视频被上传到网络之后，引起轩然大波。王卫在朋友圈内看到后"很震撼很震怒"，很少发朋友圈的他即刻发布朋友圈表明自己的态度："我王卫向着所有的朋友声明：如果我这事不追究到底，我不配再做顺丰总裁！"

顺丰拒绝了任何调解，王卫晚上一点钟吃了安眠药才睡着。"这个事情调解完了以后，以后人家怎么看待我们这个行业？怎么去看待顺丰？我怎么面对我的员工？"王卫在维护员工权益方面十分强势，"绝对不能允许这种粗暴的人员这样对待顺丰快递员，以及快递行业的人。我认为这种事只有发出强烈的信号和采取法律手段追究责任，追溯到底，才能杜绝以后发生类似的事情。"

最终，打人者李某因寻衅滋事被东城警方依法处以行政拘留十日的处罚，王卫成为人人赞誉的"霸道总裁"，而被打的冯艳明则在一年后代表一线员工与王卫一起敲响了顺丰上市钟声。

喧嚣中，资本暗中涌动，一个月里 4 家企业宣布融资。速尔快递在 6 月 6 日的 10 周年庆典上宣布获得数亿元融资；优速在 6 月 15 日宣布完成超 3 亿元的 A 轮融资；时任天天快递执行总裁的张鸿涛在 6 月 16 日向外界透露，将进行 7 亿~8 亿元的 B 轮融资；而在当年的 2 月 25 日，天天快递就已经完成了至少 6 亿元的 A 轮融资；吴传龙在 6 月 18 日的快捷快递全国网络大会上宣布完成了 6 亿~8 亿元的 B 轮融资。

上半年，在民营快递迎接资本的狂欢声中，中国邮政也在为开办 120 周年纪念日鼓乐齐鸣。

自 1896 年大清邮政官局成立以来，中国邮政历经 120 年风雨。尤其改革开放以来，从邮电分营到政企分开，是改革令中国邮政实现了前所未有的高速发展。1998 年邮电分营时，中国邮政总收入只有 287 亿元，亏损 179 亿元；到 2014 年，中国邮政总收入跃升至 4 047.7 亿元，利润达 356.5 亿。从 1998 年邮电分营到 2014 年底，中国邮政业务收入年均增长 18%。至 2015 年 10 月底，中国邮政净资产由分营时的 928.3 亿元增至 2 741.3 亿元，增长近 2 倍。在 2015 年《财富》"世界 500 强企业排行榜"中，中国邮政以业务收入 4 047.7 亿元、利润总额 356.5 亿元位居 143 位，比 2011 年上升了 200 位；在"2015 中国企业 500 强"排名中位居第 22 位，比 2011 年上升了 15 位。

进入下半年，快递仍是资本市场最关注的板块。7 月 1 日晚间，新海股份公告，公司拟以全部资产及负债与韵达货运 100% 股权的等值部分进行置换，置出资产初步作价 6.61 亿元，韵达货运 100% 股权初步作价 180 亿元。9 月 30 日，中通快递正式向美国证券交易委员会递交招股说明书首次公开募股，拟募集资金不超过 15 亿美元。至此，除中国邮政速递外，当时快递行业第一梯队的顺丰和"三通一达"均找到了自己的上市路径，而谁是中国民营快递第一股，仍然悬念丛生。

　　企业争相上市的背后，亦是行业管理部门筚路蓝缕的改革"创业史"。如果把 2006 年 8 月 24 日江苏省邮政管理局和内蒙古自治区邮政管理局成立开始，31 个省（区、市）邮政管理局相继组建，到 2007 年 1 月 29 日重组后的国家邮政局和中国邮政集团公司挂牌作为邮政体制改革的主体真正迈出实质性步伐作为开端，2016 年正值"10 周年"。10 年，对于一个行业而言，是一个时代，是一次大变革，亦是一次大发展。10 年间，我国快递业务量从 10 亿件到今年年底有信心突破 300 亿件，可以说，在这 10 年里，快递业创造了一个"经济奇迹"，在国民经济运行表中画出了一道接近 60 度的增长斜线。市场监管及邮政业安全中心正是国家邮政局副局长刘君分管的主要工作。他表示："回望 10 年，我们不能忘记市场主体，行业是靠它们真正解放思想，放开手脚，勇立潮头，拼搏出来的；回望 10 年，不能忘记新经济的影响力，随着电子商务的蓬勃发展，孕育着重大机遇的大时代来临，而市场主体恰恰赶上了这个大时代；回望 10 年，尤其不能忘记千千万万的快递员大军，他们大多来自农村，通过肩挑背扛，走街串巷，默默哺育着行业，是这个经济奇迹的真正创造者。"

　　行业的欣欣向荣，离不开向上生长的每一个个体，对于管理者而言，意志坚定、抢抓机遇，坚持把服务和保障民生作为根本出发点和落脚点，推动各项政策出台，填平区域和城乡消费沟壑，维护消费者权益、依法行政，为多元市场主体创建公平公正的市场环境，力促行业安全健康发展，他们是这个经济奇迹中的英雄。

　　在行业一片喜庆祥和的氛围中，宅急送再次"地震"。10 月 9 日，宅急送宣布陈平卸任，原宅急送董事王洪涛出任新CEO，此时距陈平回归还不到一年。

一年前，回归的陈平就差把命搭在宅急送上。玩命这一年，陈平及时扭转了宅急送的风气，大家都以公司为家，过去跑冒滴漏、贪污腐化的现象被遏制；公司的亏损降了一半，而且开展起新的业务。陈平果断放弃了小件业务，重点做起了云微仓，这一点苏宁也很感兴趣，双方甚至已经在商谈收购。

不过，还是因为家庭矛盾，陈平再次离开，他感到自己的快递梦就此破灭了。第一次离开宅急送的时候，马军胜就曾劝他，如果离开了宅急送，你剩下的只有理想了。陈平说可惜自己当时没理解。二哥陈东升分析了陈平这些年走错的路：第一个错误就是不应该离开宅急送，第二个错误就是不应该离开马云。犯这两个错误的根本原因，一是不懂资本，二是不懂政治。唯一值得称道的就是懂物流，热爱物流。

也许陈平确实不该离开马云。10月13日，马云在云栖大会的演讲中第一次提出了影响电商和快递物流发展的"新零售"："线上线下和物流结合在一起，才会产生新零售。未来的10年、20年，没有电子商务这一说，只有新零售。"

新零售到底是什么？当外界还在众说纷纭的时候，黄浦江江边一声清脆的铜锣声穿破迷雾。10月20日上午9点30分，喻渭蛟和张小娟共同敲响上海证券交易所北塔5楼的铜锣，SH600233的股票代码迎来了它的新主人——圆通速递，名副其实的"中国快递第一股"正式登陆A股。喻渭蛟信心满满，表示圆通不但要做中国快递第一股，还要在2020年跻身全球快递五强，要把中国的文化和中国快递结合起来，把民族文化内涵贯穿于快递当中，真正让"中国人的快递"更好更快地走向全球。

"中国快递第一股"出现一周后，"中国快递海外第一股"也诞生了！美国纽约时间 10 月 27 日上午 9 点 30 分，包括赖梅松在内的中通股东、高管和投资人团队一起敲响开市钟，标志着中通快递（股票代码为 ZTO）在美国纽约证券交易所正式挂牌交易。在上市前的早餐会上，赖梅松向美国投资者揭示了中国快递快速成长的秘密：中国邮政体制改革赋予了民营快递法律地位，使中国快递业焕发勃勃生机；勤劳、善良的快递人创造了通达全中国的快递网络。

下游奔腾不息，上游波涛汹涌。2016 年，无论从网民规模还是从手机网民规模来看，我国已成为世界数字用户第一大国，并由此创造了巨大的数字红利。前三季度，我国网上商品零售额增长 25.1%，比社会消费品零售总额增速高出 14.7 个百分点，极大地促进了国内市场消费。两家上市企业诞生后，中国快递业迎来了第 8 个"双 11"，全网交易额高达 1 800 亿元。全球 235 个国家和地区的消费者通过中国电商平台购物。数字经济有力地促进了创业和个体经营，创造了大量就业机会。

最早宣布借壳上市的申通快递，也在这年的最后一个交易日得以"圆满"。12 月 30 日上午 9 点 25 分，申通快递正式登陆 A 股资本市场。当上市的钟声敲响，陈德军 20 多年前做梦也不敢想的事成为现实。

当初加入申通，陈德军只想让自己的生活更好一点。但随着网络的扩张，他不得不考虑把网络一步步做强。随着申通发展阶段的不同，陈德军的朋友圈也不断发生变化，学历不高、对资本市场不熟悉的陈德军在认识和理念上不断进化——如果再光靠自己，很难继续扩张整个网络，必须借助资本的力量。上市两年前，陈德军就开始琢磨如何走资本这条路了。

不过对陈德军来说，上市确实挺难。上市对陈德军的要求、对申通的要求，与申通原来的模式有着本质的区别，上市公司不仅要对基层业务员、一线加盟商负责，更多地还要对投资机构、投资者、股民负责。所以当陈德军提出上市的意见时，申通内部甚至身边特别亲的人都提出了反对的意见。不同声音的出现，对陈德军来说都在意料之中。上市是一把双刃剑，从企业角度来说，像申通这种加盟模式的快递企业突然借壳上市，而非按照流程经过三到四年的培育期再上市，整个治理结构，包括财务情况、很多加盟的转运中心、租赁的场地、人员的社保，都要由上市公司来提供。对陈德军本人来说，除了在申通快递的股权以外，其余涉及物流快递的所有财务情况必须全部做一遍梳理，其中包括亲戚的情况。"要花一年的时间做完这些，所以会感觉到很大的压力。"陈德军回忆说。

对于当时为什么不花三到四年去培育上市，陈德军认为时间来不及，等到三四年的培育期后，申通从整个资本市场的角度来看，会晚至少两年以上。申通借壳上市募集的48亿元资金也会晚到两年，如此对整个申通网络车辆、转运中心的基础建设、IT、团队组织架构、基层网点、加盟商的梳理，都不会有如今这么巨大的好处。

申通敲钟上市当天，另一家老牌快递企业天天快递也传来了令人震惊的消息：将再次易主，新东家为苏宁。

这一年，似乎所有的快递公司都进入了拐点，一线快递开始登陆资本市场，二线快递谋求融资和转型，而中国快递也进入了一个新的发展时期。

人物小传 1
/"代言者"高宏峰 /

高宏峰的名字，被快递业的普罗大众记住，应该是在 2014 年全国两会。

2014 年 2 月，高宏峰从交通运输部副部长的位置上卸任，迅速适应新角色。作为全国政协委员，他在全国两会的平台上为快递行业"代言"，大声疾呼："解决快递车辆通行难，国企和民企要一视同仁！"

高宏峰的呼吁被媒体作为大标题，登上了两会新闻的版面。在很长一段时间里，要求给予民营快递企业车辆通行便利的呼声就没有中断过，但要求国企、民企"一视同仁"的话第一次从曾经担任过要职的副部级退休领导的口中喊出来，力度自然不同以往。

履新中国快递协会会长半年，高宏峰用实际行动为自己塑造了一个为民请命的行业"代言人"形象，也让民营快递企业对换届后的新一届快递协会领导班子寄予了希望。

实际上，高宏峰与快递的渊源，可以追溯到《邮政法》修订时期。当时，他在交通运输部门管政策法规工作，参与了《邮政法》的修订。但这段历史，在今天并不为多数人熟知。

"我为快递代言"在快递上市元年"登峰造极"。从 2016 年 10 月圆通登陆 A 股为原点，中通、申通、韵达数月内在全国乃至全球证券市场刮起了超级旋风，顺丰的敲钟上市，则是这第一波快递上市浪潮的收官和巅峰之作。几乎每家企业上市敲钟的现场，高宏峰都要亲自送上祝福和勉励。

但在躁动和喧嚣中，这位长者永远不失冷静和理性，他给出的一句句都是肺腑之言。他劝诫上市快递企业老板："如果是挣钱，已经够多了，如果是干事业，才刚刚开始，要把企业经营得更好，把管理做得更细更严，把资金用在刀刃上。""比如关爱快递员方面，企业上市了、有钱了，一定要重视起来，加以解决。"

务实较真的高宏峰，对行业倾注了感情。对行业"痛点"的关注，始于 2013 年的"双 11"他当选会长后第一次调研快递企业，其调研交流的议题遍及营改增、车辆通行、末端配送、航空公司资质申请、铁路联运等热点、难点话题。

一次到苏州调研，快递企业反映的情况，让高宏峰感到震惊。这家企业的负责人告诉他，公司的汽车不到 100 辆，因为违反客载货的规定，一年的罚款就高达 60 万元之多。"如果在全国做一个统计，这将是一个怎样的数据？"高宏峰提出这样的疑问。

他更担心的是，由于相关政策规定的不合理性和执行当中的随意性，使快递车辆运行处于灰色地带，会严重削弱企业对车辆技术改造的资金投入和转型升级的动力。

每年的全国两会，高宏峰都会带去与快递相关的提案。2015 年，他继续呼吁"一视同仁"。对于跨境电子商务的发展，他建议"民营快递应该与邮政、外企享受同等的通关便利",并适度放宽 1 000 元人民币的价值限额；2016 年，他建议政府对快递行业再多些政策扶持，选择部分快递企业，在具有不同特点的地区开展"一照多址"试点，以取得经验，完善方案，再在全行业逐步推广；2017 年，他捕捉到行业发展的新变化，及时提醒企业要坚持服务本质来创造价值空间，利用自身优势来抢占供应链物流的"制高点"；2018 年，他的目光聚焦到行业从高速发展转向高质量发展，在他看来，盲目扩张、粗放发展的弊端也逐渐显现，由追求速度转变为高质量发展是一条必由之路……

从为市场主体制定规则，到为市场主体协调利益，高宏峰用最快的速度完成了身份切换和角色转变。转变中，行业多了一位懂行的"代言人"。

人物小传2

/"摸索者"王振辉 /

对于中国电商来说，2010年是个重要的年份，国际上，当当网在纽约证券交易所挂牌上市，成为第一家在美国上市的中国电商企业；在国内，以凡客为代表的一批垂直电商迅猛生长，一时风头无两。对于京东来说，2010年同样关键，已经推出3年的自建物流迎来新的发展阶段，扩品类、推出"211"限时达，从猛打猛冲进入专业化发展阶段。直到2016年京东物流以品牌化运营的方式全面对社会开放，并在2017年独立成立京东物流集团，每一步都离不开这位探索者——现任京东物流CEO王振辉。

2010年，刘强东为了未来的人才布局，聘用了一批职业经理人，王振辉在这一年初抱着创业的心态加入京东，时任华北区域分公司总经理，主要负责华北区域物流运营与管理。入司不久，刘强东召集了一个内部会议，讨论继续融资还是上市，王振辉和所有人一样，举手表决继续融资。不上市是为了长远打算，但对于投入巨大的京东物流，要支撑京东从百亿业务规模向千亿收入体量迈进，路艰行难。

在业务急速扩张和降本增效的双重背景下，专业化仓储建设和"211"限时达落地是初到者王振辉必须翻过的两座大山。图书和食品是京东扩品类的第一步，前者仓储环境冬冷夏热，条件异常艰苦，后者则需要建立低温仓，作业逻辑跟传统仓库完全不同。没有先例可做参考，王振辉和他的团队只能一点一点摸索，想方设法克服一切困难，同时，还要探索自动化，包括在华北区率先引入京东第一个自动化设备，在专业化仓储搭建中让技术前置。

比专业化仓储建设更难的是率先在华北区实施"211"限时达。刚开始的时候，最大的问题就是很难实现服务承诺："211"意味着订单会产生波次，之后的仓储生产、分拣、运输、配送也要有波次，一环扣一环，时间衔接是难点。在当时，全球都没有任何先例可循，仍然是团队不断摸索、试错。最终，一套完整的"211"操作模式逐步形成，并内化成为京东自建物流的核心竞争力。

2010年开始的专业化转型，让京东物流"扒了几层皮"，成长的痛苦让人煎熬也让人欣喜。5年的时间里，京东物流在完成专业化转型的同时实现了规模化发展，形成较为完善的仓配客体系，建立起中小件、大件、冷链、跨境等物流网络，支撑了京东平台千亿收入体量。

这5年时间，对王振辉来说，也是不断创新突破实现跨越式成长的5年。在他的带领下，华北分公司不仅一直作为京东创新服务、智能化发展率先落地的"试验田"，而且实现了成本、效率、体验的持续优化，成为区域分公司发展的标杆。在集团开始实施区域竞争力排名后，王振辉带领的华北分公司一直领先于其他区域，连续七次获评第一，实现任职期间"大满贯"。因业绩突出，这期间，他还轮岗调任京东智能总裁，深耕智能硬件等产品创新领域，为后来京东物流智能化发展和布局打下坚实基础。

2016 年，王振辉升任京东商城运营体系负责人，他提出将京东物流进行独立品牌化运营的提议获得了刘强东及集团高层的认可。第二年 4 月，京东物流正式独立，面向社会全面开放，从企业物流转型为物流企业。王振辉出任京东物流CEO。

企业身份转变，王振辉在京东的"二次创业"中，又一次遭遇困难。他要面对开放业务的高速发展，要去拉生意让京东物流实现赢利，还要推动团队转变思想，主动提升能力。让他备感鼓舞的是，团队创业的初心始终没有变化，成本、效率、体验的"倒三角理论"仍然是指导京东物流向前发展最有效的方法论，京东物流的核心战略始终秉承"体验为本，效率制胜"。在这一年成立的X和Y事业部则给京东物流创新发展注入了硬件、软件"双剑合璧"的科技驱动力，助力其在全球智能供应链布局中抢占行业高地。

"京东物流必须冲出去，拥抱社会，立足全球，与合作伙伴携手共建全球智能供应链基础网络（GSSC），共同降低整个社会的交易成本，推动全球物流业高质量发展。"对于未来的发展，王振辉坚定而从容。

2017，全能大战

未来的风向在哪里？就在他们脚下。站在移动互联网潮头的中国，令世界发出惊叹的声音。

《纽约时报》的记者保罗·莫祖尔撰文称："在刚刚过去的 2016 年，中国的移动支付达到 5.5 万亿美元，约为美国的 50 倍，这大概是互联网或零售经济领域，中美之间差距巨大的一堆数据。"他们或许还无法想象，连街头卖艺乞讨的人群，也在用微信、支付宝获得"赏金"。

从不懂资本、拒绝资本，到接受资本、借助资本，中国的快递江湖从来不乏故事。

这一年，快递业在资本市场的主角地位依然夺目，韵达、顺丰、百世接着上一年延续下来的上市狂潮，分赴深圳证券交易所和大洋彼岸的纽约证券交易所，加上年尾德邦通过证监会审核，获得上市资格，快递业在资本市场的"七龙珠"就此聚齐，第一梯队的市场格局初步确定。

1 月 18 日上午，韵达股份借壳新海股份在深圳证券交易所挂牌上市。从圆通 2016 年 10 月 20 日率先鸣锣到此时韵达挂牌，短短 3 个月内，桐庐帮的"三通一达"全部进入资本市场。谁承想，当初那个被舅舅周伯根劝说不要另立门户的毛头小子，竟然会成为市值 700 亿的上市公司董事长。

2 月 24 日，顺丰借壳鼎泰新材，在深交所举行重组更名暨上市仪式。当日，顺丰的开盘价为每股 53.50 元，收盘报每股 55.21 元，总市值达 2 310 亿元，成为深交所第一大市值公司。敲钟仪式上，掌声一直在持续，当大家铺天盖地讨论王卫的财富时，他却说："事业的追求不变，员工的关爱不变，变的是越来越好的服务质量。"此后，人们的掌声不只是给王卫，也是给了顺丰的快递小哥。

在无数次重要的国内国际会议上，顺丰小哥徒步穿行的背影都赢得网友们的"点赞"。当然，这也与老板和员工之间的相互信赖、相互扶持有关。王卫说："我只是一个财富的支配者，绝对不是一个财富的拥有者。我真正的财富，来自一线员工的幸福感。"也因此，顺丰一直都是"别人家的公司"。

9月20日，百世集团在纽交所挂牌上市，上市当日涨幅5.2%，之后的三个交易日，百世股价更是一路走高。此次IPO百世集团一共发行4 500万股美国存托股份，每股价格为10美元，总融资高达4.5亿美元，为2017年截至当时在美国上市的中国公司中募资规模最大的IPO。上市当天，周韶宁准备了两件上市礼物：一件是印有百世名字的长达1.3米的运输车车模，另一件是百世公益理事长亲手绘制的上市日油画《百年之约》。自此，一个中国快递业与资本市场的"百年之约"开启。

从2016年到2017年，在热闹的中国快递企业上市潮下，隐藏着上市时的一段段波折。2016年9月8日，针对市场上存在的壳资源炒作、壳公司股价扭曲、市场功能的正常发挥受限等问题，证监会修订了《上市公司重大资产重组管理办法》，严格了重组上市（俗称借壳）的认定标准，规定上市公司发行股份购买资产的同时可以募集部分配套资金，但构成重组上市的除外。

在借壳新规实施之前，是A股IPO"堰塞湖"问题最严重的时期。借壳上市与排队IPO相比具有明显的时间优势，同时审核通过的确定性更大。直至2017年末，长期"堰塞湖"的问题才得到基本解决，

IPO发行的审核才步入常态化。

体现在快递业，就是德邦早在2015年6月就向证监会提交了招股书，但千股跌停一片哀号之后，证监会一度暂停IPO审核，等恢复审核、再排队，德邦拿到批文已经过去两年半。而借壳的韵达，从确定借壳到最终上市，仅仅用时130天，创下了国内快递公司借壳上市的最快纪录。

借壳的快递企业在签署了相关"对赌条约"后，上市后显然不能高枕无忧，竞赛还在继续，而且演变为一场"全能大战"。

随着资本注入，各大快递企业开始丰富业务形式。圆通收购天地华宇失败转而挖角邓小波，让其快递、快运"一肩挑"；上海韵达运乾物流科技有限公司成立，10月10日韵达快运网络正式启动；而中通则早在2016年便进军零担快运市场，成立快运事业部；申通联手快捷起网快运。而在快运界，远成、安能则纷纷进军快递。物流、快递、快运的界限已变得越来越模糊，"全能"趋势促使快递业朝着更加细分业务领域发展。

进军快运之外，圆通的国际步伐也开始加快，这年实现了对香港联交所主板上市的先达国际物流控股的并购。此时的先达国际已在全球17个国家和地区拥有公司实体，在全球拥有52个自建站点，业务范围覆盖超过150个国家和地区，国际航线超过2 000条，这也成为日后圆通布局全球的有力支撑。

大鱼吃小鱼的戏码，在资本市场很是常见。但并购这回事，能够达到预期目标的成功率不超过50%。8月1日，申通快递公司发布公告，以自有资金1.33亿元对快捷快递有限公司进行增资，增资完成后，申通将取得快捷快递10%的股权，其成为继快捷创始人吴传龙、达顺创投之后的第三大股东。而在一年后，这桩合并以"互怼"和"另起炉灶"终结。

另一些不见硝烟的战争，在电商、快递甚至关联产业企业之间打响。

1月3日，苏宁宣布收购天天快递，根据《股权转让协议》，江苏苏宁物流以现金出资29.75亿元（含股权转让税）收购转让方持有的天天快递70%的股份。公告显示，本次交易完成后，双方在仓储、干线、末端等方面发展业务整合。苏宁收购天天快递，是国内电商平台收购网络型快递企业第一案。业内普遍认为，苏宁物流能力将得到极大提升，有利于降低运营成本，提高运作效率，提升赢利能力，进而巩固与其他电商平台之间的竞争优势。

4月25日，京东物流宣布独立运营，组建京东物流子集团。原京东集团高级副总裁、京东商城运营体系负责人王振辉出任京东物流子集团CEO，向京东集团董事局主席兼CEO刘强东汇报。京东物流集团独立，实际上是打开了与上下游产业整合的想象空间。王振辉亦表示，京东物流不排除未来独立融资和上市的可能。京东物流2018年开放快递板块C端业务为此增加了佐证。

伴随着电商之间竞争的白热化，7月，京东封杀天天快递的消息不胫而走。月底最后一天，京东暂停天天快递接入。这让天天快递副总裁徐建国气愤不已："京东一句服务质量低下，就否定了天天快递10万快递小哥为京东发展所做出的贡献，我觉得这是极其不负责任的。"

京东一边封杀天天快递，一边与"一生的对手"阿里在新型零售的战场上你追我赶。在中国新型零售的"元年"，阿里、京东纷纷布局新零售、抢占生鲜市场。6月，"盒马鲜生"在北京开店，并迅速拓展门店数量；不久之后，京东旗下对标盒马的生鲜超市 7FRESH 第一家店就在京东总部附近正式开业。

阿里与顺丰的数据战结束不久后，6 月 1 日，阿里巴巴集团旗下菜鸟网络和顺丰集团旗下丰巢科技相互关闭数据接口，引起社会各界广泛关注。在国家邮政局的紧急协调下，双方同意从 6 月 3 日 12 时起，双方就数据共享合作达成一致意见，"丰鸟之争"落幕。

"箱子"们也是这一轮大战中的主角。7 月 7 日晚间，深交所三泰控股发布重大资产重组方案，披露子公司成都我来啦网络信息技术有限公司的重组协议。在经过减资、股权转让和增资后，中邮资本持有成都我来啦 50% 的股权，浙江菜鸟供应链管理有限公司的全资子公司驿宝网络持有 10% 的股权，亚东北辰持有 6%，上市公司的持股比例由 100% 降至 34%，速递易更名为"中邮速递易"。9 月 13 日，丰巢科技宣布以 8.1 亿元全资收购持有"e 栈"的中集电商，在快递"最后一公里"重要解决方案之一的智能快件箱市场，形成了两军对垒的格局。

"阿尔法狗又赢了！"5 月，中国棋手、世界排名第一的柯洁九段中盘认负，0 比 3 不敌计算机围棋程序"阿尔法围棋"。一场"人工智能是否终将代替人"的讨论让这一年紧张忙碌的电商快递人喘息了片刻。不过，人工智能的发展也是他们现在和未来要重点考虑的方向。

7 月，国务院印发《新一代人工智能发展规划》，提出了面向 2030 年我国新一代人工智能发展的指导思想、战略目标、重点任务和保障措施。两个月后，"小黄人"代表快递业在一场展览上适时地绽放异彩。

9 月 25 日至 12 月 31 日，在北京展览馆举行的"砥砺奋进的五年"大型成就展上，以"小黄人"为代表的快递业科技创新成果引发了社会各界观众和新闻媒体的广泛关注。当这个不知疲倦的小家伙出现在《新闻联播》的画面中时，全国的观众对快递业有了新的认识——原来快递也这么"高大上"！有人还专门测算，"小黄人"5分钟的运算量，相当于最繁忙的首都机场一天航班起降的计算量。

2017年，以"小黄人"为代表的快递业科技创新成果引发社会各界的广泛关注

另一个计算量称得上真正"惊人"。在科技、人工智能的帮助下，我国常态化地进入单日快递量"亿件时代"。但速度升级的背后，尤其是快递公司总部纷纷上市之后，一种"不安分"的情绪开始弥漫。

快递市场绵延多年的价格竞争，使得单纯依靠快递业务获得的利润极其有限。"上市以后，3件快件的利润加起来勉强和前几年1件快件的利润差不多！"很多快递网点负责人在被问到总部上市对他们来说意味着什么时，不约而同地反问："总部上市对我有什么好处？"

从年初开始，网络媒体不时曝光关于快递末端网点发生运营异常、快件积压无人派送的情况。国家邮政局于 1 月 31 日下发通知，要求建立健全"四专"机制，保障末端网点稳定运营，确保寄递渠道安全、畅通、平稳；时隔半个月，再发通知，要求各省（区、市）邮政管理局迅速行动，通过召开会议、现场检查、视频监控等多种方式，尽快摸清辖区内快递企业恢复生产与网络运营情况，有效防范和遏制网点运营不稳定、快递投递不及时问题，切实维护广大人民群众合法用邮权益。

在北京，末端网点的生存在年底迎来史上最严峻的挑战。11 月 18 日，北京市大兴区西红门发生火灾事故，造成重大人员伤亡。11 月 19 日，北京市安全生产委员会发出通知，决定自 11 月 20 日起，在全市开展为期 40 天的安全隐患大排查、大清理、大整治专项行动。整治重点包括彩钢板建筑、厂房库房、仓储物流、批发市场等。一纸通知下，北京快递末端网点首当其冲，被查封驱离的不在少数，快递操作因此受到严重影响。

连年高速奔跑的快递列车，在 2017 年也迎来一次"大修"。

因在实名收寄、开箱验视等方面存在违规问题，浙江温州瑞安申通的 24 个网点、圆通的 6 个网点被查封。温州市邮政管理局在完成调查取证后，拟对瑞安市申通快递服务有限公司及其相关人员处以 42 万元的罚款；对瑞安市圆通速递服务有限公司及其相关人员处以 23 万元的罚款。公开资料显示，42 万元是依据《中华人民共和国反恐怖主义法》对寄递行业违反查验制度开出的最重罚单。

仿佛一夜之间，各快递企业基层网点的老板们都绷紧了神经，他们通过各种渠道呼吁广大客户理解、配合、支持快递员执行实名收寄制度。在他们看来，一场"史上最严"的快递业整顿行动正在袭来。过去他们"习以为常"的那种粗放式的经营发展方式已经跟不上社会发展对快递服务的新要求，多部门对寄递渠道安全"齐抓共管"的态势绝不是"运动式"的一阵风，而已成为行业未来发展的一种常态。但他们可能还没有完全意识到，今天在"强监管"中感受到的压力，正是在为过去多年的高速发展中忽略安全管理的"欠账"买单。

高层看到了行业发展中出现的焦虑与困惑。12 月 18 日，中央经济工作会议召开。会议认为，中国特色社会主义进入了新时代，我国经济发展也进入了新时代，基本特征就是我国经济已由高速增长阶段转向高质量发展阶段。"高质量发展"，正是如今的快递行业发展之渴求。

重新整装，是为了再出发。

/ "木兰" 小英 /

　　浅紫色的水晶雕刻，晶莹剔透，玲珑精致，修长秀美。在 2017 年 1 月 18 日中国邮政快递报社举办的"快递之夜"上，陈小英摘取了属于她的中国快递"木兰奖"，这是行业历史上第一个"木兰奖"。捧过奖杯，一向话语不多，几乎从不表露心迹的她，却主动要求多说几句，一开口，全是谢字，台下鸦雀无声，她红了眼圈，一时无语凝噎。

　　8 个多月后，人们才意识到，这是陈小英最后一次以快递人的身份的公开亮相。

　　她是中国民营快递的"一姐"，无可争议。

　　那天早上六七点，说服自己很多天的她，终于从杭州家里出门，排队、安检、进站，坐 5 个小时火车赶到北京。说是来领奖，却像是希望通过某种仪式，跟过去的自己告别。而 1993 年的某一天，她也是从杭州的桐庐出发走进大上海，开启了自己的职业生涯，并有意无意间参与创造了一段传奇。

　　就在那年，她 17 岁，和同乡聂腾飞、詹际炜一起，创办了国内第一家加盟制的民营快递公司神通快递（申通快递的前身），聂腾飞后来成为她的丈夫。之后的 5 年，是她内心最踏实、最充实、最欢快的日子。

自称"路盲"的她，为了当好聂腾飞的"客服"，把上海的每一条街、每一条巷、每一个里弄背得滚瓜烂熟。她把"所见最好看、最聪明、最果断的人"这样的赞美，都留给生命定格在青春年华的聂腾飞。虽然苦，虽然累，但跟聂腾飞在一起打拼的日子，在她的记忆里全是甜的。

直到1998年，聂腾飞遭遇车祸，生命就此中止。一切都变了样。

陈小英说："坦白讲，我不开心。因为花木兰要'上阵杀敌'，而我做得还远远不够，大多数时候只是在幕后做一些支持。"

看上去文弱纤瘦的她，时时给别人以臂膀。她把台前荣耀给了他人，把幕后艰辛给了自己，却时常埋怨自己没能"上阵杀敌"。

"首先，我要感谢申通快递陪我成长的20万名员工，有他们才有我的今天。我是从浙江桐庐农村出来的，是这么多的员工造就了今天的我。其次，我要感谢我的家人，他们的包容和支持成就了今天的我。然后，我要感谢行业媒体，感谢行业对我的肯定和支持。"

最后，她谈到了自己："我还想感谢我自己，因为我一直坚持、一直坚持走到今天。这中间遇到了很多困难，想到过放弃，但我一直没有放弃。因为我想人生无论在什么阶段，都会遇到困难，但困难肯定只是暂时的。"话音刚落，掌声再次响起。

不似其他行业的"一姐"一般高调和张扬，陈小英高冷而神秘，媒体人多年吐槽都是没能采访到她。可以查询到的唯有2012年《人民日报》记者左娅对她有过一次专访，那应该就是她这段快递从业经历中唯一一次接受官方正式采访。那时的她刚复出申通不久，记者对她的印象就是，不施脂粉，黑色西装，和"快递一姐"的身份相比，简直太朴实。她直言不讳地说其实更喜欢住在农村。

心中惦记的仍然是它的未来。但 2017 年 9 月底，陈小英突然辞去申通快递副董事长、董事、董事会战略委员会委员职务，引起一片哗然，她的去向成了谜。

一个转身，是暂别，是割舍，更是深爱。

人物小传 2

/ "解题人" 万霖 /

2005 年，当万霖入职亚马逊时，他不知道自己将来要带领团队建设全国 24 小时必达和全球 72 小时必达的智能物流骨干网。

2017 年，当万霖就任菜鸟网络总裁时，他知道自己要和中国快递物流业一起，用一张智能骨干网和数字化技术解决每天超过 1 亿个包裹配送的问题，并且很快要解决每天超过 10 亿个包裹配送的问题。

支撑每天超过 1 亿个包裹高效配送的，是改革开放以来实现跨越式发展的中国物流基础设施建设。菜鸟网络是这一发展过程的重要参与者、受益者和见证者。

万霖说："菜鸟网络对自己的定位就是做中国快递物流业的平台和基础设施，用技术把快递物流企业连接成智能骨干网，帮助它们从劳动密集型向技术密集型进行数字化升级。基础设施是最难做的，而且是长期投入。如果不是基于改革开放对商业、消费、社会等各方面的长期推动和长期发展利好趋势，菜鸟网络很难做如此长期的基础设施投入。我们对改革开放的长期看好和期待，让我们愿意做长期投入，愿意做智能物流骨干网。"

从亚马逊到阿里巴巴旗下菜鸟网络，万霖职业生涯供职的两家企业都是数字经济时代最有力的主导者。他本人也因此见证并亲历了两个商业帝国发展的黄金期。2005 年到 2014 年，万霖见证了亚马逊的第二个"黄金 10 年"。2014 年至今，万霖在菜鸟网络见证了中国快递业以每年超 100 亿件业务量增幅发展的"百亿递增时代"，至 2018 年已经突破 500 亿件，稳居世界第一。

是什么让万霖从美国回到中国，从亚马逊"转会"菜鸟网络？在万霖看来，这个问题的答案是一道简单的数学题。"亚马逊是一家解决日均千万级包裹问题的企业，菜鸟网络是一张生态网络，是快递物流业的基础设施，有机会解决日均一亿级甚至十亿级包裹问题。"

"菜鸟网络面临的挑战和机遇是全世界独有的。"万霖说。面对这样的挑战和机遇，菜鸟网络不仅要做到"全国 24 小时必达"和"全球 72 小时必达"，还要解决全球物流网络的"断层"问题。万国邮联框架下的邮政网络主要是满足 C2C 的需求，是寄递信件和个人物品的普遍服务；三大国际快递企业的国际快递物流网络主要是满足 B2B 的需求。这中间缺了一层可以匹配电子商务和新零售发展的全球物流网络，也正是菜鸟网络正在牵头搭建的。

在阿里巴巴的支持下，经过数年的发展，菜鸟网络搭建的全球智能物流骨干网雏形已经显现。国内七大节点枢纽已经建立，数千家快递物流企业参与其中，1 600 多个县域实现当日达和次日达，创造了分钟级配送新模式；海外布局以 eHub（数字贸易中枢）为中心，配合"一带一路"倡议建设进行，货通 224 个国家和地区，将全球主要城市的端到端物流时效从 70 天缩短到 10 天，配合海关将中国主要港口清关效率提升到秒级；电子面单、智能分单、物流"天眼"、智能语音助手等平台级技术已经成为中国快递物流业发展的大功率引擎。

与此同时，菜鸟网络还通过发展智慧供应链能力，支持中小企业智能分仓、合理备货、多渠道分销，以此优化成本，让商家用更少的库存和备货做更大的生意，践行着阿里巴巴"让天下没有难做的生意"的初衷。万霖说："我们希望利用在技术和数据上的协同能力，帮助中小企业更好地对接新零售、匹配新制造，实现按需定产和个性化定制。"

谈及改革开放对自己的影响，万霖说："我是改革开放的直接受益者。我从华中理工大学（现为华中科技大学）研究生毕业后就出国了。在国外学习、工作和生活的十几年是对我个人视野的极大开拓。改革开放让我有机会加入像亚马逊这样的企业，真正理解科技创新和商业运作的本质；又让我有机会回到国内，加入阿里巴巴和菜鸟网络这样的平台，能够参与到中国快递物流业发展和智能物流骨干网建设的历史进程中去。"

2018，未来的样子

未来是什么样子？

时间序列继续延展，追随今天奔跑的脚步，人们探头张望，试图看到明天的模样。

2018 年，跑着，跑着，长跑冠军崔维星跑进了快递圈，又跑进了资本市场。答谢晚宴上，崔维星劲爆出场，次日又西装革履，儒雅亮相上交所。1 月 16 日，"零担之王"德邦物流正式登陆资本市场，成为国内首家通过 IPO 上市的快递物流企业。伴随着"德邦股份"的加入，中国民营快递迎来了七星连珠的时代。

崔维星眼中的未来，是"大件"的时代。半年之后，在北京水立方聚光灯下，他宣布，德邦物流更名为德邦快递，重磅推出 3~60 千克段的大件快递产品。崔维星深信大件快递大有可为，而且要在世界快递领域发出中国的声音。他小心翼翼地回避了"大包裹"概念，此时，顺丰、百世、安能、速尔等企业已纷纷杀入这场战局，"以前一眼望去没对手，现在全是对手"。

2018 年，申通把自己当作了对手。陈德军为"龙抬头"再次一搏，他起用职业经理人"铁腕"申屠俊掌舵申通，着力点仍然在核心城市转运中心的直营化。2 月，陈德军与一众高管悉数出席京津冀、广东、江浙沪三大区域的网络会议，陈德军要给网络足够的信心，宣布申通将投入 50 亿元用于基础建设，集中在购地、建库、自动化上。年末，申通还与 eBay 建立了战略合作关系，这被陈德军称为是"对申通的发展和产品布局具有重大的战略意义"的一步。

靠加盟起家，曾经稳坐第一把交椅的申通，要实现复兴大计，最迫切需要的就是"稳心"。5月8日，在申通快递的网上业绩说明会上，投资者的提问咄咄逼人，甚至有人直接建议陈德军应该"增持""送股"。"好脾气家长"陈德军真的照做了，作为上市公司申通快递的实际控制人，他很快兑现承诺，6个月内增持4亿元股票，持股比例增至60.84%。

市场的力量正在无声地修正那些靠"夫妻店""兄妹情""哥俩好"起家的创业者们的头脑。这一年，海航科技对当当前后长达9个月的收购方案彻底流产，警钟重重地敲了一锤。李国庆在朋友圈写道："天地孤影任我行，世事苍茫成云烟。"当当的"夫妻店"模式在外界的复盘中，被认为是"败笔"，李国庆也反思"管理上很难说服对方，造成决策和执行效率低，还会对生活造成损伤"。

这种彼此伤害，亦发生在申通和快捷的故事里。谁也没料到，它会以喜剧开篇，以闹剧结束。2017年，快捷快递和申通快递联手做快运的消息令业界拍手称好，相互的"资源互补"被寄予厚望：快捷直营化转运体系可以帮助申通缩短起网快运的时间成本；而申通的注资也可以缓解快捷快递在二三线快递梯队挣扎的困境。

但剧情很快反转。4月18日，快捷官方微信公众号发布《关于快捷快递暂停运营的公告》，宣布即日起全网暂停运营，并称申通快递单方面宣布申通快运暂停运营，这一突发事件致使快捷快递生产经营陷入困境，网络运营面临更为严峻的形势。

当天夜间，申通发布一则《严正声明》，斥责快捷快递股东未履行决议，并对快捷快递宣布的即日起全网暂停运营的声明深表震惊。同时，申通快递还对《关于暂缓推进申通快运项目的公告》做出解释，称鉴于快捷快递生产经营处于半停滞状态，申通快运不得已于4月17日发布该公告。

在此后漫长的"互怼"模式中，公说公有理，婆说婆有理，最终分道扬镳。快捷资金链断裂，网络崩盘。从中通网络出来单飞、一心想自己做成一张独立网让外界刮目相看的吴传龙，悲情离去。

与2010年DDS倒闭时掀起轩然大波相比，邮政管理部门对这场全国性网络崩盘风波的处理堪称教科书：安监系统实时监测，及时发现风险，及时介入危机，联合地方政府，协同各个部门，全国上下一盘棋，将矛盾和风险扼杀于摇篮之中，快捷快递人员得到妥善安置，讨薪风波也被平稳化解。

燕雀安知鸿鹄之志。这一年，喻渭蛟把圆通的未来更加笃定地锁定在了全球市场。7月30日，喻渭蛟的圆通集团宣布投资122亿元在嘉兴建设全国航空物流枢纽。多年来锲而不舍的他，用飞机来实现一个"全球梦"。

2017年，喻渭蛟启用资深职业经理人邓小波出任副总裁，这年9月又将其提拔为执行总裁。此前的7月，瞄准中高端商务快递市场的"承诺达特快"官网已上线。显然，有了"左膀右臂"的辅佐，喻渭蛟有了更充裕的精力专注于自己的梦想：圆通号中欧班列从义乌铁路西站首发驶往俄罗斯莫斯科；圆通航空"郑州—东京"国际定期货运航线顺利首航；参与合力打造"一带一路"迪拜站……

平静的海面之下其实暗潮涌动。5月29日，阿里巴巴与旗下菜鸟网络向中通投资13.8亿美元，持股约10%，新闻稿用词波澜不惊，却掀起阵阵风浪。在此之前，阿里曾投资过全峰、星晨急便、百世、圆通等多家快递企业。通过资本纽带，布下天网、地网、人网三张大网。就在同一天，圆通、中通、申通、韵达和百世等快递公司悉数参与了阿里巴巴旗下菜鸟供应链全资子公司"浙江驿栈"的 31.67 亿元的增资协议。

半个月后，更多谜底揭开。6 月 14 日晚间，韵达、申通相继发布公告，宣布全资子公司转让参股的"丰巢科技"全部股权，二者子公司将不再持有丰巢科技的股权。

这意味着，丰巢科技的股权结构中将不再有"通达系"的身影，王卫麾下的"顺丰系"将合计持有丰巢科技 69.36% 的股权。在没有硝烟的智能快递柜争夺战中，人们嗅到了 2017 年"丰鸟之争"的火药味。

在市场的变幻莫测中，目不暇接的"变"成了每一个主体的常态。

7 月 2 日，传言成真，改革成为主题。中国邮政集团公司召开深化寄递翼改革动员部署电视电话会议，宣布启动组建寄递事业部。7 月 9 日，寄递事业部成立大会召开，自上而下推进寄递翼改革，对寄递业务实行五个"统一"：统一管理、统一经营、统一网络、统一核算、统一考核。

10 天后中国邮政突然宣布换帅，原中国电信总经理刘爱力空降，担任总经理。原中国邮政总经理李国华赴任中国联通。早年出身于山东省邮电管理局的刘爱力，在通信业大名鼎鼎，被公认为业务高手，甫一上任就对外透露，邮政 EMS 将在明年引入战略投资者，启动 IPO，确保三年之内成功上市。

10 月 18 日，坚持自营和自建模式的京东快递也变得更开放。京东物流CEO王振辉在 2018 全球智能物流峰会上宣布，京东正式进入个人快递市场。中国快递市场继邮政EMS、顺丰、"通达系"之后，新力量出现。俨然是"大众情人"的京东物流曾在上半年的"情人节"完成首轮 25 亿美元融资，投资方包括高瓴资本、红杉中国、招商集团、腾讯、中国人寿、国开母基金、国调基金、工银国际等多家机构。交易完成后，京东集团持有京东物流 81.4% 的股份。

从 2004 年京东成立，其自有物流建设经历了三个阶段：2007—2009 年，京东物流初创，独立摸索自建物流的业务模式，支撑电商平台百亿元业务规模；2010—2015 年，京东物流进入了一个专业化和规模化的发展阶段，形成较为完善的仓配客体系，建立起中小件、大件、冷链、跨境等物流网络，支撑千亿电商体量的同时，打造了诸如"211限时达"等引领全球的服务体系和服务标准；从 2016 年开始，尤其是 2017 年京东物流正式独立，向社会全面开放，并且越来越智能化，从企业物流转型为物流企业，形成了京东物流的独立品牌。2018 年，京东物流已形成供应链、快递、冷链、速运、跨境、云仓六大产品体系，随着业务的发展和合作伙伴的共同努力，一张全球智慧供应链基础网络正逐步形成。

王卫引领的 2018 年顺丰之变，则给业界扔了一颗接一颗的"原子弹"。2 月，国务院、中央军委正式批复同意新建湖北鄂州民用机场，这意味着被业内被称为"顺丰机场"的项目，已经拿到了最为关键的"许可"，"不可能"变成了可能。这个总投资逾 180 亿元的项目，主体为政府、顺丰、第三方机构组成的合资公司，预计 2020 年建成，将为打造全球第四个、亚洲第一的航空物流枢纽奠定坚实基础。

好戏还在后头。10月26日，王卫的顺丰控股豪迈斥资55亿元，收购敦豪供应链（香港）有限公司和敦豪物流（北京）有限公司100%股权。在中国快递历史上，第一次上演了中资企业"吞"下外资的故事。王卫的目标是整合DPDHL在中国内地、香港和澳门地区的供应链业务，让顺丰成为更懂客户的供应链解决方案服务商。

每一颗棋子布下，都是合纵连横、渗入全产业链的用心。8月，赭黄色西服成了王卫的"工作服"，不爱公开亮相的他一反常态，穿上它马不停蹄露面三次，为顺丰与夏晖、招商局和"铁老大"强强联合站台。以至于只要看到王卫穿上这件西服，就预示着顺丰有大事发生。

就当行业大佬们在为未来纵横捭阖谋篇布局之时，小人物意外成为"撬动地球的支点"。

1月，接到去北京开会的通知，山西省运城市临猗县的快递小哥李朋璇以为遇到了骗子。他对媳妇说："咱们可能被传销盯上了，这两天老打电话让我去北京……"然而，几天之后，他就和施一公、郎平、黄渤等人一起坐到了国务院的会议室里。

主持召开这次座谈会的，是李克强总理，他将听取科教文卫体界人士和基层群众代表对政府工作报告（征求意见稿）的意见和建议，李朋璇作为基层的群众代表获邀参加。

之前，李朋璇以"青春斗"的网名给中国政府网留言："农村生鲜快递易烂赔偿贵，盼能买保险。"本以为会石沉大海，但没想到工作人员不仅与他取得联系，还邀请他到中南海与李克强总理面对面交流。李朋璇成为第一位走进中南海的中国政府网网友，同时也是第一位走进中南海的快递小哥。

在会议现场，李克强对他的建议给予了积极回应。李朋璇回忆说，总理当即要求相关部门对老百姓关心的问题加紧研究，保障生鲜产品顺利运出去。总理说，生鲜产品寄递能够使农民致富、实现公平交易，是带动农村市场发展的生力军。

这位快递小哥更没想到的是，他的建议还推动了《快递暂行条例》（以下简称《条例》）的出台。总理不但听了管理部门的意见，听了各家快递公司的意见，还面对面听了人民群众的意见。

《条例》的出台，成为快递业未来发展的一根"定海神针"。但它还只是 2018 年密集发布的国家级利好政策中的一个。一开年，好政策密集出台几乎是以周为单位：1 月 23 日，国务院办公厅发布 2018 年 1 号文件——《国务院办公厅关于推进电子商务与快递物流协同发展的意见》；1 月 31 日，李克强总理主持召开座谈会，听取各界专家和基层群众对政府工作报告（征求意见稿）的意见建议，快递小哥被请进了中南海；2 月 4 日，备受期待的 2018 年"中央 1 号文件"——《中共中央国务院关于实施乡村振兴战略的意见》公布，同样对邮政、快递提出了明确要求；2 月 7 日，国务院常务会议通过条例草案，并于 5 月 1 日起实施。

行业被接踵而至的利好政策簇拥着倍感温暖，民营企业家的心则被习近平总书记掷地有声的表态所鼓舞：我们毫不动摇地发展公有制经济，也毫不动摇地支持、保护、扶持民营经济发展、非公有制经济发展。

"顺丰原来是像过街老鼠一样的'黑速递'，今天我能被邀请上台发言，我感到非常荣幸，是国家邮政局，是马局长给了我和顺丰这个荣幸，非常感谢！"王卫发言前向主席台和会场深深鞠躬致谢。这一幕，发生在 8 月 30 日国家邮政局在北京召开的"贯彻新发展理念打好三大攻坚战"部署会议上。当天，王卫和赖梅松等民营企业家现身。

由国务院法制办、交通运输部、国家邮政局组成的《条例》立法调研组赴上海，就《条例》草案与企业座谈并征求意见

在 2018 年的最后几个月里，王卫、赖梅松、喻渭蛟、陈德军、聂腾云和崔维星等民营快递企业大佬们，被各地和各部门频频邀请参加支持民营企业发展的座谈会。9 月 12 日，自称"资深金融人士"的吴小平发表了《中国私营经济已完成协助公有经济发展的任务，应逐渐离场》文章，引起舆情一片，但对于民营快递这个群体，这场舆情并不曾带来冲击和困惑。

2018 年，澎湃的不仅是某个人的内心，而是整个时代。一个行业气血升腾的背后，是一个繁荣与自信的国家和时代。

这一年，邮政业安全中心安监平台的数据一次次记录历史，一个个新高度被超越，民营经济这支生力军的勃勃生机反复被证明。"双12"之后，12 月 28 日，一份中通快递帮助农民脱贫的快件标志着中国快递年业务量进入 500 亿时代。这是我国快递发展史上又一座里程碑，500 亿的规模超过美、日、欧等发达经济体总和。

第二天中午，北京化工大学法律系大三学生小李在菜鸟驿站签收了这个第 500 亿件快件——一箱来自陕西农村的猕猴桃。是纪念也是为了庆祝，中通宣布将由旗下电商平台中通优选承包小李一年的水果，未来的 12 个月，每个月都有一种应季水果从各地寄往小李手中；菜鸟也送上了考研必备神器：考研真题+静心口服液+霸王防脱套装，外加菜鸟裹裹寄件黑卡一套；行业媒体《快递》杂志和《中国邮政快递报》更是表示要送出 2019 年全年报刊。

巅峰和奇迹过后，这个行业已经有了最快速度重归常态的良好弹性。2018 年，"双 11"进入第 10 个年头，这年"双 11"期间，全国邮政、快递企业共处理邮件快件 18.82 亿件，同比增长 25.8%，快递服务能力再创新高。"小黄人""蓝精灵"等为代表的科技应用，甚至将快件量的预测精确至城市、行政区每一个派送网点、每一位快递小哥，极大地提升了行业抗压能力。

只不过，这个世界总是在爬坡过坎中进化。中国从邮政大国走向邮政强国的道路上，必定还会接受更多考验。比如在中美贸易争端中，美国总统特朗普时不时地变卦就是变数之一。美国白宫已经在 10 月

17日宣布，美国启动退出万国邮政联盟的程序。因为涌向美国的中国包裹让特朗普惊慌，他认为，中国在该组织框架下向美国以较低费率邮寄包裹，损害了美国利益。

"这个时候，快递小哥、环卫工人、出租车司机以及千千万万的劳动者，还在辛勤工作，我们要感谢这些美好生活的创造者、守护者。大家辛苦了。"新年前夕，国家主席习近平发表的2019年新年贺词温暖坚定。

这个行业，跟这个国家一样，唯有以继续改革、继续开放、继续向前来迎接新时代。尽管还有一系列问题，很多问题想起来就痛心疾首，但我们还是充满信心，原因有三：第一，我们的市场规模巨大；第二，我们有强劲的增长速度；第三，我们走在一条正确的道路上。

江河是向海的路，每一步都是追逐。

人物小传
/"无处不在"的你 /

"叮咚，有您的快递，请签收一下。""网购收快递"演进为老百姓"新开门七件事"中的头等大事，这是近些年的事儿。

2013 年底，中国超越美国，成为全球最大的网络零售市场。2014 年，中国快递业务量以 140 亿件跃居世界第一。从那时起，"网购+快递"彻底改变了中国人的生活方式和消费习惯。

有人调侃，西方人用一句话安慰女性"You need cry，dear"（你需要哭出来，亲爱的），而可以安慰中国女性的却是："有你的快递！"截至 2018 年 6 月，中国网民规模达到 8.02 亿人，网络购物用户占比达到 71%。

小快递牵动大民生。一群步履匆匆，像永动机一样的快递人，成为人们生活中不可缺少的一部分，你们的身影，就是中国新兴经济的鲜活注脚。

你们生命柔韧坚强，一直奔涌向前。那个把女儿留在老家定期给女儿寄送面包的你，那个在疏解拆迁时住在货车里装开心往家打电话的你，那个给女朋友豪气说出一切有我的你，那个在游戏当中站上巅峰的你，那个刚刚受尽客户起床气的你，那个因为和女朋友闹别扭而在雨中哭泣的你，那个接过客户递来热水的你，那个对客户说出新年快乐的你，那个把派送地图画在三轮车内门上的你，那个用微笑安慰电话后面大发脾气的客户的你，那个在传送带前抚平面单的你……是每一个用辛勤打拼明天的你，每一个用行动找寻未来的你。

你们当中的申通快递小哥，窦立国，通过 5 年努力，挣到 200 多万，戴上"开着豪车送快递""公益达人""快递小哥演说家"等众多光环，实现了"从身无分文到月入 20 万"的逆袭。

2014 年 9 月，受马云邀请，窦立国与其他 7 名伙伴一起，在全世界的聚焦中，敲响了阿里巴巴上市的钟声，成为"马云背后的男人"。由一名快递小哥敲响上市钟声，这在整个纽交所的历史上也尚属首次。

巅峰时刻，回想过去，16 岁辍学以后所经历的凿石头的危险，当保安、厨师、电话业务员的卑微，积水的地下室，以及 29 岁刚做快递时一天只收到 8 个快件的心酸，还有送快递时挨的"掌掴"，一切一切的委屈都有所安放。

渐渐地，社会各个层面不约而同地将目光投向这一个个刷新人们观念和想象力的"小人物"。而广袤的市场，给了像窦立国一样的新生代"小人物"成就梦想的机会。因为这里是为数不多的、完全不论出身的"净土"，也是竞争最白热化的"战场"。与过去农村青年出来务工首选工厂不同，现在很多年轻人进城第一份工作愿意选择当快递小哥。英雄不问出处，比起打工，这里还可以造梦。

有时候，送快递只是人生的一个小小原点，以它为起点，快递小哥不断画大自我的人生价值圈。2018 年 1 月 31 日，你们当中的李朋璇，成为首位走进中南海的快递小哥，也是中国政府网第一位走进中南海的网友，与李克强总理面对面交流。这次短暂的交流，让总理更深刻地认识了快递业发展的瓶颈，并推动酝酿 4 年的《快递暂行条例》于一周后出台。

李朋璇是山西省临猗县卓里镇的百世快递小哥，他之所以能够幸运地走进中南海，源于一次网上留言。2017 年 7 月，国务院法制办就《快递条例（草案）》公开征求意见。李朋璇以"青春斗"的网名，在"2018'我对总理有话说'网民建言征集活动"下，写下了关于"农村生鲜快递易腐烂赔偿贵，盼能买保险"的留言。他希望国家有关部门能重视生鲜快递的生存现状，改变生鲜农产品"不发快递走不出去、发了快递却可能出现高额赔偿'伤不起'的局面"。

李朋璇当面向总理提了两个建议，一是希望国家能够推动保险业和快递业深化合作，为生鲜农产品进城保驾护航，二是快递车辆通行的问题。李克强一一解答并表示，中国快递业发展很快很好，也是很关键的行业，承载了方方面面，促进了农产品、工业品的双向交流，搞活了市场经济。

事实上，这位经济学博士总理很早就看中了快递对于打破区域、城乡壁垒的重大价值，他曾称赞快递小哥"为千家万户带来快乐"。

那些奋斗的、拼搏的、追梦的故事，是这部中国快递小哥史的一部分。伴随着行业的高速发展，像织网一样，快递小哥的地图已经细致入微地将城乡、社区、街坊、邻里连接起来。他们淳朴、善良、冒出的热乎气儿，温暖着城市里孤独的陌生人，也温暖着乡村里纵横阡陌中翘首以待的乡亲们。

2013 年，宁波一个小区监控的画面传遍了媒体和朋友圈。6 月 20

日上午 11 点，一名两岁半的女童从 5 楼坠下。千钧一发之际，附近的 8 名顺丰速运浙江宁海分公司快递小哥没有丝毫犹豫，同时抢上前去，将坠楼女童接住。瞬间强大的冲击力导致一名快递小哥脖子受伤，一名快递小哥手臂拉伤，小女孩有惊无险，转危为安。快递哥这奋力一接，温暖了整个社会。

在起火的居民家中，在煤气爆炸的粥店，在有人溺水的湖中，在摔倒不省人事的老人身边……一次又一次，在十万火急中人们等来了你们的雪中送炭，在急难险重时等来了你们的"有如神助"。人们说，不要催他们，他们不是在送件的路上，就在拯救世界的途中。

送人玫瑰手有余香，给别人的快乐越多，自己留下的繁华越盛。你们无处不在。在中国特有的创新创业精神推动下，快递三轮车日夜不停转动，这个车轮上的小哥，带动这个行业，改变了中国，也创造出欧美发达国家难以企及的经济奇迹！

后 记

一碗滚烫的粥

　　一碗粥摆在每个人面前，在温暖的灯光下，热气袅袅上升，传递出温暖芬芳、苦中带甜的滋味。

　　没有人记得，这是整个报社团队在忙完日常工作之外，第多少次聚在一起为您看到的这本图书而努力。每个人执着于眼前的电脑，彼此互望之处，不再是眼前朝夕，都是字里行间流淌的锦瑟年华。

　　我们奔走于天南海北，连线于世界各地，忙碌于深夜白昼。我们与上百位创始人和管理者面对面深访，与社会公知和民众进行深谈，与快递小哥共同度过寒冬酷暑。97岁鲐背之年的长者谆谆之言，00后时代青年的恣肆青春，一一记录在此。

　　我们期望能以历史的眼光看待中国快递自改革开放以来的发展，并以纷繁芜杂的历史事实和众多当事人的历史回忆为蓝本，认真考据、抽丝剥茧、精心写作，寻找中国快递与改革开放之间的联系。如同这一碗粥，无处不在。但煮一碗好粥，需要漫长时间的经历，凝重时光的聚敛，小火慢熬的耐性，还有大彻大悟的明澈铿锵。

　　做企业的过程如此，著书的过程也是如此。

　　这一碗粥，连接着快递人的亲情思念，蕴藏着行业的无界思虑，有快速奔跑，也有静下心来共念峥嵘岁月的美好。书中的人物无论做大了企业，还是从中抽身而走，在吃遍山珍海味之后，走回家乡，留在记忆深处的仍是一碗滚烫的粥。

　　在任何一条创业道路上，人们一般会对别人的顺利与幸运进行夸大的想象。所以总有人问，为什么别人的创业看上去都比自己幸运一些，只是因为胜利者书写的历史，都选择了更有利于自己的部分。

所以在层层叠叠的采访中，我们不粉饰成功者的光芒，不抹杀退出者的打拼，不回避发展的矛盾。胜利者不趾高气扬，不利者不怨天尤人。时代在犒赏不随波逐流的追求，他们用"尊重内心和直觉的勇气"，穿越奋斗岁月。

美国作家房龙如此写下："历史是一座雄伟壮丽的经验之塔。它是时间在无尽的逝去岁月中苦心搭建起来的。要登上这座古老建筑的顶端去一览众山并非易事。这里没有电梯，可年轻人有强健有力的双脚，能够完成这一艰苦的攀登。"

写作的想法，萌芽于 2018 年早春，用什么样的礼物，来致敬中国改革开放 40 周年、庆祝中华人民共和国成立 70 周年；用什么样的形式，来记录这些在这个时代热潮中摸爬滚打的人；用什么样的腔调，来吟诵这些如今都是"角儿"的人物曾经走过的千万条路？

用文字这种非直观但温暖的形式，来触摸他们当初走过的路；用图书这种虽古老但常新的墨迹，来书写他们抉择时候的坚毅；用集体创作这种千姿百态又互相佐证的方法，共同记录他们在这个行业，在整个经济大背景之下所辗转腾挪的哀伤喜乐。

流通是改革开放首先必须涉及的重要市场领域，快递则是流通必不可少的关键组成部分。在世界经济发展史上，一个国家可以凭借其在关键行业的优势征服国际市场，提升国际竞争力。但是，真正能对历史产生影响的却是行业在发展过程中萌芽、生发和积淀出的文化。

今天，人类的历史已经进入现代商业文明的时代。把眼光投向持续快速发展的快递，虽然其在现代商业文明中由欧美国家开创，但近年来真正使其成为商业奇迹和经济现象的是中国。无限的市场活力和澎湃的创新激情，使中国快递成为这个国家改革开放宏大历史进程中最亮眼的名片之一。

　　建立在改革开放基础上的中国快递就像一块巨大的磁石，吸引着各种各样的人到这里实现人生梦想。不同文化背景的创业者融合到一起形成了独特的中国快递文化。对于美好生活的向往，对于成功的渴望，使中国快递人具有顽强的拼搏精神，也成为这个新兴行业不断发展的不竭动力。因此，本书揭示的不只是一段历史，还是对中国快递通过改革开放从零起步并不断发展壮大的原动力的追问和探究。

　　清代作家袁枚曾说过："著作者如大匠造屋……考据者如计吏持筹……二者皆非易也。"大意为，写书和考据都非易事。本书在创作过程中也遇到了很多困难。但幸运的是，得到了很多人的帮助。

　　感谢邮政主管部门为本书写作提供的支持，感谢各家快递企业和每位企业家以最坦诚的态度接受我们的采访，并提供很多重要帮助，感谢各位国邮智库专家在专业领域和历史事实方面的求索和佐证，感谢中信出版集团商业社各位编辑老师们的辛苦付出和专业意见……你们给了这个年轻的著书团队最大的信任。特别致谢国务院发展研究中心研究员魏际刚博士，您为本书提供了许多重要的素材和启发。此外，我们还要感谢每一个字斟句酌的自己：李隽琼、阴志华、任国平、戴元元、武琪、王毅、赵立涛、王洪磊、付嘉、武姝婷、张平、曹丹、王宏坤、王宏峰、郭荣健、范云兵、武文静、王超、高龙飞、张亚妮、易思祺、张朋飞、王颖、胡冰清、黄桥茜、梁丽晨、张晶、李平、苗琳、杨军栋、李汶轩、翟晓慧。

　　还要感谢阅读本书的您，您是我们前进途中不竭的动力，是您创造历史时的果敢和勇气，给予了我们记录历史的动力和源泉。

　　愿每一位在街头奔走的小哥，在冬日疲惫的时光中，可以享受一碗热粥的温暖。用一碗滚烫的粥，温暖寒冷冬日的清冽时光，涤荡一腔热血的激烈岁月，润泽细水长流的琐碎日常。

　　时间从指间悄悄溜走，阳光打在你我的脸上，带着新一日雀跃的光芒，不停流转，拉长着时代留下的光影。

昨日已消逝，明天是个谜，今日要珍惜。

用《功夫熊猫》的这句话，再次致谢所有接受采访、参与写作、提供支持和读到本书的人。

声　明

　　本书涉及有关人物对有关历史事实和人物的陈述和评论性内容众多，均为创作团队根据受访者口述或书面回复据实整理，仅代表受访者个人观点。